近代日本保育者養成史の研究

――キリスト教系保姆養成機関を中心に――

永 井 優 美 著

風 間 書 房

目　　次

序章 ………………………………………………………………………… 1
　第1節　研究の目的と方法 …………………………………………… 1
　第2節　先行研究の検討 ……………………………………………… 3
　第3節　研究の構成 …………………………………………………… 9

第1章　近代日本における保姆養成の概況 …………………………… 15
　第1節　全国的な保姆養成の傾向 …………………………………… 15
　　1．最初期の保姆養成 ……………………………………………… 15
　　2．官立の保姆養成機関における養成 …………………………… 17
　　3．幼稚園における見習制保姆養成 ……………………………… 26
　　4．講習会形式での保姆養成 ……………………………………… 29
　第2節　キリスト教系保姆養成機関における保姆養成の傾向 …… 31
　　1．キリスト教系幼稚園の設立状況 ……………………………… 31
　　2．キリスト教系保姆養成機関の概要 …………………………… 33

第2章　桜井女学校幼稚保育科における保姆養成の特質 ………… 41
　第1節　桜井女学校における保姆養成の性格 ……………………… 41
　　1．女学校の概要と教育 …………………………………………… 41
　　2．E. P. ミリケンによる保姆養成の背景 ……………………… 53
　第2節　幼稚保育科における保姆養成の実態 ……………………… 64
　　1．保姆養成システムの特質 ……………………………………… 64
　　2．保姆免許状に見る「理論」と「実地」の課程 ……………… 67
　　3．卒業者数とその動向 …………………………………………… 69

4．附属幼稚園における保育実践の変化 ……………………… 71

　　5．卒業論文に見る保姆養成の水準 …………………………… 75

　第3節　卒業生の教育活動と保姆養成の成果 …………………… 83

　　1．榎坂幼稚園における保育実践 ……………………………… 83

　　2．吉田鉞の生涯と保育実践 …………………………………… 85

第3章　頌栄保姆伝習所における保姆養成の特質 ………………… 121

　第1節　頌栄保姆伝習所の沿革……………………………………… 122

　　1．A. L. ハウの来日と頌栄保姆伝習所の創設 ………………… 122

　　2．頌栄保姆伝習所の発展 ……………………………………… 127

　第2節　頌栄保姆伝習所における保姆養成の実態………………… 132

　　1．最初期における保姆養成の特質 …………………………… 132

　　2．高等科の設置と養成カリキュラム ………………………… 135

　　3．教科書の翻訳とその使用 …………………………………… 141

　　4．新しい教育法への反応 ……………………………………… 150

　第3節　A. L. ハウの保姆像と保姆養成観 ……………………… 157

　　1．A. L. ハウによる人格的感化 ……………………………… 157

　　2．保姆養成重視の姿勢 ………………………………………… 160

　　3．A. L. ハウによる卒業生へのメッセージ ………………… 163

　第4節　卒業研究に見る保姆養成の成果 ………………………… 173

　　1．卒業生の輩出状況 …………………………………………… 173

　　2．幼児教育研究活動の実態 …………………………………… 178

　　3．共同研究に見る研究能力とその水準 ……………………… 189

第4章　広島女学校保姆師範科における保姆養成の特質 ………… 205

　第1節　広島女学校保姆師範科の沿革 …………………………… 206

　　1．広島女学校と保姆養成課程の変遷 ………………………… 206

目　次　iii

　　2．卒業者数とその動向 ……………………………………………… 208

　第2節　保姆師範科における初期の保姆養成 ……………………… 210

　　1．保姆養成科における見習制養成 ………………………………… 210

　　2．F. C. マコーレーによる保姆養成 ……………………………… 212

　　3．M. M. クックによる初期の保姆養成 ………………………… 216

　　4．中心統合主義保育と養成 ………………………………………… 223

　第3節　保育改革と保姆養成の展開 ………………………………… 235

　　1．アメリカの進歩主義幼稚園教育運動の影響 …………………… 235

　　2．広島女学校附属幼稚園における保育改革 ……………………… 238

　　3．保姆師範科における保姆養成の充実 …………………………… 244

　　4．ランバス女学院保育専修部における保姆養成 ………………… 263

　第4節　M. M. クックの保姆像と保姆養成観 …………………… 275

　　1．保姆としての総合的な力量形成 ………………………………… 275

　　2．保姆養成の重要点 ………………………………………………… 277

第5章　日本幼稚園連盟（JKU）の保姆養成に果たした役割 ……… 293

　第1節　JKU の結成と保姆養成への取り組み……………………… 293

　　1．JKU 設立の経緯と規約 ………………………………………… 293

　　2．JKU の活動方針 ………………………………………………… 298

　　3．JKU における保姆養成の共通理解の形成 …………………… 305

　　4．『聖書』を中心とした養成カリキュラムの開発 ……………… 313

　第2節　国際幼稚園連盟（IKU）との連携とその影響 …………… 318

　　1．IKU の組織構成と JKU との関係性…………………………… 318

　　2．アメリカの保姆養成の状況と IKU の保姆養成施策 ………… 322

　　3．IKU による保姆養成のナショナルスタンダード …………… 327

結章 ………………………………………………………………… 349

初出誌一覧 ……………………………………………………… 359
あとがき ………………………………………………………… 361
人名索引 ………………………………………………………… 365
事項索引 ………………………………………………………… 367

序　　章

第 1 節　研究の目的と方法

　保育者養成の質は保育の質に直結している。そのため、専門性の高い保育者を養成し、現場に送り出すことはいつの時代も保育関係者にとって最重要課題の一つである。近年、改善の兆しは見えるものの、依然として教育の方法を身に付けた即戦力となる保育者が求められ、養成段階においては理論よりも技術を重視した速成養成が主流である。保育者の地位や待遇もなかなか向上しない。これは、戦前において、一般に保育者は専門職と見なされず、政府の積極的な養成政策もなされなかったことが一因として考えられよう。そのような中でも、多くの力ある保育者がこれまで日本の幼児教育を担ってきたのは確かである。

　戦前期には保育者は保姆と称されていた。政府は就学率向上のため小学校教育に力を注ぐ一方、幼稚園教育にはあまり関心を示さず、保姆の養成に関する規定も定められなかった。このような状況の中、保姆不足を補うため、様々なレベル・形態の養成機関において保姆の養成が試みられていた。その中でも継続的に保姆の専門性を追及した養成を行っていたのが草創期から多くの保姆を輩出してきたキリスト教系保姆養成機関である。同機関からはキリスト教系幼稚園はもちろん、一般の幼稚園にも広く人材が送り出されていた[1]。

　これまでは官立の東京女子師範学校を中心とした保姆養成が着目され、その研究によって近代日本の保姆養成史が描かれてきた。しかし、むしろ制度的には傍流であったキリスト教系保姆養成機関において専門的な保姆養成が

行われていたのである。官立の養成機関と並んで日本の保育界を支えてきたキリスト教系保姆養成機関における保姆養成の実態と特質を明らかにすることは、保姆養成史の全体像を解明する上で欠かせない作業であると言えよう。

そこで、本研究では、近代日本においていかなる保姆養成が行われていたのかを、キリスト教系保姆養成機関における養成を中心に明らかにすることを目的とする。

以上の目的を達成するため、本研究では、各養成校のシステムやカリキュラム、指導者の保姆像や保姆養成観、学生の保姆としての力量形成の程度などの要素を、総合的に分析するという方法を採ることとした。それは、今日求められている専門職としての保育者を育成する方途を探るには、養成校における養成目的や目指される保育者像、保育者に必要とされる資質能力とその獲得のために整えられたシステムやカリキュラムなどを多角的に検討することが重要であると考えるためである。

これまでの幼児教育史研究では、制度史中心の研究方法によってマクロな視点から保姆養成が捉えられてきたが、そこにかかる意識や養成の成果までは十分に検証されてこなかった。この点に配慮して、本研究においては、公文書や各養成校が所蔵している規則に加え、指導者の意識が表れている著作物、私信およびミッションレポートなどを読み解き、保姆養成の実態把握に努める。また、指導者である宣教師のみならず、卒業生の回想や卒業論文なども用いる。それにより、養成制度だけではなく、養成カリキュラムとそのカリキュラムを支える保姆像や保姆養成観、学生の獲得した力量などを総体的に明らかにすることができよう。

また、日本の幼児教育がアメリカの影響を受けて成立・発展してきたことは周知の事実であるが、先行研究においてアメリカの保姆養成と比較して日本の保姆養成の特質を指摘した研究はほとんどない。日本の保姆養成がアメリカとの密な交流の中で形成されたものである以上、アメリカにおける保姆

養成の実態や水準についても把握する必要がある。本研究は日本においてア
メリカ人宣教師がいかに保姆養成に取り組んだのかに焦点を当てるものであ
るため、これらの点についても考察を加えることで、キリスト教系保姆養成
機関における保姆養成の特質をより明確にしたいと考える。

第2節　先行研究の検討

　次に、本研究が課題とする問題について、先行研究ではどのように言及さ
れてきたかを概観しておこう。
　第一に、保姆養成史研究のこれまでの研究動向についておおまかに確認し
ておこう。保姆養成史は、幼児教育史や教員史・教員養成史の中で扱われて
いるが、前者においては付属的に説明されることが多く、後者では、学校教
員に隣接する広義の教育職という視点から言及されているにすぎない。岩崎
次男の『幼児保育制度の発展と保育者養成』[2]は、保姆養成史分野の画期を
なす研究であるとされているが、戦前日本の保姆養成についてはほとんど触
れられておらず、いかに日本の保姆養成史研究が遅れているかが見て取れ
る。そのような中でも、従来は特に官立の東京女子師範学校（後の東京女子
高等師範学校）とその流れを汲む保姆養成についての研究が中心であった。
『日本幼稚園史』[3]は、東京女子師範学校附属幼稚園の沿革史的な性格を有し
ている。同書は東京女子師範学校保姆練習科の設置廃止経緯についても触れ
ており、保姆養成史に関する最初期の研究である。その後、東京女子師範学
校関係者や出身者による保姆養成についての研究が重ねられてきた[4]。
　また、田中友恵によって、近年、奈良女子高等師範学校の保姆養成に果た
した役割が解明され、東京女子高等師範学校と並ぶ官立の養成機関が、主任
保姆養成に特化したものであったことが明らかにされた[5]。田中はその他
様々な面から日本の保姆養成史研究を進めている。例えば、東京女子師範学
校卒業者による愛珠幼稚園での見習制養成が、単なる簡易な伝習だったので

はなく、理論面の学習が不十分ではあるものの、実習や卒業試験などが組み込まれた内容であったことを指摘している[6]。また、京阪神連合保育会における保姆養成に関する建議の過程を分析し、議論の結果、幼稚園保姆試験検定の受験準備のための保姆講習科が大阪府女子師範学校内に設けられるに至ったことを示している[7]。さらに、田中は幼稚園保姆検定制度などを中心とした一連の研究を行い、保姆の資格の程度や供給ルートについて実証的に検証した上で、検定制度による保姆の輩出状況について府県の実態を個別に明らかにしている[8]。キリスト教系保姆養成機関による幼稚園保姆免許の付与にも関わる無試験検定制度については、無試験検定校認可の過程とこれまで不明瞭であった無試験検定試験の実態を解明している[9]。

　戦前期は、官立の保姆養成機関における養成とその関係者や出身者による見習制や講習会における養成など、多様な形態の保姆養成が存在した。また、検定試験を通して保姆資格を得た者も多数いた。しかし、これらは保姆の専門性を追求したものではなく、政府の教育政策の方針に基づき、制限の多い中で進められてきたものであった。それらの養成を支えたのは東京女子師範学校であったことから、これらを総じて一つの系統に属していると見なすことができる。従来はこの系統上の保姆養成に関する研究によって保姆養成の歴史が語られてきたのであるが、それだけでは不十分である。

　近代日本においては、傍流と位置づけられてきたもう一方の保姆養成の系統がむしろ専門職としての保姆を保育界に幅広く供給することに貢献していたと考えられる。『日本幼児保育史』には、「如何にわが国では幼児教育に対する政府当局者の認識が低調であり、一般世人も無関心であったかが分かるのであり、また反面わが国の幼稚園教育の発展にキリスト教関係者が如何に大きな努力と貢献をしたかを如実に知らされる」[10]と記されているように、キリスト教系保姆養成機関が果たした役割が指摘されている。また、『保育者と保育者養成』からは、当時の保姆養成全体の状況の中で、いかにキリスト教系保姆養成が重要な位置を占めていたのかが見て取れる[11]。

しかし、通史的な先行研究のほとんどが、キリスト教系保姆養成の中核的な役割を担った頌栄保姆伝習所とその創設者である A. L. ハウ（A. L. Howe, 1852-1943）の業績を強調するだけで、未だキリスト教系保姆養成史の本格的な研究は着手されていない。また、通史では、頌栄保姆伝習所を含め、キリスト教系保姆養成機関がまとめて紹介されていることが多いため、個別事例の特質が明らかにされておらず、全体の評価も適当であるとは言えない[12]。

第二に、キリスト教保育史上におけるキリスト教系保姆養成の位置づけについて検討しよう。キリスト教保育の通史的研究には、『日本基督教幼稚園史』[13]、『日本キリスト教保育八十年史』[14]、『日本キリスト教保育百年史』[15]がある。また、幼児教育に携わったキリスト者の人物像や活動は『キリスト教保育に捧げた人々』[16]において紹介されている。

キリスト教保育史の代表的研究としては、小林恵子の『日本の幼児教育につくした宣教師』（上巻、下巻）[17]が挙げられよう。同書において、キリスト教保育の事例研究が蓄積されている。特にプロテスタントの幼稚園だけでなく、これまで史料入手が困難であったカトリック教会の幼児教育への取り組みを明らかにしている点は新しく、通史とは異なり各幼稚園の実態に迫った内容である。

キリスト教保育史では、幼稚園史、宣教史の立場に立つ研究が多いことから、保姆養成に関しては総じて付随的に紹介されることが多い。また、保育の制度や実践の検討や、保育を担った人物の活動や思想の解明が優先される傾向にある。しかし、保育と保姆養成は常に連動しているため、当時のキリスト教保育の実態を明らかにするためには、保姆養成に関する研究が進められなければならないと言えよう。さらに、本研究では、教育学的な観点からキリスト教系保姆養成機関における保姆養成について検討し、保姆の専門性がいかに捉えられていたか考察したい。

第三に、キリスト教系保姆養成史研究として、各養成機関や団体に関する個別事例の研究がある。本研究で取り上げる桜井女学校幼稚保育科、頌栄保

姆伝習所、広島女学校保姆師範科（後のランバス女学院保育専修部）に関しては、各学校関係者やキリスト教保育史研究者によって事例研究が重ねられてきた。

桜井女学校幼稚保育科に関しては、本格的な研究として小林恵子の「日本で最初の保育者養成に関する一考察—桜井女学校幼稚保育科を中心に」[18]と「桜井女学校幼稚保育科の創立者M・Tツルー—日本で最初の保育者養成に関する一考察」[19]が挙げられよう。これらの論文により、キリスト教系保姆養成最初期の制度や内容が明らかにされ、キリスト教系保姆養成史研究の端緒が開かれた。小林は、M. T. ツルー（Maria T. True, 1840-1896）に着目し、桜井女学校附属幼稚園と幼稚保育科について検討し、それが東京女子師範学校のものと異なる特質があることを指摘した。桜井女学校の保姆養成については、『女子学院の歴史』[20]、『女子学院八十年史』[21]、『東京の幼稚園』[22]の中でも紹介されている。本研究においては、桜井女学校幼稚保育科における保姆養成の実態と特質を解明し、それをキリスト教系保姆養成の創始として史実に即して位置付けたい。

頌栄保姆伝習所とA. L. ハウに関する代表的な先行研究には、水野浩志「ハウとその影響」、「神戸の「頌栄幼稚園保姆伝習所」」[23]、高野勝夫『エ・エル・ハウ女史と頌栄の歩み』[24]、高道基『幼児教育の系譜と頌栄』[25]、西垣光代『A. L. ハウの生涯』[26]などがある。水野はハウの日本の保育界に果たした役割を示し、頌栄保姆伝習所が当時の保姆養成の中でもとりわけ程度の高いものであったということを指摘した。その後、学校関係者らによりハウ研究および頌栄保姆伝習所についての研究が進められた。高野勝夫は保姆養成に着目し、頌栄保姆伝習所で使用された教科書を特定するなど継続的に研究を進め、頌栄保姆伝習所の養成内容の特質に言及している[27]。高道は神戸におけるミッションの活動と教会の協力関係に着目して、頌栄幼稚園および頌栄保姆伝習所の人的なつながりなどを明らかにしている[28]。西垣はハウの経歴や活動、またその教育思想を詳細に検討し、ハウの片腕となった和久山き

その人物研究にも着手している。保姆養成に関しては『聖書』を用いた教育の在り方などを紹介している[29]。その他、『A. L. ハウ書簡集』[30]など、頌栄短期大学によって史料の発掘が行われてきた。頌栄保姆伝習所における保姆養成の研究は、他のキリスト教系保姆養成機関のそれに比べ充実しているが、本研究では、さらに、指導者の保姆像や学生の獲得した能力などについても多角的に検討することで、同校における保姆養成の特質を明らかにしたい。

　広島女学校保姆師範科に関しては、それが後にランバス女学院保育専修部となることから、前者の後身である広島女学院大学、後者の後身である学校法人関西学院聖和短期大学の両大学において史料の整理と学校史の編纂がなされてきた。とりわけ『聖和保育史』[31]と『広島女学院大学百年史』[32]には様々な史料が丹念に収集され掲載されており、同校の養成についての基本的枠組みなどが見て取れる。また、『小さき者への大きな愛―ゲーンス幼稚園の歴史とM・クックの貢献―』[33]では、これまでほとんど注目されてこなかったM. M. クック（Margret Melinda Cook, 1870-1957）の経歴や活動の内容が詳しく記されており、日本幼稚園連盟（Japan Kindergarten Union、略してJKUとする）の年報の翻訳なども進められた。さらに、近年では、田中まさ子[34]や金子嘉秀[35]によって統合主義および進歩主義の影響を受けた附属幼稚園における保育の実態が明らかにされつつある。両者は広島女学校保姆師範科規則や指導者の講義ノートなどを用いて同校の保姆養成についても触れている。本研究では、進歩主義の立場に立つ代表的な養成校である広島女学校保姆師範科およびランバス女学院保育専修部における保姆養成の実態を明らかにすることで、保姆養成改革の内実に迫りたい。

　このように事例研究が進められているが、各学校の関係者によって行われた研究は所属宣教師を賞賛する傾向にあり、より客観的な視点が必要であろう。本研究では、キリスト教系保姆養成全体の中での個別事例の位置づけや保育と保姆養成との関連性、指導者の思想が実践にどのような影響を与えた

かなどについて詳細に分析することで、キリスト教系保姆養成の全体像を把握したい。

　また、そのために欠かせないのは、キリスト教保育および保姆養成の連携組織であるJKUの保育界に果たした役割を解明することである。JKUついては、『日本幼児保育史』[36)]、『基督教幼稚園史』[37)]、『Annual Report of the Japan Kindergarten Union』[38)]などの先行研究がある。特に、JKUにおける保姆養成施策については、石垣恵美子の「J. K. U. と保母養成学校」[39)]や『日本キリスト教保育百年史』[40)]があり、JKUにおける基本的な保姆養成の取り組みについて知れる。

　また、JKUが本部を置く国際幼稚園連盟（International Kindergarten Union、略してIKUとする）に関しては、N. C. ヴァンデウォーカー（Nina C. Vandewalker）の *The Kindergarten in American Education*[41)]の中に記されている。その本格的な研究には、北野幸子の「世紀転換期アメリカにおける幼児教育専門組織の成立と活動に関する研究―領域の専門性の確立を中心に―」[42)]がある。北野はアメリカにおける保姆の専門職化に着目しながら、職能団体の機能を検討し、IKUの成立経緯や役割を明らかにしている。また、西川ひろ子は、IKUの機関誌である *Kindergarten Review* に掲載されたJKUによる記事を分析し、日本の幼児教育の状況が特にハウを通してIKUに伝えられたことを示した[43)]。本研究ではIKUを中心に進められたアメリカの保姆養成標準化の動向と提案された養成カリキュラムの特徴ついて明らかにすることで、日本の保姆養成の水準について確認する[44)]。

　以上のように、近代日本のキリスト教系保姆養成機関における保姆養成の実態を解明し、その特質を考察するため、各養成校における保姆養成の比較検討に加え、JKUやIKUにも着目して、キリスト教系保姆養成機関における保姆養成を総体的に分析していく。

第3節　研究の構成

　本研究では、上記の課題を遂行するため、以下のような構成を採ることとした。

　第1章では、近代日本における保姆養成の概況を整理し、全国的な保姆養成の傾向を抑えるとともに、キリスト教系保姆養成の概要を示す。そのことによって、当時の保姆養成が、官立の東京女子師範学校およびその流れを汲む養成と、キリスト教系保姆養成に大別される様を描き出す。なお、本章は、次章以降でキリスト教系保姆養成の特質を明らかにする上で、一般的な保姆養成の特質と比較する必要があることから設けたため、本研究においては官立関係の養成に関する詳細な検討は行わず、特徴的な点だけを示すにとどめることは注記しておきたい。

　第2章では、最初のキリスト教系保姆養成機関である桜井女学校幼稚保育科を取り上げ、従来、史料が少ないという理由で解明されてこなかった草創期のキリスト教系保姆養成の実態に迫り、その始まりを史実に即して位置づける。

　第3章では、キリスト教系保姆養成の中核的な養成機関であった頌栄保姆伝習所の実態と特質を検討する。キリスト教系保姆養成のモデルを提供したとされる同伝習所の実態を明らかにすることは、キリスト教系保姆養成の全体の傾向を把握するために有効であると考える。

　第4章では、アメリカの進歩主義教育の動向を受け、先駆的にそれを導入した広島女学校保姆師範科（後のランバス女学院保育専修部）に着目する。進歩主義教育の日本への影響については、官立における保姆養成の指導者によるものが取り上げられることが多いが、そのような中で同校の附属幼稚園における実践は進歩的なものの一つと見なされてきた[45]。広島女学校保姆師範科は進歩派の養成校として独自の養成を行ったと考えられるため、キリスト

教系保姆養成機関の一つの型として提示したい。

第5章では、日本におけるキリスト教系幼稚園および保姆養成機関の連携組織であったJKUに着目する。JKUは、在日宣教師を中心とした幼児教育専門団体であり、アメリカにあるIKUの支部として存在した。ここでは、各養成校を越えてキリスト教系保姆養成の有り様を示すため、JKUがキリスト教系保姆養成の全体の質の向上に果たした役割を考察する。また、その際IKUとの影響関係についても言及し、アメリカの保姆養成の到達点について明らかにすることで、日本の保姆養成の特質を鮮明に示したい。

結章では、上記の研究成果を整理した上で、キリスト教系保姆養成の歴史的展開を提示し、キリスト教系保姆養成機関における保姆養成の特質とそれが生じた要因について考察を加える。

なお、史料の引用に際しては、現史料の文面を損なわないよう、可能なかぎり原文のとおりに引用したが、旧字体は新字体にし、句読点は筆者の判断によって付けた。また、合字は開き、くの字点はかなに改めた。

＜序章注＞

1) 文部省『幼稚園教育百年史』ひかりのくに、1979年、166頁。水野浩志他『保育者と保育者養成』栄光教育文化研究所、1997年、26頁。なお、仏教系保姆養成機関は1930（昭和5）年に初めて本派本願寺保姆養成所が設立され、それを含めて5施設が昭和前期に創設されたにすぎない（日本保育学会『日本幼児保育史』フレーベル館、第4巻、1971年、192-215頁）。仏教保育関係者は、キリスト教系保姆養成校に遅れをとっていると認識していた（小林美実他「我が国の仏教系保育者養成校の原型について」『保育者養成―保育学年報一九八七年版―』日本保育学会、1987年、145-154頁）。

2) 岩崎次男『幼児保育制度の発展と保育者養成』玉川大学出版部、1995年。

3) 倉橋惣三・新庄よし子『日本幼稚園史』臨川書店、1983年。

4) 東京女子師範学校関係者や卒業生の保姆養成への影響については『日本幼稚園成立史の研究』（湯川嘉津美、風間書房、2001年）や『豊田芙雄と草創期の幼稚園教育』（前村晃他、建帛社、2010年）などの研究がある。

序　章　11

5) 田中友恵「奈良女子高等師範学校保姆養成科の設置とその役割」『上智大学教育学論集』(38) 2003年、57-70頁。

6) 田中友恵「明治10-20年代における見習い方式による保姆養成—愛珠幼稚園の事例を中心に—」『上智教育学研究』17、2003年、34-47頁。

7) 田中友恵「明治・大正期における京阪神連合保育会による建議—保姆養成機関設置および保姆の資格待遇に関する改善要求を中心に—」『上智教育学研究』16、2002年、38-50頁。

8) 田中友恵「戦前日本における幼稚園保姆検定制度の確立」『乳幼児教育学研究』第12号、2003年、33-42頁。佐野友恵「明治期における幼稚園保姆検定に関する考察」『幼児教育史研究』第1号、2006年、37-46頁。

9) 佐野友恵「幼稚園保姆無試験検定に関する研究—幼稚園令制定以前を中心に—」『乳幼児教育学研究』第23号、2014年、35-45頁。

10) 前掲『日本幼児保育史』第3巻、1969年、213頁。

11) 前掲『保育者と保育者養成』24-36頁。

12) 本研究が対象とする時期の通史といえば、『幼稚園教育九十年史』(文部省、ひかりのくに、1969年)、『幼稚園教育百年史』(前掲)、『日本幼児保育史』(前掲、第1-3巻) が代表的なものである。

13) 日本基督教保育連盟編『日本基督教幼稚園史』基督教保育連盟、1941年。

14) 基督教保育連盟歴史編さん委員会『日本キリスト教保育八十年史』基督教保育連盟、1966年。

15) キリスト教保育連盟百年史編纂委員会『日本キリスト教保育百年史』キリスト教保育連盟、1986年。

16) キリスト教保育連盟編『キリスト教保育に捧げた人々』キリスト教保育連盟、正号、1986年、続号、1988年。

17) 小林恵子『日本の幼児教育につくした宣教師』キリスト新聞社、上巻、2003年、下巻、2009年。

18) 小林恵子「日本で最初の保育者養成に関する一考察—桜井女学校幼稚保育科を中心に—」『国立音楽大学紀要』21号、1986年、196-182頁。

19) 小林恵子「桜井女学校幼稚保育科の創立者M・Tツルー—日本で最初の保育者養成に関する一考察—」『国立音楽大学紀要』23号、1988年、224-211頁。

20) 大濱徹也『女子学院の歴史』女子学院、1985年。

21) 田村光『女子学院八十年史』女子学院、1951年。

22) 東京都編『東京の幼稚園』東京都、1966年。

23) 水野浩志「ハウとその影響」、「神戸の「頌栄幼稚園保姆伝習所」」『日本幼児保育史』第2巻、75-89頁。

24) 高野勝夫『エ・エル・ハウ女史と頌栄の歩み』頌栄短期大学、1973年。

25) 高道基『幼児教育の系譜と頌栄』頌栄保育学院、1996年。

26) 西垣光代『A. L. ハウの生涯』神戸新聞総合出版センター、2007年。

27) 高野勝夫「エ・エル・ハウ女史の日本保育史への貢献—保育者養成の先覚者、先駆者としての貢献—」『頌栄短期大学紀要』6号、1974年。「エ・エル・ハウ女史の日本保育史への貢献—フレーベリズムの導入紹介者としての貢献—」『頌栄短期大学紀要』7号、1975年。

28) 前掲『幼児教育の系譜と頌栄』。

29) 前掲『A. L. ハウの生涯』。

30) 山中茂子『A. L. ハウ書簡集』頌栄短期大学、1993年。

31) 聖和保育史刊行委員会『聖和保育史』聖和大学、1985年。

32) 広島女学院百年史編集委員会『広島女学院大学百年史』広島女学院、1991年。

33) 広島女学院幼児教育史刊行委員会『小さき者への大きな愛—ゲーンス幼稚園の歴史とM・クックの貢献—』広島女学院、2006年。

34) 田中まさ子『幼児教育方法史研究—保育者と子どもの共生的生活に基づく方法論の探求—』風間書房、1998年。

35) 金子嘉秀「明治後期の幼稚園におけるフレーベル主義をめぐる保育実践の変容に関する研究—京阪地域および広島女学校附属幼稚園を中心として—」博士論文、広島大学、2013年。

36) 前掲『日本幼児保育史』第2巻、1968年、258、270頁。

37) 前掲『基督教幼稚園史』。

38) キリスト教保育連盟『Annual Report of the Japan Kindergarten Union』日本らいぶらり、1985年。

39) 石垣恵美子「J. K. U. と保母養成学校」『Annual Report of the Japan Kindergarten Union』第7巻、410-429頁。

40) 前掲『日本キリスト教保育百年史』129-147頁。

41) Nina C. Vandewalker, *The Kindergarten in American Education*, New York, MacMillan Company, 1908. 同書の1923年版を使用して翻訳されたものに、『アメリカ幼稚園発達史』(中谷彪監訳、教育開発研究所、1987年) がある。

42) 北野幸子「世紀転換期アメリカにおける幼児教育専門組織の成立と活動に関する研究—領域の専門性の確立を中心に—」博士論文、広島大学、2001年。北野は

IKU が設立された1892年から、教育庁との協力のもと全米にむけて基準を提示した1919年までを対象時期とし、IKU の組織発展の段階を形成期（1892年 -1898年）、展開期（1899年 -1919年）としてその役割などを分析している。

43）西川ひろ子「International Kindergarten Union の機関誌にみられる20世紀初頭の日本幼児教育観」『教育交渉史における日本教育観の形成と展開』科学研究費補助金報告書、2001年、32-38頁。

44）アメリカの保姆養成に関しては、前述した *The Kindergarten in American Education* 以外に、『アメリカの幼稚園運動』（阿部真美子他、明治図書、1988年）や「アメリカ保育者養成史—幼稚園教師養成の発生及び変化の過程—」（前掲『幼児保育制度の発展と保育者養成』222-239頁）などの研究がある。また、橋川喜美代の『保育形態論の変遷』（春風社、2003年）からは、アメリカと日本の幼児教育研究の動向などが見て取れる。

45）前掲『日本幼児保育史』第3巻、148-150頁。前掲『幼稚園教育百年史』156-158頁。前掲『日本キリスト教保育八十年史』119-122頁。田中まさ子は広島女学校附属幼稚園の保育実践における進歩主義の影響を指摘している（前掲『幼児教育方法史研究』153-179頁。田中まさ子・井口純子「大正期の幼児教育に関する一考察—幼稚園カリキュラムに見る進歩主義の受容とフレーベル主義の展開—」『聖徳学園女子短期大学紀要』第24集、1994年）。

第1章　近代日本における保姆養成の概況

　近代日本の保姆養成には、官立の東京女子師範学校（後の東京女子高等師範学校）とその流れを汲む養成と、宣教師によるアメリカの影響を直接的に受けたキリスト教系保姆養成機関における養成の二系統がある。

　草創期から幼稚園教育に着目していた伊沢修二[1]は、当時の幼稚園を「高等師範学校の幼稚園を基として、さうして夫れに何分の改良、或は発達をしたところのもの」と「神戸のミッスハオー嬢の主張するところの亜米利加で最も進歩したところのシカゴ式と称へるところのもの」とに分類し、日本人の経営している幼稚園と西洋人の経営している幼稚園とがあることを示している[2]。このような大別して二つのタイプの幼稚園教育を支えていたのが、上記の二系統の保姆養成であった。

　本章では、次章以降で取り上げるキリスト教系保姆養成機関における保姆養成について検討する前に、本研究で中心的な時期である明治・大正期の保姆養成の全国的な傾向について概観する。その上で、キリスト教系保姆養成機関の全体像についても把握し、日本における保姆養成の動向と特徴について整理したい。

第1節　全国的な保姆養成の傾向

1．最初期の保姆養成

　1872（明治5）年に頒布された「学制」の第22章には、「幼稚小学ハ、男女ノ子弟六歳迄ノモノ、小学ニ入ル前ノ端緒ヲ教ルナリ」と記載されている。ここに幼児教育施設が初めて明文化されたのであるが、実現には至らなかっ

た。その後、文部大輔の田中不二麿は、1875年に東京女子師範学校に幼稚園を附設するため、太政大臣三条実美に開設の伺書を提出した。それは一度不許可になったが、1876（明治9）年には、東京女子師範学校に附属幼稚園が設置されることとなった。ここに、日本における幼稚園教育が始動したと言える。以下は、当時の東京女子師範学校附属幼稚園の参観者の様子である。

> 当時、我が国に幼稚園の創設されたことは、大いに教育界の注目するところとなつて、東京内は勿論のこと、はるばる地方から上京した人々の中で幼稚園を参観するものも多かつた。のみならず、中には態々これを観るために上京する人もあつたといふ有様であつた。啻に教育関係者のみならず、観光に来朝した外国人、或は、高位高官の夫人などの、折々の来園もあつたといふことである。是等のことは、いかにこの幼稚園といふものが時にとつて珍らしく、新らしくも亦進んだ教育施設として世人に迎へられてゐたかを察知せしめるに十分であろう[3]。

　これによると当時幼稚園は世間の注目を集め、全国各地から参観者が訪れ、外国人や高位高官の夫人の来園もあったと言う。東京女子師範学校附属幼稚園を模倣して地方で幼稚園を開設しようと考え、附属幼稚園に保姆を派遣するよう要請する者もいたが、同園でさえ保姆を得るのに苦心していた時代であったため、保姆を供給することはできなかった。そこで、各地から保姆見習生を受け入れ、附属幼稚園において保姆の養成を試みることとなった。東京女子師範学校附属幼稚園では、まず、1878（明治11）年に大阪からの氏原鏺と木村末および神奈川県出身の横川梅を見習生として保姆養成を開始している[4]。しかし、「大阪から見習に来てもいいかと云ふので、こちらでもただ簡単に挨拶してしまつた丈けで、それに対する実際の準備は未だして無かつたのである」[5]という記録が残っているように、保姆養成のための設備や規程などは整えられていない状態であった。氏原は、「保姆見習伝習済みの期間は、六ケ月といふことなりしにより、大阪府は其積りで私共を留学させましたに到底六ケ月では物にならぬとて十ケ月となされました」[6]と述べている。当初予定では、半年間養成を受けることとされたが、それが10

か月間に延長されていることが見て取れる。

　この時の保姆養成の内容としては、「実地保育、宮内省伶人先生の唱歌、松野クララ先生の保育法、豊田芙雄先生の幼稚園記並に保育法、近藤浜先生の手技製作等」[7]が挙げられている。同園では幼児の在園中は実地保育が行われ、その後、ここにあるような各科目が教授された。雅楽による「唱歌」は宮内省伶人が、「保育法」は首席保姆であるドイツ人の松野クララが担当している。松野の講義は監事の関信三の通訳により行われ、表現の三形式である「美麗式」、「習学式」、「営業式」や「反対結合」の法則などの恩物理論とその方法が含まれた内容であった。また、保姆であった豊田芙雄と近藤浜は保育の傍ら指導にあたり、関が著した『幼稚園記』についての講義や恩物の製作などが実施されていた[8]。

　日本の保姆養成は以上のように見習制から始まったのであるが、それは単に現場に入って模倣をしながら保育経験を積んでいくという方法にとどまらず、保姆としての専門的な知識や技術の修得も併行して行われていたのであった。

2．官立の保姆養成機関における養成

⑴東京女子師範学校保姆練習科における保姆養成

　東京女子師範学校附属幼稚園における見習制に代わり、同校において保姆養成のための課程として、1878年6月に保姆練習科が設置されることとなった。しかし、当初は「保姆ノ養成ハ、保姆練習科設置ノ件裁可ヲ得タルヲ以テ生徒ヲ募集スルニ、入学ヲ請フモノ僅々一両名ニ過キスシテ、次学年ノ始メヨリ実際其業ヲ開キ難シ」[9]と記されているように、志願者が集まらなかったことがわかる。その理由としては、「試験ノ科目高等ニスクルヲ以テ、之ニ適当スル学力ヲ有スル女子尠キニ因レリト云フハ一般ノ通説ナリト雖モ、更ニ進テ其原委ヲ尋ルニ、世人未タ汎ク幼稚園保姆ノ果シテ有用ナルヲ知ラス、且ツ偶其有用ナルヲ知ル者アリト雖モ自費ヲ以テ練習科ニ従事セン

コトヲ望ム者少キカ故ナリ」[10]とあるように、試験の程度が高すぎること、保姆の有用性が一般に認知されていなかったこと、また、それを知っていたとしても自費で学ぼうとする者が少なかったことが挙げられている。そのため、新たに「幼稚園保姆練習科生徒給費概則」が制定され、入学試験科目の程度を引き下げ、学資を給与として、1879（明治12）年に入学生を再募集した。その結果、給費生として定員一杯の5名が、自費生として6名が合格し、ようやく保姆練習科における保姆養成が実施されることとなった。同規則の冒頭には、以下のように記されている。

> 保姆練習科ハ、幼稚園保姆を養成センタメニ設ケタル課程ナリ。本校ニ於テ、幼稚園ヲ設置スルヤ、地方ニ於テモ亦幼稚園教育ノ必要ヲ認メ、本校附属幼稚園ニ模倣シ、次第ニ之レガ開設ヲナスアルニ至リタレドモ、保姆養成ノ機関ニ於テハ、未ダ備ハラザリシヲ以テ、本校ニ於テハ、止ムヲ得ズ地方ノ請求ニ応ジ保姆見習ナルモノヲ置キ、之レニ必要ナル教科ヲ与ヘ僅ニ其供給ヲ充シタレドモ、時勢ノ趨向ハ到底斯ル小規模ノ設備ニ甘スル能ハザルニ至リタレバ、即チ、明治十一年六月二十七日ヲ以テ保姆練習科ヲ設置シタルナリ[11]。

　ここから、東京女子師範学校附属幼稚園の設立により、幼稚園教育の必要が地方においても認められるようになり、同園をモデルとして幼稚園が創設されるようになっていった様子が見て取れる。しかし、幼稚園の増設に対し、保姆養成機関は整備されておらず、見習制での小規模養成では各地の保姆需要を満たすことができないという状況にあった。このような中、保姆練習科は組織的な保姆養成を行い、保姆数を確保するために設置されたのであった。以下に、冒頭文に続く保姆練習科の規則[12]を引用する。

　　一　学年及休業日（略…筆者注）
　　二　修業年期
　修業年期ハ一ヶ年トス。之ヲ前後ノ二期ニ分ツ。
　　三　学科及其程度

第1章　近代日本における保姆養成の概況　19

学科	前期	一週内ノ時数	学科	後期	一週内ノ時数
教育論	其大意ヲ口授シ其要義ハ生徒ヲシテ手記セシム。	二	修身学	同上	二
物理学並動植物学	其大意ヲ口授シ或ハ実物経験ヲ以テ之ヲ示シ以テ生徒ヲシテ其概略ヲ了解セシム。	二	人体論	口授或ハ問答法ニヨツテ人体解剖ノ大意生理ノ概則及養生ノ法ヲ理解セシム。	二
幾何学	平面幾何ノ大意ヲ口授シ或ハ之ヲ問答ス。	一	幾何学	立体幾何ノ大意ヲ口授シ或ハ之ヲ問答ス。	一
図画ノ初歩	幼稚園法ノ縦横線ヨリ始メ略諸物体ノ形状ヲ模写スルノ法ヲ知ラシム。	一	古今小説	幼稚園適当ノ小説ヲ記憶セシメ且ツソノ話法ヲ練習セシム。	一
園制大意	幼稚園記及其附録ニツイテ口授ス。	一	布列別伝	当分原書ニツイテ口授シ生徒ヲシテ手記セシム。	一
二十恩物大意	当分原書ニツイテ口授シ生徒ヲシテ手記セシム。	一	二十恩物大意	授業法前同様。	一
音楽	唱歌、遊戯ヲ授ク。	二	音楽	唱歌、遊戯ヲ授ク。	一
恩物用法	二十恩物ノ中前十号ノ用法ヲ授ケ殊ニ製作品ノ貯藏スベキモノアルトキハ検査ノ上遊覧室ニ陳列スヘシ。	六	恩物用法	授業法ハ前期ト同ジ。	六
体操		一	体操		一
実地保育		六	実地保育		六

　　四　募集　入学者資格　入学試験　入学

毎年九年初旬ヲ以テ生徒募集ノ時期トシ、別ニ新聞紙ニ広告セズ。

入学者ノ資格ハ左ノ如シ。

　　　一　年齢　大約二十歳以上四十歳以下ノ者。

　　　一　心性　性行善良ノ者。

　　　一　身体　体質健全ノ者ニシテ種痘又ハ天然痘ヲ経タルモノ。

　　　一　学力　普通ノ書ヲ解シ略算術ヲ学ビ得タルモノ。

入学試験ハ当校ニ於テ之ヲ行フ。其科目ハ読書及算術ナリ。

入学試験ニ合格シタルモノハ直チニ入学ヲ許可ス。
　五　学資　六　試験　七　退学（略…筆者注）
　八　卒業後ノ責務
卒業後ニ於テ何等ノ責務ヲモ負担セシメズ本人ノ任意ナリ。

　同規則によれば、修業期間は1年で、9月から始まる2学期制が採られていた。入学者資格は、20歳から40歳までの心身健康な女性であり、学力は、「普通ノ書ヲ解シ略算術ヲ学ビ得タルモノ」とある。改正前の規則に示された入学試験は、「日本外史、十八史略及ヒ輿地誌略等ノ書ニ就キ講義セシメ、記事或ハ論説文ヲ作ラシメ、算術、加減乗除分数ノ内ヨリ問題ヲ出タシ、其答式ヲ書セシメ且ツ其体質ヲ検査スヘシ」[13]とされており、高度な内容が用意されていたが、新規則では「読書及算術」が提示されているだけで、その程度が大幅に下げられたことが確認される。

　「学科及其程度」を見ると、前期には、「教育論」「物理学並動植物学」「幾何学」「図画ノ初歩」「園制大意」「二十恩物大意」「音楽」「恩物用法」「体操」「実地保育」、後期には、「修身学」「人体論」「幾何学」「古今小説」「布列別伝」「二十恩物大意」「音楽」「恩物用法」「体操」「実地保育」の各科目が置かれていた。この中でとりわけ「恩物用法」と「実地保育」に多くの授業時数が割かれている。また、見習制でも使用されていた『幼稚園記』の内容を講義した「園制大意」や恩物に関する「二十恩物大意」幼稚園の創始者であるフレーベルに関する「布列別伝」など、幼稚園関連科目も置かれている。その他、物理学、動植物学、幾何学などの幼稚園教育を理解する上で欠かせない知識であると見なされていた科目や「図画ノ初歩」「古今小説」「音楽」「体操」など、幅広く幼稚園教育に関する知識および技術が教授されることが見て取れる。

　以上から、保姆練習科における養成は、理論と実践が組み込まれた専門職としての保姆の養成を志向したものであったと言えよう。同科で養成を受け、1880（明治13）年7月に卒業した第1回卒業生は、原田良、大津嘉治、

勝山貞、長竹国、武藤八千、山田千代、前原鉄、永野桂、福田布久、小林利、相原春の11名であった。「卒業後ノ責務」によると、卒業生は幼稚園教育に従事する義務は課されていなかったが、第1回生たちは大阪、仙台、九州などの各地で幼稚園の設立に関わり、その草分けとなっていった[14]。

⑵小学校教員養成に付随した保姆養成

　日本における最初の本格的な保姆養成課程であった保姆練習科は、1880年に東京女子師範学校の規則が改正されると、第1回卒業生を輩出しただけで廃止されることとなった。その後保姆養成は「幼稚保育術」と「実地保育」の2科目が小学校教員養成課程に加えられることで継続されたが、実質上、専門的な保姆養成課程は消滅したと言える[15]。また、これにより保姆の免許も小学校教員免許に付随して与えられることとなる。保姆練習科が廃止された理由は、以下のように説明されている。

> 当校附属幼稚園ノ幼児保育ハ、従来、該園保姆専ニ之ヲ担任シ、且保姆練習科ヲ置キ、保姆タルヘキ生徒ヲ養成セルヲ以テ、師範生徒ハ第一級ニ昇リテ後練習小学実地教授ノ余暇ヲ以テ僅ニ之ヲ参観スルニ止レリ。元来幼児ノ保育法ハ、女子ノ最注意スヘキ所ニシテ、幼稚園ト小学トハ固ヨリ初等教育ノ相連接セル者ナレハ、師範生徒ニシテ保育ノ法ヲ学ハスンハ、仮令小学ノ授業ニ熟達ストモ、完全ナル女教員トナル事能ハス。是ヲ以テ、改正ノ規則ニハ、生徒養成ノ旨趣ヲ拡充シ、小学ノ教員タルニ要用ナル諸学科ノ外ニ又幼児ノ保育法ヲ学ハシメ、卒業ノ上ハ、小学教員タルノミナラス幼稚園ノ保姆タルニモ堪フヘカラシム。本科生ニシテ既ニ保姆ノ術ニ通スル時ハ、保姆練習科ヲ設クルハ冗複ニ属スルヲ以テ、該科規則ハ当学年限ニテ廃停セリ[16]。

　これによると、これまでは附属幼稚園は保姆練習科の学生のための実習機関であり、他の学生は小学校における教育実習の合間に幼稚園を参観する程度であったことが知れる。しかし、小学校教育と幼稚園教育は接続しているため、完全な小学校教員となるには幼稚園教育も学ばなければならないと言う。さらには小学校の教員だけではなく保姆にもなれるよう、幼児の保育法

に関する科目を小学校教員養成課程中に加え、養成の旨趣を拡充したと記述されている。すなわち小学校教員養成の質の充実のために専門的な保姆養成課程であった保姆練習科が廃止されたのであった。

それではこの改正で具体的に保姆養成はどのように小学校教員養成に組み込まれたのであろうか。「東京女子師範学校規則」(1880年) の第1章養成ノ要旨第2条には、「教科ハ、小学ノ教員タルニ要用ナル諸学科及教育ノ理論、諸科ノ教授術ヲ専ニシ、兼テ幼稚保育術ニ及フ、故ニ当校ノ教科ヲ卒業セル者ハ、小学教員タルノミナラス幼稚園ノ保姆タルニモ堪フヘシ」[17]と記されている。小学校教員になるために履修すべき諸学科と教育の理論ならびに諸科の教授術を第一として、それに幼稚保育術を加えるという扱いであり、これにより小学校教員だけではなく保姆にもなれるということが示されている。また、「本科課程表」(表1) を見ると、「教育」は最終学年である第3年の前期から設けられており、「教育論」が週に6回、「小学教授術」が10回、「幼稚保育術」が3回とされている。「教育論」が仮に小学校教育と幼稚園教育を包括する内容であったとしても、「小学教授術」に割かれる時間は「幼稚保育術」のそれの3倍以上である。「幼稚保育術」の詳細は、「実物課、玩器用法、唱歌、遊嬉、体操等ノ授方」とあり、主に保育法に関するものであることがわかる。第3年の後期には、「小学校実地教授」「幼稚園実地保育」の双方が挙げられている。時数が不明なため確かではないが、小学校実地教授に重点が置かれていたことは推察される。

翌年の「東京女子師範学校規則」(1881 (明治14) 年)[18]における「本科予科各週課数表」を確認すると、1880年の課程表と大差はないが、「幼稚園保育法」が5回とされ、「小学校教授法」と「幼稚園保育法」が「毎日」とある。「幼稚園保育法」の詳細を見ると、「修身話、庶物話、玩具用法、読方、書、画、遊嬉等ノ授方」とあり、前年の規則にある「幼稚保育術」の内容と比べると知育に重点が置かれ、授業時数も前年の「幼稚保育術」の3時間から2時間増加している。このような養成内容の改正は、1881年の附属幼稚園

表1　本科課程表（各級課程ノ下ニ記セル数字ハ一週内ノ課数ヲ示ス）

学年	第一年		第二年		第三年	
学期	前期	後期	前期	後期	前期	後期
等級／学科	第六級	第五級	第四級	第三級	第二級	第一級
修身	修身学 礼節　三	修身学 礼節　三	修身学 礼節　二	修身学　一	修身学　一	
家政学			家政学　一	家政学　二		
格物	化学　四 動物学　四	化学　三 植物学　四	物理学　四 生理学　四	物理学　三 鉱物学　二 地文学　四	物理学　三	
数学	算術　四 簿記　二	算術　二 代数学　二 幾何学　二	代数学　三 幾何学　二	代数学　三 幾何学　三	三角学　二	
文学	元明清史略　四 文法　二 作文　一	元明清史略 古今和文　五 作文　一	文章軌範 古今和文　五 作文　一	文章軌範 名家文粋　四 作文　一	名家文粋　二 作文　一	
図画	臨画　二	臨画　二	実物画 臨画　二	幾何図法、透視図法　二		
裁縫	単物類　二	袷類　二	綿入類　二	羽織袴帯　二		
音楽	唱歌　三	唱歌　三 弾琴　二	唱歌　三 弾琴　二	唱歌　三 弾琴　二	唱歌　三	
体操	徒手器械演習　三	同上　三	同上　三	同上　三	同上　三	
教育					教育論　六 小学教授術　一〇 幼稚保育術　三	小学実地教授 幼稚園実地保育

注）「東京女子師範学校規則」（東京女子師範学校、1880年7月、国立国会図書館蔵）より作成した。

　の規則改正と連動したものであったことは明らかである[19]。また、当時の養成について、湯川嘉津美は小西信八による「幼稚園保育法」の講義内容を検討し、保姆養成の実際に迫っている。湯川によれば、小西の用いた教科書から、当時同校では幼稚園教育の要旨が詳しく説明され、恩物についてはその

使用法だけではなく理論も教授されていたと言う。保姆養成の必要性にも言及されており、小学校教員とは異なる保姆の独自性についても指摘されていた[20]。

　以上のように、小学校教員養成課程に組み込まれた保姆養成は、その専門性の程度が保姆練習科における養成と比較すると低いと言わざるを得ないが、保姆養成を担った指導者はこのような状況下でもできる限りの保姆養成を試みていたと考えられよう。

(3)その後の官立保姆養成機関の動向

　東京女子師範学校は、1885（明治18）年に東京師範学校女子部、1890（明治23）年に女子高等師範学校と改称され、1896（明治29）年に保姆練習科が再設置された。しかし、この保姆練習科は1901（明治34）年までに33人の卒業生を輩出しただけで、応募者の減少により同年に廃止されている[21]。1905（明治38）年には、保育実習科と名称を変更して保姆養成課程を再び女子高等師範学校内に置いたが、「従来の保姆練習科よりも大分程度を下げたもので、修行年限も四ケ月以上で、入学時期も定めず、保育の実地練習をさせ、就職口があり次第随時、証明書を与えて卒業させる」とあるように、簡易な養成であった。その後、保育実習科は修業年限を1年に延長して、1948（昭和23）年まで毎年学生を募集し、養成を継続していった[22]。『日本幼児保育史』には「終戦に至るまで、この保育実習科は女高師本科とともに地方幼稚園の中核的な主任保姆養成に重要な貢献をなした」[23]とあるが、このことから、一般の保姆養成がいかに便宜的なものであったかがわかる。

　その後、1908（明治41）年に奈良女子高等師範学校が設立されると女子高等師範学校は東京女子高等師範学校と改名している。1920（大正9）年に奈良女子高等師範学校に保姆養成科が設置されると、官立の保姆養成機関は2校となった。奈良女子高等師範学校保姆養成科の主任であった森川正雄は「東京高等女子師範学校の倉橋とならんで関西の幼児教育界の指導的役割を

演じた人」として知られている。同校は養成期間1年間で、修身、教育および保育法、児童心理、生理衛生および育児法、図画、手工、音楽、遊戯、理科および園芸、保育実習の各科目が設けられ、大正末までに142名の卒業生を送り出している[24]。

　佐野によれば、同科は保育指導者養成に特化した課程であったと言う。しかし、キリスト教系の養成機関では2年制が主流であったのに対し、奈良女子高等師範学校での養成は1年制であった。その大きな要因は予算面の問題であるとされている。また、佐野は「キリスト教養成校の中には百人単位の生徒を擁していた学校もあり、それらと比べた場合、官立学校である奈良女高師保姆養成科はそれほど大規模にはならなかった」と述べている。これは、むしろ官立であったことにより、キリスト教系養成校のように予算を保姆養成事業に中心的に投入することができなかったということであろう。もちろん、キリスト教系養成校においても特にその草創期にあっては保姆養成事業に十分な予算がついたわけではない。しかしそのような中で、母国からの寄付や宣教師自身の給料などを持って運営が行われたことは注記しておきたい。なお、佐野は奈良女子高等師範学校では運営上の限界により少数精鋭で指導的立場の保姆を養成した点がキリスト教系養成校とは異なる点であるとしているが、キリスト教系養成校の多くも、基本的には少人数制の養成が主流で、卒業生は全国各地の主任保姆などになっていた[25]。

　ここに見てきたように基本的には政府による保姆養成政策は滞っており、組織的な保姆の養成は不十分であったと言える。戦前期においては官公立の保姆養成機関は上述した二つの女子高等師範学校以外に、公立の千葉女子師範保姆養成科（1年制）が1928（昭和3）年に設立されただけであった[26]。

　東京女子師範学校において、保姆練習科が創設されたにもかかわらず、それが廃止され、保姆養成が小学校教員養成に組み込まれたことに対しては、様々に評価されている。倉橋惣三は、「折角保姆養成機関が設けられたのに、誠に惜しい事であつたが、保姆養成その事が失はれたのではなく、ただ

特別なる機関が廃止されたのであつて、事実その事は師範学校生徒によつて継続されてゐるのであるから、幼児教育の発展には何等支障することにはならなかつた」[27]との意見を表明している。湯川嘉津美は、保姆練習科廃止後の養成に関し、見習生を本科課程に受け入れて聴講させるという「便宜的な措置を取らざるを得なかった」と述べ、欧米では幼稚園教育の成否を握ると認識されていた保姆養成であるが、「日本では保姆の養成は幼稚園での保育見習方式による簡便なものにとどめられ、欧米に比較して保姆養成機関の整備は著しく遅れた」と言う[28]。また、『幼稚園教育百年史』では、「(保姆養成が…筆者注) 附設的、補助的地位にとどまるものという考え方」が「その後の我が国の師範学校における幼稚園教員養成の伝統となったのである」[29]と記されている。全国の保姆養成のモデルであった東京女子師範学校における保姆養成は、幼稚園教育推進派の指導者たちの努力はあったものの、小学校教員養成に準ずるという基本姿勢を形作り、その後国家による保姆養成不振を決定づけるものとなっていった。

3．幼稚園における見習制保姆養成

　東京女子師範学校附属幼稚園を模範として各地に設立された幼稚園の先駆的なものに、鹿児島女子師範学校附属幼稚園（1879年2月～）と、大阪府模範幼稚園（1879年5月～）がある。鹿児島女子師範学校附属幼稚園は、東京女子師範学校附属幼稚園の保姆である豊田芙雄が、鹿児島に出張して創立を助けた幼稚園である。同園では、「幼児の保育の実地指導に当たらせるとともに、7人の保姆見習生の指導に当たらせた」とあるように、豊田による見習制の保姆養成が行われた。養成期間は1年間で、7名の見習生が免許を取得した後、豊田は帰任している。鹿児島県女子師範学校附属小学校主事は、豊田による見習制保姆養成の内容について、「幼稚園記なるものによりフレーベル氏の二十恩物話方音楽其他保育に関する一切のことを指導せらる」と報告しており、東京女子師範学校と同様に『幼稚園記』によって授業が行わ

れたことが確かめられる。また、音楽は「琴、笏拍子、歌などの合奏」がなされていたと記されていることから、東京女子師範学校附属幼稚園で開発された雅楽調の唱歌遊戯が用いられたと考えられる[30]。

　大阪府模範幼稚園は、東京女子師範学校附属幼稚園の最初の見習生であった氏原鍈と木村末が帰阪して1879年5月に設立したものである。大阪府模範幼稚園には、同年同月に保育見習科、同年7月に保姆練習科が設置されている。前者は、母親と乳母を対象とした4か月間のコースで、後者は、東京女子師範学校保姆練習科をモデルとした1年間の本格的な保姆養成課程であった[31]。「模範幼稚園保姆練習科規則」[32]によると、その第1条に「保姆練習科ハ幼稚ノ保姆タルヘキ婦人ヲ養成スル為ニ設ク」とあり、20〜40歳の者を対象に保姆になるための訓練が行われていた。日課は本科4時間、予科1時間で、予科においては本科の復習など自習が行われていた。科目には前期では教育論、物理学並動植物学、幾何学、図画初歩、園製大意、二十恩物大意、音楽、体操、実地保育、後期では修身学、人体論、幾何学、古今小説、布列別伝、二十恩物大意、音楽、体操、実地保育が置かれている。これは概ね、東京女子師範学校保姆練習科の課程表に即したものであるが、恩物用法の科目が二十恩物大意に含まれるなど、アレンジが加えられている。

　そもそも、当時、模範幼稚園という名称は保姆養成を本務とする幼稚園という意味で用いられていた。最初期の幼稚園は、単に幼児を保育するだけではなく、同時に見習制保姆養成を行うという役割も担っていたのである。湯川嘉津美によると、「米国教育寮年報書抄訳　幼稚園ノ説」(『文部省雑誌』第27号、1874 (明治7) 年12月) の中で、「「模範幼稚園」(Model Kindergarten) を設置して、女性に幼児教育法を実践を通して学ばせながら、同時に幼児教育に関する諸学科を授けることの必要性」が示されていたことが明らかにされている[33]。東京女子師範学校附属幼稚園を初め、地方の中核的な幼稚園では、「幼児を保育するばかりでは無く、必ず一方に於て保姆を養成するのが、幼稚園のつとめであるかの如くに、一つの決定的の仕事であった」[34]と

あるように、継続的に見習生を指導していったようである。

　しかし、1883（明治16）年７月に大阪模範幼稚園は、財政難などのため廃園となっている。それに代わってその後、大阪保育界を牽引したのが1880年６月に大阪に設立された愛珠幼稚園であった。1881年に東京女子師範学校保姆練習科の卒業生である長竹国を招聘し、見習制の保姆養成を始めており、1886（明治19）年には、大阪府から保姆伝習所としての認可を受けている。愛珠幼稚園の「幼児保育法伝習科規則」によると、見習生の定員は６人で、18歳以上の小学校中等科卒業以上の学力を有する女性が対象とされていた。科目には、修身、恩物大意、恩物用法、実地保育、唱歌、体操、教育学、幼稚園管理法の８教科が置かれ、半年間の養成期間を採っていた[35]。従来、通説では、幼稚園に見習生をおいて保育と同時に保姆を養成する方法は、簡易な速成方式と見なされていたが、愛珠幼稚園においては、見習制ではあるが体系的な保姆養成が行われていたことが認められる。田中友恵は、幼児保育法伝習科の卒業試験の内容を分析し、「卒業試験で求められている程度からも、また規程の修業年限を過ぎても卒業試験に合格しなければ修了が認められなかった状況からも「見習い方式」による保姆養成が、誰もが簡単に保姆となれる「簡易な速成」ではなかった」[36]と結論づけている。その後、1891（明治24）年に愛珠幼稚園内に大阪市高等女学校附属保姆伝習所が設置されている。ここでは、１年半の養成がなされ、卒業生は幼稚園あるいは小学校保育科において２年間の服務義務を果たさなければならなかった。１年半という年限は、これまで示してきた養成の中では最長のものであるが、それも1896年には廃止されている[37]。

　大阪では、その他、北区幼稚園、船場幼稚園にも保姆伝習所は開設されたが、「従来の保姆見習生方式の保姆養成を制度化しただけの簡易なものであった」[38]とあるように、大阪模範幼稚園や愛珠幼稚園の見習制保姆養成よりも、簡易な養成がなされていたようである。幼稚園教育が盛んであった大阪では、模範幼稚園において保姆養成が積極的に行なわれていたが、その水準

はまちまちで、設置廃止を繰り返す状況であった。

　以上より最初期には多くの幼稚園で見習制を採用し、保育の傍ら保姆の養成を試みたと考えられるが、その詳細な実態については明らかでない。専門的な保姆養成機関が設立された後も見習制保姆養成は継続され、戦前期の保姆養成の一つの特色となったと言えるが、その点については今後解明していきたい[39]。

4．講習会形式での保姆養成

　幼稚園数は1887（明治20）年頃から爆発的に増加し、1887年には67園、1907（明治40）年には385園、1926（大正15）年には1064園が設立された[40]。それによって、明治20年代頃から保姆不足は深刻化した。このような状況の中、1890年の「小学校令」において「幼稚園保姆ハ女子ニシテ小学校教員タルヘキ資格ヲ有スル者又ハ其他府県知事ノ免許ヲ得タル者トス」と保姆資格が初めて規定され、小学校教員が正規の保姆有資格者として認められるようになった。これは前述した東京女子師範学校での保姆養成の方針を受けたものであったと考えられよう。しかし、実際には小学校教員資格を取得して保姆となる者はほとんどいなかった。小学校教員数が不足している中、あえて小学校教員より待遇や社会的地位が低い保姆となる者は篤志家や慈善家以外いなかった。そのため、保姆の需要を満たすために講習会形式での保姆養成が行われ、保姆の速成養成が定着していくこととなる[41]。

　その代表的なものとして、東京府教育会附属幼稚園保姆講習所がある。同講習所は保姆不足に対応するため、保姆の速成養成を目的に1888（明治21）年に設立された民間の保姆養成機関であった。同講習所では6か月間の期間で、毎日3時間の授業が行われた。開設科目は開誘法、諸遊戯、唱歌などであり理論よりも実技を中心とした内容であった。同講習所からは毎回10～20名の修了生が送り出されている。その後、同講習所は1892（明治25）年に一時休校し、1895（明治28）年に東京府教育会附属保姆伝習所として再開した

際には、養成期間が1年となり、科目には修身、教育、理科、体操、手芸、保育法が置かれ、高等小学校卒業以上の学力のある者が対象とされるようになった。しかし、同講習所は1898（明治31）年に廃止された。それは1900（明治33）年には再度設置され、1901年より再開されたが、常に不安定な運営状態であったと言える。同伝習所には予科と本科が置かれ、前者は高等小学校卒業者を入学条件として6ヶ月の養成を行い、後者は尋常小学校準教員免許状取得者もしくは4年制の高等女学校卒業者を入学資格者として同じく6ヶ月の養成を行ったものであった。卒業者には無試験で保姆免許状が与えられ、予科と本科を合わせて100名の募集がなされた。1904（明治37）年には東京府の補助費減額などの理由により同伝習所は一時閉鎖されることとなるが、翌年より個人がこの事業を継続する形で1907年まで運営がなされた。その後は再び東京府教育会に経営が引き継がれ、1911（明治44）年までに445名の卒業生を輩出している。1922（大正11）年には帝都教育会附属保姆伝習所と改称し、東京府女子師範学校の校舎において開講されるようになり、現在の竹早教員保育士養成所に至るまで継続的に保姆養成が行われている[42]。

その他、講習と名のつく養成として、大阪府女子師範学校講習科（1901年開設、講習期間5ヶ月間）、大阪市保育会主催の保姆講習会（1901年、1909（明治42）年、1910（明治43）年開催、講習期間5ヶ月間）、岡山県女子師範学校保姆養成講習会（1887年頃より開始、講習期間4-5ヶ月間、1922年より本格的な保姆養成機関となる）などがあった[43]。講習会形式の養成は総じて保姆不足を補うための短期速成養成であったと言える。

以上のような保姆養成は、これまで保姆養成史上、主たる系統に属するものと見なされてきた。しかし、「明治三二年以降、大正末年までの幼稚園普及期においては、キリスト教関係の保母養成機関が、わが国の保母の需要の大半をまかなってきたといっても決して過言ではないような状態だった」[44]とあるように、私立の各種学校にすぎないキリスト教系保姆養成機関が戦前保育界に果たした役割は多大であった。しかし、その実態は未だ解明されて

おらず、キリスト教系保姆養成の特質は十分に考察されていない。そこで、まず、次節において、キリスト教系保姆養成機関の傾向について概観しよう。

第2節　キリスト教系保姆養成機関における保姆養成の傾向

1．キリスト教系幼稚園の設立状況

　1880年4月に全国の幼稚園では5番目、私立幼稚園では最初のものとしてキリスト教系幼稚園である桜井女学校附属幼稚園が創立された。その後、キリスト教系幼稚園は、多くの宣教師によって全国各地に設立されていった。表2は、キリスト教系幼稚園の増加数を示したものである。これを見ると、私立幼稚園の設立が急増した1910年代に、キリスト教系幼稚園も急増していることが確認される。1907年には43園であったキリスト教系幼稚園数が、1916（大正5）年には166園と、約4倍になっている。ただし、全国に分散し

表2　キリスト教系幼稚園の増加数

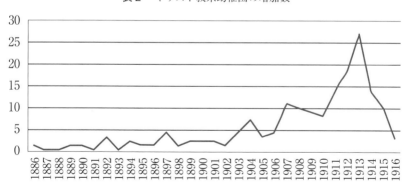

注）A. L. Howe "Historical Paper Read at the 10th Anniversary of the Founding of the Kindergarten Union of Japan" *Tenth Annual Report of the Kindergarten Union of Japan*, Karuizawa, August, 1916（A. L. ハウ「J. K. U. 10年の歩み」『Annual Report of the Japan Kindergarten Union』日本らいぶら第7巻、1985年、55頁）より作成した。

ていたキリスト教系幼稚園数を把握することは困難であり、これらの数字は正確であるとは言い難い。

　また、1916年度の地域別に示したキリスト教系幼稚園数は表3のとおりである（総計166園）。当時一般的に幼稚園は都会を中心に設園されたが宣教師たちは地方にも幼稚園を設立していたことがこの表から明らかである。地域で最初の幼稚園がキリスト教系幼稚園である場合も多かった。全国各地に展開されたキリスト教系幼稚園であるが、表3を見ると、やはり都会には多く設置されている。東京の34園をはじめ、広島の6園、金沢の5園、神戸の9園、京都の7園、名古屋の6園、大阪の9園が目に付くところである。都会に多く設立されるという傾向に加え、頌栄保姆伝習所（神戸）、広島女学校保姆師範科（広島）、柳城保姆養成所（名古屋）など、キリスト教系保姆養成機関の設立された地域に、多くのキリスト教系幼稚園が設立させていることも見て取れる。

　それでは、なぜ、石川県の金沢にキリスト教系幼稚園が多く設置されたのであろうか。次章に詳しく記すが、金沢に、現存するキリスト教系最古の幼稚園である英和幼稚園がある。同園は、米国長老派の宣教師、F. E. ポーター（Francina E. Porter）によって設立されたが、彼女は、後に、京都でも幼稚園を設立している。この例のように、幼稚園教育に尽力した宣教師が派遣された地域において、キリスト教系幼稚園教育が発展しており、宣教師の所属や所在が、日本におけるキリスト教系幼稚園の分布と深く関係していると言えよう。

　なお、第5章で取り上げるキリスト教系幼稚園および保姆養成機関による幼児教育専門団体である日本幼稚園連盟（Japan Kindergarten Union、以下JKUとする）は、東京を拠点としたフレーベル会や、大阪、京都、神戸を拠点とした京阪神保育連合会とは異なり、以上のような傾向から、全国的な性格を有していたと言える。

表3　キリスト教幼稚園の分布（1916年度）

秋田	3	浜松	1	甲府	1	長野	1	佐賀	1	東京	34	山鹿	1		
青森	2	はらいち	1	小諸	1	名古屋	6	桜井	1	鳥取	2	山杉	1		
足利	1	姫路	1	郡山	1	長崎	4	仙台	3	富山	2	山口	1		
別府	1	弘前	2	久留米	1	日光	1	芹田村	1	津	3	横浜	1		
福井	1	広島	6	京都	7	小城	1	せとだ	1	上田	3	米子	1		
福岡	2	飯田	2	前橋	1	大分	1	下館	1	上野	1	湯元	1		
岐阜	1	鎌倉	1	松本	1	岡山	1	静岡	4	浦和	1	膳所	1		
八王子	1	神奈川	2	松山	2	大久保	1	武生	1	宇都宮	2				
八戸	1	金沢	5	みつもしょ	1	大阪	9	高岡	1	宇和島	1				
はばた	1	川越	1	盛岡	2	小樽	1	田辺	1	若松	1				
函館	1	神戸	9	宮崎	1	大津	1	田原本	1	山田	1				

注）「J. K. U. 10年の歩み」（前掲、56-57頁）より作成した。

2．キリスト教系保姆養成機関の概要

　キリスト教系保姆養成機関には頌栄保姆伝習所、広島女学校保姆師範科、柳城保姆養成所など、名称を見るだけでも、伝習所、養成所という保姆養成単独の教育施設と、女学校の一部として設置されたものがあることが確認される。第2章で取り上げる桜井女学校幼稚保育科は、女学校の附属機関として置かれている。第3章の頌栄保姆伝習所は、頌栄幼稚園に併設する保姆養成に特化した施設であった。第4章の事例である広島女学校保姆師範科は、女学校の附属機関であったが、後に、ランバス記念伝道女学校と合併してランバス女学院保育専修部となると、女性伝道者養成とセットで行われるようになった。

　一般の保姆養成とキリスト教系保姆養成機関における養成を比べると、二つの相違点を指摘することができる。一点目は、前者の担い手が東京女子師範学校関係者であったのに対し、キリスト教系保姆養成機関では婦人宣教師やその弟子が養成を行っていたことである。二点目は養成期間についてである。一般の保姆養成機関では、半年から1年程度の養成期間を採るところが

34

多いが、キリスト教系保姆養成機関は基本的に2年制で、3年制を採る場合もあった。表4は、キリスト教系保姆養成機関の一覧である。

表4　キリスト教系保姆養成機関の一覧

設立年	名称（所在地）	養成期間
1884年	桜井女学校幼稚保育科（東京）	1年
1889年	頌栄保姆伝習所（神戸）	2年（高等科2年制）
1895年	広島女学校保姆師範科（広島）（後ランバス女学院保育専修部（大阪））	2〜3年
1898年	柳城保姆養成所（名古屋）	2〜3年
1902年	東京保姆伝習所（東京）	2年
1905年	活水女学校幼稚園師範科（長崎）（後ランバス女学院保育専修部）	2年
1906年	梅花幼稚園保姆伝習所（上田）（後東洋英和女学校幼稚園師範科）	2年
1913年	青葉女学院保姆科（仙台）	2年
1916年	玉成保姆養成所（東京）	1年
1919年	東洋英和女学校幼稚園師範科（東京）	2年
1921年	平安女学院高等科保姆部（京都）	2年
1923年	大宮愛仕母学会（大宮）	3年
1925年	東京保育女学院（東京）（後東洋英和女学校幼稚園師範科）	2年

注）『日本幼児保育史』（日本保育学会、フレーベル館、第3巻、1969年、214頁）、『幼稚園教育百年史』（文部省、ひかりのくに、1979年、169-173頁）などを参照しまとめた。

　大正末期には、保姆養成機関14校中10校がキリスト教系の保姆養成機関であった[45]。1940（昭和15）年には33校中11校がキリスト教系保姆養成機関であり、そのうち2年制養成を行っている8校中7校がキリスト教系保姆養成機関であった[46]。このように量的にも、年限的にも、キリスト教系養成機関が当時の養成校における保姆養成を主導していたのであるが、その実態に関してはほとんど解明されていない。そこで本研究では、次章以降でキリスト教系養成校の養成システムやカリキュラムなどを詳細に分析し、その特質に

迫りたい。

　ところで、各種学校であったキリスト教系養成校の多くが各府県から幼稚園保姆の無試験検定校に認可されていた。これにより卒業生は公的に幼稚園保姆の免許保有者として幼稚園教育に携わることができたのである。幼稚園保姆検定試験には、無試験検定と試験検定がある。前者は申請者の学歴や経歴などから府県知事が適時判断して免許を交付するシステムであり、後者は試験の結果によって免許を付与するものである。キリスト教系保姆養成校卒業者は、無試験検定により個人で申請して免許を取得するか、もしくは養成校自体が府県から無試験検定の認可を受けていることで免許を取得していたのである。佐野友恵によれば、1926年の「幼稚園令」によって保姆検定制度が確立するまでは、各府県独自の基準で試験が行われていたと言う[47]。

　また、佐野はキリスト教系養成校の平安女学院を例に挙げ、同学院が無試験検定校に認可される過程において、教育課程や教員組織などに関する審査が行われたと述べている。平安女学院の場合、同学院から京都府に無試験検定校となるための申請を行い、学科課程、教授時数、教員一覧（科目、出身校）などの資料を提出している。京都府はこれらの資料を関連法規や検定の内規、前例などと照らし合わせ、実地視察を行った後、無試験検定校として認可している。「幼稚園令」制定以前は各府県で異なる無試験検定の基準が設けられていたが、「府県知事が適任と認めた者」として認定されていた。無試験検定の認可を受けた養成校の共通点としては「入学資格が高等女学校卒業以上」であり「修業年限1年以上」の条件を満たしているところがほとんどであったと言う[48]。

　法的には基盤が強固であったとは言えないキリスト教系養成校であるが、実質的には日本の保育界に多大な貢献をなしてきたと考えられる。キリスト教系養成校の代表的なものとして2年制養成の先駆である頌栄保姆伝習所が知られている。同伝習所の創設者である A. L. ハウ（A. L. Howe, 1852-1943）について、通史では「明治のわが国の幼児教育はフレーベル主義保育だった

36

と一般にいわれるが、それはフレーベル主義の形骸を模倣した、えせフレーベル主義であり、真実のフレーベル主義保育はハウを通して、はじめてわが国に紹介されたといっても決して過言ではない」[49]と評価されている。ハウはフレーベルの教育思想を、その二大主著である『母の歌と愛撫の歌』および『人間の教育』の翻訳などを通して日本に紹介した人物として著名である。また、彼女は1906（明治39）年にキリスト教系幼稚園および保姆養成機関の連合組織である JKU を設立し、キリスト教保育の充実を図っている。それにより、これまでの研究ではハウの業績が強調されてきたが、キリスト教系保姆養成が総体としてどのように、またどれほどの役割を果たしてきたのかは不明である。さらに、各キリスト教系養成校における養成には特色があるがその独自性は等閑にふされてきた。そこで、本研究では、それらを比較検討した上で、キリスト教系養成機関における保姆養成の全体的特徴について明らかにしていきたい。

　戦前期を通して、日本における幼稚園教育ならびに保姆養成のモデル校であった官立の東京女子師範学校（後の東京女子高等師範学校）は、1878年に保姆練習科を開設し、制度的に初めて保姆養成を開始した。しかし、それはすぐに廃止され、保姆養成は同校設置の主目的である小学校教員養成に組み込まれて二次的に行われるようになった。資格としては、1890年の「小学校令」において、小学校教員の資格がそのまま保姆の資格であるとされた。しかし、保姆の社会的地位や待遇は小学校教員より低く、小学校教員さえ不足している状況の中、実際に保姆になる女性は少なかった。保姆の不足を補うため、東京女子師範学校での保姆養成をモデルとした幼稚園での見習制の養成や講習会形式の速成養成などが行われた。しかしながら、これらは保姆数を確保するためのものであり、幼稚園教育の独自性や保姆の専門性が十分に保証されたものではなかった。

　1899（明治32）年には、幼稚園教育に関する初めての法的基準である「幼

稚園保育及設備規程」が、1926年には、初の単独法令である「幼稚園令」が制定されたが、保姆養成機関の設置基準や教育内容に関しては明確に定められず、放置され続けた。その結果、保姆養成機関は官公立３校以外、全て私立の各種学校として存在することとなった。このように、戦前は政府の積極的な保姆養成政策はなく、保姆養成は幼稚園それ自体の発展・普及に遅れをとっていた。また、保姆の専門性軽視の風潮により、養成制度も整えられず、一時凌ぎの保姆が輩出されるといった状況であった。

　このような状況の中、実質的にはキリスト教系保姆養成機関が日本の保姆養成を主導していたと言える。次章以降では、キリスト教系保姆養成の実態はいかなるものであったのか、またその特質はどのようなものであるかについて分析していく。

＜第１章注＞

1) 伊沢修二はフレーベルの運動遊戯を取り入れて唱歌教育実践を行った人物として知られている（橋本美保『明治初期におけるアメリカ教育情報受容の研究』風間書房、1998年、207-255頁。湯川嘉津美『日本幼稚園成立史の研究』風間書房、2001年、190-198頁）。

2) 伊沢修二「幼稚園の一新紀元」『日本之小学教師』第９巻、第97号、1908年１月3-6頁。「ミツスハ才嬢」とは、A. L. ハウのことである。伊沢はハウによる幼稚園教育を評価し、「将来の幼稚園を本統に改良進歩させたいものと云ふならば、先づ日本ではこのハオーの式を能く研究して、それから之を全く日本化して日本の幼稚園と云ふことにしなくてはならぬ」と述べている（同上論文、６頁）。

3) 倉橋惣三他『日本幼稚園史』臨川書店、1983年、116頁。

4) 東京女子師範学校附属幼稚園における見習生受け入れの経緯については『日本幼稚園成立史の研究』（前掲、232-234頁）を参照されたい。なお、湯川によれば氏原と木村はその後大阪府模範幼稚園の保姆となり、横川は東京女子師範学校附属幼稚園保姆となった後、私立八王子女学校および幼稚園を設立している。

5) 前掲『日本幼稚園史』、117頁。

6) 同上書、119頁。

7) 同上書、119-120頁。

8）前掲『日本幼稚園成立史の研究』233-234頁。また、豊田芙雄を中心に最初期の保姆養成について触れている研究に『豊田芙雄と草創期の幼稚園教育』（前村晃他、建帛社、2010年）がある。

9）前掲『日本幼稚園史』126頁。

10）同上書、126-127頁。

11）同上書、122頁。

12）同上書、122-127頁。同書において、これは1878年6月に制定された「幼稚園保姆練習科規則」として紹介されているが、同年11月に再度制定された「幼稚園保姆練習科生徒給費規則」である。なお、『日本幼稚園成立史の研究』（前掲、235-240頁）には、前者が引用されているため参照した。

13）前掲『日本幼稚園成立史の研究』236頁。

14）卒業生のその後の進路については、同上書（238-239頁）に詳しい。

15）『文部省第八年報』1880年、16頁（国立国会図書館蔵）。

16）「東京女子師範学校第六年報」1879-1880年（『文部省第八年報』437頁）。

17）東京女子師範学校「東京女子師範学校規則」1880年7月（国立国会図書館蔵）。

18）東京女子師範学校「東京女子師範学校規則」1881年7月（国立国会図書館蔵）。

19）前掲『日本幼稚園成立史の研究』226-228頁。

20）湯川嘉津美「明治10年代後半東京女子師範学校における「幼稚園保育法」講義」発表要旨集、日本保育学会第66回大会、2013年、343頁。

21）文部省『幼稚園教育百年史』ひかりのくに、1979年、84頁。

22）同上書、167頁。

23）日本保育学会『日本幼児保育史』フレーベル館、第2巻、1968年、248頁。

24）同上書、第3巻、1969年、219-221頁。

25）田中友恵「奈良女子高等師範学校保姆養成科の設置とその役割」『上智大学教育学論集』（38）、2003年、57-70頁。

26）前掲『日本幼児保育史』第4巻、1971年、205頁。

27）前掲『日本幼稚園史』129頁。

28）前掲『日本幼稚園成立史の研究』240頁。

29）前掲『幼稚園教育百年史』84頁。

30）同上。前掲『日本幼稚園史』136-137頁。

31）前掲『日本幼稚園成立史の研究』258-267頁。

32）文部省「模範幼稚園保姆練習科規則」『文部省日誌』第16号、1879年、35-39頁。

33）前掲『日本幼稚園成立史の研究』235-236頁。

34）前掲『日本幼稚園史』131-132頁。

35）前掲『幼稚園教育百年史』85頁。

36）田中友恵「明治10-20年代における見習い方式による保姆養成―愛珠幼稚園の事例を中心に―」『上智教育学研究』17、2003年、44頁。

37）前掲『日本幼児保育史』第2巻、90-93頁。

38）前掲『幼稚園教育百年史』85頁。

39）水野浩志他『保育者と保育者養成』栄光教育文化研究所、1997年、19頁。

40）前掲『日本幼稚園史』427-429頁。

41）前掲『保育者と保育者養成』19-26頁。

42）前掲『日本幼児保育史』第2巻、93-94頁、248-250頁。

43）同上書、第2巻、250-252頁、第3巻、227-228頁。

44）前掲『保育者と保育者養成』26頁。

45）前掲『幼稚園教育百年史』262頁。

46）文部省教育調査部『幼児保育に関する諸問題』第7輯、1942年、50-51頁。

47）田中友恵「戦前日本における幼稚園保姆検定制度の確立」『乳幼児教育学研究』第12号、2003年、33-42頁。佐野友恵「明治期における幼稚園保姆検定に関する考察」『幼児教育史研究』第1号、2006年、37-46頁。

48）無試験検定に関しては「幼稚園保姆無試験検定に関する研究―幼稚園令制定以前を中心に―」（佐野友恵『乳幼児教育学研究』第23号、2014年、35-45頁）において詳細に論述されている。

49）前掲『日本幼児保育史』第2巻、82頁。

第2章　桜井女学校幼稚保育科における保姆養成の特質

　キリスト教系保姆養成機関の最初のものである桜井女学校幼稚保育科は、1884（明治17）年に創設された。同科は、1889（明治22）年にA. L. ハウ（A. L. Howe, 1852-1943）が頌栄保姆伝習所を開設するまで、唯一のキリスト教系保姆養成機関であった。幼稚保育科は15年間しか存在しないが、草創期にあって多くの保姆を幼稚園現場に送り出し、各地の幼稚園の設立にも貢献しており、その実態の解明なしにはキリスト教系保姆養成の創始とその後の展開を描くことはできない。そこで、本章では、桜井女学校幼稚保育科の養成システムやカリキュラム、また、指導者の方針や卒業生の実践などを総合的に検証し、その特質を明らかにしたい。

第1節　桜井女学校における保姆養成の性格

1．女学校の概要と教育

⑴桜井女学校の沿革

　1870（明治3）年に米国長老教会婦人伝道局より派遣されたカルゾルス夫人は、Ａ6番女学校を築地に設立した。同校は、日本で最初の女学校とされているが長くは続かず、1876（明治9）年に廃止され、学生は1873（明治6）年に設立されたＢ6番女学校と1876年に設立された原女学校へ移っている。Ｂ6番女学校はＡ6番女学校と同町同番地にあり、同じく米国長老教会婦人伝道局が運営しており、パアク（後のタムソン夫人）とヨングメンが教鞭をとっていた。1876年にＢ6番女学校は新栄町に移転し、グラハム女学校と一時名を改め、同年10月24日には正式に政府の認可を受けて新栄女学校となっ

た。原女学校は、カルゾルス夫人の門下生であった原胤昭が銀座に設立した女学校で、ここでカルゾルス夫人も教えている。その後、原は広島市の英語教師として招かれ、カルゾルス夫人も同伴している。後任者となったのはM. T. ツルー（Maria T. True, 1840-1896）[1]であったが、同校は、1880（明治13）年に廃校となり、ツルーと学生は新栄女学校に籍を移した。

　新栄女学校が認可を受けた同日に、桜井ちか[2]によって桜井女学校が創設されている。彼女は、1878（明治11）年に不就学児童のための貧学校、1879（明治12）年9月に附属高等小学科、1880年4月に附属幼稚園を女学校に付設した。その後、桜井ちかは、函館女子師範学校に赴任することになり、1881（明治14）年7月から矢島楫子が校長代理となった。また、実質的には新栄女学校から移ってきたツルーに事業が託され、経営は米国長老教会婦人伝道局が担うこととなった。1887（明治20）年9月には、桜井女学校内に新栄女学校と提携して高等部が開設され、同年、看護婦養成所も設立されている。その後、1890（明治23）年9月に新栄女学校と桜井女学校は合併し、女子学院となった。この合併は「桜井・新栄両校の高等科合併授業が全体におよんだ結果としての『女子学院』の誕生をつげたものといえよう」とあるように、高等部の設置により始まったもので、ここにきて米国長老教会の流れを汲む女学校が統合されたのであった[3]。

(2)桜井女学校の教育事業とその方針

　桜井ちかが女学校を去って後、ツルーが学校経営に力を発揮した。卒業生の浅田みか子は、ツルーついて次のように述べている。

　　種々の事業を画策されて、まず中六番二十八番地に桜井女学校を設立され、ついで五十二番地に又一校舎を建てられ、これを南に北に増築拡張され、数年にして又上二番町に今の拡大なる校舎を建設されました。是より先き看護婦養成所、更に角筈に独立女学校、養生園（日本婦人の健康快復のため）を経営され、宇都宮に、前橋に又高田に女学校を建設され、卒業生や上級生を率ひて教授に赴かれ、

基礎を整へて後帰京されるといふ風で、実に驚くべき事業家でありました[4]。

ツルーは、桜井女学校の増築や、地方分校、看護婦養成所、独立女学校、養生園の設置運営などの諸事業を行った。小檜山ルイによれば、ツルーは女子大学設立を最終目標として桜井女学校と新栄女学校の合併を主導し、幼稚園から大学までの一貫教育の構想を抱いていたと言う[5]。このように、桜井女学校は単に女学校だけで成り立っていたのではなく、多くの附属機関や姉妹校との関係の中にあった。

桜井女学校は、「私立女学校にして明治十九年頃に於て最有名であつたのは東洋英和女学校、桜井女学校、跡見女学校、明治女学校等であつた」と紹介されていたことから、世間一般に知られていたことがわかる。1890年に『女学雑誌』に掲載された大日本教育会が調査した「東京府下各女学校女生徒国分表」によると、桜井女学校には1道3府25県からの入学者があり、全国から学生が集まってきていたことが確認される。したがって、桜井女学校は全国的に著名な女学校であったと言えよう。

1888（明治21）年11月の『女学雑誌』の調査である「京浜間における女学校の現況」では、東京と横浜の25校の女学校が対象とされ、「開設年月」「教員数」「生徒数」「所在」の各項目についての調査が行われている。それによると、桜井女学校は1876年10月に開設されており、25校中では8番目に設立された女学校であるとされている。ただし、前述したように、学生と教員の移動状況を見ると、女子学院の源流はＡ6番女学校であるため、桜井女学校を日本で最初に設立された女学校と見なすこともできよう。学生数に着目すると、最小の女学校が20名であり、桜井女学校は最大の325名であった[6]。

1887年に『女学雑誌』に掲載された「京浜各女学校教育法主旨」には、以下のように桜井女学校における女子教育の主旨が紹介されている。

（主旨）　本校は、女子小学、即ち尋常高等二学期、満八ヶ年に一ヶ年を加へたる

年限中に於て、正則の英学を兼修し、同時期中に英和二ヶ国の普通学を卒業せしめ、夫より進んで高等特別科学期三ヶ年間に於て、改良法の衣服飲食教育法経済法等社会必要の事を講習錬磨せしめ、所謂る文明の働を為すに適当なる良婦人を養成せんことを要す。斯の如く普通学を修むるの時限中に於て、英学をも学び得べき組織なれば、時間の短縮なるは修業上頗ぶる困難ならざるに非ずと雖も、文字に竪横の別あり文章に種々の様あるも其理義に於て異なる所なし。左れば、各自智識の度にしたがひ、英和互に相たすくる所あり、且つ此の如き科程を履む所の者は、幼少より完全なる智、徳、体の三育を受けしめ、天賦の才美を養なひ成さざれば能はざるべし。之れ本校は、煩を忍んで、預め附属の幼稚園を設け以て其準備たらしむる所以也[7]。

同校における女子教育の目的として、「文明の働を為すに適当なる良婦人を養成せんこと」と記されている。この方針の中で、英語による学習も行われるため、「此の如き科程を履む所の者は、幼少より完全なる智、徳、体の三育を受けしめ、天賦の才美を養なひ成さざれば能はざるべし」とあるように、幼稚園からの一貫教育の必要性が示されている。それでは、実際に、学生がどのような教育を受けたかを、卒業生の手島近を例として説明しよう。1901（明治34）年2月12日に提出された手島近の私立幼稚園保姆認可申請に添付されていた履歴書の一部を以下に引用する[8]。

手島近

明治拾年拾壱月生

明治拾五年四月東京市糀町区中六番町桜井女学校附属幼稚園ヘ入ル。
拾七年四月同校尋常小学部ヘ入学シ、弐拾壱年三月同小学部ヲ終ル。
弐拾壱年四月同校高等小学部ヘ入学ス。
弐拾参年同校糀町区上二番町ヘ移転シ、弐拾四年女子学院ト改称ス。
弐拾五年三月同院高等小学部ヲ終リ、同年四月同院本科ヘ入ル。
弐拾九年七月日本学本科ヲ修了シ、参拾年三月同院英学本科ヲ修業ス。
参拾壱年三月日本学全科ヲ終ル。
参拾参年参月同院全科ヲ卒業ス。賞罰ナシ。
参拾壱年四月ヨリ参拾参年四月マデ修学ノ傍、同院高等小学部ヲ助教ス。

参拾参年四月ヨリ京都市中立売通私立西陣幼稚園ニ於テ、保育実地練習ス。

　　右之通ニ候也

　明治参拾四年弐月拾弐日　　　　　　　　　　　　　　　　手島近　印

　手島は、1882（明治15）年に4歳で附属幼稚園に入学し、尋常小学部、高等小学部を経て、女学校には1892（明治25）年に14歳で入学している。彼女は1900（明治33）年に22歳で卒業するまでに、日本学の本科と全科、英学の本科を修業している。また、手島は、1900年に女学校の全科を卒業したと記しているが、彼女が課程の前半部を本科と称していることや、修業年限から見て、全科とは高等部のことを指すと考えられる。さらに、彼女は、在学中の1898（明治31）年から、同校の小学部で助教となり、卒業後は同校と関連のある京都の西陣幼稚園で保育実践に従事している。学生全員が幼稚園から桜井女学校で学んでいたわけではないが、手島のように桜井女学校で一貫教育を受け、同校とつながりのある幼稚園に就職した学生が存在したことが知れる。

(3)女子教育のカリキュラム

　桜井ちかは、英学を専門に桜井女学校を設立し、1876年の時点では、地理学、裁縫、数学、化学、窮理学、生理学、修身学、経済学を科目として設置していた。矢嶋に女学校が引き継がれた後の1884年には、英語学を中心に、地理、歴史、美術、作文、修身、博物、天文、心理学、音楽を科目として置いている[9]。以下では、1888年6月12日に提出された「私立桜井女学校改正願」[10]に着目し、当時の桜井女学校のカリキュラムを分析していこう。

　　　　　　　設置ノ目的

　本校ハ、満十四年以上ノ女子ヲ教育シ、専ラ其徳性ヲ涵養シ、知識ヲ開発シ、家事経済児童教育ノ良法ヲ習得セシムルヲ以テ目的トス。

　　　　　　学科学期課程表及教育用図ノ表

　学科ヲ分テ二部トス。第一部ハ学期四年トシ、第二部ハ高等部ト称シ学期二年ト

ス。第一部ハ国語及英語ヲ以テ教授シ、高等部ハ専ラ英語ヲ以テ教授ス。家事経済ノ要旨ハ類ニ触レテ教授ス。裁縫割烹調理法ハ定時間外ニ教授ス。幼稚保育法及児童教育法ヲ練習セシム。

教科用図ハ別紙ノ通リ

　　　　試験規則（略…筆者注）

　　　　入学生徒学力、入学生徒年齢

第一部第一年級ニ入ヲ得ヘキ者ハ、高等小学科程ヲ卒業セシ者、若クハ之ニ均シキ学力ヲ有シ、及英語ナショナル第四読本ヲ学ヒシ者、若シクハ之ニ均キ学ヲ有スル者トス。

年齢ハ十四年以上ノ者トス。

（中略…筆者注）

教科用書目

書名	出版年	著者
読本	千八百八十四年	ナショナル
仝	千八百八十一年	マンテース
歴史	千八百八十六年	シユルド
仝	千八百七十四年	スキントン
仝	千八百八十三年	バアーン
文典	千八百八十五年	スキントン
仝	千八百七十九年	マンテース
地理	未明	
化学	千八百七十三年	ステール
天文	千八百六十九年	ステール
植物	千八百五十七年	グレー
生理	千八百七十二年	ステール
修身	未明	ウヰラ
心理	未明	
家事	千八百八十三年	未明
哲学	未明	
論理	未明	
基督教証拠論		

和漢歴史ハ適当ナル書籍ヲ得ル迄ハ、十八史畧

近古史談等ノ諸書ニ付テ講読ス。

引証参考用書籍字書類　　　若干部

第一部学科及学期授業時間表

学科 ＼ 学期	第一年級			
	毎週時数	前期	全	後期
聖書科	二．五	°創世記	二．五	°埃及記
修身科				
国語 漢文	四	読書 作文	四	全 全
英語	六	語学 作文	六	全 文法
地理				
天文				
歴史	三	外国歴史 日本支那	三	全 全
数学	五	算術 代数	五	全 全
博物				
習字 図画	四	習字 画学	四	全 全
教育学				
唱歌 音楽	一．五		一．五	
裁縫 編物	二．五		二．五	
体操	一．五		一．五	
計	三〇		三〇	

学科 ＼ 学期	第二年級			
	全	全	全	全
聖書科	二．五	全	二．五	°約西亜 士師記
修身科				

48

国語 漢文	四	全 全	四	全 全
英語	五	文法 読書	五	読書 文章
地理				
天文				
歴史	二	全	二	全
数学	五	全 全	五	代数 幾何
博物	二	°生理	二	°動植物
習字 図画	四	全 全	四	全 全
教育学				
唱歌 音楽	一.五		一.五	
裁縫 編物	二.五		二.五	
体操	一.五		一.五	
計	三〇		三〇	

学期 学科	第三年級			
	全	全	全	全
聖書科	二.五	°福音宣教	二.五	全
修身科				
国語 漢文	四	全 全	四	全 全
英語	五	文章	五	全
地理	二.五	地文	二.五	全
天文				
歴史	四	万国史 全	四	全 全
数学	五	全 全	五	全 全
博物				
習字 図画	一.五	全		
教育学			一.五	教育法

第2章　桜井女学校幼稚保育科における保姆養成の特質　　49

唱歌音楽	一. 五		一. 五	
裁縫編物	二. 五		二. 五	
体操	一. 五		一. 五	
計	三〇		三〇	

学期　学科	第四年級			
	全	全	全	全
聖書科	二. 五	°猶太国誌	二. 五	全
修身科	五	°修身学	四	°全
国語漢文	四	全全	四	全全
英語			三	文学
地理				
天文	二. 五	°天文	二. 五	°全
歴史	四	全全	二	全全
数学	五	幾何三角術	五	三角術
博物				
習字図画				
教育学	一. 五	全	一. 五	全
唱歌音楽	一. 五		一. 五	
裁縫編物	二. 五		二. 五	
体操	一. 五		一. 五	
計	三〇		三〇	

表中°印ハ英語ヲ以教授ス

高等部学科及ヒ授業時数

学期　学科	第一年級			
	毎週時数	前期	毎週時数	後期
聖書科	二. 五	使徒行伝	二. 五	全
文学				

歴史	三	万国史	三	全
化学	三	化学書	三	全
論理	三	論理学		
哲学				
心理				
経済	三	家事経済	三	全
音楽	五	洋琴 風琴	五	全 全
画学		墨画 水彩画 油画		全 全 全
外国語		羅甸 仏蘭西 独逸		全 全 全
体操	一．五		一．五	
計	二一		二一	

学期 学科	第二年級			
	全	全	全	全
聖書科	二．五	預言書	二．五	全
文学	三	英文学	三	全
歴史	三	教会史	三	全
化学				
論理				
哲学	三	基督教証拠論	三	全
心理	三	心理学	三	全
経済				
音楽	五	全	五	全
画学		全 全 全		全 全 全
外国語		全 全 全		全 全 全
体操	一．五		一．五	
計	二一		二一	

筆者注）音楽、画学、外国語は志願者のみ。授業用器械は略す。

第2章　桜井女学校幼稚保育科における保姆養成の特質　51

　設置の目的には「専ラ其徳性ヲ涵養シ、知識ヲ開発シ、家事経済児童教育
ノ良法ヲ習得セシムル」とあり、14歳以上の女子を対象に教育を行うとあ
る。入学条件としては高等小学課程を卒業した女性、またはこれに相当する
学力を有した者で、「英語ナショナル第四読本」程度の英語力が必須であっ
た。定員は通学者と寄宿生とを合わせて80名で、教員は「欧米大学校ヲ卒業
セシ品行端正ノ者」とある外国人3名、「師範学校ヲ卒業セシ后某学校ノ教
授」となった経歴のある日本人2名が記載されている。そのシステムは「学
科学期課程表及教育用図ノ表」の項目に「学科ヲ分テ二部トス。第一部ハ学
期四年トシ、第二部ハ高等部ト称シ学期二年トス」とあるように、4年制の
第一部の上に、高等部と称される2年制の第二部が設けられていた。

　高等部は、同改正願が提出された前年の1887年に開設されている。明治10
〜20年代頃の女子の高等教育は、東京女子師範学校（後に女子高等師範学校）
において行われていたが「この官立の高等教育機関にくらべてミッションス
クールの高等科の水準は何ら遜色がなかった」[11]と評価されている。キリス
ト教系女学校の高等部は公的には各種学校でありながらも、女子の高等教育
機関の不足を補う存在であったと言える。キリスト教系女学校ではフェリス
女学校が1882年に高等科を設置したのを皮切りに、活水女学校高等科からは
1889年に第1回卒業生2名が輩出され、神戸英和女学校（後に神戸女学院）は
1891（明治24）年に高等科を設置している。このような状況の中で、桜井女
学校も高等部をいち早く設置し、当時の日本における最高水準の女子教育を
提供したのであった。

　科目に関しては「学科及学期授業時間表」を見ると、第一部に聖書科、修
身科、国語・漢文、英語、地理、天文、歴史、数学、博物、習字・図画、教
育学、唱歌・音楽、裁縫・編物、体操、高等部に聖書科、文学、歴史、化
学、論理、哲学、心理、経済、音楽、画学、外国語、体操が置かれ、聖書
科、歴史、唱歌・音楽、体操が全学年に課されていた。また、「第一部ハ国
語及英語ヲ以テ教授シ、高等部ハ専ラ英語ヲ以テ教授ス」とあるが、第一部

では聖書科、修身科、博物、天文の授業が、高等部ではすべての授業が英語で行われていた。桜井女学校の学生であった竹中繁はその頃の教育の様子を次のように述懐している。

> 私共の頃、教科書はナショナルリーダーの一から三まで、ポプュラー、サイエンス、グラムマー、地理、天文学、アメリカンクラシックス、ブリティシクラシックス、スキントンの世界史、それからジュニアーになるとシェルドンのヒストレー、これは質問だけの本で参考書で勉強してゆくのでした。クリスチャンエビデンス、リテラチューア、レトリック、ジュニアーで保育学をして幼稚園を教えました[12]。

ここに挙げられている教科書と「教科用書目」を見ると、一致が確認されるものに、英語の読本であるナショナル、スキントンによる世界史（1874年）、シェルドン（シユルド）の歴史（1886年）がある。また、注目されるのは「保育学」の講義を受け、幼稚園で実地保育を行ったという記述である。ジュニアーというのは4年課程の第3学年にあたる。授業時間表を見ると、教育学が第3年級の後期から第4年級の後期まで、週に1.5時間設置されている。したがって、竹中のいう保育学は、この教育学の中に含まれていたと考えられる。「設置ノ目的」には「家事経済児童教育ノ良法ヲ習得セシムルヲ以テ目的トス」とあり、「学科学期課程表及教育用図ノ表」には「家事経済ノ要旨ハ類ニ触レテ教授ス。裁縫割烹調理法ハ定時間外ニ教授ス。幼稚保育法及児童教育法ヲ練習セシム」と記されている。ここに「児童教育」「幼稚保育法」「児童教育法」の用語があることから、従来は、桜井女学校において保姆養成が行われていたとされてきたのであるが、「幼稚保育法」が家事、経済、裁縫、割烹、調理法と併記されている点からして、職業教育としての保姆養成ではなく、女子教育の一環としてのものであると言えよう。つまり、教育学の中に含まれていた保育学と保育実習は、女子の完成教育のために用意されたものであった。

桜井女学校では女学校の教師や保姆、看護婦の養成が行われ、女性の自立

を支援する女子独立学校も設置されていたことから、同校を卒業して職業婦人となる女性は当時としては多かったと考えられる。それでも大半の学生は、卒業後家庭に入り主婦となった。そのような女学生のため、第一部の教育学の中で保育学が教授され、さらに子どもと関わる体験を得るため、実際に附属幼稚園において保育実習がなされた。

2．E. P. ミリケンによる保姆養成の背景

女子教育の一環としての保育学や保育実習とは別に、桜井女学校では幼稚保育科において、専門職としての保姆の養成がなされていた。ツルーは幼稚園を拡張しようとして、「三番町五十二番に分校を開き、米国より此の道に堪能なるミス、ミリケンを招き其の任にあたらしめた」とあるように、1884年にアメリカから E. P. ミリケン（Elizabeth Patton Milliken, 1860-1951）を招聘している。幼稚保育科は、第 1 回卒業生である湯浅はつの履歴書に「同十七年九月ヨリ、同校ニ於テ米国女教師ミリケン氏ニ就キ保姆科ヲ修メ、同十八年七月卒業ス」とあることから、ミリケンの来日後すぐに開始されたと見える[13]。本項では、ミリケンの経歴や人物像を解明し、幼稚保育科での保姆養成の背景を明らかにする。

⑴ E. P. ミリケンの経歴

ミリケンについての先行研究はほとんどなく、彼女の経歴はこれまで十分に明らかにされてこなかった。ここでは、従来示されてきたミリケンの経歴に修正を加え、その生涯を描き出す[14]。

ミリケンを派遣した米国長老派宣教団体の歴史資料を保存している Presbyterian Historical Society（以下、長老派歴史協会とする）には、宣教師の公的な情報が残されており[15]、ミリケンの個人ファイルの中には、7 点の資料が保管されていた[16]。この中の 1 点にミリケンの経歴を特定する上で重要な両面刷りの書類が含まれており、その表には、ミリケンに関する基本的な情

報が、裏には親戚と友人関係が記されている。その他、"Honorably Retired" という題のつけられた資料からは、ミリケンの引退後の動向ついて詳しく知れる。また、Board of Foreign Missions of the Presbyterian Church in the USA からミリケンの親類の James Crothers へ宛てて出されたミリケンの訃報も保存されている。これらの資料によると、ミリケンの経歴は次のようにまとめられる。

ミリケンは1860年11月11日にフロリダのクインシーで生まれた。ペンシルベニアで教育を受けた後、1884年2月11日に東京の宣教師に任命され、同年8月19日に日本へ向けて出航した。ミリケンは、桜井女学校の教師となり、その後40年間同校に勤め、宣教および女子教育の任にあたった。その間、1915（大正4）年、1919（大正8）年、1924（大正13）年に3回の長期休暇を取っている。1924年7月5日に、ボードはミリケンからの引退の要請を受けた。ミリケンは、同年7月20日にシアトルに帰着し、8月19日に正式に引退している。その後、自身のミニストリーについて報告するため、1924年から1925年にかけて全米を旅行した。宣教師に任命された当時は、ペンシルベニアのフィラデルフィアにあるフォックスチェイスに住んでいたが、引退後は、ペンシルベニアの中心地であるフィリップスに居住した。その後、1945年11月26日から1946年5月まではフロリダ、1947年4月23日からはまたもとの場所に戻り、1949年3月30日からはペンシルベニアのピットに移り住んでいる。彼女は、最終的には、ペンシルベニアホリデイズのハンティンドンの長老派教区にある長老派の療養所に入所し、1951年2月3日に90歳で亡くなった。弔いの礼拝がペンシルベニアのアレクサンドリアにある長老教会の共同墓地で2月6日に行われている。日本においてこの訃報を聞いた谷岡は、"Sad News" と題して、「ミリケンは2月3日の11時45分にペンシルベニアのホリデイズにある長老派ホームで90歳で亡くなった」と、死亡日時や場所まで詳しく記載し、ミリケンが数年間、身内にケアされ幸せに過ごしたことを伝えている。

第2章　桜井女学校幼稚保育科における保姆養成の特質　55

　ミリケンは、1884年から1924年までの40年間、米国の長老派から派遣された宣教師として日本で活躍した。その役割は、「ミス・ミリケンは長老教会での教師、彼女の設立した長老派幼稚園での保姆、そして女子学院での宣教師兼教師であった」とあるように、教師、保姆、宣教師として、多くの人々に影響を与えたのであった。「彼女の設立した長老派幼稚園」とは、桜井女学校附属幼稚園のことであるが、同園を設立したのは桜井ちかである。附属幼稚園は1897（明治30）年頃までしか存在していないため、ミリケンは帰国するまで継続して保姆をしていたのではないが、ミリケンによってキリスト教系幼稚園および保姆養成機関が本格的に開始されたのであった[17]。

⑵ E. P. ミリケンの教育活動と伝道活動

　次に、ミリケンの教育活動の全体を、その伝道活動も視野に入れながら検討することで、幼稚保育科で彼女によって行われた教育の背景を把握しよう。

　ミリケンは、桜井女学校の支柱であったツルーが1896（明治29）年に亡くなると、桜井女学校に赴任した多くの宣教師のリーダー的存在となり、ツルーの役割を引き継いだ[18]。ミリケンの担当した授業について、浅田みか（1891年卒業）は、「難解の教科書（Moral Science）を与へられ、ミス、ミリケンが解つても解らなくても、斟酌なしにズンズンページを進められるので」と述べており、ミリケンが「倫理学」を教えていたことがわかる。山谷妙子（1914（大正3）年卒業）は、下級生のクラスにおいてミリケンが「What is this? と毎日指を出したり、手を出したり、はては御自身台所から持つて入らした、お盆の上にある種々のお皿や、さじや、塩や、砂糖の各を英語できかれたり、時にはそのついでにお盆の上のお菓子」をくれたと回想している。また、ミリケンが一時帰国する際には、「私の英語の授業の代理を務める人を確保していきたいと思っています」とミッションレポートに記していることから、彼女は英語の授業を担当していたと言える。その他にもミリケ

ンは、基督伝、クリスチャンエビデェンス、万国歴史、天文学を担当しており、田村ゑい（1881年入学）は、「英文学の一端を学ぶ事の出来ましたのは、ミリケン先生の賜物です」と記している。このように、ミリケンは、英語や倫理学、キリスト教学に歴史、天文学、英文学に至るまで幅広く教授していたのであった[19]。1897年入学の高桑峯子は、「入学当時の思ひ出」と題して、ミリケンの存在について次のように述懐している。

> 先生が傍に来られ書けましたかと仰せになりますので、ソット細目に紙の端が五分も見えるか見えない位に震へる手で開けてお目にかけました、同情ある先生のお目は私を耻しめない様に「書けましたネー」と満足さうに仰せになりました。其後、一学期程精を出しまして少し許り綺麗にボールドへ書けました時、他の方々ならお賞めになる所ではありませんが、私を励ます先生の御心であつたでせう、大層進歩したと賞めて下さいましたのを、私は後を向いて思はず涙を落しました。悲しい訳ではありません。先生の殊に私を導いて下さる其御心に感激しての涙で御座いました。教室でのミス、ミリケンは厳格でいらつしやいました。答の悪い時はシットダウンと強く仰せになりますので、頭から冷水を掛けられた様にブルブルと震へました。斯くして教へられた学課は深く頭に残りました。矢島先生が母の様ならミリケン先生は父の様でした[20]。

日々の授業の中におけるミリケンの学生への対応がここに表れている。彼女は、厳格な中にも学生を思いやり、勉学に励むことができるよう教師として学生を導き、学校生活、寄宿舎生活の中で学生を指導していった。ミリケンは、日々の掃除や、学生の髪の結い方などにも注意を払い、常に学生と親密に接していた。桐香は、同級生が亡くなった際ミリケンがクラスを始める前に泣いて祈った様子を振り返っている。寄宿舎制度を採り、家族のような関係の中で営まれていた同校の教育活動において、「ミリケン先生は父の様でした」とあるのは、単に授業中の接し方のみならず、全教育活動中のミリケンの存在感を表した言葉であろう。ミリケンは、全生活を通して学習面から人格面に至るまで学生を感化していったのであった[21]。

　ミリケンは、桜井女学校以外でも様々な活動を行っている。門田愛子

（1890年卒業）は、「在学中に越後高田に分校が出来、ミス・ミリケン、根本とく姉、三谷さん私等が教えに行つた」と述べている。桜井女学校は地方にも勢力を広げており、高田の他に、宇都宮にも分校を開いていたため、ミリケンは地方の女学校に出張して教えていた。また、長尾那美（1891年卒業）の「美濃の大地震の被害者救済の為に長野で開かれた音楽会に、ミス・ミリケンと三谷さんが出演した」という記述や、「日露戦争の時ミス・ミリケンは衛戍病院、赤十字病院に毎週何遍も傷病兵を慰問され、夥しい花や宗教の小冊子を沢山の部屋に分配して、時と財と労力を惜しげなく捧げられました」という記述から、ミリケンは慈善活動にも精を出していたと言える。また、川崎正子（1901年卒業）によると、1895（明治28）年にミリケンは佐渡に行き、1ヶ月間漁民に福音伝道を行っている。小室美恵（1895年卒業）は、ミリケンが軍人や貴族にも伝道していたと述懐している。このように、ミリケンは、桜井女学校の教員を本務としながらも、特に、その活動の後半には、女学校以外での伝道活動なども積極的に行っていったのであった[22]。ミリケンは自らのミニストリーに対して、ミッションレポートの中で以下のように述べている。

> 現在、素晴らしい道が開かれ、学校の学生たち、以前学校に通ったことのある女学生、そして教会の人々やそのほか東京の知り合いの人々たちの家を訪問しています。戦争中に病院を訪問する働きをしていましたが、その働きは前より広がっています。私たちのこの働きはいつも小さなものでしたが、もう少し力を注いでいこうと思います。伝道の方法を効果的にする訪問を継続し、行事を知らせる手紙、小さな贈り物、招待状、本などでフォローする必要があります。このようにして親しいつながりを深めていき、個人的な影響力を築き上げていくことができます。私は、今年400戸の家をリストにのせていますが、このリストの数以上に訪ねなければならない家があります。学校の婦人方はすべてこの働きに関心を持っておられ、一緒に分担してくださいますが、この働きにフルタイムでとりかかることのできる婦人を一人与えられたらもっとたくさんの働きができるのにと感じています。もう一人加えてくださるように、伝道本部はボードに私たちと共に

働きかけました。私たちが任命してほしい人はミス・ガルブレス（James Galbreath）です。彼女に通常の学校の働きを担当してもらえるなら、私自身は訪問に時間をかけたいのです。…中略…日本では、学校はあらゆる階層の人々にアプローチするのに受け入れてもらいやすい手段です。他の国々で必要な医療の働きや、多くの形の慈善事業はここでは必要ありません。私たちはそのような形の宣教師は求めていません。学生たちの家を訪問する教師は、「宣教師」が入れないところで歓迎されるのです。東京は広いところであり、社会的な慣例によると、くつろいだ訪問が必要です。一日の午後に多くの訪問を詰め込むよりも、長い時間をかけて親密な会話をすることで良い結果が得られるのです。東京は教育に関する事柄の中心地です。日本の最高の学校は東京にあります。今こそ私たちの学校が標準に達するために懸命に働く必要があります。英語を習得する強い願望があるため、アメリカ人の婦人たちが協力して、学生たちと親密に接している学校は人気があり、影響力があるのです。東京の他の多くのミッションスクールには、私たちよりも多くの宣教師がいます。カナダのメソジストスクールには、今年は10人の婦人たちがいます。彼女たちは、全員が教育活動に携わっているのではなく、学校に彼女たちがいること自体が重要視されるのです。青山では6人の婦人たちがいますが、時には7人になることがあります[23]。

ここにあるように、ミリケンは家庭訪問を通して伝道を行おうとしていた。自ら訪問伝道をするための時間を取るため、女学校の教師を派遣するよう宣教団体に求めている。彼女は日本の伝道事業の特質を見極め、慈善活動や医療活動ではなく教育活動が最も効果的であると考えていた。東京は日本の教育の中心地であり、英語の教育ニーズが高いと言う。東京のミッションスクールには、多くの宣教師が赴任しているが、その存在自体が重要で、学生と親密にかかわる教師がいる学校ほど人気が高いと分析している。そして、宣教師としてではなく教師として家庭を訪問することが、日本人に受け入れられる方法であると熟知していた。その他にも、ミリケンは次のように述べている。

　　学生の家庭を訪問することは何にも代えがたい喜びです。日本人は、教師に対し

第2章　桜井女学校幼稚保育科における保姆養成の特質　59

て尊敬の意を払うだけではなく、友達のようにも接します。このことは、よそ者
は締め出される結婚式への招待や、何か困ったことがあった時も教師がよく加え
られるという事実からも明らかです。母親たちは控えめであるという日本人の生
来の性質のわりには、自分の子どものことを率直に話し、家族の問題についても
親しく話してくれ、いつも私はそのことに感動します。期待していた通り、今で
は数年前よりも宗教の話をするのが簡単になり、よく父親や母親の方から質問を
してきて、宗教というテーマについて話すきっかけをくれます[24]。

　ミリケンは、家庭を訪問することを通して、日本人との信頼関係を築いてい
った。米国長老派の海外伝道局は、ミリケンについて、「彼女が定期的に学
生の家庭を訪問しているために彼女の影響力は広い」と評価し、その活動の
有用性を認めていた。彼女の宣教師としての活動の後半においては、教授に
費やされる時間は減り、ますます訪問伝道がなされ、多くの受洗者を起こし
たと言う。また、ロンドンは、ミリケンについて「1週間に14時間は学校で
教えているが、残りの時間は女性たちのために働いている」と述べ、ミリケ
ンのように日本人女性の心理を理解できる宣教師はほとんどいないと伝道局
本部に報告している[25]。

　ミリケンは、教育活動をきっかけにして家庭訪問を行うという伝道スタイ
ルを確立させた宣教師であった。それは、日本の状況や日本人の性質、また
その習慣を理解した上で採られたものであり、日本人との親しい関係性を構
築することを通して伝道活動を行ったのであった。

　次に、ミリケンが女子教育について、特に、日本宣教との関係からどのよ
うな見解を持っていたかを考察してみよう。『新女界』に掲載された「主イ
エスを信ずるに依りて」の中で、ミリケンは次のように論じている。

　　何故伝道するかと云へば、私は唯一言、主エスを信ずるからとお答へする許りで
　　あります。私は日本へ来て伝道に従事してから三十年の歳月を過しました。其間
　　には、色々様々心配な事、喜ばしい事もありましたが、いつも私の心から離れな
　　い事は、日本の教会の婦人方が最少し熱心に直接伝道に力められたならば、大変
　　信仰も進みよくなるであらうと望むのであります。…中略…直接働いて居られる

方は少う御座います。何故少いかと云ふとつまり自分の責任を感ぜぬからではな
いでしやうか、自分の教会に対する義務は能く考へ尽しますけれども、婦人は昔
からの教会の歴史を知らず、又今日の世の中の有様を広く考へる事がないからで
ありましやう。教会の歴史を調べましたら、どうして教会が世の中に広まつたか
を知る事が出来ます。…中略…斯様に歴史を読で見れば、伝道者の中には女がよ
く働いてゐる事を知ります。女の働きの為に教会は初から清く楽しくし立派な働
きをなし、世間の苦みに居る者、悲みに居る者が慰められて、クリストの愛が格
別に現はれたと思ひます。…中略…近世の歴史を見ても女が男と同様に働いてゐ
る所は一番盛で理想的の教会が出来て居ります。此様に、信仰の大なるお手本に
励まされて私共は働かねばならぬと思ひます。今日の世の中の有様を考へました
なら、どうしてもクリストの教は必要であると感じます。人類が段々進化して文
明の道を歩んで行くには、どうしても人間の低い事を捨て、霊性的の目的に従て
高上せねばなりません。今日の社会の尤も要求する所は、霊の慰、霊の目的とな
る教であります。よつて、昔からの色々の教を研究をして見ると、今日の要求に
答へられる教は生きたクリスト教の外にはありません。クリスト教は場所の限り
もなく、時の限りもなく、又限りもない永遠に生きて居る力を持てゐます。此生
きてゐる力は、今日の進化した社会に適合し、何処へ行つてもかういふ教を待つ
てゐる者が段々現はれて来ました。…中略…若し、今日日本の教会の婦人方が今
日日本の伝道の有様を真によく研究せられたならば、又真に今日の必要を考へて
居られるならば、喜んで昔の人と手を合せ、祈り合せて一生懸命に働ける事と思
ひます。どうぞ歴史に鑑みて実際を研究して、此力ある伝道を婦人方が双肩に負
て起れますやう、そして、どうぞ神の聖国が早く来りますやう私は祈つて止まな
いものであります[26]。

ミリケンは、論文において教会の発展史を紹介し、その中での女性の活躍に
ついて語っている。そして、そのような女性たちに習って、自分たちも働か
なければならないと主張している。ミリケンは当時の日本における教会の問
題点として、婦人がほとんど直接伝道をしていないことを挙げている。その
原因として、「自分の教会に対する義務は能く考へ尽しますけれども、婦人
は昔からの教会の歴史を知らず、又今日の世の中の有様を広く考へる事がな
いからでありましやう」と述べている。つまり、婦人は、家の中の仕事に打
ち込むように教会の中での奉仕はするが、自ら救霊への情熱をもって教会外

で伝道活動をしない点を批判しているのである。さらに、婦人がそのような役割を担うべきであるということすら知らず、それゆえ、その活動領域に対する責任感を有していない婦人が多いことも指摘している。ミリケンは、人類の進化のため、また、霊的な目的のためには、どの時代、どの国においてもキリスト教は必須であると訴えている。歴史に鑑みて伝道の有様をよく研究し、キリスト教の日本での必要性についてよく考えたなら、婦人も直接伝道に自ら喜んで参加するようになるだろうとミリケンは述べている。

ミリケンは女性の社会進出が進んでいなかった時代に、女性が積極的に伝道することの重要性を伝え、女性の活躍の途を開いた人物でもあった。それは、以上のように宣教に関する問題だけではなく、桜井女学校において、良妻賢母の理念に囚われない「文明の働を為すに適当なる良婦人」[27]を養成したことからも言える。

ミリケンは多くの学生に慕われており、1919年4月19日に開催された謝恩会では、祝辞と3000円の賞金を卒業生より受領している[28]。ミリケンは日本人への対応の仕方やその教育・宣教スタイルによって、長期間教育宣教師として第一線で活躍することができたのであった。ミリケンは亡くなる半年前の1950（昭和25）年8月5日に、桜井女学校に手紙を送っている。

> 主に祈ることと、今まで感謝したことのないことについて心をこめて主に感謝を捧げることによって一日を始めなさい。生活の中でユーモアを忘れず、その日が終わる前に人に温かな笑いを与えなさい。そして「私にとって生きることはキリスト」と心から祈ることによって一日を終えるようにしなさい[29]。

ここでミリケンは、「私にとって生きることはキリスト」と、『新約聖書』ピリピ人への手紙の1章21節のパウロの言葉を引用して、学生たちに信仰的な生活を勧めている。このような姿勢は、まさにミリケンの生き方であっただろう。ミリケンはその信仰心によって教育事業に携わり続けた。その人格的な感化は、保姆養成を含め、桜井女学校における女子教育の中に常に垣間見られるものであった。

(3) E. P. ミリケンの学習歴と当時のアメリカの保姆養成の状況

　以上、ミリケンの経歴と教育および伝道活動を概観してきた。ここで、彼女の学習歴に着目してみよう。学習歴について、長老派歴史協会所蔵のミリケンの上身書には、"1878. Philadelphia Public Schools, 1881. Birmingham Schools, Birmingham Penn., French lesson at Aldine institute, Phila." とあり、1878年にフィラデルフィアの公立学校、1881年にペンシルベニアのバーミンガムにあるバーミンガム学校で学び、年は不明であるがフィラデルフィアのオールダイン・インスティテュートでフランス語の授業を受けたと記載されている。*The who's who in Japan*[30] の学習歴の項には "Educ.: Philadelphia Schools; Classical Course at Birmingham; Special Course in Kindergartening; French at Aldine Institute" とある。ここにミリケンが保姆のスペシャルコースを受けことが記されているが、具体的にどこでどのような保姆養成を受けたかについては現在の段階では特定できない。ミリケンの保姆資格について長老派歴史協会に問い合わせたところ、上身書に記載されている学校以外にミリケンが卒業した学校はなく、保姆の資格はとっていないという回答であった[31]。

　ミリケンは正規の保姆資格を取得していない可能性が高い。しかし、彼女は、来日直後に、「幼稚園で毎日2時間教えているが、これは気晴らしになっていて、一方の仕事がもう片方の仕事の休息になっている」[32] とあるように、日本語の学習と併行して幼稚園教育を行っている。したがって、専門家とまでは言えなくとも、この時点ですでに幼稚園教育に関するの知識を有していたものと考えられる。

　ここで、1880年前後のアメリカにおけるスタンダードな保姆養成について記しておこう。アメリカで保姆養成を始めたのは E. ピーボディ（Elizabeth Peabody, 1804-1894）であった。彼女は、幼稚園を発展させるためには、優秀な保姆を養成する必要があると考え、ドイツ人の幼稚園指導者である M. M. クリーゲ（Madame Matilde Kriege）やクラウス＝ベルテ（Maria Kraus-Boelte）

らを招き、保姆の養成校を設立させた。ピーボディが会長を務めたアメリカ・フレーベル連合は、幼稚園が普及するにあたって、フレーベル主義教育の水準に幼稚園を維持することを目的としていた。また、保姆の専門性の要件として、フレーベル主義の知識や教材、技術を熟知していることを掲げた。ここで代表的な養成校の概要を見ておこう。

クリーゲは、1874年に、これまで養成クラスとして存在したものを養成校として整備した。養成期間を7カ月間とし、実践重視のカリキュラムが据えられた。その内容を見ると、一週間のうち4日間の午後は恩物作業教育の指導が、2日間の午前は幼稚園で観察と実習がなされていた。講義では、道徳と宗教文化、子どもの衛生・身体的欲求に関することが主に教授された。その他、音楽、絵画制作、モデリングも加えられていた。同校による養成カリキュラムは、ドイツのフレーベル主義養成校を実践主義的なアメリカに適応させるための改変を意識したものであった。

クラウスが1873年に設立した養成校は、2年の養成期間が確保されており、1年目に観察と講義、2年目に実習が行われていた。幼稚園の原理および技術に関する講義、購読、実践訓練が中心に置かれ、『人間の教育』からは発達段階の変化と課題が講義された。また、130の折り紙、300の切り紙の型、14の線形の型が教材として使用された。これらはドイツのフレーベル主義養成校を忠実に模倣したものであった。

ピーボディは、保姆を専門的な機関で養成するべきであるとするとともに、保姆の資質能力として純真、自己犠牲、愛情という慈善的精神を求めていた。また、保姆という職業を天職と見なし、キリスト者によってなされるべきであると述べている。さらに、ピーボディは上流階層の女性による幼稚園教職論を提示している。クラウスも読み書き、音楽、美術の能力や文化的背景、上品さ、機敏さや才能を持つ中上流階級の女性が保姆として望ましいと考えていたようである[33]。

次項以降で詳細に検討していくが、幼稚保育科では、理論と実地という授

64

業が設けられ、フレーベル主義による保姆養成が行われていた。フレーベル主義を基準とし、理論と実践がセットになった保姆養成はアメリカで主流のものであった。

第2節　幼稚保育科における保姆養成の実態

1．保姆養成システムの特質

　前述したように、1888年に提出された「私立桜井女学校改正願」によると、桜井女学校のシステムは、第一部と称される4年制の女学校の課程と、その上に2年制の第二部、すなわち高等部が設置されていた。それでは、幼稚保育科は桜井女学校の中でどのような位置にあったのであろうか。以下は、1887年の卒業式プログラムである。

```
桜井女学校　　卒業式　　順序[34)
　一　奏楽　英語歌　　　　二　祈禱
　三　暗唱　詩九十篇　　　　四　園児ノ遊
　　　　　　英語
　五　幼年生徒暗唱　　　　六　暗唱　邦語
　七　暗唱　　　　　　　　八　物理学試験
　九　歳次雑誌読　　　　　十　奏楽　英歌
　十一　問答　英語　　　　十二　暗唱　英語
　十三　奏楽　讃美　　　　十四　文章
　　　　　　邦語
　十五　奏楽　英語歌　　　十六　文章
　十七　奏楽　英語歌　　　十八　問答　英和
　十九　暗唱　英語　　　　二十　奏楽　讃美歌
　　　　　　　　　　　　　　　　邦語
　廿一　文章　英　　　　　廿二　卒業証授与
　廿三　奏楽　英歌　　　　廿四　暗唱　詩百廿一
```

第2章　桜井女学校幼稚保育科における保姆養成の特質　　65

篇英語

廿五　祈禱　　　　　　廿六　奏楽　讃美歌
邦語

明治二十年卒業証授与スヘキ者
英語科一名
峯尾栄子
日本学科四名
堤箸金子
長谷川北子
高野愛子
爪生重子
幼稚保育科三名
オリクハーツ、エダ
亀山貞子
長谷部万子

　卒業式では、試験や発表、祈禱や讃美歌斉唱、卒業証書の授与が行われていた。また、ここから、「英語科」「日本学科」「幼稚保育科」の三つの専攻が設けられていることがわかる。以下の「日本全国女学校卒業生人名人数一覧」には、第一部、第二部とは別に、「英学」「幼稚園保育法」として、英語科と幼稚保育科の２科が記されている。これによると、学校創立から1891年４月までに、第二部からは８名、第一部からは19名、英語科からは３名、幼稚保育科からは18名の学生が卒業していることが見て取れる。

●女子学院（旧桜井女学校の部）峯尾栄子　大野小春　長谷川きた子　青木まさ子　亀山さだ子　一柳ちか子　矢嶋達子（以上、第二部卒業）（合八名）
川政とし子　瓜生じう子　山田つね子　奥野まつ子　堤箸きん子　高野愛子　長森きよ子　三谷たみ子　野口つね子　田中たよ子　瀧口みか子　富海みや子　坪井すむ子　品川米子　茂木けん子　望月すみ子　大井しの子　北沢きく子　望月きく子（以上、第一部修業）
（一部の上に二部あるを以て卒業と称せず。今此生徒は二部在学のものあり、或は他の学校に於て教授方に従事する者あり。）（合十九名）

神田熊千代　岡村とし子　栗塚良子（以上、英学卒業）（合三名）

徳富はつ子　古市静子　平田しま子　潮田千勢子　橋本華子　安川たみ子　吉田悦子　中嶋ふく子　服部こま子　諏訪てる子　三浦みさほ子　長谷部万子　富田金子　亀山らひ子　堤箸きん子　ミス、エダ　奥野まつ子　岡山敏子（以上、幼稚園保育法卒業）（合十八名）

（総計四十八名）

　外に予備に当りし、桜井小学校に於て高等小学卒業の証を授与せし生徒九十五人あり、之を加ふれば総計百四十三人となる[35]。

卒業生の中には、幼稚保育科のみでなく、第一部と幼稚保育科、第二部と幼稚保育科など複数の課程を履修している学生が存在する。たとえば、卒業式のプログラムにおいて1887年に幼稚保育科を卒業している亀山貞子は、「日本全国女学校卒業生人名人数一覧」を見ると第二部も卒業している。しかし、亀山と同じく1887年に幼稚保育科の卒業証書を授与されているオリハーツ・エダと長谷部万子は幼稚保育科のみを卒業している。また、前述の卒業式プログラムで日本学科卒業者として名を連ねている堤箸金子は、「日本全国女学校卒業生人名人数一覧」では、第一部と幼稚保育科を修了している。その他、幼稚保育科卒業生の吉田鉞の履歴書には、「同十八年九月東京麹町区上二番丁女子学院内幼稚園保姆科及英学科修業、一同十九年七月該保姆科卒業」[36]とあり、1885（明治18）年の9月に幼稚保育科と英学科を修業し、1886（明治19）年7月に幼稚保育科を卒業したと記されている。

　さらに、これらの専攻は2段式になっていたことが明らかである。「日本全国女学校卒業生人名人数一覧」には「一部の上に二部あるを以て卒業と称せず」とある。本科のコースと同じように専攻の中にもレベルが存在した。たとえば、1900年に第二部を卒業した手島近については前述したが、彼女は、履歴書に日本学科を「本科」と「全科」という言葉を用いて、区別して記載している。

　以上のように、幼稚保育科、英語科、日本学科の三つの専攻は、第一部、第二部の中のコースとして置かれ、学生は複数の専攻を選択履修できる仕組

みになっていた。各専攻の開始時期は定まってはおらず、複数の専攻を履修する学生もいたため、在学期間は各自で異なっているが、各専攻が2段階に分かれており、前半部の科目を修業したものが、後半部の科目を取得して卒業するというシステムになっていたのであった。

　従来、桜井女学校の保姆養成については、通史では、1年程度の簡易な見習制であったとされ、小林恵子は、幼稚保育科を高等部に設置された2年課程のシステムであったと述べている[37]。しかし、以上検討してきたように、実際には、女子教育の一環として保育学や保育法とは別に、幼稚保育科が一つの専攻として女子教育の中に置かれ、その履修時期も個人によって異なっていたが、履歴書などから履修状況を確認すると、通常は1年で全課程を修了するシステムになっていたと言える。

２．保姆免許状に見る「理論」と「実地」の課程

　桜井女学校では、幼稚保育科の授業を履修した者に対して免許状を出していた。これは、保姆の資格があることを桜井女学校が独自に認定したもので、保姆推薦状として機能していたと考えられる。以下に茂木てるの履歴書の一部を引用し、幼稚保育科の教育内容を見てみよう[38]。

茂木てる

明治七年十一月生

明治十五年五月上野国前橋町師範学校附属小学校ニ入リ、同二十一年十月東京麹町区中六番町桜井女学校ニ転シ、同校女子学院ト改称シ、同院ニ於テ小学全科卒業ス。

同二十八年七月同院中学卒業、同三十一年三月同院高等科及保姆理論科卒業ス。

同年四月ヨリ東京芝区愛宕町私立啓蒙学校教員トナル。

同年九月同校ヲ辞ス。

同三十二年一月ヨリ京都上京区室町幼稚園ニ於テ保育実地練習ス。

一賞罰ナシ

右之通無相違候也

　　　　　　　　　　　　　　　　　右

明治丗四年

　一月二十三日　　　　　　　　　　　　　　茂木てる　㊞

```
　　　　　　　　　　　免状ノ寫し
　　　　　　　　　　　　証
　　　　　　　　　　　群馬県平民
┌─────┐　　　　茂木てる
│女子学　│　　　　明治七年十一月生
│院之章　│
└─────┘
本校幼稚園規程ノフレヘル氏
法式保姆科理論卒業ス。
因テ、幼稚園ノ保姆タル資格ヲ
有スル事ヲ証明ス。

　　　　　　　　　　　明治丗一年三月三十日
　　　　　　　　　　　　女子学院
```

　茂木は、1882年5月に上野国前橋町師範学校附属小学校に入学したが、1888年10月に桜井女学校に移り小学全科を卒業している。1895年7月に女子学院中学を卒業し、1898年3月女子学院高等科及び保姆理論科を卒業した[39]。彼女は、1898年4月からは東京芝区愛宕町私立啓蒙学校の教員となり、同年9月に同校を辞職し、1899（明治32）年1月から室町幼稚園で保育実地練習を行っている。

　茂木てるの免状には「本校幼稚園規程ノフレヘル法式保姆科理論卒業ス」と記載されている。これによると、茂木は、フレーベル方式を採る幼稚保育科において、「理論」という課程を履修し、卒業している。同科はフレーベル主義幼稚園教育を明確に打ち出した養成課程であったと言えよう。1895年3月29日に発行された大久保たまの免状には、「本校幼稚園規程ノフレベル氏法式保姆科理論実地共ニ卒業ス因テ幼稚園保姆タルノ資格ヲ有スル事」[40]とあり、「理論」という課程の他、「実地」という課程も設けられていたことがわかる。

3．卒業者数とその動向

　前掲した「日本全国女学校卒業生人名人数一覧」によれば、1891年までの幼稚保育科の卒業生は18名である。その後、1892年は不明であるが、1893（明治26）年には３名、1894（明治27）年に１名、1895年に７名、1896年に７名、1897年に１名、1898年に６名（計43名）が卒業している[41]。表１は、同校に関わる諸資料から特定された31名の卒業生の一覧である。彼女らのうち、少なくとも17名の卒業生が各地の幼稚園に派遣されており、実際に多くの卒業生が幼稚園教育に従事したことがわかる。

　幼稚保育科の廃止年については、「個々の履歴書では明治29年２月卒業というのがあるので、廃止の時期は幼稚園とだいたい同じではなかつたかと思われる」とあるが、筆者は、1898年に卒業した前述の茂木の履歴書やその他、同年に幼稚保育科を卒業した赤井の履歴書を発見した。また、「三十二年の女子学院卒業生に「保育科」に相当する項がないことよりみて、明治三十一年に廃止されたと思われる」という記述がある。1898年の６名の卒業生以降、記録がないことも踏まえると、幼稚保育科は、1898年までは確実に存在したと言えよう[42]。この廃止の要因については定かではないが、小林恵子は、幼稚保育科創設の中心人物であったツルーの死亡が関係していると述べている[43]。前節で検討してきたように、ミリケンはツルー亡き後、彼女に代わって桜井女学校を主導していったが、幼稚園教育関係の諸事業は継続せず、女子教育と伝道活動に集中的に取り組んでいる。従来、ミリケンは幼稚園教育の専門家であったとされてきたが、日本にいたにもかかわらず、その後キリスト教系幼稚園教育や保姆養成の活動に関わった様子はない。

表 1　桜井女学校幼稚保育科卒業生一覧

卒業生	在学期間	勤務先
湯浅はつ	1884年9月〜1885年7月	榎坂幼稚園、子守学校
古市静子	1884年〜	駒込幼稚園、子守学校
平岡しま子		
潮田千勢子		
橋本華子		英和幼稚園、桜井女学校、神奈川幼稚園
安川たみ子		
吉田鉞	1885年9月〜1886年7月	英和・神奈川・西陣・室町幼稚園、宮崎保姆養成所、川村女学校
更木きん	吉田と同時期	
岩崎エタ	〜1886年	桜井女学校附属幼稚園、室町幼稚園
中嶋ふく子		子守学校
服部こま子		
諏訪てる子		
三浦みさほ子		子守学校
長谷部万子	〜1887年7月	スミス幼稚園
富田金子		英和・スミス幼稚園
亀山貞子	〜1887年7月	桜井女学校
堤箸きん子		桜井女学校
ミス・エダ	〜1887年7月	桜井女学校附属幼稚園
奥野まつ子		
岡山敏子		
行山鈴野		英和幼稚園
安田いわ子	〜1893年	
秋庭あさ子	〜1893年	
佐久間みつ子	〜1893年	
大久保たま	〜1894年	ロース幼稚園、静修女学校
増野ミチ子	〜1895年	
岡あさじ	1893年3月〜1895年	桜井女学校附属幼稚園
水上よし		彰栄幼稚園
佐久間シズ		彰栄幼稚園
赤井虎吉	〜1898年	善隣・西陣幼稚園

茂木てる	～1898年	室町幼稚園

注）「日本全国女学校卒業生人名人数一覧」に加え、以下の資料などを用いて作成した。前掲『東
京の幼稚園』（94頁、160-161頁）。『東京婦人矯風雑誌』（27号、1890年7月19日、37号、1891年
5月16日）。『うさぎ幼稚園八十周年記念誌』（うさぎ幼稚園、1966年、5頁）。『北陸学院百年
史』（北陸学院百年史編集委員会、北陸学院、1990年、120-124頁）。『女学雑誌』（141号、1888
年12月22日、230頁、348号、1893年7月8日、224頁）。「私立室町幼稚園設置許可ノ件」（私立
学校明29-81、2、京都府立総合資料館蔵）。『日本基督教幼稚園史』（基督教保育連盟、1941
年、97-100頁）。『幼児の教育』（第5号、1904年5月5日、75頁、第9号、1904年9月5日、66
頁）。「職員名簿」（川村女学院蔵）。『函館新聞』（1887年9月1日）。「スミス女学校（現・北星
学園）付属幼稚園とロース幼稚園―桜井女学校（現・女子学院）付属幼稚園の流れをくむ―」
（小林恵子『国立音楽大学紀要』22号、1988年、305-306頁）。「桜井女学校幼稚保育科の創立者
M・T・ツルー―日本で最初の保育者養成に関する一考察」（小林恵子『国立音楽大学紀要』23
号、1988年、214頁）。「私立幼稚園保姆認可申請」（私立学校、明34-24、103、京都府立総合資
料館蔵）。「室町幼稚園保姆就職申請許可ノ件」（私立学校、明34-24、4、京都府立総合資料館
蔵）。

4．附属幼稚園における保育実践の変化

　桜井女学校附属幼稚園は、幼稚保育科の実習園としての機能を有してい
た。そこで、同園で行われた保育実践を分析することを通して、幼稚保育科
での実習がどのような内容を含んでいたのかについて検討する。

(1)創立当初の保育内容

　1879年に桜井ちかは、全国の幼稚園では5番目、私立幼稚園またキリスト
教系幼稚園では最初のものとして桜井女学校附属幼稚園を東京に設立し
た[44]。彼女は1880年4月に桜井女学校附属幼稚園の規則を府知事に提出して
いる。同規則は、東京女子師範学校附属幼稚園の規則を模範して作られたと
されている。それは、創立当初の同園が東京女子師範学校小学校師範科を卒
業した箕輪鶴を主任保姆として迎えていたためであろう。以下に、「桜井女
学校附属幼稚園規則」を引用しよう。

桜井女学校附属幼稚園規則[45]

　　一　幼稚園開設ノ旨主ハ、学齢未満ノ幼稚ヲシテ、天賦ノ知覚ヲ開達シ、固有ノ
　　　　心思ヲ啓発シ、身体ノ健全ヲ滋補シ、交際ノ情誼ヲ暁知シ、善良ノ言行ヲ慣

熟セシムルニ在リ。

（中略…筆者注）

保育科目
第一物品科
　日用ノ器物即チ椅子机或ハ禽獣花菓等ニ就キ其性質或ハ形状等ヲ示ス
第二美麗科
　美麗トシテ好愛スル物即チ彩色等ヲ示ス
第三知識科
　観玩ニ由テ知識ヲ開ク即チ立方体ハ幾個ノ端線平面幾個ノ角ヨリ成リ
　其形ハ如何ナル等ヲ示ス
　　　　五十音　　　計数　　　唱歌
　　　　単語図　　　説話　　　体操

（以下略…筆者注）

　幼稚園設立の目的には、「学齢未満ノ幼稚ヲシテ、天賦ノ知覚ヲ開達シ、固有ノ心思ヲ啓発シ、身体ノ健全ヲ滋補シ、交際ノ情誼ヲ暁知シ、善良ノ言行ヲ慣熟セシムルニ在リ」と記されている。これは「幼稚」を「小児」と変えているだけで、東京女子師範学校附属幼稚園の規則中に見られる幼稚園教育の目的と同じ説明である[46]。

　保育科目としては、「東京女子師範学校附属幼稚園規則」と同様、フレーベルの示した物品科、美麗科、知識科の３領域が設置され、フレーベルの恩物が挙げられている。また、それ以外の項目として６子目が示されているが、特に「五十音」「単語図」という就学準備教育に関する子目が導入されていることは特徴である。東京女子師範学校附属幼稚園では、1881年に保育科目に「読ミ方」、「書キ方」が加えられるが、それ以前に、桜井女学校附属幼稚園では知育教育のための子目が含まれていたと言えよう。ツルーの着任後、校長であった矢島は、1883（明治16）年に東京府布達第50号に基づいて桜井女学校附属幼稚園について開申した。以下はその規則中の「保育課程及器具」の引用である。

第2章　桜井女学校幼稚保育科における保姆養成の特質　73

　　保育課程及器具[47)]

　第一物品科　器具及動植物ノ名称ヲ示ス。

　第二美麗科　美麗トシテ幼稚ノ好愛スル種々ノ彩色物ヲ示ス。

　第三知識科　観ル所ニ由テ知識ヲ開進スヘキ物体ヲ示ス。

　右三科中包蔵ス細目、左ノ如シ

　　　六球法　三体法　立方体甲乙　長方体甲乙　三角罫　置箸法　置環法　図画法

　　　刺紙法　繍紙法　剪紙法　繊紙法　組板法　連板法　組紙法　摺紙法　豆工法

　　　模型法　博物理解　物体教化　計数　鎖連法

　　　　外

　　唱歌　遊戯　説話　体操

　　　右之通リニ候也

　1883年の規則を見ると、物品科、美麗科、知識科の3科を残したまま、恩物
の子目などが詳細に明記されるようになり、「五十音」「単語図」は削除され
ている。幼稚園の経営が米国長老教会に移ってからは、フレーベル主義幼稚
園教育を意識した保育に転換されたと言えよう。東京女子師範学校附属幼稚
園やそれをモデルにした幼稚園では、「読ミ方」「書キ方」に対する保護者の
要求も強く、幼稚園が就学準備のための機関としての性格を強めていった
が、桜井女学校附属幼稚園では、ツルーによって、フレーベル主義幼稚園教
育に忠実な実践へ方向づけられたと考えられる。ただし、その本格的な改革
はミリケンの来日を待たねばならなかった。

(2) E. P. ミリケン着任以後の保育内容

　桜井女学校附属幼稚園は、ミリケンが来日して以降、独自の保育実践を展
開していった。ここでは、1884年以後の附属幼稚園における保育実践の変化
を分析する。

　同園において、創立当初歌われていた唱歌は、田村ゑいによると、「風
車」、「家鳩」などの東京女子師範学校附属幼稚園でも使用されたものであっ
たと言う[48)]。また、附属幼稚園を卒園したガンレット恒は同園について以下

のように回想している。

> 記憶してゐることは、その分校に幼稚園が出来たことで、私立では日本最初のものではないかと思ふ。ミス・ミリケンが来朝して新しく園長となるまでは、師範学校の幼稚園の先生が来て教へたことも憶えてゐる。フレーベル式の恩物を用ゐた。また唱歌が頗るふるつてゐた。
>> うた舞に、立ちつどひたる、たはむれの、めしひの君よ、友とぢよ、歌ふまにまに、そが中の、一人の君を、耳くとも、そのときゝ知り、心あての、その名たがへず、さゝば指さなん
> それから餅搗の歌
>> 洗ひ米、ひいて粉にしつ、湯にかけて、つきにつきぬく、だんごの粉、ペッタン、ペッタン
> 楽器がなくて笏で拍子をとつてシナの節で歌ふのであるが、今日のことを考へるとまるで異国のやうな感じがする[49]。

「うた舞に」から始まる唱歌は「盲想」という題の唱歌である。この唱歌は東京女子師範学校附属幼稚園で用いられていた。また、「楽器がなくて笏で拍子をとつてシナの節で歌ふ」とあるが、これは笏拍子のことで、東京女子師範学校附属幼稚園で使用された道具である[50]。ミリケン着任後の唱歌実践に関しては、附属幼稚園を1890年に卒園した一柳満喜子の回想が残されている[51]。

> 当時の園生活でなつかしく残っているのは、クリスマスに『靴の中の小人』という劇をした事である。それぞれが小人になって自由に歌ったり踊ったりしたのが楽しかった。毎日の保育で思い出すのはお昼になると、みんなでベンチに腰かけ、テーブルにお弁当を置いてお祈りをした。幼い時に日々の保育のなかで学んだことは、神への祈りと人への愛情が大切なこと、自分のことは自分でするという自立の精神を身をもって教えられた。幼い日に口ずさんだ聖句は今でも心の糧になっている。フレーベルの恩物積木で遊んだり、折紙をしたりした。歌といえば、ミス・ミリケンが米国の幼稚園の歌を英語で教えて下さった。今でも覚えているのは『Thumbs and fingers says good morning』と歌いながら指を動かして遊ぶ指あそびの歌で『Oh mother! How Pretty the moon looks tonight!』という

第 2 章　桜井女学校幼稚保育科における保姆養成の特質　75

お月さまの歌などが忘れられない[52]。

　この回想によると、ミリケンによって、保育内容が大きく改革されていることが認められる。それは第一に、「靴の中の小人」という劇が取り入れられていたことである。これは1920年代から一般的に行われるようになる唱歌劇の先駆的な実践例である。第二に、フレーベルの『母の歌と愛撫の歌』である "Thumbs and Fingers Says Good Morning"（指あそび）と "Oh Mother! How Pretty the Moon Looks Tonight!"（お月様の歌）が使用されていることである。『母の歌と愛撫の歌』は、フレーベルの教育思想が最もよく表現されたものであるが、翻訳されたのは1897年である。したがって、一柳の在園した1890年の段階で同書を使用している幼稚園はほとんどなかったのではないだろうか。東京女子師範学校附属幼稚園やそれを模倣した各園で使用された唱歌は、日本人によって改作された、雅楽調でテンポの遅い歌であった。しかし、桜井女学校附属幼稚園では『母の歌と愛撫の歌』の中の遊戯歌を翻訳せずに、英語のリズミカルなテンポのままで使用していたのであった[53]。

　以上のように、桜井女学校附属幼稚園では、ミリケンの着任以後、保育実践が改革されていたことが、主に使用された唱歌の変化から明らかである。ミリケンは、附属幼稚園に変化をもたらしただけではなく、それと連動し、幼稚園を実習の場とした保姆養成にも影響を与えていたと考えられる。

5．卒業論文に見る保姆養成の水準

　本項では、卒業生の一人である亀山貞子の卒業論文を分析することで、幼稚保育科で教授された幼稚園教育の内容を明らかにしたい。亀山は、新栄女学校卒業後、1887年7月に桜井女学校の幼稚保育科を卒業し、高等部も修業している。彼女は、卒業の2ヶ月後に、"The Qualification of a Kindergartner"[54]（「幼稚園教師の資格」）というタイトルの卒業論文を執筆し、それが『女学雑誌』に掲載されている。従来、主にこの論文の英語力が評価されて

きたが、内容についてはほとんど検討されてこなかった[55]。同論文は、桜井女学校附属幼稚園での保育実習の経験や、ミリケンから教わったことをもとに執筆されたものであり、彼女の学びの結集である。幼稚保育科での保姆養成の実態は、資料の制約があり不明な点が多い。そこで、この論文を手がかりに、幼稚保育科での養成の有り様を見ていこう。亀山の論文以外は刊行物に掲載されている同校の卒業論文は管見の限りないため、彼女は幼稚保育科の学生の中でも優秀な成績を収めた人物であったと考えられる。なお、亀山は卒業後桜井女学校の教員となり英語や英文学を教えた。

亀山は、「子どもたちの教育的な必要性の観察者は、最初から全てのテーマについての鮮明で包括的な見方を手に入れるべき」であり、「物事について人が知識を得れば得るほど、他の人にそれだけたくさん示すことができるし、小さい子どもたちの教育に携わる働きに取り組むのに一層ふさわしくなる」とし、現場に入る前に、包括的な教育的知識を得る必要性を述べている。彼女自身、同卒業論文において、ローマの教育家であるクインティリアヌス（Marcus Fabius Quintillian, 35-95）や直接教授法の先駆者であるラトケ（Wolfgang Ratke, 1571-1635）の言葉を引用しつつ論を進めており、多くの知識を習得していることがわかる。ラトケが「すべて教えることは自然のコースによらなければならない」として、「簡単なものから難しいものへ進むべきで、私たちは全てのことを経験によって少しずつ教えなければならない」と述べていることに亀山は着目している。アメリカの保姆養成では教育史の授業が重視されていたが、亀山も西洋教育史を学び、その思想や理論をおさえていたことが認められる。

彼女は、広く西洋の教育思想を把握した上で、フレーベルの教育思想についても言及しており、恩物の操作法だけではなく幼稚園の理論についても学んでいたことがわかる。たとえば、「保姆は"子どもの庭"でそれを耕すことに従事するものである」と、幼稚園を語源に忠実に示し、教育を「耕す」という言葉を用いて表している。そして、子どもが深い質問を保姆に投げか

第2章　桜井女学校幼稚保育科における保姆養成の特質　77

ける時、「それは私たちの知性を刺激し、私たちは彼らの中にある理解の深みに気づく」と記しており、子どもに教えるだけではなく、子どもから学ぶという姿勢を有していたことが見受けられる。

　また、亀山は、「この能力（素早い判断力と実行力…筆者注）は、子どもたちのブロック遊びで明らかに表されるが、この時彼らの思考力が呼び起され、彼らを素早い行動へと駆り立てる」と論じている。ブロック遊びとは恩物の積み木のことを指すと考えられるが、恩物が子どもの主体的な思考によって用いられるものと捉えており、当時の一般的な幼稚園での教え込みを中心とした形式主義的な恩物教育とは異なる視点から恩物教育を行っていたことが見て取れる。

　亀山は、論文中に多くの引用を記しているが、その中で2点の英詩に注目してみよう。ミリケンは英文学を得意としており、亀山も英文学を女学校で教えるようになる。従来、この詩は亀山自作のものか引用したものかは定かではなかったが、一つ目の引用は、ヤーキズ（Laura Augusta Yerkes）の"Be Patient With the Children"[56]、二つ目の引用はコウルリッジ（Samuel Taylor Coleridge, 1772-1834）の"Love, Hope, and Patience in Education"[57]という詩であることが判明した。

　一つ目の詩は、"Patience With Love"としても知られている。表2は、亀山が引用したものと原文とを比較したものである。表中の下線部は、亀山の引用と原典とが異なる箇所を筆者が示した部分であり、"They are such new young lives!"から始まる節は省略されている。この詩を引用して、亀山は、保姆の専門性とはいかなるものであるかを示している。彼女は「彼らには愛ではなく、それ以上のものを、もっと難しいものを与えなさい」と言い、保姆にはより難しい「愛をこめた忍耐」が必要であると述べている。亀山によれば、幼児はまだ小さく、彼らにとってはすべてのことが新しいのであり、善悪の判断もまだつかないため、誘惑されたり悪いことをしたりしてしまう状態にあると言う。また、その純粋な目でいろいろなものに興味を示

し動こうとしないこともある。そのような時に、保姆は、子どもが貴重な存在ではあるが、未だ弱く、変わりやすい性質であることを覚えて、小言をいわずに優しく寛容に接するべきであり、そのような態度こそが愛をこめた忍耐であると亀山は論じている。

表2　亀山による引用箇所と原典との比較（下線部は筆者による）

亀山の引用	原典
They are such tiny feet! They have gone such little way to meet, The years, which are required to break, Their steps to evenness, and make <u>their</u> go, More sure and slow.	They are such tiny feet! They have gone such a little way to meet The years which are required to break Their steps to evenness and make <u>Them</u> go more sure and slow!
They are such little hands? Be kind-things are so new and life but stands. A step beyond the doorway ; All around, New day has found, Such tempting things to shine upon and so, The hands are tempted oft, you know.	They are such little hands! Be kind! Things are so new and life but stands A step beyond the doorway. All around New day has found Such tempting things to shine upon, and so The hands are tempted hard, you know.
	<u>They are such new young lives!</u> <u>Surely their newness shrives</u> <u>Them well of many sins.</u> <u>They see so much</u> <u>That (being immortal) they would touch,</u> <u>That, if they reach,</u> <u>We must not chide, but teach</u>
They are such fond, clear eyes! 　That widen to surprise. At every turn !—They are so often held To sun or showers—showers soon dispelled By looking in our face, 　Love asks for <u>much, much</u> grace.	They are such fond, clear eyes! That widen to surprise At every turn; they are so often held To sun or showers (showers soon dispelled) By looking in our face, Love asks for <u>so much</u> grace.

They are such fair, frail gifts!	They are such fair-frail gifts,
Uncertain as the rifts of light,	Uncertain as the rifts
That lie along the sky—	Of light that lie along the sky.
They may not be here by and by.	They may not be here by-and-by;
Give them not love,—but more,above,	Give them not love, but more, above,
And harder— patience with <u>the love</u>.	And harder—patience with <u>love</u>.

　亀山は、「その仕事における特別な準備や適用なしにだれでも保姆になることができる」という世論がある中、「子どもでいっぱいの幼稚園の必要を満たそうとしてきた人は、誰もこのことが正しいと信じることができない」と訴えている。当時、一般的には単なる子守りとしか見なされていなかった保姆に、特別な養成が必要であることを認識しているのである。さらに、「普通の教師と幼稚園の教師を比べると、幼児を扱う幼稚園の教師のほうが、児童期の子どもを扱う普通の教師より、より多くの忍耐が要求される」という彼女の主張から、小学校の教師と保姆を明確に区別した上で、保姆の独自性として「より多くの忍耐」が必要であることを意識していることが読み取れる。

　また、亀山は、子どもたちを「完全な人」に形成するためには、愛をこめた忍耐の上にキリスト者の品性も合わせなければならないと述べている。亀山が引用している二つ目の詩は、コウルリッジの "Love, Hope, and Patience in Education" という詩の一部であることが判明した。コウルリッジは、イギリスのロマン派詩人であり、また、批評家としても名高い人物である。この詩は、コウルリッジが1829年にサザビー（W. Sotheby）に送った書簡に収められている。以下に全文を引用する。

<u>O'ᴇʀ wayward childhood would'st thou hold firm rule,</u>
<u>And sun thee in the light of happy faces;</u>
<u>Love, Hope, and Patience, these must be thy graces,</u>
<u>And in thine own heart let them first keep school.</u>
For as old Atlas on his broad neck places

80

Heaven's starry globe, and there sustains it; – so
Do these upbear the little world below
Of Education,—Patience, Love, and Hope.
Methinks, I see them group'd in seemly show,
The straiten'd arms upraised, the palms aslope,
And robes that touching as adown they flow,
Distinctly blend, like snow emboss'd in snow.

O part them never! If Hope prostrate lie,
　　　Love too will sink and die.
But Love is subtle, and doth proof derive
From her own life that Hope is yet alive;
And bending o'er, with soul-transfusing eyes,
And the soft murmurs of the mother dove,
Woos back the fleeting spirit, and half supplies; –
Thus Love repays to Hope what Hope first gave to Love.
Yet haply there will come a weary day,
　　　When overtask'd at length
Both Love and Hope beneath the load give way.
Then with a statue's smile, a statue's strength,
Stands the mute sister, Patience, nothing loth,
And both supporting does the work of both.　　　（下線部は筆者による）

　下線部が亀山により引用された部分であり、これは詩の冒頭にあたる。こ
こには愛、希望、忍耐が品性であると示されており、教師は、まずは自分自
身の心にこの品性を教え込むべきであるとされている。キリスト者の品性と
亀山が述べているのは、愛、希望、忍耐がキリスト者が備えるべき人格とし
て特に重要とされているためであろう。この詩は、ギリシャ神話の巨人アト
ラスの話を例に挙げ、彼が天空をその腕で支えているように、教師も教育に
よって世界を支える存在であると示されている。そして、アトラスがその行
為を終わらせないのと同じように、教師も愛と希望を持って忍耐しながら教

育に携わるべきであると記されている。なお、コウルリッジは、日本では、1894年に大和田建樹の『英米文人伝』にコールリッヂとして紹介されたのが初めである。同じ頃からコウルリッジの詩が訳出され始め、大和田に加え片上伸、西村酔夢、小原無絃なども訳している[58]。1887年の時点で亀山がこの詩を引用することができたのは、英語のままでこの詩が桜井女学校において紹介されたためであろう。

　さらに、彼女の卒業論文には、キリスト教精神に基づいた子ども観・保育観が強く表れている[59]。亀山は、「子どもたちが創造主の証拠に簡単に気づくために、聖書だけではなく自然からも、信仰心は教えられなければならない」と述べ、被造物を通して子どもが神を知ることを重視していた。また、亀山は、愛は永遠で天からのものであるとし、「愛することは人間教育の最高の目標であり、指針である」と説いている。彼女は、教育の目的を愛に置き、「どのような教師であっても成功するためには、利己的でない純粋な愛を生徒のために、対象としている魂を持つ子どものために持たなければならない」と、キリスト教的な愛の精神を強調していたのであった。さらに、亀山は、保姆の使命について、以下のように述べている。

> 保姆の最も崇高な職務は、子どもたちが永久の父を知るように、また彼の愛の中で喜ぶことができるように導くことである。…中略…信仰心のない教育は事実無根のものだ。なぜなら主を恐れることは知恵のはじめだからである。…中略…最も気高い奉仕は、神によって私たちに与えられた仕事を忠実にすることである。

ここには、「主を恐れることは知恵のはじめ」という聖句が引用され、保育の最大の目的は信仰心を教えることであると語られている。また保姆として保育を行うことは神から与えられた使命であり、奉仕であると捉えていることがわかる。

　その他、同卒業論文が、保育実習の経験をもとに執筆されたことも指摘できる。亀山は、「私の経験は豊富ではないが、数か月間に私が観察したことから私の考えを述べたいと思う」としている。幼稚保育科では「理論」と

「実地」という課程が設けられていたが、「理論」によって取得した知識や子ども観、保育観に加え、「実地」すなわち保育実習の経験も同論文に反映されていると言える。亀山は、教師は「理論と実践に注意深くなければならない」と述べているように、理論と実践のどちらも重要であることを認識している。以下は、亀山によって描かれた保育実習の一場面である。

> いつも子どもたちは、教師が興味を持つことに興味を持つ。そして、ここに私たちはこれらのすばらしい自然の模倣の傾向というものを見る。彼らは、確実にあなたがすることに習って行うようになる。これを証明するために私たちの小さな幼稚園で起った例を挙げる—— 一人の教師が故意ではなく後ろでドアを強く音をたてて閉めて、この部屋に与えられた影響に無意識のままあわてて部屋を出て歩いて行った。私はたまたまそこにいた。すると、すぐに一人の子どもが彼女に渡された石板をとって大きな音をたててそれを落とした。これは純粋で無邪気な行為であり、私はただそんなことはもうしてはいけないとおだやかにたしなめることができた。それゆえ、私たちは賢く、またしとやかに行動する必要がある。私たちはいつほめ、いつ叱るかを知るため賢くなければならない。つまり、何の感動や感情を和らげ、どのそれを励まし発達させるかを知るため賢くなければならない。

亀山は幼児に自然の模倣の傾向があることを証明するために実習の一風景を挙げている。彼女は、「理論」の授業で学んだ幼児の性質を、実習において確認し、理論と実践を結び付けている。さらに、この経験を通して子ども理解が深まり、状況に応じて適切に幼児に対応していく必要性について論じている。彼女は、別の箇所で「保姆がしつけをしている子どもたちの性質に規律とよい特色を見たいなら、保姆自身が観察において素早くなければならず、全てのことが適切な場所で規律正しく行われているか見なければならない」と記している。ここから、教師はよく幼児を観察し、叱るべき時は叱り、ほめるべき時はほめることができる賢さを持つべきであるという考えに至っていることが確認される。

　以上より、亀山は、幅広く西洋教育思想を受容して、自身の子ども観や保

育観を形成していた。特に、キリスト教思想やフレーベルによる幼稚園教育の理念を理解していたこと、また、保姆には小学校以上の教師とは異なる独自の資質が必要であることを認識していた。亀山は、理論と実践の双方が保姆養成に不可欠であると考えており、幼稚保育科において彼女自身、理論を学んだ上で実習を行ったのであった。

第3節　卒業生の教育活動と保姆養成の成果

1．榎坂幼稚園における保育実践

　幼稚保育科第1回卒業生の湯浅はつは、桜井女学校の教員でありながら、保姆養成を受けた人物である。彼女は、1885年に幼稚保育科を卒業し、1887年に榎坂幼稚園を設立している。本項では、幼稚保育科最初の卒業生の一人である湯浅の保育実践を参照し、幼稚保育科での保姆養成の内容を間接的に探りたい。表3は、1887年の榎坂幼稚園の保育課程表である。9時半から14時までの保育時間中、休息として1時間が設けられており、実質3時間半の保育時間が定められていた。そのうち、3時間5分で「会話」「遊嬉」「開誘」の3科が行われている。

表3　榎坂幼稚園保育課程表

期限 / 科目	第一年				第二年				第三年			
	毎週時間	前期	毎週時間	後期	毎週時間	前期	毎週時間	後期	毎週時間	前期	毎週時間	後期
会話	四十五分	嘉言善行	一時	嘉言善行	一時	嘉言善行	一時	嘉言善行	一時	嘉言善行	一時	嘉言善行
遊嬉	一時十五分		一時十五分		一時十五分		一時十五分		一時十五分		一時十五分	
開誘	十六時三十分	恩物並細工	十六時十五分	恩物並細工	十六時十五分	恩物並細工	十六時十五分	恩物並細工	十六時十五分	恩物並細工	十六時十五分	恩物並細工

注）「私立幼稚園設立願」（『東京の幼稚園』東京都編、東京都、1966年、96頁）より引用した。

表4　保育用器具

六球	一箱	フレベル氏創設
三の体	一箱	同
木の積立の部		
木の積立 第一第二	二箱	同
第三	一箱	同
第四	一箱	同
板排の部		
正方形の板	一箱	同
直三角板	一箱	同
不等辺三角板	一箱	同
板組の部		
板組	三百二十個	同
箸排の部		
第九玩具	一箱	同
鐶排の部		
第十玩具	一箱	同
紙刺の部		
紙刺	一	

注)『東京の幼稚園』(東京都編、東京都、1966年、97
　頁)より引用した。なお、「縫取」「紙剪」「紙織」
　「豆細工」「土細工」「紙畳」「粘紙」についての項
　目は明記されているが、器具は示されていない。

「会話」は、毎週時間が45分から1時間とあるため、1日当たり10分ほどの時間が割かれていたようである。その内容には「嘉言善行」とあるが、これは後の「会集」のようなプログラムであったであろう。たとえば、一柳満喜子は、桜井女学校附属幼稚園において、「神への祈りと人への愛情が大切なこと、自分のことは自分でするという自立の精神を身をもって教えられた」と述べ、その時、暗唱した聖句は心の糧になったと語っている[60]。また、開誘の時間には「恩物並細工」とあるように、フレーベルの恩物と作業が行われていた。これに最も時間数が割かれていたことから、恩物中心の保育実践がなされていたことがわかる。開誘で用いられた恩物作業材料の種類は、表4のとおりである。

桜井女学校附属幼稚園では、「フレーベルの恩物積木で遊んだり、折り紙をしたりした」[61]と言うが、榎坂幼稚園でもそれらが用いられていた。ただし、前述したように、卒業生の亀山貞子は恩物の使用法について、教師は基本的な使用法がありながらも、機転をきかせて恩物教育を行っていくことや、その使用法を鵜呑みにするのではなくその使用法の原理を理解する必要があると述べていることから[62]、形式的な恩物操作とは異なった実践が行わ

れていたであろう。このような傾向は、次項で取り上げる吉田鉞による保育実践からも見受けられる。

2. 吉田鉞の生涯と保育実践

　幼稚保育科卒業生の中で、とりわけ吉田鉞は、多くのキリスト教系幼稚園の運営に関わっており、幼稚園教育のパイオニアとして知られている。先行研究では、彼女が多くの幼稚園を設立し、主任保姆として活躍したと指摘されてきたが、彼女の保育実践の内容や特質については具体的に検討されていない[63]。本項では、まず、吉田の学習歴や職歴を概観し、彼女が受けた保姆養成と、彼女が行った保育実践や保姆養成について整理する。また、従来は、英和幼稚園における彼女の最初の実践だけが注目されてきたが、室町幼稚園における彼女の実践をも対象とした。室町幼稚園に関しては、主として吉田が作成した保育カリキュラムを検討し、その保育実践の特質について考察したい。

⑴吉田鉞の学習歴と職歴
　従来、吉田の経歴は、『日本基督教幼稚園史』[64]や『北陸五十年史』[65]に載せられている彼女の回想に基づいて紹介されてきたが、今回筆者は、吉田の履歴書[66]を発見したため、これに拠って吉田の経歴を正確に示すことを試みたい。以下に吉田の履歴書の一部を引用する。

吉田エツ

慶應元年六月生

　学業
　一明治十年三月女範学校エ入学、同十一年七月愛知県女学校ト改名。
　一同十二年七月愛知県師範学校女学部へ入学。
　一同十五年三月全科卒業。
　一同十二年七月私立名古屋女礼学校エ入学。
　一同十四年七月該校卒業。

一同十年三月ヨリ同十六年十二月迄、吉田幾次郎氏ニ就キ算術修業。

一同十年三月ヨリ十八年八月迄、鈴木鎌藏氏ニ就キ漢学修業。

一同十八年九月東京麹町区上二番丁女子学院内幼稚園保姆科及英学科修業。

一同十九年七月該保姆科卒業。

一同十九年十月石川県金沢女学校英学科エ入学。

一同廿一年二月ヨリ同廿四年六月迄米国人幼稚園専門教師ヘレン、エス、ラブランド氏ニ就キ教育学并ニ音楽修業。

職務

一明治十七年二月中等科教員免許状ヲ受ク。

一同年同月愛知県名古屋区公立幅下小学七等訓導ニ任ゼラレ。

一同十八年一月六等訓導ニ任ゼラレ。

一同年九月依願免本官。

一同十九年十月石川県金沢市ニ於テ私立英和高等尋常小学校ヲ設立シ管理者トナリ并ニ英和幼稚園ヲ設立シ園長トナル傍ラ教授ス。

一同廿四年八月辞職。

一同年九月神奈川県横浜市私立住吉高等尋常小学校エ奉職。

一同廿五年十二月辞職。

一同年一月ヨリ同県神奈川幼稚園々長トナル。

一同廿六年三月同県知事ヨリ幼稚園保姆免許状ヲ受ク。

一同年十月京都市私立西陣幼稚園々長トナル。

賞罰

一明治十一年十一月　　　御巡幸ノ際学業勉励ニ付キ、金五十銭下賜。

一同十五年三月学力優等ニ付キ愛知県ヨリ家事経済学一部ヲ賞典セラル。

　　　　　　　其他賞罰ニ関スル件ナシ

　　　　　　　免許状并ニ卒業証書等、明治廿五年二月七日ノ夜横浜市住吉町二丁目住吉学校内ニ於テ盗難ニ逢ヒシ節悉皆盗取ラレ、所持不致候ニ付寫不桐添仕候。

　上記の履歴書に加え、回想録や吉田が設立に関わった幼稚園の公文書などをまとめると、吉田の経歴は、表5のようになる。以下、その詳細を説明していこう。

第2章 桜井女学校幼稚保育科における保姆養成の特質 87

表5 吉田鉞の経歴

1865年6月	愛知県名古屋市で生れる
1877年3月	県立女範学校入学（小学校教員免許状取得）
	吉田幾次郎に算術を習う（1883年12月修業）
	鈴木鎌藏に漢学を習う（1885年8月修業）
1878年11月	天皇より金50銭を受ける
1879年7月	愛知県師範学校女学部入学（1882年3月全科卒業）
	私立名古屋女礼学校入学
1882年3月	愛知県から家事経済学の一部に対して賞典を受ける
1884年2月	中等教員免許状取得⇒名古屋区幅下小学校7等訓導
1885年1月 （春に上京）	名古屋区幅下小学校6等訓導（1885年9月辞職）
	桜井女学校幼稚保育科入学（9月修業、翌7月卒業） 桜井女学校英学科入学（9月修業） 麹町教会で奥野昌綱牧師より洗礼を受ける
1886年10月	金沢女学校英学科入学 英和幼稚園（園長）、英和小学校設立（1891年8月辞職）
1888年2月	ヘレン・エス・ラブランドに教育学、音楽を習う（1891年6月修業）
1891年8月	名古屋市にあるミス・ケースの幼稚園を手伝う
	神奈川の住吉小学校（～1892年12月）
1893年1月	神奈川幼稚園園長となる（ミス・サイモンスの依頼により）
1893年3月	神奈川県より保姆免許状受ける
1893年10月	西陣幼稚園設立（園長）
1896年3月	室町幼稚園設立（園長、～1899年4月）
1904年1月	宮城県師範学校保姆養成所設立
1924年4月	川村女学院「礼法と手芸」を教授（～1939年3月）
1942年7月	死亡（14日）

①幼稚保育科入学以前の学習歴と入学経緯

　吉田は1865（慶応元）年6月に、現在の愛知県名古屋市に生れた。彼女は、1877（明治10）年3月に、11歳で女範学校（後の愛知県女学校）に入学している。また、吉田幾次郎から算術を、鈴木鎌藏から漢学を学び始めた。1879年7月には、14歳で愛知県師範学校女学部と私立名古屋女礼学校に入学している。吉田は、1881年7月に私立名古屋女礼学校を、1882年3月に愛知

県師範学校女学部の全科を卒業し、1883年12月には吉田幾次郎の算術を修業した。また、1885年8月に鈴木鎌藏の漢学も修業している。1884年2月に、吉田は中等科教員の免許状を得て、同時に愛知県名古屋区公立幅下小学校7等訓導となった。翌年の1月には6等訓導になるが、1885年9月に小学校の訓導職を辞している。

　彼女の業績に関しては、1878年11月の巡幸の際に、学業に励むようにと金50銭を与えられたことや、1882年3月に、学力優等のため愛知県から家事経済学の一部に対して賞典を受けたことが履歴書に記されている。吉田は自身で、「明治十年名古屋の（県立）女範学校を卒業して十何歳で早くも小学校教員の免状を受けました」と述べているように、特に学業に秀でた人物であったと見える。幼稚保育科へ入学する経緯については、以下のように回想している。

　　卒業後横浜の聖経女学校に奉職した稲垣すゑ（海野）姉もその一人でした。処がその稲垣さんの許に、一人の歳若い宣教師が尋ねて来られ、北陸に幼稚園を建てたいのだが誰か手伝つてくれる人はなかろうかと相談されたのがミス・ポートルでありました。稲垣さんは、一寸思ひ当る人もいないので、『先生一所に祈つてみませう』と二人で祈り始められました。すると、胸に浮んだ顔が私であつたと云ふので早速ポートル先生に話して賛成を得るなり手紙を書いて寄こしました[67]。

　ここにあるように、吉田は女範学校の同級生であった稲垣からポーター（Francina E. Porter）を紹介されたのであった。ポーターが、「殊に北陸に行く前に東京へ桜井女学校（今の女子学院）のミス・メリケン先生に就て幼稚園の保姆科を修業して来て貰ひ度い」と吉田に依頼し、この手紙を受けた彼女は、「その当時の私は何とかして大阪なり東京に出て見たい」と考えていたため、喜んで上京したと言う。ポーターは長老派の宣教師であったため、ツルーやミリケンとはコンタクトを取っていたであろう。特に、北陸に1年間派遣されたことのあるツルーに「設立するなら完全な幼稚園を」と助言さ

第2章　桜井女学校幼稚保育科における保姆養成の特質　89

れたことから、保姆となるには十分な学歴を有していた吉田を、「その一切の費用をポーター自ら負担した」とあるように、自費で桜井女学校に入学させている。吉田は当初、上京したいという思いからポートルの依頼を引き受けたが、「ミス・ポートルの曰く、設立するなら完全な幼稚園をとツルー先生が申されたとて、一生懸命なりし私は昔の娘にて働きたくだゞ心命かけてもと云ふ一念」で幼稚園教育に関わったと述懐している。

　吉田は「上京致しましたのが明治十八年の春でありました」と述べており、彼女の履歴書には「一同十八年九月東京麹町区上二番丁女子学院内幼稚園保姆科及英学科修業、一同十九年七月該保姆科卒業」とあるため、1885年春から半年で幼稚保育科と英学科を修業し、幼稚保育科においては1886年7月まで勉学を続けて卒業したと言える。

　また、吉田は、「桜井女学校に入つて矢島楫子先生の御指導を受け、麹町教会で奥野昌綱先生から洗礼を受けた時に、初めて心の底から信仰と云ふものがハッキリわかりました」と述べているように、桜井女学校時代に洗礼を受け、キリスト者としてのアイデンティティを確立させていた。吉田は、この時期に、保育実践を展開していく上での基盤を獲得したのであった[68]。

②英和幼稚園の設立と金沢女学校への入学

　幼稚保育科を卒業した吉田は、「両親から今さら北陸の田舎になんか行かぬがよいと云つて寄こしたり、女範学校からも名古屋に戻つて来て母校に教鞭を執つては如何かとしきりにすゝめて参りましたが、私としては一たんミス・ポートルにお約束したのでありますからと申して一切の義理や人情を振切つて金沢に赴任する事に決心致しました」と述べているように、ポーターとの約束通り、金沢へ赴任することを決断した。ポーターは、金沢から吉田を迎えに来て、1886年8月に東京を発った。ポーターとともにネラー（Laura McCord Naylor）を迎えに来た金沢女学校のヘッセル（Mary Katherina Hesser）も一緒に、4人連れで金沢へ向かった。道中、恩物などを販売していた

蔡倫社に寄っている。来沢した直後、吉田は幼稚園の設立に着手した。その手続きについて、彼女は以下のように回想している。

> 金沢に着きまして第一の仕事は、幼稚園設立の手続をする事でありましたが、一体何処にどんな形式で届ければよろしいかなかなかわからぬものです。然し幸な事に桜井女学校在学中矢島校長の御命令で小学校の御手伝をして居たので、その頃の生徒に…中略…文部次官折田氏の令息が居られた関係から、当地への出発前に、一度折田文部次官に会つて幼稚園設立をするには如何したらよいか尋ねて置いた事が、今役に立つ時が来ました。金沢に着くなり、早速県庁に赴き学務課に出頭して…中略…都合良く設立届を出す事ができたのでした[69]。

　この設立届は現存していないため、その詳細は定かではないが、吉田は、1886年10月に英和幼稚園と英和小学校を設立している。英和幼稚園で園長を務めた吉田は、「ミス・ポートルは幼稚園に就ての経験も見識もあまり無い方ですから、一切を私にまかされました」と述べており、吉田は桜井女学校で学んだことを実践に移していったと考えられる。

　また、吉田の履歴書には「一同十九年十月石川県金沢女学校英学科ニ入学」とあり、1886年10月に金沢女学校英学科へ入学していたことが判明した。さらに、吉田は、「一同廿一年二月ヨリ同廿四年六月迄米国人幼稚園専門教師ヘレン、エス、ラブランド氏ニ就キ教育学并ニ音楽修業」と履歴書に記しているため、吉田が1888年2月から1891年6月まで、幼稚園教育専門のアメリカ人宣教師であるヘレン・エス・ラブランドのもとで教育学と音楽を修業していたことが明らかとなった。「（ポーターの…筆者注）賜暇帰省中後任として来られたミス・ラブレンはなかなかの専門家」であったと吉田は語っている。ラブランドがいかなる人物であったかは不明であるが、金沢女学校に派遣された長老派に属する教育宣教師であったと考えられる。

　その後、吉田は脚気となり、1891年8月に辞職している。吉田が金沢において幼稚園教育に従事したのは約5年間であった[70]。

第2章　桜井女学校幼稚保育科における保姆養成の特質　91

③キリスト教系幼稚園創設に関する諸活動

　吉田は、「休養して居りますと、市内に幼稚園を開いて間のないミス・ケースに呼ばれて少しの間御手伝ひして居る」と回想しているように、名古屋に帰郷した後、幼稚園を開園したばかりのケースに頼まれて、彼女の幼稚園を手伝うようになったと言う。また、1893年1月に、「横浜のミス・サイモンスから幼稚園を建てたいから是非手伝つてくれとの依頼があり、横浜なれば遠方でもなし、気候も寒くないからとて親の許を得て、再び名古屋を離れました」と振り返っている。吉田は、1893年1月からは、神奈川幼稚園の園長となり、その2か月後の3月には、神奈川県知事から幼稚園保姆免許状を受けていた。従来、神奈川幼稚園は、二宮わかによって設立されたと見なされてきたが、吉田は、「私は初の一年余しか御手伝ひ致しませんでしたが、私の後任には橋本花さん、次に二宮わかさんが責任を持たれました」と述懐しており、吉田が設立し、後は橋本華子（英和幼稚園勤務経験あり）や二宮などの後任の保姆に幼稚園を託したのであった[71]。

　吉田はポーターが京都で幼稚園を設立するのを助けるため、1893年10月に京都に移った。その経緯について彼女は次のように説明している。

> その頃、京都に移つたミス・ポートルから、又自分と一緒に働かないかと申して来ました。私は、只もう幼稚園の為とのみ考へて働いて来たのですから、神奈川を振切るには忍びない思がしましたが、京都に新しく幼稚園を建てるので、是非自分に来て欲しいと云ふ恩師の言葉でもありましたので、これも神様の御使命と思ひ、再びポートル先生の許に参り、幼稚園設立の準備にかゝりました[72]。

　同年10月25日に、西陣幼稚園（現在の栄光幼稚園）が開設されると、吉田は園長に就任している。『京私幼五十年史』には、「京都にあっては、明治二十六年初めてのキリスト教主義幼稚園として、上京区松屋町に西陣幼稚園は生まれ」[73]と記されているため、西陣幼稚園は、京都で最初のキリスト教系幼稚園であったと言えよう。この西陣幼稚園については、『日本基督教幼稚園史』に次のように紹介されている。

保守的な習慣を墨守すると云つても過言でない京都の町に、基督教の旗印を高く
かざして四十八年も前に谷口礼子氏によつて設立され、初代園長はミス・ポート
ルでありました。創立のためミス・ポートルを助けて実際の仕事をしたのは春日
（吉田）ゑつ姉でありました。その当時の苦心は想像も及ばぬ程で、保育料は殆ん
どとらず清潔なエプロン手技材料等を園から与へて居たと云ふ事であります[74]。

ここには設立者に谷口礼子、園長にポーターが挙げられているが、実際に保
育を担当したのは吉田であった。吉田は、自身の身分については園長と履歴
書に記している。西陣幼稚園は、ここにあるように無償幼稚園のような形で
開設されたものであったと考えられる。

吉田は、西陣幼稚園を手伝った後、同じ京都において室町幼稚園を創設
し、1896年3月4日に「私立室町幼稚園開園ニ付開申」を提出している。な
お、この時は吉田鉞として名が記されているが、3年後の1899年4月28日の
「幼稚園主継承願」では、春日鉞と記されている。そのため、この3年間の
うちに吉田が結婚したことが確認される。室町幼稚園の詳細については後述
する[75]。

④晩年の保姆養成に関する活動

吉田は、1904（明治37）年1月に宮城の師範学校内に保姆養成所を設置し
ている。これはキリスト系保姆養成校出身者が公的な保姆養成に貢献した一
例である。以下に『婦人と子ども』に掲載された同保姆養成所に関する二つ
の記事を引用しよう[76]。

○保姆養成所
在仙台の春日えつ、立花せん二氏の発起にて、同地師範学校内に保姆養成所を設
置し、幼稚園保姆たらんとする者及一般婦女に育児、保育の方法を知らしめんと
の目的にて、本年一月より開所せしが、現在生徒は二十七，八名にして、内十
七，八名は保姆の資格を得て、来る七月卒業の上、それぞれ各地へ赴任する事と
なるべしと、目下、適良保姆欠乏の際に当り、此事あるはまことに喜ふべきこと

なり因に同所修業年限は六ヶ月、生徒は高等小学校卒業の者より取り、学科は教育、保育、育児、恩物取扱方、手芸、唱歌、遊戯なり。

宮城県保姆養成所
同県師範学校内に開きたる同所第一回卒業生の実地保育は、其児童二百名に及び非常の好成績にて先月二十二日終了せりといふ。

　春日（吉田）鋮と立花せんは、宮城の師範学校内に保姆養成所を設置した。同養成所では、育児と保育の方法を教えることが目的とされ、修業年限は6か月間であった。科目としては、教育、保育、育児、恩物取扱方、手芸、唱歌、遊戯の7学科と実地保育が設けられていた。対象者は保姆として働くことを希望する者に加え、一般の女性も含まれており、入学資格は高等小学校卒業者であった。入学生は、27, 8名ほど集まったとある。吉田はキリスト教系幼稚園だけではなく、一般の幼稚園にも人材を派遣し、「目下適良保姆欠乏の際に当り、此事あるはまことに喜ふべきことなり」と評価されている。

　その後、吉田は再び上京し、晩年は「最近まで目白の川村女学院に教鞭をとつて居りましたが七十五歳の高齢の故を以て隠退いたし」[77]とあるように、川村女学院（現、川村学園）の教員となり、1924年から1939年まで、同学院で「礼法と手芸」という科目教えていた[78]。彼女は、同学院退職後、1942（昭和17）年7月14日に他界している。

⑵英和幼稚園における保育実践

　吉田が最初に赴任した幼稚園である英和幼稚園は1886年に創設された。それまでに幼稚園は、東京に12園、大阪に9園、京都に4園存在しただけで、英和幼稚園は石川県の中で2番目に設立された私立幼稚園であった。キリスト教系の幼稚園としては、桜井女学校附属幼稚園、ブリテン女学校幼稚園に続く3番目に設置された幼稚園であった。今日、英和幼稚園は、キリスト教

保育連盟によって現存する最古のキリスト教主義幼稚園と認定されている[79]。先行研究では、英和幼稚園が当時異色の保育実践を行っていたと指摘されているが、その内実について見ていこう[80]。

①英和幼稚園に派遣された幼稚保育科卒業生

英和幼稚園創設者であるポーターは、米国長老派の宣教団体から派遣され、1883年11月に金沢に到着した。兄の J. B. ポーターが経営していた愛真学校（後の北陸英和学校）で4年間教育に携わっているうちに、「金沢の教育の実情をつぶさに見聞し、幼児児童のための学校設立の熱望を抱く」ようになったと言う。彼女は、英和小学校を "Children's School" とし、その中に "Kindergarten" も含めていた。そして、「幼稚園から小学校にいたる男女を共にした一貫教育でキリスト教主義教育を施す」ことを理想としていた[81]。

しかし、ポーターは、幼稚園教育の専門家ではなかった。彼女は、これまで、テネシー州メリーヴィルのメリーヴィル大学で教育学を学んだとされていたが、宣教師の準備教育として、English と Ladies Preparatory Course を学んだことが判明している[82]。したがって、前述の吉田の回想にあるように、保育実践は保姆の吉田が主導したのである。

従来、「吉田えつによる保育は彼女が桜井女学校幼稚保育科でミス・ミリケンから学んだとおりのものであった」[83]と考えられてきたが、その詳細な検討はなされていない。吉田の後には、富田金子、橋本華子、行山鈴野が保姆となっている。彼女たちはみな桜井女学校幼稚保育科卒業生であった。そのため、英和幼稚園の保育実践が桜井女学校のそれを模倣して行われていたと推察されてきたが、保育実践の内容からこのことを検証していこう。

②英和幼稚園における保育実践の特質

まず、英和幼稚園で使用された唱歌に着目していこう。1890年頃に英和幼

稚園の園児であった越野まさは、娘の節子に幼稚園の思い出を語って聞かせた。

> リズムでもオルガンにあわせ、男子は長箒を女子は扇子を持ったりして活発に楽しく遊んだ。歌は英語で「農夫の歌」や「飛べ飛べ小鳥」など、子ども達はこれらに動作をつけ意味を理解した。「主、われを愛す」の賛美歌なども英語で歌い、年とった今でもこれらの歌を英語で歌うことができる[84]。

「農夫の歌」は、ロンゲ夫妻（J. and B. Ronge）の *A Practical Guide to the English Kindergarten*（*Child's Garden*）に掲載されていた "The Peasant" という音楽体操である。それは、日本では桑田親五の『幼稚園』で紹介され、「農夫ノ歌」と文語体で訳され、楽譜は省かれている。しかし、実際の保育現場では、西洋音楽の知識がなかったため、恩物のように唱歌遊戯を受容することは難しかった。そのため、東京女子師範学校附属幼稚園において歌詞は保姆によって改良され、宮内省式部寮雅楽課の怜人が曲をつけ、「民草」という原曲とはかけ離れた遊戯歌となってそれは保育現場に普及した[85]。

英和幼稚園で「農夫の歌」が英語で教えられたということは、ロンゲの "The Peasant" がそのまま用いられていたということになる。東京女子師範学校附属幼稚園での唱歌は、雅楽調で調子が長く、幼児のテンポに合わないもので、歌詞も幼児に理解しにくいものであったことが問題とされている。それに比べ、英和幼稚園では洋楽のリズミカルなテンポの唱歌が用いられた。しかし、英語の歌詞もまた幼児にとっては理解し難いものであったことは推察される。「飛べ飛べ小鳥」については、それがどの曲であるか特定できない。「農夫の歌」と同様に、ロンゲ夫妻の紹介した音楽体操の中の "The Pigeon-House" であるかもしれない。これは、桑田によって「鳩舎ノ歌」と訳され、東京女子師範学校附属幼稚園で「家鳩」として歌われている。この改作過程もまた、「民草」と同じようなものであったと考えられる。

以上より、英和幼稚園では、一般の幼稚園で用いられていた東京女子師範

学校附属幼稚園で改作された唱歌ではなく、アメリカで使用されている唱歌を英語のまま用いていた。リズミカルなテンポの唱歌は、土川五郎によって大正期にようやく導入されるようになるため、英和幼稚園における唱歌遊戯の実践は先駆的なものであった。これに加え、讃美歌も歌われており、英和幼稚園は、確かに一般の幼稚園とは異なる唱歌を用いていたと言える。

　恩物についてはどのような実践がなされていたのであろうか。小林によると「欧米から取り寄せた遊具や玩具、絵本なども子どもたちには喜ばれた」、「英語で書かれた絵本、美しい舶来の紙など、子どもたちは見たこともない美しい色に魅せられた」とあり、海外から幼稚園で必要な用具などを輸入していたことが確認できる。多くの幼稚園では恩物を得るのに苦労し、そのため、日本にある材料で工夫して作成した恩物を用いていた。たとえば、「紙織」に使用される紙などには和紙があてられていたため、正確にそろえて織ることは難しく、またその色彩も本場のものよりも淡いものであった。作業においては、園庭で木の葉を集め、これを粘土に押し当て周囲をへらで切り落としたり、石盤の上に水に浸した太い毛糸をのせ箸で動かして形を作ったりしていた。英和幼稚園でも、恩物を用いた教育がなされていたと考えられるが、それは型にはまったものではなかった。越野は、恩物について、「子どもたちが自分でめいめいに考えてやる事を大切にし、のびのびとした保育であった」と述べている。当時の恩物は、のびのびと子どもが遊べるものとして一般の幼稚園に普及しなかったことに比べ、同じ恩物でもその使用法に違いがあったと見える。

　英和幼稚園では、園芸も盛んであった。園芸は、初期の幼稚園教育で紹介されたものの普及しなかった保育内容である。宣教師たちは、アメリカからバラや忘れな草、金蓮花などの種を輸入し、園庭に花壇を作り、花の歌を英語で教えた。また、「園庭で苺やブルーベリーを栽培し、ジャムを作って子どもや親たちにも食べさせた」とあるように、花壇に外国の花が植えられ、苺やブルーベリーを採集して当時珍しいジャムを作っていた。フレーベルは

第 2 章　桜井女学校幼稚保育科における保姆養成の特質　97

子どもが花壇で植物を栽培することを重視し、身近な食物を花壇で栽培して食べることも奨励していた。英和幼稚園においては、園芸が保育内容の一つとして定着していったのであった。

その他、「朝夕ラッパを吹いて道をいく豆腐屋をみて、これを保育にとりいれ「豆腐 man」というリズム遊び」を行っていたことはよく知られている。ポーターは、幼稚園教育の専門家ではなかったが、吉田に保育実践を任せながらも、自ら幼児と触れ合っていた。また、ポーター以外にも、長老派の宣教師であるウィン夫妻が、「家庭では庭に木のレールを使って子ども二人くらい乗れるような木箱二～三台を汽車にして遊んでおり、これを金沢第一の鉄道と名づけ、停車場や橋を作って鉄道ごっこをしていた」という記述から、幼児たちと交流があったと言えよう。明治期の遊戯は形式主義的なものであり、特に、遊戯の創作は一般には明治後期から行われ始める。しかし、英和幼稚園では「豆腐 man」や「鉄道ごっこ」という身近なものを題材にした創作遊戯が、すでに明治前期頃から行われていたと考えられる。

さらに、ポーターは、聖画を見せてイエスの生涯を教えた。そして、「海の上をわたるキリスト」、「道に迷った 1 匹の小さい羊を抱かれる羊飼いのやさしい主のみ姿」など、聖書によって子どもにイエス・キリストの愛について説いていた。ポーターは、「神は愛なり」、「主、われを愛す」などの聖句も幼児に暗唱させており、英和幼稚園においてキリスト教保育を行っていたことが確認される。

1892年の英和幼稚園の卒業証書に、フレーベルの言葉 "Come let us with our children live" が記載されている。ここから、英和幼稚園は、フレーベルの教育思想を尊重していたことが明らかである。英和幼稚園は唱歌や恩物、また保姆に至るまで、東京女子師範学校附属幼稚園からではなく、桜井女学校幼稚保育科経由で揃えていた。中には、直接アメリカから輸入していたものもあったと考えられる。また、キリスト教保育を行っていたこともあり、一般の幼稚園とは異なる保育実践が展開されていたのであった[86]。

(3)室町幼稚園の保育カリキュラム

　これまで室町幼稚園についは、その存在だけしか確認されていなかった[87]。今回、筆者は、吉田によって1896年1月29日に提出された室町幼稚園の「私立幼稚園設置伺」[88]を発見した。以下はこの一部を引用したものである。これをもとに、室町幼稚園の保育カリキュラムの特徴を考察する。

　一設置ノ目的
　　本園ハ学齢未満ノ児童ヲシテ、身躰精神ノ健康ヲ保全シ、天賦ノ才美ヲ養成
　　シ、善良ノ言行ヲ習熟セシメ、学齢ニ至リ各智徳体ノ三育ヲ修ムルノ素ヲ養フ
　　ヲ目的トス。
　一位置
　　京都市上京区室町通丸太町上ル大門町二百七十番地ノ一
　一名称
　　室町幼稚園
　一保育ノ科目
　　会集、修身ノ話、庶物ノ話、六球ノ遊ヒ、三体法、木ノ積立、板排ヘ、連板、
　　箸排ヘ、鐶排ヘ、豆細工、土細工、球繋キ、糸、紙織リ、紙摺ミ、紙刺シ、縫
　　取リ、紙剪リ、組紙、画キ方、実物示教、唱歌、遊嬉等トス。
　一保育ノ要畧
　　会集　　会集ハ、毎日先ツ諸組ノ幼児ヲ遊嬉室ニ集メ、唱歌を復習セシメ且ツ
　　　　　　時々行儀等ニ就キテ訓誨ヲ加フル者トス。
　　修身ノ話　修身ノ話ハ、和洋聖賢ノ教ニ基キテ近易ノ談話ヲナシ、孝悌忠信ノ
　　　　　　事ヲ知ラシメ、以テ徳性ヲ涵養ス。
　　庶物ノ話　庶物ノ話ハ、専ラ日用普通ノ家具什器鳥獣草木等、幼児ノ知リ易キ
　　　　　　物其標本絵図ヲ示シテ之ヲ問答シ、其用方注意ノ良習ヲ養ヒ、兼テ
　　　　　　言語ヲ習ハシメンコトヲ要ス。
　　六球ノ遊ヒ　六球ノ遊ヒハ、円形ハ世界地球ニ象リ幼児教育ノ最初玩器ニシ
　　　　　　テ、六色ノ球ハ正間色ノ分チヲ教ヘ、並ニ一ヨリ六マデノ数ノ増
　　　　　　減ヲ教ユ
　　三体法　三体法ハ、物体ノ根原ニシテ、天地間ノ虚実変化ヲ解誘シ、理学ニ入
　　　　　　ルノ階梯トス。
　　木ノ積立　木ノ積立ハ、立方体長方体方柱体三角柱体ノ木片ヲ与ヘテ、門家橋

第2章　桜井女学校幼稚保育科における保姆養成の特質　　99

　　　　等ノ形ヲ積立シメ、或ハ種々ノ形ヲ排ヘシメ、以テ構造ノ力ヲ養フ
　　　　ヲ主トシ、兼テ辺角形体ノ観念ヲ得シム。

板排ヘ　板排ヘハ、彩色セル薄キ正方形三角形ノ小板ヲ与ヘテ、門家等ノ正面
　　　　或ハ側面其他種々ノ形ヲ排ヘシメ、以テ美麗ヲ好ムノ心ヲ養フヲ主ト
　　　　シ、兼テ角度ノ大小等ノ観念ヲ得シム。

連板　　連板ハ、五寸ノ尺度ヲ四本六本或ハ八本十本等ノ接合シタル尺度ヲ与ヘ
　　　　テ、其関節ヲ屈メ、或ハ伸シ、以テ幾何術上ノ諸形、或ハ羅馬字等ヲ摸
　　　　造セシム。此課ニテ連ラザル長サ八寸ノ板ヲ与ヘテ、家或ハ諸形ヲ組合
　　　　ス智力ヲ養成ス。

箸排ヘ　箸排ヘハ、一寸ヨリ五寸マテノ五種ノ細長キ箸ヲ与ヘテ、門梯子或ハ
　　　　家机等ノ輪廓ヲ排ヘシメ、以テ工夫ノ力ヲ養フヲ主トシ、兼テ長短ノ
　　　　観念ヲ得シム。

鐶排ヘ　鐶排ヘハ、鉄或ハ真鍮ノ全鐶半鐶ノ大小ヲ交ヘ与ヘテ、種々ノ形ヲ排
　　　　ヘシメ、又時々箸ヲ交ヘ与フル事アリ、其目的畧箸排ヘニ同シ。

豆細工　豆細工ハ、削リタル竹ト水ニ浸シタル豆トヲ与ヘテ、豆ヲ以テ竹ヲ接
　　　　合セ堂机椅子獣形等ヲ造ラシメ以テ摸造ノ力ヲ養フ。

土細工　土細工ハ、粘土ヲ与ヘ実物ヲ示シテ其形ヲ摸造セシム。

珠繋キ　珠繋キ始メニハ彩色セル麦藁ノ切レト、孔ヲ穿チタル色紙ノ切レトヲ
　　　　交ヘ糸ニテ繋カシメ、終ニハ南京珠ヲ繋カシメ、以テ縫取リニ入ル階
　　　　梯トス。

糸　　　糸ハ長サ一尺斗ニシテ、両端ヲ結ヒ合セ輪ニシテ水ニ浸シタル一筋ト、石
　　　　盤石筆ヲ与ヘテ傘手袋獣鳥魚等、種々ノ形ヲ造ラシメ、以テ画学ヲナスノ
　　　　力ヲ養ハシム。

紙織リ　紙織リハ、細ク截リタル色紙ヲ、経筋緯筋トシ、種々ノ模様ヲ編マシ
　　　　メ、以テ色ノ配リ方ヲ知ラシム。

紙摺ミ　紙摺ミハ、正方形三角形ノ色紙ヲ与ヘテ、舟鶴花形等種々ノ美麗ナル
　　　　ヲ摺マシメ以テ想像ノ力ヲ養フ。

紙刺シ　紙刺シハ、細キ錐ニテ紙面ニ紋形草木花等ノ形ヲ刺シ穿タシメ、以テ
　　　　縫取リノ下画トナサシム。

縫取リ　縫取リハ、紙刺シノ課ニテ刺シ穿チタル紋形草木花等ノ形ヲ色糸ニテ
　　　　縫取ラシメ、以テ針ノ運ヒ方ヲ知ラシム。

紙剪リ　紙剪リハ、色紙ヲ与ヘテ方形六十四ニ剪リ之ヲ白色ノ台紙ニ貼リ付ケ
　　　　テ種々ノ形ヲ造ラシメ、或ハ種々ノ紋形等ヲ剪抜カシメ、工夫ノ力ヲ

養ヒ、兼テ剪刀ノ用ヒ方ヲ知ラシム。

組紙　組紙ハ、細キ色紙ヲ与ヘ種々ニ組合セ、以テ智識ヲ開発セシム。

画キ方　画キ方ハ、始メニ罫アル石盤ノ上ニ縦線横線斜線ヲ以テ物ノ畧形ヲ画カシム。終ニハ鉛筆ヲ以テ之ヲ罫アル紙ニ画カシム。

実物示教　実物示教ハ、児童ノ知リ且ツ覚エ易キ実物ヲ見セ、其名称形状性質効用等ヲ教エ之ヲ問答シ、以テ観察注意ノ良習ヲ教エシム。且ツ各児ニ種子ヲ蒔カシメ、一部分ツツ受持タセ之ヲ培養セシムル事アリ。

唱歌　唱歌ハ、保姆ノ唱フル所ニ傚ヒ容易クシテ、面白キ唱歌ヲナサシメ、時々楽器ヲ以テ之ヲ和シ、自ラ其胸廓ヲ開キテ健康ヲ補ヒ、其心情ヲ和ケテ徳性ヲ養ハンコトヲ要ス。

遊嬉　遊嬉ハ、幼児ニ適スル者ヲ撰テ之ヲナサシメ、以テ身体ヲ健カニシ精神ヲ爽カナラシメン事ヲ要ス。

一保育科ノ程度及保育時間

	毎週時間	一ノ組	毎週時間	二ノ組	毎週時間	三ノ組
唱歌	二.〇〇	簡易ナル単音唱歌	二.〇〇	仝上	二.〇〇	仝上
談話	一.〇〇 一.〇〇	修身ノ話 庶物ノ話	一.〇〇	仝上	一.二〇 .四〇	仝上
会集	三.〇〇		三.〇〇		三.〇〇	
六球ノ遊ビ	一.〇〇		.三〇			
三体法	.四〇		.三〇			
木ノ積立	一.三〇	第三第四	一.〇〇	第五第六	一.〇〇	仝上
板排ヘ	.三〇	方形、両等辺三角形	.三〇	正三角形、不等辺三角形	.三〇	仝上
連板	.三〇					
箸排ヘ	.三〇		.三〇		.三〇	
鐶排ヘ	.三〇		.三〇		.三〇	
豆細工	.三〇		.三〇			
土細工	.三〇					
球繋キ	一.〇〇		.二〇		.二〇	
糸	.三〇		.三〇		.三〇	
紙織リ	.三〇		.三〇		.三〇	

第2章　桜井女学校幼稚保育科における保姆養成の特質　　101

紙摺ミ	.三〇		.三〇		.三〇
紙刺シ			.三〇		.三〇
縫取リ	.二〇		.三〇		一.〇〇
紙剪リ			.三〇		.三〇
組紙			.三〇		.三〇
画キ方	.二〇		.三〇		一.〇〇
実物示教	.四〇		.四〇		.四〇
遊嬉	三.〇〇		三.〇〇		三.〇〇
通計	一九.五〇		一九.五〇		一九.五〇

保育時間ハ午前九時ヨリ午後第一時半マデトス。但シ土曜日ハ午前十一時迄トス。

一保育用図書器械

図書器械名	巻冊記号個数	出版製造年月	著訳創製者氏名	出版製造者氏名

　　修身ノ話ノ部
　　未定
　　庶物ノ話ノ部

日本庶物示教	三冊	明治十二年五月	芳川修平著	青木輔清

　　六球ノ遊ヒノ球

第一恩物	一箱		フローベル氏創製	佐藤正三
キンダーガーデンガイド	一冊	西暦千八百七十七年	ジヤン、クロース氏 モラヤ、クロース ベルチ氏　著	スチーゴル会社 米国ニユーヨルク

筆者注）以下、三体法ノ部（第二恩物）、木ノ積立ノ部（第三－第六恩物）、板排ヘノ部（第七恩物）、連板ノ部（第八恩物）、箸排ヘノ部（第九恩物）、鐶排ヘノ部（第十恩物）は佐藤製造の恩物と『キンダーガーデンガイド』が、豆細工ノ部、土細工ノ部、糸ノ部、紙織リノ部、紙摺ミノ部、紙刺シノ部、縫取リノ部、紙剪リノ部、組紙ノ部、画キ方ノ部は『キンダーガーデンガイド』だけが示されている。

　　以上フローベル氏ノ法ニ拠ル
　　唱歌ノ部

幼稚園唱歌集	一冊	明治廿年七月	文部省音楽取調掛	東京音楽学校
幼稚の曲	二冊	明治廿二年十二月	大和田建樹 奥　好義	中央堂

| 保育唱歌 | 一冊 | | | 冷人著 | |

遊嬉ノ部

遊嬉唱歌	巻ノ一 一冊	明治廿五年二月	四空甼小辰	丸善商店
遊嬉唱歌	一冊	明治廿五年	ハーラ氏著	大坂福音社
保育遊嬉唱歌集	一冊	明治廿六年十月	白井規矩郎	敬文堂

表中完全ナラザル者多シト雖、姑ク仮リニ之ヲ用ヒ、適当ノ図書ヲ得ルニ随ヒテ
改正スベシ。

一日本庶物示教ハ、本邦幼児ノ保育ニ適セサル所ヲ斟酌シテ用フ。

「私立幼稚園設置伺」によると、室町幼稚園は、1896年1月29日に、京都
市上京区室町通丸太町上ル大門町270番地ノ1に設立されている。設置の目
的には、「本園ハ学齢未満ノ児童ヲシテ、身躰精神ノ健康ヲ保全シ、天賦ノ
才美ヲ養成シ、善良ノ言行ヲ習熟セシメ、学齢ニ至リ各智徳体ノ三育ヲ修ム
ルノ素ヲ養フヲ目的トス」とある。同園は、男女満3年以上満6年以下の幼
児を保育の対象とし、定員は40名であった。保姆は2名とあり、吉田に加
え、岩崎エタが着任していた。岩崎は1886年に桜井女学校幼稚保育科を卒業
し、その後は、桜井女学校附属幼稚園に勤務した人物である。保育料は一月
20銭であったが、二人目からは15銭を納めるという規則であった。保育時間
は、午前9時から午後1時半までであり、土曜日は午前11時までと定められ
ていた。

　ここで同園の保育カリキュラムを (1) 恩物、(2) 読方と書方、(3) 実物示
教の三つの保育科目に着目して分析する。

①恩物教育の重視

　1884年に全面改正された東京女子師範学校附属幼稚園の規則は、各地の幼
稚園設立の基準となった。それ以降、同規則は1890年、1891年、1893年の3
回改正され、その後1899年の「幼稚園保育及設備規程」制定までは、1893年

の幼稚園規則が各地の幼稚園の基準となっている。1896年に提出された「私立幼稚園設置伺」の中にある室町幼稚園の幼稚園規則と、この3回に亘って改正された規則を比較していこう。

創立当初から改正が重ねられてきた東京女子師範学校附属幼稚園の保育科目は、1884年の改正で会集、修身ノ話、庶物ノ話、木ノ積立テ、板排ヘ、箸排ヘ、鐶排ヘ、豆細工、珠繋キ、紙織リ、紙摺ミ、紙刺シ、縫取リ、紙剪リ、画キ方、数ヘ方、読ミ方、書キ方、唱歌、遊嬉の20科目となった。その後、1893年の改正で説話、行儀、手技、唱歌、遊嬉の5科目となった。従来は、恩物の種類ごとに一保育科目としていたために科目が多数設けられていたが、1893年の改正では、恩物を手技として一括化したため、保育科目数は激減した[89]。

1893年の改正頃、実際にはどのような保育科目が各幼稚園で採用されていたのであろうか。1893年12月に全国50園に対して女子高等師範学校が行った調査「公私立幼稚園保育課目取調表」[90]によると、1893年の改正が出されるまで、すべての幼稚園で各恩物を1科目として扱っていたことが確認される。1893年の改正で女子高等師範学校附属幼稚園が恩物の手技への一括化を採用したが、1899年の「幼稚園保育及設備規程」に遊戯・唱歌・談話・手技の4科目が定められた後、恩物の一括化は一般的となったと言われている[91]。しかし、1894年に設立された内藤新宿町立華園尋常・高等小学校附属幼稚園では、会話・行儀・遊戯・唱歌・手技の5科目[92]、1896年に設立された岡山県の倉敷尋常小学校附属幼稚園でも説話・行儀・手技・唱歌・遊戯の5科目[93]が採用されている。したがって、恩物の一括化は、必ずしも「幼稚園保育及設備規程」以降のことではなく、手技への一括化の定着の様子はまちまちであったと見受けられる。

ここで、室町幼稚園の保育科目に注目してみよう。「保育ノ科目」には、会集、修身ノ話、庶物ノ話、六球ノ遊ヒ、三体法、木ノ積立、板排ヘ、連板、箸排ヘ、鐶排ヘ、豆細工、土細工、球繋キ、糸、紙織リ、紙摺ミ、紙刺

シ、縫取リ、紙剪リ、組紙、画キ方、実物示教、唱歌、遊嬉等の23科目が挙げられている。そのうち、恩物に関するものが18科目あり、「保育科ノ程度及保育時間」を見ると、全19時間50分中、一の組で8時間10分、二の組で8時間50分、三の組で8時間50分が恩物の時間として割かれている。室町幼稚園では一つ一つの恩物を1科目として扱っていたことがわかる。

これは単に恩物の取り扱い方の移行期であったためであろうか。『幼稚園教育百年史』では、恩物が一括化されたのは、いくつかのキリスト教系幼稚園を除く多くの幼稚園では、フレーベルが本来恩物に込めた意味を理解することなく、それを単に幼児の感覚器官を練るための道具としてしか考えていなかったためであると指摘されている[94]。恩物離れが進んでいく中で、室町幼稚園においては恩物が重視されていたと考えられる。

「保育用図書器械」を見ると、吉田が恩物教育において参考にしていた図書がわかる。第一恩物である「六球ノ遊ヒ」から「豆細工」まで、参考図書として一貫して『キンダーガーデンガイド』が用いられていた。そして、これらの表の最後には「以上フローベル氏ノ法ニ拠ル」と但し書きが付してある。そこで、室町幼稚園における恩物教育のために参考とされた「ジャン、クロース氏、モラヤ・クロースベルチ氏著『キンダーガーデンガイド』スチーゴル会社米国ニューヨルク、1877」(*The Kindergarten Guide*)に着目しよう[95]。同書の著者であるJ. クラウス(John Kraus)は、フレーベルの友人、また協力者で、妻のクラウス=ベルテとともに、アメリカの著名な幼稚園教育の指導者であった。「スチーゴル社」とは、シュタイガー社(E. Steiger & Co.)のことで、アメリカで幼稚園関係の書籍や遊具類の出版・販売を行っていた業者である。

アメリカでは『キンダーガーデンガイド』が出版されるまで、恩物はウィーブ(E. Wiebe)の『子どもの時代の楽園』(1869年)の中で、遊具と作業が20種にまとめて紹介されていた。また、同書をもとに、シュタイガー社は、20種類の遊具を製造し、それは twenty gift としてアメリカ国内に広まっ

た。しかし、『子どもの時代の楽園』は恩物の簡易な説明にとどまっていたため、クラウス夫妻は『キンダーガーデンガイド』を著し、恩物の詳細な解説を行って、遊具遊び13種、作業11種の合計24種の分類を紹介した。以後、シュタイガー社はクラウス夫妻の指導のもとに、24種類の恩物の製造に切り替えていった。

しかし、日本では、ウィーブの書とシュタイガー社製造の twenty gift の影響を強く受けた関信三によって、恩物は『幼稚園法二十遊嬉』の中で「二十恩物」として示された。同書は、難解な恩物理論の説明を避け、絵入りで分かりやすく記されているため一般に普及した。そのため、日本においては二十恩物が定番となり、恩物教育が形式化する一因となった。関は、『キンダーガーデンガイド』を「幼稚園創立法」の中で参考図書として挙げているが、同書は訳出されていないため、日本では『幼稚園法二十遊嬉』ほど一般に知られていなかったと考えられる。室町幼稚園では、『キンダーガーデンガイド』を参考図書としていたことにより、一般的な幼稚園とは異なった恩物教育が行われていたと言えよう。表6に示したように、室町幼稚園の恩物教育は、『キンダーガーデンガイド』に概ね則していた。また、他の幼稚園ではあまり使用されていなかった第一、第二恩物が取り入れられていた点も特色であろう[96]。

表6　『キンダーガーデンガイド』の目次と室町幼稚園の恩物作業材料との対応関係

第1巻（The Gifts）

The First Gift（the ball）	第一恩物（六球ノ遊ビ）
The Second Gift（sphere, cylinder, and cube）	第二恩物（三体法）
The Third Gift	第三恩物（木ノ積立）
The Fourth Gift	第四恩物（木ノ積立）
The Fifth Gift	第五恩物（木ノ積立）
The Sixth Gift	第六恩物（木ノ積立）
The Seventh Gift（the tablets）	第七恩物（板排ヘ）
The Eighth Gift（the connected slat）	第八恩物（連板）

The Ninth Gift (the disconnected slator slat interlacing)	第九恩物 （なし） → （箸排へ）
The Tenth Gift (the stick laying)	第十恩物 （箸排へ） → （鐶排へ）
The Eleventh Gift (ring laying)	（鐶排へ）
The Twelfth Gift (the thread game)	（糸）
The Thirteenth Gift (the point)	（豆細工）
第2巻 （The Occupations）	
The First Occupation （perforating）	（紙刺シ）
The Second Occupation （sewing-out）	（縫取リ）
The Third Occupation （drawing）	（画キ方）
The Fourth Occupation （coloring and painting）	（なし）
The Fifth Occupation （paper-interlacing）	（組紙）
The Sixth Occupation （mat-waving）	（紙織リ）
The Seventh Occupation （paper-folding）	（紙摺ミ）
The Eighth Occupation （paper-cutting and mounting, free-cutting, silhouetting）	（紙剪リ）
The Ninth Occupation （pea-work）	（球繋ギ）
The Tenth Occupation （cardboard-modeling）	（なし）
The Eleventh Occupation （modeling in clay）	（土細工）

　「保育ノ要畧」において、第一恩物である「六球ノ遊ヒ」は、「六球ノ遊ヒハ、円形ハ世界地球ニ象リ幼児教育ノ最初玩器ニシテ、六色ノ球ハ正間色ノ分チヲ教ヘ、並ニ一ヨリ六マデノ数ノ増減ヲ教ユ」と説明されている。また、「保育科ノ程度及保育時間」によると、その使用時間は、一の組で1週間に30分、二の組で1時間であった。ここでは、第一恩物を例として、『キンダーガーデンガイド』における恩物教育の記述の特徴について分析していこう。

　『キンダーガーデンガイド』では、「The First Gift」から「The Thirteenth Gift」までの13種の恩物遊びについて、図入りで説明されている。同書は、全453頁あり、「The First Gift」の説明に14頁が費やされている[97]。「The First Gift」には、「The Ball」という副題がつけられており、以下の八つの質問とまとめにより構成されている。

1 What is the First Gift?

2 Why has Froebel used the ball as the first of his means of occupation?

3 What elements for intuition does the ball represent?

4 What is taught by the ball in regard to form?

5 What does the ball show in regard to color?

6 What kind of motions can be illustrated?

7 What kinds of bodily exercise are produced by the ball games?

8 To what extent does the ball belong to the Kindergarten as a part of its teaching?

（注：番号筆者）

　1では、第一恩物であるボールの説明がなされ、2では、なぜボールが第一恩物として採用されているかについて述べられている。3では、ボールは形、色、動きという直感を表すものとされ、4では形について、5では色について、6では動きについてそれぞれ説明されている。7では、腕の運動能力強化の意義があることに触れている。8からは、ボールが幼稚園教育の一部としてどれほど有用であるかについて、53個の具体的な操作法が挙げられ、解説がなされていく。しかし、それらは単なる操作法の羅列ではなく、ところどころに全体的な説明、子どもの性質や本能的行動と第一恩物の関連、フレーベルの第一恩物に込めた意図、母や保姆がとるべき行動、子どもに獲得させたい能力などについて言及されており、子どもの発達段階も考慮されている。全体的な傾向としては、操作法に柔軟性があることが指摘できよう。たとえば、「フレーベルの恩物教育には言葉や曲が付けられているが、それには規則はない」と記されており、それは「それぞれの母や保姆には彼女らの子どもたちに対する独自の言い回しがある」ためであると論じられている。また、母や保姆が恩物を工夫して用いるよう指示されている点も見受けられる。

　次に、『キンダーガーデンガイド』の第一恩物の説明と、当時普及していた『幼稚園法二十遊嬉』のそれとを比較してみよう。『幼稚園法二十遊嬉』

は、全33頁であり、簡単な総論と図解から構成されている。図解について
は、第一恩物から第二十恩物までの全てにおいて、恩物を扱う子どもの絵と
その恩物の説明が各1頁でなされている。ここでは、「第一恩物六球法」を
例示しよう。

> この恩物ハ、毛糸にて造りたる六個の小球なり。其色ハ、則ち赤青黄の本色と并
> に紫、緑及び橙色の間色とす。其中赤、青の二色ハ序の如く太陽と蒼穹とに像
> り、黄色ハ則ち地球を表すなり。紫色ハ赤青、緑色ハ青黄、橙色ハ黄赤の二色を
> 混合するものを云なり。幼稚のこの恩物を玩弄とき、各球の彩色は見別しめ、或
> ハ其釣紐にて之を彼処、此処と揺動して前後、左右、上下の方向を示し、且つこ
> の遊嬉法に依て手や腕の運動を練習しむ[98]。

ここには、基本的なボールの使用法やそれがもたらす教育効果として、腕の
運動能力が強化されるといったことが述べられているだけである。わが国で
は、このような簡単な操作法が普及したため、恩物の使用法は形式的なもの
となったのであろう。これに対し、『キンダーガーデンガイド』の中では、
恩物の意義や多様な操作法、恩物を取り扱う上での注意点など、本格的な恩
物教育の説明がなされていることに特徴がある。

② 「読方」、「書方」の不採用

　1890年から始まる一連の改正において、女子高等師範学校附属幼稚園の保
育科目から「読方」、「書方」が削除されたことは大きな変化であった。同校
では、1881年に「読方」、「書方」が保育科目に組み込まれてからは、恩物と
ともにそれらによって室内中心の保育を行う方向性が示されてきた。そもそ
も「読方」、「書方」は、「幼稚園は何も教えない」という多くの父兄の不満
を受けて導入されたものであった。しかし、それにより全国各地の幼稚園は
小学校の予備教育機関と化し、幼稚園本来の原則からかけ離れた教育機関と
なっていった。1890年の女子高等師範学校附属幼稚園の保育科目の改正で
は、この弊害を解消する目的で「読方」、「書方」が削除されるに至ったので

あった。前述の「公私立幼稚園保育課目取調表」により、各園で「読方」、「書方」がどのように扱われていたかを見よう。50園中「読方」、「書方」のどちらも採用している園が24園ある。しかし、大阪では、1893年に「大阪市幼稚園准則」を制定し、「読方」、「書方」を保育課目から削除していることから、同表中でも大阪では「読方」、「書方」を採用している園はない。京都でも大阪の影響からか、6園中4園は「読方」、「書方」を設けていない[99]。

　したがって、「読方」、「書方」の有無のみから室町幼稚園の性格を断定することはできない。ただし、室町幼稚園において「読方」、「書方」が保育内容に含まれていないことは、同園が小学校の予備教育機関化されていないことを示すものと捉えられる。そのため、このことは室町幼稚園がフレーベル主義幼稚園であったことの傍証になり得る。

③「実物示教」の導入

　管見によれば、1896年頃の幼稚園において、保育科目に「実物示教」を置いている園は見当たらない。当時、室町幼稚園が「実物示教」を保育科目として導入していたことは、独自の試みであったと言える。「実物示教」に関しては、「保育用図書器械」の一覧に参考図書が記載されていないため、その内容については、「保育ノ要署」の記述により考察していこう。

　まず前半部分の「実物示教ハ、児童ノ知リ且ツ覚エ易キ実物ヲ見セ、其名称形状性質効用等ヲ教エ之ヲ問答シ、以テ観察注意ノ良習ヲ教エシム」（下線部筆者）について検討してみよう。これは、同園の保育科目の一つである「庶物ノ話」の中の「保育ノ要署」の記述と類似している。「庶物ノ話」の説明には、「庶物ノ話ハ、専ラ日用普通ノ家具什器鳥獣草木等、幼児ノ知リ易キ物其標本絵図ヲ示シテ之ヲ問答シ、其用方注意ノ良習ヲ養ヒ、兼テ言語ヲ習ハシメンコトヲ要ス」（下線部筆者）と示されている。両者の違いを検討すると、「庶物ノ話」は、標本や絵図を示して用方などや言語を教えることを、「実物示教」は、実物を見せ、その名称、形状、性質、効用を観察させ

ることを意図している。また、「保育科ノ程度及保育時間」によると、「庶物ノ話」は談話として「修身ノ話」とセットで扱われていることが確認される。もともと「庶物ノ話」は、小学校の実物教授への導入のために保育科目に組み込まれたものであったが[100]、しだいに談話の一種とされて、言語を教えるようになっていった。室町幼稚園においては、「実物示教」が本来の「庶物ノ話」として機能し、直観教授がなされていたと考えられる。

　次に、「実物示教」の後半部分「各児ニ種子ヲ蒔カシメ、一部分ツ、受持タセ之ヲ培養セシムル事アリ」を検討していこう。この部分は園芸に関する記述である。フレーベルは、幼稚園に共用の庭と個人用の庭を備え、子どもが自ら計画して植物を栽培、収穫し、日常生活を支え飾るものの成り立ちを実感的に知る必要を唱えている。ここでは、各幼児に庭の一部分を受け持たせて栽培活動をさせることが明記されている。多くの幼稚園が庭を設置していなかった時代に、同園ではフレーベルの庭の思想を積極的に取り入れていたことが理解される。以上より、室町幼稚園に独特な保育科目である「実物示教」は、一見、「庶物ノ話」と類似した保育科目のようであるが、その実は、ペスタロッチやフレーベルの思想を強く意識したものであった。

　吉田は室町幼稚園において『キンダーガーデンガイド』に基づいた恩物教育を行い、「読方」、「書方」を採用せず「実物示教」を導入したことから知育を重視する実践とは異なるフレーベル主義教育実践を行っていたことが見て取れる。吉田は桜井女学校幼稚保育科において、保姆としての基盤を形成し、保育方法のみならずキリスト教思想に基づくフレーベルの幼稚園教育理念を受容した。その上で、英和女学校英学科へ入学し、ラブランドからは教育学と音楽を学んでいる。保姆として基盤の上に、さらに研鑽を重ねたこと、また英語能力を活かして洋書や宣教師から直接的に幼稚園教育情報を得たことが、吉田の継続的な幼稚園教育活動を支えたのであった。

　以上、桜井女学校幼稚保育科における保姆養成の実態と特質を検討してき

た。附属幼稚園創設当初は、同園において東京女子師範学校附属幼稚園をモデルに幼稚園教育が推進されていたが、ミリケンが赴任するとアメリカの幼稚園教育実践をモデルに附属幼稚園が運営されるようになり、保姆養成課程である幼稚保育科が設置された。幼稚保育科は、女学校の中に一専攻として位置づけられており、通常1年で全課程を修了するシステムを採っていた。そこでは、フレーベル主義の「理論」と「実地」という課程が設けられ、学生は、広く西洋教育思想を学んだ上でフレーベルの幼稚園教育理論を修得し保育実習を行った。幼稚保育科は1884年から1898年までしか存在しないが、把握できる限りでも48名の学生を輩出しており、卒業生は各地のキリスト教保育の草分けとなっている。その中でも、特に功績があった吉田鉞の実践を分析すると、アメリカ直輸入の幼稚園教育を行っていたことが明らかとなった。一般に日本における初期の保育実践は、フレーベルの教育理論が正しく伝達されず、形骸化する傾向が見られるのであるが、そのような中にあって、幼稚保育科卒業生は宣教師や英語文献を通して幼児教育情報を取得し、アメリカ式の保育実践を生み出していったのであった。

＜第2章注＞

1) キリスト教保育連盟編『キリスト教保育に捧げた人々』正号、キリスト教保育連盟、1986年、16-17頁。

2) 桜井ちかは、神田の芳英女塾、横浜の共立女学校（現・横浜共立学園）に学んだ後、1876年に桜井女学校を開設した。後に、桜井女塾も創設している（キリスト教保育連盟編『キリスト教保育に捧げた人々』続号、キリスト教保育連盟、1988年、10-11頁）。

3) 桜井女学校の沿革については、『女子学院五十年史及学窓回想録』（田村直臣他、女子学院同窓会、1928年）、『東京の幼稚園』（東京都編、東京都、1966年）、『日本キリスト教保育百年史』（キリスト教保育連盟百年史編纂委員会、キリスト教保育連盟、1986年）、『女子学院の歴史』（大濱徹也、女子学院、1985年）を参照した。「高等部」については「高等科」や「特別高等科」などの呼称があるが、本論文では、「設置目的等改正願　桜井女子学校」（願伺届録、各種学校、45、東

京都公文書館蔵）に基づき、「高等部」という名称に統一した。また、女子学院
は、従来は1889年9月に合併したとされてきたが、『女子学院の歴史』では1890
年9月9日が合併の日として妥当であると結論づけられているため、これによっ
た。

4）前掲『女子学院の歴史』189-190頁。

5）小檜山ルイ『アメリカの婦人宣教師―来日の背景とその影響―』東京大学出版
会、1992年、214、230頁。

6）教育史編纂会『明治以降教育制度発達史』第3巻、教育資料調査会、1964年、
225頁。前掲『女子学院の歴史』186、201-206頁。なお、桜井女学校の教師であ
るミリケンは、「わが校の少女たちの半数は寄宿舎の学生であり、彼女たちは日
本のあらゆる地方から来ています。ですから女子学院は東京だけに出資している
のではないのです」とミッション本部に報告している（U. S. Presbyterian
Church, Japan Letters, East Japan Mission, *Records of U. S. Presbyterian Mis-
sion Registers*（以下、「ミッションレポート」とする）151冊5番、1910年2月19
日（横浜開港資料館蔵））。

7）『女学雑誌』79号、1887年10月8日、165頁。

8）手島の履歴については、1901年2月12日に提出された「私立幼稚園保姆認可申
請」（私立学校、明34-4、88、京都府立総合資料館蔵）を参照した。

9）「英女学家塾開業願」（前掲『女子学院の歴史』74頁）。「設置開申　桜井女学校」
（回議録、各種学校、32、東京都公文書館蔵）。

10）前掲「設置目的等改正願　桜井女学校」。

11）碓井知鶴子「明治のキリスト教女子教育の定着過程―明治二十年代を中心に―」
『紀要』6号、東海学園大学、1969年、43-44頁。

12）田村光『女子学院八十年史』女子学院、1951年、124-125頁。

13）前掲『女子学院五十年史及学窓回想録』16頁。前掲『東京の幼稚園』94頁。

14）前掲『キリスト教保育に捧げた人々』続号、11-12頁。

15）小檜山によると、長老派歴史協会には日本に派遣された宣教師の個人のファイル
が作成され、保管されていると言う。ファイルが作成されているのは、主に19世
紀末期以降の宣教師である。1870、80年代に派遣された宣教師は、長期間伝道活
動に従事し、宣教団体と良好な関係を保っていた場合にのみ、宣教師が一時帰国
や引退時に提出した身上書（Biographical Records）が残っていることがある
（前掲『アメリカの婦人宣教師』324-325頁）。ミリケンの場合は、1884年に宣教
師となり、40年間桜井女学校で教員を務め、晩年は宣教団体の療養所に入所して

おり、条件がそろっていたため個人ファイルが保管されていた。

16) Biographical File（RG360）（以下、RG360とする。長老派歴史協会蔵）。

17) "Biographical Records"（RG360）、"Honorably Retired"（RG360）、Board of Foreign Mission of the Presbterian Church in the USA から James Crothers に宛てて出されたミリケンの死亡報告（RG360）、前掲『女子学院八十年史』（156-157頁）等を参照した。

18) ミリケンのミッションレポートは明治期までのものは横浜開港資料館に複写所蔵されており、その原文書と明治以降のものについてはフィラデルフィアの長老派歴史協会が所蔵している。今回は横浜開港資料館に所蔵されているレポートのみを対象として分析したところ、1910年までで計28件のミリケンによるミッションレポートが所蔵されていることを確認することができた。「Japan Mission　複製本目録」（U.S. Presbyterian Church, *Records of U. S. Presbyterian Missions Registers*（横浜開港資料館蔵））によると、当初はツルーが代表者として伝道局本部に事業報告をしていたが、1898年からはミリケンが伝道局本部にレポートを送っていることが指摘できる。その内容は主に桜井女学校（この頃は女子学院）の報告、会計、寄付、自分の家族についてなどであるが、特に人事に関する話題が多い。

19) 前掲『女子学院五十年史及学窓回想録』39、90-91、309-310頁。前掲「ミッションレポート」145冊40番、1904年3月10日。前掲『女子学院の歴史』292頁。

20) 前掲『女子学院五十年史及学窓回想録』214-215頁。

21) 前掲『女子学院八十年史』57、158、160頁。

22) 同上書、118-119、158-160頁。

23) 前掲「ミッションレポート」151冊5番、1910年2月19日。

24) "Foreign Missions and Overseas Interchurch Service"（RG360）.

25) ミス・ロンドンによる報告メモ、1922年3月30日付（RG360）。

26) 『新女界』第8巻第11号、1916年11月（前掲『女子学院の歴史』599-600頁）。

27) 『女学雑誌』79号、1887年10月8日、165頁。

28) *The Messenger,* 1919, 8, p.21（RG360）.

29) 前掲『女子学院八十年史』10-11頁。

30) Shunjirou Kurita, *The who's who in Japan,* The who's who in Japan Office, 1913, p.86.

31) 長老派歴史協会のレファレンス係であるスクラー氏（Eileen Meyer Sklar）からの回答である。

32）前掲「ミッションレポート」37冊31番、1884年10月9日。

33）北野幸子「アメリカのフレーベル主義協会・組織における保育の専門職化プロセス」『人間教育の探求』（12）、日本ペスタロッチ・フレーベル学会、1999年、19-21頁。北野幸子「世紀転換期アメリカにおける幼児教育専門組織の成立と活動に関する研究—領域の専門性の確立を中心に—」博士論文、広島大学、2001年、76頁。北野幸子「保育者の役割とその性質に関する議論の展開—19世紀末 St. Louis 公立幼稚園をめぐって—」『広島大学教育学部紀要』第1部（教育学）、第46号、1997年、253頁。阿部真美子訳「幼稚園教育（第4回目講義）」『アメリカの幼稚園運動』明治図書出版、1988年、120-124頁。

34）女子学院資料室委員会編『目で見る女子学院の歴史』女子学院、1992年、26頁。

35）『女学雑誌』263号、1891年5月2日、364頁。

36）「私立室町幼稚園設置許可ノ件」（私立学校、明29-81、2、京都府立総合資料館蔵）。

37）文部省『幼稚園教育百年史』ひかりのくに、1979年、89頁。日本保育学会『日本幼児保育史』第1巻、フレーベル館、1968年、195頁。小林恵子『日本の幼児教育につくした宣教師』上巻、キリスト新聞社、2003年、187頁。

38）「室町幼稚園保姆就職申請許可ノ件」（私立学校、明34-24、4、京都府立総合資料館蔵）。

39）履歴書に幼稚保育科と高等部とが分けて記されているため、これらは別置されていたと考えられる。また、岡あさじも、1893年9月に女子学院高等科並びに保姆伝習科に入学したと履歴書に記している（前掲『東京の幼稚園』161頁）。

40）小林恵子『日本の幼児保育につくした宣教師』下巻、キリスト新聞社、2009年、78頁。

41）『女学雑誌』348号、1893年7月8日、224頁。前掲『女子学院の歴史』237頁。

42）前掲『女子学院の歴史』237頁。前掲『東京の幼稚園』94、136頁。赤井虎吉の履歴書（前掲「私立幼稚園保姆認可申請」）。

43）前掲『日本の幼児教育につくした宣教師』上巻、194頁。

44）桜井女学校附属幼稚園は、1879年の「東京府年報」に「幼稚園ハ府下麹町区ニ愛媛県桜井ちか子ノ設立スルモノ一箇アリ」（『文部省第七年報』1879年、40頁）とあることや、「年度別幼稚園数、幼児数、教員数及び五歳児就園率」（前掲『幼稚園教育百年史』820-821頁）に、1879年の幼稚園数が私立1件とあることから1879年に創設されたと言える。なお、幼稚園の廃止については、「桜井女学校付属幼稚園が日清戦争のおわった頃に廃止された」（前掲『女子学院八十年史』107

第 2 章　桜井女学校幼稚保育科における保姆養成の特質　　115

頁）とあるが、1897年の「公立私立幼稚園表」（「文部省大臣へ学事年報進達…中
略…私立幼稚園桜井幼稚園他22園」幼稚園・雑件16、東京都公文書館蔵）で私立
幼稚園の筆頭に桜井女学校附属幼稚園が挙げられている。したがって、正確な廃
止の年は定かではないが、附属幼稚園は1897年までは存在していたと考えられる。

45）東京都立教育研究所編『東京教育史資料大系』第 4 巻、東京都立教育研究所、
1972年、593-594頁。1879年の教育令により、同年11月12日に文部省布達第 6 号
「私立幼稚園書籍館等ヲ設置或ハ廃止スルモノ府知事県令に開申スベキノ事」と
同第 7 号「公立幼稚園ノ保育法ハ文部卿ノ認可ヲ経ヘク私立幼稚園ノ保育法ハ府
知事県令ニ開申スヘキノ事」が公布されたことによって、私立幼稚園の設置廃止
と保育法について府知事県令に開申するように定められたため、提出されたと考
えられる。

46）「東京女子師範学校年報」第 3 、東京女子師範学校、1877年、63-75頁（国立国会
図書館蔵）。

47）「各種学校書類」1883年、10-12月（前掲『東京の幼稚園』63-66頁）。1881年 1 月
31日発布の第 5 号「町村立私立学校幼稚園書籍館等設置廃止規則起草心得ノ事」
に基づき、1882年 4 月25日に東京府布達第50号「町村立私立学校幼稚園書籍館設
置廃止規則」が出された。

48）前掲『女子学院五十年史及学窓回想録』28頁。倉橋惣三・新庄よし子『日本幼稚
園史』臨川書店、1983年、250-253頁。

49）前掲『女子学院八十年史』82頁。

50）前掲『日本幼稚園史』235、262頁。「餅搗の歌」は、童謡遊戯であると考えるの
が妥当であろう（同上書、309-310頁）。

51）前掲『日本キリスト教保育百年史』44頁。前掲『日本の幼児教育につくした宣教
師』上巻、183-184頁。なお、一柳満喜子は、後に近江兄弟社幼稚園を開設して
いる。

52）前掲『日本の幼児教育につくした宣教師』上巻、183頁。

53）ミリケンに学んで後、各地の幼稚園で主任として活躍した吉田鉞は、「その頃習
ひました唱歌に『水車』とか『民草』等と云ふ一般の小学唱歌がありましたが先
生は福島と云ふ方で、新しい歌と云へばメリケン先生が英語の歌を訳して教へて
下さつたもの等でした」（前掲『日本基督教幼稚園史』98頁）と述べている。こ
れが『母の歌と愛撫の歌』であるかは判明しないが、ミリケンが一般の小学唱歌
ではない英語の新しい歌を教えていたことは確かである。

54）『女学雑誌』第75号、1887年 9 月10日、100頁。同雑誌、第76号、1887年 9 月17

日、120の２頁。

55）柿岡玲子は論文を要約し多少内容に触れているが、彼女の着眼点は保姆という名
称の変遷についてであり、亀山がKindergartnerという名称を使用していること
を指摘しているにすぎない（柿岡玲子『明治後期幼稚園保育の展開過程―東基吉
の保育論を中心に―』風間書房、2005年、31頁）。また、『世界の幼児教育　２
日本』（岡田正章編、日本らいぶらり、1983年、29頁）では、亀山の語学力に加
え、「キリスト教にふれることによってフレーベルの教育精神が理解しやすく幼
児教育に使命感をもっていたことが推察される」という評価が加えられている
が、内容に関しては詳細に分析されていない。

56）Laura Augusta Yerkes, *Recitations for Boys and Girls*, Kessinger Publishing,
2003, p.116.

57）Ernest Hartley Coleridge, *The poems of Samuel Taylor Coleridge*, Oxford Uni-
versity Press, 1912, p.481.

58）岡本昌夫『ワーヅワスとコールリッヂ』研究社出版、1956年、１頁。

59）亀山は新栄教会の会員であった（前掲『女子学院の歴史』147頁）。

60）前掲『日本の幼児教育につくした宣教師』上巻、183頁。

61）同上。

62）『女学雑誌』第76号、120の２頁。

63）吉田は明治時代において幼稚園設立に貢献した婦人として「春日鉞のようなクリ
スチャンの保姆等の努力がめだっている」（前掲『日本幼児保育史』第２巻、69
頁）と評されている。また、『日本基督教幼稚園史』では、「最初の基督教幼稚園
保姆」（前掲、97-101頁）として取り上げられ、『キリスト教保育に捧げた人々』
（前掲、正号、126-127頁）にも紹介されている。

64）前掲『日本基督教幼稚園史』97-100頁。

65）池上鋼他郎『北陸五十年史』北陸女学校、1936年、312頁、307-309頁。

66）「私立室町幼稚園設置許可ノ件」（私立学校明29-81、２、京都府立総合資料館蔵）。

67）前掲『日本基督教幼稚園史』97頁。

68）同上書、97、100-101頁。前掲『北陸五十年史』312頁。前掲『北陸学院百年史』
121頁。

69）前掲『日本基督教幼稚園史』99頁。

70）同上。

71）同上書、100頁。前掲『日本幼児保育史』第２巻、68頁。

72）前掲『日本基督教幼稚園史』100頁。

第2章　桜井女学校幼稚保育科における保姆養成の特質　117

73）京都府私立幼稚園連盟『京私幼五十年史』京都府私立幼稚園連盟、1994年、12頁。

74）前掲『日本基督教幼稚園史』23頁。

75）前掲「私立室町幼稚園設置許可ノ件」。「室町幼稚園継承届」（私立学校、明32-55、14、京都府立総合資料館蔵）。栄光幼稚園百周年記念事業実行委員会編『栄光幼稚園百年の軌跡』栄光幼稚園百周年記念事業実行委員会、1999年、6頁。なお、筆者の調査によれば西陣幼稚園の設立届は現存していないが、1896年10月7日には「私立西陣幼稚園移転伺」、1899年3月20日には「私立西陣幼稚園移転願」、1901年10月26日には「私立西陣幼稚園新築移転届」が提出されている。

76）『婦人と子ども』第4巻、第5号、1904年5月5日、75頁、第4巻、第9号、1904年9月5日、66頁。

77）前掲『日本基督教幼稚園史』101頁。

78）川村女学院調「職員名簿」（川村女学院蔵）。

79）前掲『日本キリスト教保育百年史』序。英和幼稚園は1912年に北陸女学校附属幼稚園となり、現在は北陸学院第一幼稚園となっている。

80）『日本幼稚園史』には「明治十九年十月石川県に創立された英和幼稚園は、北米人の経営になるもので、ミッションの幼稚園として当時唯一の異色ある園であつたのであらう」（前掲、135頁）とあり、その第6章の「各地方に於ける幼稚園の普及」では、石川県の項目において、北陸女学校附属幼稚園として紹介されている。そこには、「創立当初英和幼稚園と称す。北米人ミスポートル園長に就任。フレーベル主義を以て始められ、又基督教の幼稚園としては当時の珍らしい存在であった」（152頁）とある。また、1882-1886年頃に設立された幼稚園の教育方法は、東京女子師範学校附属幼稚園を模倣したところが多かったが、「英和幼稚園の場合のように、これに飽き足らず多少の工夫をこらした所もあったことであろう」（前掲『日本幼児保育史』第1巻、232頁）とあるように、明治10年代に設立された幼稚園の中でも、英和幼稚園では独自の保育実践が行われていたとされている。その他、英和幼稚園については『日本幼児保育史』（前掲、第1巻、233-237頁）、『日本キリスト教保育百年史』（前掲、52-58頁）、『幼稚園教育百年史』（前掲、25頁）、「最初の私立幼稚園に関する一考察（その四）―英和幼稚園を中心に―」（小林恵子『日本保育学会大会研究論文集』日本保育学会、37号、1984年、62-63頁）、『日本の幼児教育につくした宣教師』（前掲、上巻）「英和幼稚園を創った婦人宣教師」（梅染信夫『北陸学院短期大学紀要』35号、2003年、263-286頁）などの中で言及されている。

81）前掲『北陸学院百年史』120-124頁。

82）太田雅子「フランシナ・E・ポーターの横顔—北陸学院第一幼稚園創設者の宣教的働きと精神—」『北陸学院大学・北陸学院大学短期大学部研究紀要』（1）2008年、16頁。

83）前掲「英和幼稚園を創った婦人宣教師」277頁。

84）前掲『日本の幼児教育につくした宣教師』上巻、216-217頁。

85）湯川嘉津美『日本幼稚園成立史の研究』風間書房、2001年、144-145頁。「農夫ノ歌」から「民草」までの一連の改作過程については同書の200-204頁を参照した。

86）前掲『日本の幼児教育につくした宣教師』上巻、216-219、222-223頁。北陸学院幼稚園創立百周年記念写真集編集委員会『北陸学院幼稚園百年の歩み』北陸学院、1986年、7頁。

87）『京私幼五十年史』（前掲、12頁）、『日本基督教幼稚園史』（前掲、100頁）、『日本幼児保育史』（前掲、第2巻、67頁）の中で、名称、設立年、設立者が示されているだけである。

88）前掲「私立室町幼稚園設置許可ノ件」。

89）東京女子師範学校附属幼稚園規則の変遷に関しては、前掲『日本幼稚園成立史の研究』の第7章を参照した。

90）「公私立幼稚園保育課目取調表」女子高等師範学校、1893年12月（国立国会図書館蔵）。

91）前掲『幼稚園教育百年史』68-69頁。

92）前掲『東京教育史資料大系』第7巻、1973年、397-399頁。

93）前掲『日本幼児保育史』第2巻、20頁。

94）前掲『幼稚園教育百年史』68-69頁。

95）Maria Kraus-Belte, John Kraus, *The Kindergarten Guide,* New York, E. Steiger & Co., 1877. 同書は、第1冊から第5冊までが13種類の遊具遊び、第6冊から第10冊までが11種類の作業、第11冊目がお話・音楽・ゲームについて記されている。1877年までに3冊、1883年までに13種類の遊具遊び全部の5冊が完成している。それらがまとめて、First Volume の The Gifts と Second Volume の The Occupations として出版されている（このことに関しては、上智大学教授湯川嘉津美氏にご教示頂いた）。

96）『幼稚園法二十遊嬉』（関信三、青山堂、1879年）の原典については、『日本幼稚園成立史の研究』の第6章第3節を参照した（前掲、178頁）。関信三「幼稚園創立法」『教育雑誌』第84号、1878年。

97）Kraus, op. cit., pp.1-14.

98）前掲『幼稚園法二十遊嬉』7頁。

99）前掲『日本幼稚園成立史の研究』337、347頁。

100）同上書、156頁。

第3章　頌栄保姆伝習所における保姆養成の特質

　本章では、1889（明治22）年に開設された神戸の頌栄保姆伝習所における保姆養成の実態を解明し、その特質を考察する。同伝習所とその設立者であるA. L. ハウ（A. L. Howe, 1852-1943）に関する研究は長田新によって着手された[1]。長田は頌栄幼稚園と頌栄保姆伝習所について「明治から大正、昭和にかけての近世日本教育史上全く特殊な而も重要な位置を占めている」[2]と評価し、頌栄幼稚園および頌栄保姆伝習所の設立経緯や、その際にハウが果たした役割について明示した。長田の問題意識や設定された研究視点は、その後のハウ研究の基本構造となっている。

　その後、水野浩志によって、ハウの功績はキリスト教保育界だけでなく、広く一般の保育界にも及ぶものであるとされ、日本の幼児教育史上に頌栄保姆伝習所とハウの果たした役割が史実に即して位置づけられた。水野はハウについて「2か年制および4か年制の保姆養成機関を設立して保育者養成のあるべき姿を提示するなど、当時の保育界、とりわけ関西保育界に与えた影響は甚大であった」[3]と述べ、頌栄保姆伝習所は後続するキリスト教系保姆養成機関のモデル的存在であったとしている[4]。続いて、高野勝夫の『エ・エル・ハウ女史と頌栄の歩み』[5]、高道基の『幼児教育の系譜と頌栄』[6]、西垣光代の『A. L. ハウの生涯』[7]などにおいて研究が進められてきた[8]。

　『幼稚園教育百年史』では、日本における初期の保姆養成が1．東京女子師範学校の保姆練習科に始まる保姆養成、2．その他の保姆見習生方式による簡易な保姆養成、3．キリスト教関係の保姆養成の三つに分類されている[9]。3の中で、キリスト教系保姆養成機関の中核となりその後の模範となった養成校として頌栄保姆伝習所が取り上げられている。通史におけるこのような頌栄保姆伝習所の位置づけは、以上のような頌栄短期大学関係者の研

究に依るところが大きい。これらの研究では、頌栄保姆伝習所において専門的な保姆養成がなされ、優秀な保姆が全国各地に供給されたと述べられてきた。特に、高野は東京女子師範学校における保姆養成に対し、頌栄保姆伝習所では保姆養成を「第一義的本格的」に考え、音楽、フレーベルの教育哲学、聖書を重視した養成が行われていたことを指摘し、その特質を明らかにしている[10]。しかし、未だその実態が十分に明らかにされているとは言い難い。

　そこで、本章では、頌栄保姆伝習所の養成システムやカリキュラム、指導者であるハウの保育観や保姆観、学生の保姆としての力量形成の程度などを総合的に分析し、同伝習所においていかなる保姆養成が行われていたのかについて考察する。

第1節　頌栄保姆伝習所の沿革

1．A. L. ハウの来日と頌栄保姆伝習所の創設

(1) A. L. ハウの経歴

　ハウは、1852年にマサチューセッツのボストンに生まれた[11]。1867年には、ロックフォード・セミナリー（Rockford Female Seminary、現ロックフォード大学）で2年課程の音楽科に入学し、その後、ディアボーン女子セミナリーで音楽の勉強を続けた。卒業後、ハウは、ボストンで自宅修学奨励会に入り、音楽と歴史の通信教育を受けている。1876年には、シカゴにあるA. パットナム（Alice Putnam, 1841-1919）のシカゴ・フレーベル協会保姆養成所に入学し、2年間の学びを終え、1878年に保姆資格を得て卒業した。ハウはその後、保姆資格を持つ妹のメアリー（Mary Howe Rogers, 1854-1925）とともに、シカゴに私立幼稚園を創設し、3年間園長を務め、さらに、ミス・グラントのセミナリーで、6年間保育実践に携わった。アメリカの保育界におい

て実績のあったハウであるが、日本で伝道活動を行っていたアメリカン・ボードのデイヴィス（J. D. Davis, 1838-1910）から、1886年に神戸教会が幼稚園教育の専門家を求めていることを聞くと、アメリカン・ボードの婦人宣教師となり、来日することを決意したのであった[12]。

⑵来日直後の A. L. ハウの活動

　先行研究では、頌栄保姆伝習所と頌栄幼稚園設立後におけるハウの活動が注目されてきたが、来日直後から、ハウは積極的に幼稚園教育に関連する活動を行っていた。ハウは、1887（明治20）年12月に日本に到着すると、まず、東京にある東京女子師範学校附属幼稚園や桜井女学校附属幼稚園などの幼稚園を訪問した。神戸に着くと、日本語の学習や宣教師としての活動に加え、幼稚園視察や幼稚園教育研究を継続しつつ、日本の保姆のための「幼稚園の会」を開催している。

　神戸や大阪の各公立幼稚園を視察した際にハウが見たのは、保姆たちがフレーベル理論を実践において十分に応用することができていない現状であった。また、日本の幼稚園は建物や教材は揃えられているが、幼児に教師の模倣をさせるのみで、基本的な方針がないとハウは指摘している。例えば、実物教授においては、アメリカと同じような教材が用意されているものの、実際には、それは効果的に使用されてないと言う。ゲームの実践については「いいかげんなもの」と判断し、談話や唱歌、祈禱がなされていないことを批判的に捉えていた。日本の幼稚園教育の状況を把握したハウは、自身でフレーベル主義幼稚園教育を伝授する必要を感じ、幼稚園の会を設けたと言えよう。ハウが「私が彼らのやり方を混乱させてしまうかどうか」と危惧していることから、アメリカをモデルに出発した日本の幼稚園教育であったが、すでにアメリカのそれとは多くの相違点が生じていた様子が窺える。

　幼稚園の会では、粘土細工、縫取り、織紙、折紙、麦藁細工などの恩物作業材料の取り扱い方や翻訳された唱歌が教授された。ハウは同会における学

習成果の発表や幼稚園教育に関する講演などの啓蒙活動を京阪神地区を中心に行っていた。

このようにハウは、頌栄保姆伝習所と幼稚園を設立する以前から、各地の幼稚園を見学し、日本におけるフレーベル主義幼稚園教育の実態を把握していった。そして、近隣の幼稚園教育従事者を召集してフレーベル主義幼稚園教育の内容を伝授していた。ただし、ハウは、アメリカのフレーベル主義幼稚園教育を強制したのではなく、日本人を尊敬し、個人的な交流を通して、自身がアメリカで学び実践したものを導入していった[13]。ハウは、のちに神戸保育会、またそれに連なる京阪神連合保育会を組織することとなるが、以上のような活動はその第一歩となったであろう。

⑶頌栄保姆伝習所と頌栄幼稚園の設立経緯

ハウは様々な活動を行っていたが、その中心的な目的は、神戸教会婦人会が幼稚園を設立するのを支援することにあった。そのため、ハウは、神戸教会婦人会を対象に、幼稚園の存在意義や各国の幼児教育の在り方に関する講演を行っていた。したがって、頌栄幼稚園は、先進的な神戸教会婦人会の女性が主導して設園されたものであったと言える。それに対し、頌栄保姆伝習所に関しては、ハウがその設置の責任を一手に担っていた。当時、関西近辺で保姆を輩出していたのは第1章で見たように、大阪の幼稚園に付設された保姆養成所であった。しかし、ハウは、これを質量ともに不十分なものであると認識していた。また、ハウの幼稚園教育事業を支えた原田助牧師なども、神戸に保姆養成所が必要だと考えていた。神戸周辺の保姆養成のニーズに応えるため、当初は幼稚園のみが設立される予定であったが、保姆伝習所も設置されることとなったのであった[14]。ハウは1889年10月22日、頌栄保姆伝習所が開設される直前に、以下のように私信に記している。

　　幼稚園は10月に開園の予定です。私は開園の面倒を見て、同じように保母伝習所

を始めなければなりません。物事がなんと生き生きとしていることか、おわかりでしょう。保母伝習所の全授業の1年分の計画をたてましたし、50曲ほどの可愛らしい幼稚園の歌を翻訳して授業で使える用意もできています。また、生徒である女性たちが、外国の本や先生と接触することなしに、どの程度物事を知ることができるか私にわかるように、幼稚園に関する日本語の本のほとんどを英語に訳してもらいました[15]。

　ハウは伝習所の開設にあたり、1年間の養成計画、50曲の翻訳された唱歌、英訳された『幼稚園』や『幼稚園記』などの幼稚園関係書を用意したと見える。こうしてハウは、「アメリカを離れた理由である特別な仕事」[16]と自身が述べる幼稚園教育に関する活動を本格的に開始していくこととなり、1889年10月に頌栄保姆伝習所が、11月に幼稚園が創設された。

　保姆伝習所や幼稚園を始めるためには、何より教師陣を揃えることが重要である。そこで、すでにハウの日本語教師として行動をともにしていた杉浦信を通訳として、同志社女学校舎監であった和久山きそをオルガン教師として採用した。その他、日本人の嘱託教員たちがハウの講義を訳し、学生の提出した要約を添削するなど協力した。しかし、幼稚園教育に関する知識や経験を有した教師を見つけることはできなかった。ハウは、「生徒たちに先立って先生方を教育し、適格者を手に入れる」ことに力を尽くし、保姆養成の指導者をまず養成したのであった。

　頌栄保姆伝習所の最初の学生は杉浦と和久山を含め、計15名であった。学生の中には、他の幼稚園に勤務していたが、そこを辞職して同伝習所に入学した女性もいた。幼稚園においては、ハウの意図を理解できる杉浦が主任保姆となり、和久山きそや伝習所の学生であった安田つや子が保育にあたった。しかし、言語の壁があり、ハウは伝習所教師や学生、幼児とコミュニケーションをとることが困難な状況であった。そのため、創設期の保姆養成および幼稚園教育は、主任保姆となり、通訳者としてハウの意志を伝える役割を担った杉浦に負うところが大きかった[17]。

また、和久山については「同女史の献身的努力があつたればこそ、ハウ女史も十二分に、その手腕を振ひ得たのである」[18]と評価されている。和久山は、同じく神戸女学院出身者である杉浦に誘われ、同志社女学校舎監という地位を捨てて保姆になる決心をし、頌栄保姆伝習所に入学した。その頃は幼稚園自体が一般に認識されておらず、保姆は子守りと見なされていたため、和久山は同僚から非難されたと言う。しかし、和久山は、誰にも認められずとも、神から啓示された幼稚園教育の道に生きることを選択したのであった。ハウは、和久山について、「人柄は誠実そのもので、音楽のレッスンを受け持つことができます」と述べている。和久山はハウの信頼を得て、頌栄保姆伝習所のオルガン教師兼保姆、そして学生となり、最初期からハウの実践を支えた。その後も和久山は、ハウが一時帰国する際はその役職を引き受け、44年間同伝習所と幼稚園において指導的役割を果たしている。神戸保育会や日本幼稚園連盟（JKU）などの保育団体でも活躍し、ハウとともに講習会などの講師を務めることもあった。1918（大正7）年に渡米した際には、1年をかけてアメリカの幼稚園を視察し、国際幼稚園連盟（IKU）のシカゴ大会にも代表者として出席している。また、米国婦人伝道会社創始50周年祝会にも参加し、日本におけるキリスト教幼稚園の発達について報告した。和久山は、ハウの片腕として、頌栄保姆伝習所および幼稚園に欠かせない人物となっていったのである。

　1891（明治24）年1月4日には、甲賀ふじが保姆として採用された。甲賀は神戸女学院の第1期生で、在学中は舎監でもあった人物で、1887年に渡米し、ボストンの保姆養成校で学び保姆の免状を受けている。帰国後、半年間頌栄幼稚園に勤めたが、7月には同園を辞し、9月に開園した広島女学校附属幼稚園の主任保姆となっている[19]。わずか半年ではあったが、専門家が少ない中にあって甲賀の果たした役割は大きかったと言えよう。

2. 頌栄保姆伝習所の発展

⑴施設の充実と保育界での地位の獲得

　頌栄保姆伝習所では1892（明治25）年9月に寄宿舎が落成しており、寄宿舎制の養成が行われていたと見える。また、同年10月には、ハウによって教科書と参考書など約100冊の書籍がアメリカから購入され、図書館の整備がなされた。当時はまだ、保育関係の洋書を入手するのが困難であったことを考えると、これらの図書は教師や学生に重宝されたであろう[20]。寄宿舎や図書館の整備とともに、1892年には新しい動きがあった。同伝習所教授の中島が神戸女学院で幼稚園の重要性についての論文を発表したことを受けて、神戸女学院の卒業生が入学することを想定し、2年制の高等科設置に乗り出したのである[21]。実際に高等科が設置されたのは1893（明治26）年9月のことであった。その詳細については次項で考察するが、2年制の普通科の上にさらに2年制の高等科を設置したことは、半年程度の保姆養成が多い中では異例であった。

　頌栄保姆伝習所および幼稚園の存在は、徐々に保育界に認知されていった。ハウは、京都や大阪で講演を行い、公立幼稚園関係者からも知られるようになった。京都では、頌栄幼稚園に関した研究発表会が催され、同園への実地見学の依頼もなされている。また、1週間の保姆講習会が開催された際には、参加者60名に対し、第一から第三恩物、粘土、唱歌遊戯などがハウによって教授されている。そのような中、1893年に、ハウによる恩物教授法などの講義内容が『保育学初歩』としてまとめられて出版された。その反響から、ますます頌栄幼稚園に多くの参観者が訪れるようになり、1度に30名以上が見学に来ることもあったほどである。京都の公立幼稚園創設のために卒業生が園長として招聘されるなど、公私間わずに卒業生の派遣が求められた。京都のある公立学校の校長は「日本のすべての幼稚園がこのようであれば」と言うが「教育と宗教とを分離しておきたいという望みだけが、政府の

幼稚園をハウ女史から遠ざけているのです」と述べている。キリスト教という壁があったにもかかわらず、ハウの幼稚園教育は、一般の幼稚園教育関係者に支持され、ハウに教えを請う日本人が多かった。1895（明治28）年5月にハウが全国教師協会に参加した時は、急遽幼稚園教育について演説するよう求められるような場面があった[22]。

　海外でもハウの活動への評価が高まっていた。*American Journal Education* には「フレーベル主義がアメリカ人の手によって極東に移植され、完全な形でその地に花開いていることは、フレーベルの理論の深遠さと、フレーベルの教育方法の賢明さとを示す驚くべきあかしである」と頌栄幼稚園について紹介されている。また、ハワイに派遣されたギューリックという宣教師からは、ホノルルにある幼稚園のために保姆を送ってほしいと依頼されている[23]。

　以上のように、頌栄幼稚園には、一般の幼稚園教育関係者の頻繁な訪問があり、頌栄保姆伝習所卒業生は引く手数多であった。ハウは全国規模の学校教員組織の中でも、幼児教育の専門家として知名度を有していた。また海外でも評判が高く、関西を中心に全世界的にハウは名声を博していたのであった。

⑵公的認可に向けて

　1898（明治31）年に女子高等師範学校に保姆練習科が再設置されたことを受け、ハウは、「国立の養成校」より優れた養成をすることで、「優秀な女性」を呼び戻し、キリスト者保姆の養成を継続することができるようにと願っている。頌栄保姆伝習所はこの時点では単なるキリスト教主義の教育施設であり、同伝習所を卒業しただけでは正式な保姆資格を得ることができなかった。そのため、卒業生各自が免許を県に個別に申請していたか、もしくは頌栄保姆伝習所を卒業したという証明だけで幼稚園教育に従事していたと考えられる。そのような一私立学校が、当時の女子の最高教育機関よりも優れ

第3章　頌栄保姆伝習所における保姆養成の特質　129

た保姆養成を行うことなどできたのであろうか。しかし、少なくともハウ自身は、幼稚園教育の分野において、頌栄保姆伝習所は保姆練習科と並ぶ存在であり、「国立の養成校のクラスよりも優れた利点」をもたせることが不可能ではないと考えていた。4月19日には、女子高等師範学校で幼稚園教育を担い、日本の保育界をリードしていた中村五六が来園している。ハウは、官立の保姆養成指導者ともよい関係を保っていたようである[24]。

　1899（明治32）年に勅令第359号「私立学校令」が発布された。これにより国家の指導要領が適用される小学校、中学校、高等女学校などにおいてキリスト教教育を行うことが禁止されたため、廃校に追い込まれるキリスト教系小学校が続出し、キリスト教系女学校の多くは各種学校となった。頌栄保姆伝習所および幼稚園も閉鎖の危機に直面した。しかし、「私立学校令」により、外国人が校長になることができるようになったため、ハウは校長資格審査を受け、それを取得することができた。その資格審査では、主に日本語の能力が問われたが、ハウは来日当初から継続して日本語の学習を行ってきたため、容易に合格している。多くの婦人宣教師が数年で日本を去る中、長期にわたり日本で宣教活動を行うことは多くの困難が伴ったが、ハウは言語や文化の面でも日本に親しみ、乗り越えていった。また、1903（明治36）年に10日間に亘って開催された岡山県保姆講習会に、ハウと和久山が講師として招かれている。講習会の内容は、『保育法講義録』[25]として岡山県教育会から出版された。その他、大阪で開催された教育集会にも両者は招待されている。「私立学校令」発布によって一時は保姆伝習所廃止のおそれもあったが、結果的には公的な承認を得ることができたことで、養成規模の拡大や保育界における地位の確立につながったのであった[26]。

　同伝習所が順調に発展する中、ハウは家庭の事情により1903年9月に辞職することとなった。ハウの代わりに、原田助牧師が頌栄保姆伝習所所長兼教授、和久山が園長に就任した。12月には、経営が神戸教会婦人会より米国婦人伝道会社に移された。しかし、頌栄保姆伝習所および幼稚園の支柱であっ

たハウなしに、その運営を継続するのは困難であり、ハウの再赴任の依頼が熱心になされた。バローズ（Martha Jane Barrows, 1841-1925）は、アメリカン・ボードの1904年度の報告書の中で、「頌栄幼稚園と保母伝習所は、頭であるハウ女史を失ったことで存続を危ぶまれ」ていると訴え、ハウの再来日を懇願している。また、幼稚園委員会のペティー女史から、1904年7月21日にW. B. M. I[27]に送られた嘆願書には「是が非でも、アメリカから第1級のキリスト者の幼稚園教師を直ちに派遣していただきたいのです」と記され、「ハウ女史はこの職に最適な方です」と、ハウの復職が要請されている。1906（明治39）年1月に米国婦人伝道会社の委員が伝道事業視察のために来日しており、頌栄幼稚園を参観し、バローズ、原田、和久山たちと協議しているが、この場でハウの再派遣が訴えられたと考えられる。委員たちは同伝習所および幼稚園の実情を把握し、ハウの復職をボードに働きかけた。こうして要望どおり、ハウは日本に戻ることとなった。

　ハウは、自分が不在であった間の幼稚園の状況について「すべてが私が残したままであったこと、ただし何も質が落ちないようにしてあった」と述べ、和久山を評価している。さらには、「私を連れ戻すために、いったいなんであれほどの騒動を起こしたのか、謎です」と感じ、自分がいなくても十分に事業が機能していたことを認めている[28]。先行研究では、アメリカの保育界に進歩主義の動きがあった頃にもかかわらず、幼稚園がそのままの状態に保たれていたことに対して否定的な見解も存在するが[29]、ハウは教育の「質」が保たれていたことを賞賛していているのである。それは、ハウがその高い水準を維持することの困難さを知っていたからであろう。ハウの帰国中も、頌栄保姆伝習所からは保姆が輩出され続けていたため、保姆養成においてもその質は維持されていたと考えてよいであろう[30]。

　同伝習所には1908（明治41）年9月17日に兵庫県知事より無試験検定認可の通知がなされている[31]。第1章に詳述したように、当時、幼稚園保姆検定によって保姆免許が公布されていたが、それは、1926年に「幼稚園令」が発

布されるまで、全国的な基準はなく、各府県が独自の規則を作成して取り組んでいたのであった。兵庫県においても、1900（明治33）年に「幼稚園保姆免許規則」が定められている。同規則によれば、無試験検定の対象は、女子高等師範学校および同校の保姆練習科卒業生、高等女学校卒業生、他府県にて幼稚園保姆免許を受領している者、そして、府県知事が特に適当と判断した者であった[32]。頌栄保姆伝習所は、この最後の条件のもと、学校単位で無試験検定校に認可されたのである。

　翌年３月27日に「兵庫県無試験検定披露並に第12回卒業式」が挙行されている。この式は通常の卒業式より盛大に開催された[33]。その際に免許状が授与されたのは、伝習所教師や保姆であった和久山きそ、三宅なつ、荻田ふみ（大和田）、村上静、黒住末野と、同年の卒業生である加藤ふじ、竹内八千代、高田政、奥江春、黒住こまであった。そして、1909（明治42）年には、神戸の教育協会から、ハウと和久山に勲章が授与されている[34]。

(3) A. L. ハウの退任と養成の継続

　1926（大正15）年には、幼稚園関係の初の単独法令である「幼稚園令」が施行された。ハウは「幼稚園令」を「新しく斬新な政府規則」と述べ、「この種の仕事の地位を向上させるもの」として評価している[35]。『頌栄―頌栄幼稚園創立四十年紀念―』には、「幼稚園令発布後伝習所に於ける改革」と題して以下のように記されている。

　　大正15年４月21日、かの幼稚園令発布さる、と共に、保姆の資格も大いに高められ、従来の保姆免許状は全く無効となり、新たに申請して再び幼稚園令に依る保姆免許状を受くる事となつたのであります。吾伝習所におきましても、此事によつて大いなる改革が行はれたのであります。従来の学則を変更し、入学資格を高女卒業以上とし、学科課程教授時間の改正、並に教員組織に於ても新たに有資格者専任教師を聘すと共に、内容の充実を計り、生徒収容数の如きも、定員２学級にて50名となし、卒業と同時に兵庫県より新令に依る無試験検定保姆免許状を受け、公に対する保姆の資格を得るに至つたので有ります。かくして、現在、伝習

所生徒47名をあたへられ、外観は40年1日の如きも、内容は日々発展しつゝ有る
　　事は、神の妙なる御恩恵と感謝するところでございます[36]。

これによると、同伝習所は「幼稚園令」発布により改革され、9月に保姆伝
習所学則が改正されている。ここでは新たに設定された無試験検定の基準に
合わせた変更がなされ、再び無試験検定校に認可されている[37]。

　ハウは1927（昭和2）年10月に退職し、帰米した。同伝習所および幼稚園
の設置者は、ハウから日本コングリゲーショナル宣教師社団に移り、所長兼
園長には和久山が就任した[38]。ハウの帰国後も、同伝習所ではハウが築き上
げた養成スタイルが維持された。ハウの代わりに派遣された宣教師K. アカ
ナ（Katherine Akana）は、『母の歌と愛撫の歌』や『フレーベル伝』、『開発
的生活』などの内容を講義し、恩物作業の実習を行った。ハウの帰国後も、
頌栄保姆伝習所における養成は、基本的にはハウが行ったフレーベル主義の
養成と同一路線を辿ったと言えよう[39]。

第2節　頌栄保姆伝習所における保姆養成の実態

1．最初期における保姆養成の特質

　ここで頌栄保姆伝習所における最初期の保姆養成の状況を見ていこう。和
久山はハウについて「材料と云ひ、設備と云ひ、幼稚園の歌と云ひ、何一つ
として使用すべきものなく、或は歌を訳し、材料を整へ、一方又保姆の養成
に日夜心を砕かれました」と述懐している。また、入学者は「全くおばあさ
んと云度い様な方もあれば、又全く小学校を今年出たかと思はれる様な若い
幼い方」もおり、年齢や学力の差が大きかった。さらには、すべて「通訳付
きの課業」であったことから、教える側も教えられる側も苦労したと言
う[40]。特に、幼稚園教育の専門的知識の教授について、和久山は以下のよう
に語っている。

第一、手芸のぬいとりだとか、はり紙、切り紙、織紙、恩物等と云ふ言葉を知りませんから、恩物とは何ですかとハウ先生にお尋ねする。ハウ先生は、恩物はギフト（gift）であると申されます。其 gift とは何の事ですか、gift は恩物ではないか、同じ押問答を繰返しても容易に解りませんでした。なぜなら、あんな木の切れを箱に入れたものが恩物？。gift とはたゞあたへることの意味にしか解して居りませんでした。当時の事、故何がためにそんな言葉を使ふのか、なる程、神様の賜物の意と云ふ事を悟る迄には、やゝ時間がかゝつたのでございます[41]。

このように、特に恩物に関しては、その操作法に留まらず、フレーベルの教育思想などの理解も求められたため、和久山はそれを解するまでに時間がかかったと述べている。他にも「当時は全く美麗式とは何の事か、する事為す事悉く解らない事ばかり」[42]とあり、フレーベルの恩物に込めた教育的意図を会得するのは簡単ではなかった。言語の問題があった上に、幼児への接し方にも文化的な相違があり、最初期の保姆養成は困難を極めた。

　同伝習所では、幼稚園が開園する以前は毎日３時間、開園してからは１時間半の授業が行われていた。学生は週３時間の生理学の授業、週２時間の教育史と教育理論の授業を受講し、その他、衛生学、自然科学、作文、卒業論文の指導も行われた。そして、学生は週に１回、神戸女学院の J. E. ダドレー（Julia Elizabeth Dudley, 1840-1906）から聖書を学び、毎朝、聖句の暗唱をした。歌やオルガン練習もカリキュラムに組み込まれ、２クラス交替での保育実習も課されていた。また日本人の教師は、「幼稚園に関する日本語で書かれたいちばんよい本に基づいた講義」を学びつつ教授した。ハウは、朝８時から２時まで保育実践を指導した。また、週に４時間、幼稚園教育論と実践の２科目の講義を担当し、恩物の使用法などを教えた。毎日30分の歌のレッスンもハウが受け持っていた[43]。1889年頃の日課表は以下のとおりである。

　　８時に伝習所の生徒たちとお祈り
　　９時まで幼稚園で仕事の準備
　　９時に子供たちが席につく
　　９時半まで幼稚園でのお祈り（訳して）とお話と歌

9 時半に 2 クラスは遊戯室へ、他の 2 クラスは保育室でお仕事

10時に交替

10時半に全員が20分間園庭へ、その間、助手は窓を全部あけて新鮮な空気を入れ、子供たちの場所に植物を置きます。

11時10分前に子供たちは部屋に戻って、植物に水をやり、11時半まで恩物か手芸をして、次に遊戯室で11時45分までマーチをします。最年少児は帰宅し、年長の 3 クラスはお弁当がテーブルに用意されている部屋に戻ります。食前の感謝が終わるまでは始められませんが、それが終わるとたちまち食事が始まります。私はそれから食事のため帰宅し、12時半、時には 1 時に戻ると、子供たちはお行儀よく座って歌を歌っています。

　 1 時には恩物か手芸、そして 1 時半にはゲーム

　 2 時には可愛らしい笑顔が「さよなら」をするために私に向けられます。

その日、幼稚園に来ていなかった伝習所の学生たちが集まり、 1 時間の授業があります。

　 3 時に歌のレッスンを30分間して、私は帰宅します。それから 4 時半まで佐野氏にお願いします。

私が家で昼食をとっている間、子供たちは園庭で遊んでいます[44]。

　このように、頌栄保姆伝習所での保姆養成は幼稚園と連動して行われていた。学生は、幼稚園で助手として保育実習を行い、閉園後は、ハウによる 1 時間の講義と歌のレッスン、日本人教師による 1 時間の講義を受けるスケジュールになっていた。

　 2 年間の養成期間が終了し、10名の学生が 7 月10日に卒業した。卒業式では、歌やオルガンの発表が行われ、 7 名の学生が以下の題目の研究発表を行った。

　　杉浦信子「幼稚園とは何ぞや」（英文）

　　和久山きそ「キリスト教の勇将」（パウロ小伝）

　　安田いや子「恩物の効用」

　　佐野ひろ子「家庭と幼稚園」

　　品川つや子「男爵フォンビューロー夫人伝」

　　川村えん子「一致」

黒田しな子「天然の光」[45]

杉浦、安田、佐野、品川は、幼稚園教育に関するテーマで論文を発表している。「フォンビューロー夫人」とは、フレーベル主義幼稚園を世界に広めたマーレンホルツ＝ビューロー（Bertha Marenholtz-Bülow, 1810-1893）のことである。和久山はパウロの人物研究を行った。ハウは第1回卒業式で次のような説教を行っている。

> 指導する者へのパウロの助言を覚えておくように言いました。「熱心に指導しなさい」（訳註：新約聖書ローマの信徒への手紙12章8節）。そしてすべての努力を使い果たした時になお試練がやって来たのなら、さらに努力しなさい。しかし、次の聖書の言葉を覚えておくように、と。「心を尽くして主に信頼し、自分の分別には頼らず、常に主を覚えてあなたの道を歩け。そうすれば主はあなたの道筋をまっすぐにして下さる」（訳註：旧約聖書箴言3章5節6節）[46]。

頌栄保姆伝習所では、当初から聖書研究が重視されていた。ハウは聖句を引用し、卒業生に熱心に幼稚園教育に取り組むことを奨め、キリスト教の精神を伝授している。後に、ハウから卒業生への説教が印刷、配布されるようになるが、この頃から卒業式でのハウのメッセージは、現場に出る保姆にとっての教訓として受け止められていたのであった。第1回生のうち、品川笑や梅本えんは頌栄幼稚園の保姆として採用され、その後も卒業生の多くが同園に就職した。ハウは、引き続き頌栄保姆伝習所と幼稚園を指導し続けるが、これまでのように、全ての業務を一人で負担することはなくなり、ハウが育てた保姆と協力して幼稚園が運営されていくようになる[47]。

2. 高等科の設置と養成カリキュラム

(1)高等科の設置構想

　ハウは、神戸女学校で教養教育を受け、頌栄保姆伝習所には「専門的な職業の訓練」を期待して入学する「新しいタイプの生徒」を見込んでいた。高等科の入学試験には、英語、植物学、動物学、鉱物学、生理学、日本語の作

文が課される予定であると言う。教育内容としては以下のようなものを提供する構想であった。

> この女性たちには 2 年間のコースを受けさせるつもりでいますが、幼稚園の理論と実務を学ぶほか、心理学、植物学、鉱物学をもう 1 度勉強することになります。彼女たちは、書物の上での知識を得た上で保母伝習所に入学しますが、こういった事柄は、子供の世話をする上でそれほど役には立ちません。私の目的と希望は、こういった学科を幼稚園での教育に応用することを、保母伝習所で学んでほしいのです[48]。

ハウは、心理学、植物学、鉱物学など、すでに入学生が学んできた科目を再度履修させ、書物の上の知識としてではなく、幼稚園教育に応用する力量を獲得することを求めていた。「学校生活のなかで、彼女たちが本から学んだ事柄を応用させることを始めたいと熱望しています」と述べているように、幼稚園教師としての実践力につながる知識の適用法を伝えたいと考えていたことがわかる。具体的には 1 週間、1 月、1 年単位の保育案を作成させ、心理学では、「まず主題を与えて、幼稚園の子供たちを観察するなかで、その主題を立証するか反証をあげさせたい」と述べている[49]。

　さらに、児童研究や自然科学の領域を強化するため、ハウはアメリカにおいてこの分野で活躍する研究者と交流し、情報を取得している。ハウは児童研究で著名な G. S. ホール（Granville Stanley Hall, 1844-1924）とコンタクトを取り、応用心理学の論文を送るよう要請している。また、イリノイ大学予科の校長を務めた自然科学者であり、ハウの兄である E. G. ハウ（Edward G. Howe, 1849-1931）[50]からは、「もうすでにでき上がっているレッスンの本ではなく、あなたや他の科学者が調べるような、もっとも優れた権威ある本」とあるように、理科の専門的な学術書を入手しようとしている。その後、ハウは兄から「ゴードン博士の書かれた本」を、ホールからは「この主題に関する大変価値のある文献」を入手した。また、E. バーンズ（E. Barnes）からも、手紙を介して「応用心理学の系統での助言」を受けている[51]。この頃は

第3章　頌栄保姆伝習所における保姆養成の特質　137

まだ、アメリカでも進歩主義幼稚園教育につながる児童研究は草創期であったにもかかわらず、ハウは日本にいながら、アメリカの教育指導者らと文通をし、児童研究や応用心理学における最新の研究動向を把握していた。そしてその情報によって応用科学のより高度な教育を行いたいと考えていた[52]。

(2)高等科の設置とその規則

　1893年9月には高等科が設置され、従来の養成課程は普通科と称されるようになった。同年9月3日に行われた入学試験の結果、高等科に広瀬恒子、重松実枝、日匹米子、普通科に青木奈良志、村部芳子の入学が許可された。高等科の3名は頌栄保姆伝習所普通科の卒業者ではないことや、保育経験者ではないことから、高等科は高度な内容を用意しつつも、保育初心者にも開かれたコースであったと言える。ただし、全科が英語によって教授されていたため、英語能力は必須であった。また、この頃からハウは日本語による聖書の授業を行っており、キリスト教の知識や信仰がより効果的に伝えられたと考えられる[53]。ここで、1893年7月に制定された「頌栄幼稚園保姆伝習所規則」[54]から保姆養成の状況を見ていこう。

　入学資格としては「年齢二十歳以上三十歳以下」、「品行方正ニテ身体健康ナル者」、「第十七条ノ入学試験ニ合格シタル者」と3点挙げられている。入学するには、第17条の入学試験に合格する必要があった。試験は、入学試験、学期試験、卒業試験と3種類用意されていた。その合否に関しては「各試験其各課定点ヲ一百トシ、毎課五分以上総課平均六分以上ノ得点者ヲ以テ合格トス」（16条）と明確に定められている。特に入学試験は第17条にあるように、詳細に明記されている。

　　第十七条　入学試験ノ課目及定度左ノ如シ
　　普通科
　　　読書　　　国史撃要ノ定度
　　　日本歴史

日本地理

算術　　　単比例終迄

作文　　　近体文

習字

高等科

英語　　　講読　ボールドウィン心理学　ハィルマン教育学　ノ程度
　　　　　講義ノ筆記
　　　　　会話

心理学　　「ボールドウィン」ノ程度

理科　　　生理学　スチール氏原著日本訳　人身生理学　ノ程度
　　　　　動物学　ニコルソン氏原著日本訳　動物通解　ノ程度
　　　　　植物学　グレー氏著日本訳　植物通解　ノ程度

作文　　　近体文

但、普通女学校ノ卒業生ニシテ、本所ニ於テ、特ニ相当ノ学力アリト認ムル者
ハ、無試験ニテ入学ヲ許ス事アルベシ

　普通科では英語が課されていないが、高等科では講読、講義の筆記、会話が
英語の試験内容として挙げられている。また、普通科は一般教養が試験内容
であったのに対し、高等科では心理学や理科の知識も問われ、幼稚園教育領
域の専門的内容は試されないが、教育的素養を判定するための科目が設置さ
れていた。また、普通女学校を卒業し、相当の学力があると認められた場合
は無試験で入学することができた。

　定員は当分20名とされており、普通科（2年課程）の上に高等科（2年課
程）が配置されていた。第1条の目的に「幼稚園保姆及保姆学校教員ヲ養成
スルニアリ」とあるため、高等科は保姆養成指導者を養成するために設けら
れたものであると考えられる。科目には修身、教育学、心理学、理科、保育
法（保育学）、唱歌、音楽、作文の8科目が置かれている。修身は「人倫ノ大
道ヲ講述シ、之ヲ躬行セシムルヲ期ス」とあるが、教科書に『聖書』が用い
られているためキリスト教的精神が重視されたと言えよう。教育学は「教育
ノ原理、応用ノ大要、幼稚園ノ原則及其編制、幼児管理等ノ要件ヲ授ク」、

心理学は「其大綱ヲ授ケ、且、実地ニ幼児心性ノ作用ヲ観察研究セシメ、幼児教育ノ基礎ヲ得セシム」、理科は「動物、植物、鉱物、生理、衛生等ノ大要ヲ講述シ、之ヲ児童ニ教ユルノ方法ヲ授ク」、唱歌は「正雅優美ニシテ、幼児ノ心情ヲ和スルニ足ルモノヲ撰ミテ之ヲ授ク」とあるように、専門的な知識が幼稚園教育においてどのように用いられるべきであるかについて教授が行われていた[55]。

　保育法（保育学）は「伝習ノ要旨」によると、保育方法と恩物用法の二つに分類されていた。前者については「保育ノ方法ヲ講述シ、且、実地頌栄幼稚園ノ幼児ニ付キ、保育ノ模範ヲ示シ、之ヲ練熟セシメ」とあり、後者については「恩物用法ニシテ恩物ノ性質、功用ヲ説明シ、其用法ニ熟達セシムル者トス」と説明されている。これが課程表（表1）では、理論・応用・実習の三つに分けられている。すなわち保育法（保育学）では、保育実践に必要な知識と特に恩物教育に関する理論を学び、それを保育現場で応用できる力を座学でつけさせてから、実地保育にあたらせるという養成方法が採られていた。特に、実習の時間が普通科・高等科に共通して最も多く割かれている。前述したように、ハウは多様な知識を得るだけではなく、それらが幼稚園教育に応用され、保育実践に適用されるべきであると考えていたため、以上のようなカリキュラムを編成したと言える。

　その内容を見ると、普通科の保育学理論は口授であるが、高等科のそれには、フレーベル伝やその著作などが教科書として挙げられている。それには、1年目は「プリトナム著幼稚園及学校、ブロー著フレーベル博、フレーベル著人ノ教育、クリーゲ著小児」、2年目には、「フレーベル著人ノ教育、同著出の歌（母の歌）、マソン著家庭教育」がある。フレーベルの『人間の教育』が2年に亘って使用され、フレーベルの『母の歌と愛撫の歌』も2年次の教科書として示されている。後述するが、ハウはフレーベルの二大主著の教授を保姆養成カリキュラムの中心に据えていた。これらの教科書は、この時点ではまだ翻訳されていなかったため、高等科のみで英文の教科書が使用

されていると考えられるが、普通科の保育学理論においても、ハウは口授方式で幼稚園教育の理論と方法を伝授していた[56]。

表1　課程表（普通科および高等科）

	普通科1年	毎週時数	普通科2年	毎週時数	高等科1年	毎週時数	高等科2年	毎週時数
修身		6		6		6		6
教育学			原理、応用、幼稚園原則管理法等	2		2		
心理学	普通心理学及嬰児心理学	2						2
理科	動物、植物、生理	4	鉱物、生理、衛生	4	動物、植物、生理	4	鉱物、生理、衛生	4
保育学 理論		2		2		2		2
応用		2		2		2		2
実習		10		10		10		10
唱歌		4		4		4		4
音楽		7		7		7		7
作文	書牘文及近体文	1	同上	1	書牘文及近体文	1		1

注）『幼稚園教育百年史』（文部省、ひかりのくに、1979年、939-940頁）を参照し、作成した。なお、高等科の心理学・理科は応用となっている。

　高等科には1897（明治30）年12月に大和田文子が入学した。彼女は遺愛女学校を卒業して同附属小学校の教師となったが、高等科に派遣されて学んだ後、遺愛幼稚園の主任保姆になっている。また、1908年11月には頌栄保姆伝習所の教員に採用されており、後に幼児教育研究のため渡欧している人物である[57]。これまでは、彼女を含めた計4名が高等科の卒業生とされてきたが、和久山きそも高等科の授業を受けていたことは注記しておきたい[58]。

3. 教科書の翻訳とその使用

(1)教科書の概要

　頌栄保姆伝習所では、ハウが中心となって翻訳した保姆養成用教科書が使用されていた[59]。草創期の保育界には、保姆養成のための教科書が少なく、同伝習所から出版された教科書が多くの養成校でも用いられていた。表2は同伝習所で使用された教科書の一覧である。

　同伝習所が開設された当初から、ハウによって講義されきた保育学は、

表2　教科書一覧

著者・編者	書名	出版社	出版年
ハウ選	『幼稚園唱歌』	福音社	1892年
ハウ著	『保育学初歩』	福音社	1893年
ハウ選	『クリスマス唱歌』	福音社	1894年
アンドリュー（Jane Andrew）著、坂田幸三郎訳	『七少姉妹』	福音社	1895年
ハウ選	『幼稚園唱歌続編』	福音社	1896年
フレーベル著、ハウ訳	『母の遊戯及育児歌』	頌栄出版	1897年
ブロー著、ハウ訳	「母の本問答」	非出版	1897年
イ・ジ・ハウ著、訳者不明	「系統的理科教育」	非出版	1899年
トレーシー（Fredrick Tracey）著、訳者不明	「児童心理学」	非出版	1899年
ハリソン（Elizabeth Harrison）著	「児童性質の研究」	非出版	1903年
ハウ述	『保育法講義録』	岡山県教育会	1903年
フレーベル著、ハウ編	『人之教育』	警醒社	1909年
ラモラウ著、ハウ訳	『開発的生活』	警醒社	1909年
ウィギン・スミス著、ハウ訳	『幼稚園原理と実習』	頌栄出版	1917年
ブレーク著、岩村清四郎訳	『フレーベル伝』	頌栄出版	1918年
JKU遊戯歌委員	『幼稚園の遊戯歌』	JKU遊戯歌委員	1921年
オウエン・ジョンズ（Qwen Jones）著、ハウ訳	「装飾之原理」	非出版	不明

注）「エ・エル・ハウ女史の日本保育史への貢献―フレーベリズムの導入紹介者としての貢献―」（高野勝夫『頌栄短期大学紀要』7号、1975年、19-32頁）、『頌栄―頌栄幼稚園創立四十年紀念―』（1929年、56頁）などを参照し作成した。

『保育学初歩』として1893年に出版され教科書として使用された。日本の雑誌に紹介された同書に関する記事の抜粋を、ハウは私信の中で次のように記している。

> 現在、日に日に幼稚園が増設されている。幼稚園の意図することは、フレーベル理論を実践することであり、幼稚園教育に携わる者は誰でも、理論と実技を理解しなければならない。『初等理論』とはいわれていても、大変に明確なものである。幼稚園の教師たちがすべきことについて論ずるばかりでなく、知っておかなくてはならないことにも言及している。つまり、この理論体系の歴史と理論、またその理論の信奉者たちの生きざまであるのだ。これは、最近出版された本のなかでも、重要な一冊である。著者自身がこの『新しい教育』に熱心でなければ、どのようにしてこの本は書かれようか[60]。

フレーベル主義の理論と実践に役立つだけではなく、その理論体系の歴史やフレーベル主義者の自伝的記録も収録した『保育学初歩』は、幼稚園教育の重要文献として一般の保育界から評価されるものであった。当時、形骸化した恩物教育が普及していた中、ハウは同書においてフレーベルの意図した恩物理論を体系的に示している。著作を通したハウの保育界への貢献は、フレーベルの二大主著である『人間の教育』と『母の歌と愛撫の歌』の翻訳に限定されたものではなかった。また、同書は幼稚園教育のみならず家庭教育の良書としても紹介された。

　この反響は大きく、「神戸のキリスト教主義ではない二つの幼稚園の先生方が、ちょうど印刷の仕上がった講義の本を教材にして教えてもらえるかどうか尋ねて」きたため、ハウは新しいクラスを開講している。この講座は、週に1回開かれ、ハウは通訳をつけずに同書の内容を日本語で教授していた。また「岡山の公立幼稚園の先生方が直ちに私の本をほしがっていらして、いつか教えてもらいたいと言うのです」とあるように、公立幼稚園からも『保育学初歩』の講義の依頼を受けていた[61]。

　1897（明治30）年10月には、フレーベルの『母の歌と愛撫の歌』を翻訳し

た『母の遊戯及育児歌』が出版された。これにより、ハウのもとへ多くの訪問者があり、ハウは多忙を極めていたと言う[62]。同書については次項で詳細に検討する。また、これと関連して、ハウは同年に S. E. ブロー（Susan Elizabeth Blow, 1843-1916）の「母の本問答」も訳している。学生はこれを手書きでテキストとして使用しているため、出版はなされていない[63]。同書は、1898年頃から始まった同窓生の研修会においても用いられている。この研修会では、毎年夏に卒業生が各地から集合し、1週間をかけて『聖書』や『母の遊戯及育児歌』を教材として学び、お話の材料や副教材の紹介が行われていた。また、新しい教育法など、保姆がその実践を活性化する契機づけのための知識や技術の伝習がなされた[64]。

1899年以降には、E. G. ハウの「系統的理科教育」やトレーシーの「児童心理学」、ハリソンの「児童性質の研究」などが使用されるようになった。ハウは、自然科学や児童心理、児童研究など、科学的な視点によって執筆された幼稚園教育関連書籍を導入している。特に「系統的理科教育」は自然科学を担当していた和久山も参考にしていた。彼女は、図書館に「理科の本」を入れるようハウに頼み、「生きた虫も死んだ虫も多くのよい実物の見本」を所有し、「生きた標本」は学生に描写させていた[65]。和久山は後に、JKUの年報に "Nature Study in the Kindergarten"（「幼稚園における自然研究」）[66]を発表している。その中で彼女は、子どもたちが神によって創造された自然に触れることで、不思議や驚きを感じ、それにより神の存在や業、またその秩序を認知していくことを重視する姿勢を示している。また、自然を観察することは宗教教育と関連すると捉えていたことも窺える[67]。

1909年にはフレーベルの『人間の教育』を訳した『人之教育』が出版され、『開発的生活』とともにベストセラーとなった[68]。『幼稚園の原理と実習』は Kindergarten Principles and Practice（Kate Douglas Wiggin, Nora Archibald Smith, 1896）の全訳であり、『保育学初歩』に代わって使用されるようになった。また『フレーベル伝』は、頌栄出版からしか刊行されていない

144

ため重宝されたと言う[69]。原田は、ハウの教科書事業について以下のように述べている。

> 固より、幼稚園の教科書と云ふ様なものは何もない、始めから之を作つていかなければならぬ時代でありまして、ハウ先生は明治二十五年に幼稚園の唱歌と云ふものを拵へられた。…中略…（筆者注）それから其の後に、三十年には、母の歌マザープレー、四十二年にフレーベル氏の人間教育、之を人の教育と訳してありますが、さう云ふ本を翻訳せられたのでありました。其の外、色々の本が出まして、後には開発的教育であるとか、或は幼稚園の学理と実習であるとか、或は幼稚園の創立者のフレーベル氏の伝であるとか、さう云ふものをハウ女史が外の人と協同して、翻訳をなし、或は著述をなされたものでありまして、其の多くは、二版三版四版、此のフレーベル氏の人の教育は五版迄出版されて居る様な次第でございます（下線部筆者）[70]。

　ハウは、以上のような保姆養成に必須の教科書を刊行し、日本の保姆養成の発展に寄与したのであった。その多くが増版され、『人の教育』（『人間の教育』）は５版まで出版された。また次項で着目する『母の遊戯及育児歌』は1907（明治40）年に第２版、1916（大正５）年に第３版、1929（昭和４）年までに４版を重ねている[71]。

(2) 『母の遊戯及育児歌』を用いたフレーベル主義保姆養成の内実

　本項では、養成カリキュラムの中心であったフレーベルの『母の歌と愛撫の歌』を使用した授業の内容について検討していこう。『母の歌と愛撫の歌』については、「キリスト教保育の原点として無尽蔵の源泉となっているこの名著は…中略…明治から大正にかけ、保母養成学校の教科書として広く読まれ、又種々に解釈されて、それぞれの学校で継承されていった」[72]とある。それぞれの養成校として紹介されているのは、頌栄保姆伝習所をはじめ、広島女学校保姆師範科、柳城保姆養成所、梅花幼稚園保姆伝習所、玉成保姆養成所などのキリスト教系保姆養成機関である。田中まさ子によれば、当時『母の歌と愛撫の歌』は一般に遊戯および唱歌の源流として断片的に受容さ

れるに留まったが、キリスト教系保姆養成校では教科書として用いられたと言う。キリスト教系養成校においてのみ、それが使用された理由を田中は、アメリカと日本の幼稚園観の違いに見出し、アメリカでは母親教育の視点があったため同書が重用されたと指摘している[73]。その理由以外にも同書において、フレーベルの教育思想がキリスト教思想との密接な関係の上で説明されていたことや、日本では同書が単に母親のための文献と理解されたこと、また、その内容の解釈が困難であったことが要因としては考えられよう。

　いずれにせよ、一般の養成校が恩物を中心としたフレーベルの教育方法を重視したのに対し、キリスト教系養成校はその思想をも尊重したのであった。ハウは「多くの人にとってこの本は、深いため息をつかせる不可解なものに思えるでしょうが、教育に関する教科書として、これほど霊感に富んだものを私は知りません」[74]と述べ、その難解さを把握しつつも、保姆養成における同書の有用性を確信し、早くから同書を養成内容の中心に据えていた。本項目では、フレーベルの『母の歌と愛撫の歌』が日本で初めてハウによって『母の遊戯及育児歌』として訳された経緯を確認し、その使用方法について検討していく。

①『母の遊戯及育児歌』の翻訳経緯

　フレーベルがドイツにおいて出版した *Mutter-und Koselieder*（1844）は、J. ジャービス（J. Jarvis）によって1878年にアメリカで英訳され、その後、イギリスにおいても別の英訳が出版された。1895年には、アメリカでブローによって意訳的な翻訳が出版されているが、これは、フレーベルの思想をまげることなく新しい歌と曲を追加したものであった[75]。日本において、ハウは1889年の時点で「今年中にフレーベルの『母の遊戯及育児歌』を訳せたらと思っています」[76]と言い、翌年には翻訳書によって講義を行うことも考えていた。前述した1893年の規則にすでに同書が教科書の一つとされていることからも、その初期から『母の歌と愛撫の歌』は保姆養成の内容に含まれてい

たことが確認される。同書の翻訳にあたっては、『幼稚園唱歌』（1892年刊行）の時と同様、『聖書』を翻訳した実績のある松山高吉（1847-1935）が協力している[77]。ハウは1894（明治27）年に次のように述べている。

> 私は『母の遊戯及育児歌』に没頭していて、クラスでもかなりの熱意をあおっています。それぞれの歌について自分なりの講義をつくることは、ちっとも簡単なことではありませんが、誰か他人の書いたことをただ聞くよりは、私たちにとっていいことだと思います。いずれにしても本は素晴らしくて、私は日本の母親のためにとても簡単で実際に即した講義を用意して、それを出版したいと思っていますし、同様に保母伝習所のためにはもう少しむずかしいものを用意したいと思っています[78]。

『母の歌と愛撫の歌』の「自分なりの講義」を作って授業を行っていたハウは、それを日本の母親のため、また保姆養成用の解説書として出版するという構想を1894年の時点で抱いていたが、これはすぐには実現しなかった。しかし、同書が保姆養成に必須の教科書であることを認識していたハウは、その翻訳作業を進め、1895年には原稿を仕上げている。また、ハウは、同書の翻訳が言語的に正確かだけではなく、心理的な意味合いの合致にも細心の注意を払い、校正に取り組んでいた。ハウは、「日本においては、原書の歌の思想と注釈をできる限り正確に伝える翻訳が心がけられました」と述べているが、さし絵については「それらも原書の思想と一体をなすものであったにもかかわらず、日本の服と習慣に合わせて変えられました」とあるように、絵画を日本風にしている。ハウは、「日本人の画家を見つけて、それぞれの挿し絵についてどんな細かいことも話して、何時間でも彼と話し合い、日本の生活のなかでの挿し絵を考えてもらいたい」と依頼しているように、挿絵の日本化がなされたのであった。同書は、全体としてフレーベルの *Mutter- und Koselieder* に忠実に翻訳されたが、挿絵の変更は、フレーベルの意図をよく理解していたハウだからこそ行うことができた適応であったと言える。身近な物事の成り立ちやつながりを暗に示した同書は、日本の風俗に溶け込

んでこそ実践では効果を発揮すると考えられるからである。また、楽譜は削除されているが、ハウは音楽と歌詞の適合についても注意を払っており、実践では音楽つきで『母の遊戯及育児歌』を用いていた[79]。

　以上のような経緯で、1897年には、ハウによって翻訳された『母の歌と愛撫の歌』が『母の遊戯及育児歌』として頌栄出版より刊行され、伝習所の教科書として用いられるようになった。ハウは、1897年のクラスからは、「他のクラスにはなかった利点」が付加されたと言い、「ネッド（E. G. ハウの愛称…筆者注）がたててくれた理科の授業の計画」、「優れた絵画の先生」、「お話や学習計画での特別な勉強」、「私のアメリカでの乏しい研究」とこの『母の遊戯及育児歌』を挙げている[80]。この頃には、ハウの兄である E. G. ハウが作成した理科の授業計画にそった理科教育が行われ、その内容は定かではないが、ハウの帰米中の研究成果も導入されたとあるように、ますます保姆養成の内容が充実していった。そして、従来英語の文献しかなく、ハウの口授によって講義されていた『母の歌と愛撫の歌』が、日本語の教科書として利用できるようになったことでより効果的な教育が行われたと考えられる。ハウは、『母の歌と愛撫の歌』をフレーベルの「成熟した思想の成果」であり「教師としての経験の総決算」であると述べている[81]。さらに、「幼稚園の教育に携わる人の手にこの本を預けるという、私が日本のためにできる最良の仕事の１つ」[82]と捉えており、方法主義に傾いた日本の幼稚園教育にその思想を紹介する役割を果たしたのであった。

②『母の遊戯及育児歌』の使用法

　それでは、『母の遊戯及育児歌』はどのように頌栄保姆伝習所において使用されていたのか、ハウの執筆した論文から考察していこう[83]。ハウは、同書を主に母親向けのものと説明している。それは母親が本能のままに子育てをするのではなく、教育的な意図や目的を熟知した上で、「意識的に用いられる洞察力」を持って教育にあたることを自覚させるために執筆されたもの

であると言う。同書には、フレーベルの教育思想が凝縮されており、教育にとって不可欠な要素として、①自己活動、成長のための不可欠な要素、②既知のものから未知のものへ、③相互関係、④初等教育において価値のある模倣、⑤遊戯、子どもにとっての最初の学校の5点の理論が含まれたものであると述べている。さらに、同書は、社会的、知的、宗教的生活の重要性を考慮した広い視野に立つものであり、「教師のための実践書」としても有効であった。ハウは、その価値について①理想を教えることを可能にするというたいへん価値のある目的に奉仕する、②教育における最も重要な側面である人格形成の問題を提出する、③子どもの中に培わなければならない、肉体的、精神的に望ましい状況を示唆するにとどまらず、それらの状態を発展させるのに最も実践的な方法も与える、④最も偉大な宗教的真理を育むための指示が示されているという4点を挙げている。

　①について、ハウは、教師の視点が子どもの成長にとって重要であることに教師自身が気づかなければならないとしている。その上で科学、数学、歴史、そして人間を含めたすべての被造物の中に、また人間関係の中に神を認め、教育の目的が神を恐れることを知ることにあると信じることで、フレーベルが示そうとした理想を理解できると述べている。②について、同書の全体が人格形成に関して書かれたものであることを強調している。そして「"進歩的"であろうと努める教師なら、その他の"新しい考え方"の中に足を踏み入れながらも、この本を十分にマスターすることでしょう」と言い、進歩主義的な実践を行うとしても同書を重視するよう勧めている。③について、肉体運動は体のためであり、観察の訓練の学びであると述べている。そして、同書においてフレーベルは、感覚訓練の方法、習慣形成の方向、識別力の発達、他人へ仕える訓練、仕事への愛を培うことについて実践的な助言を与えていると言う。④では、ハウは、フレーベルが子どもでも真理を理解できると考え、人生の最も完璧な状態を霊的に認識する象徴として「光」を用いて物質的見方から霊的見方へと子どもを導いていると指摘している。論

文の中では、特に教会（「会堂の戸及窓」）という歌を例に挙げ、「あなたがもし、子どもを自分に結びつけるつもりなら、あなた自身の魂を、すべて高尚で真実なものに結びつけなさい。そして自分の行いのすべてにおいて、その光を明るく輝かしなさい」との文があることから、教育者が霊的真理を理解する必要性が訴えられている。

　ハウは以上のように、母親のために書かれた同書が、教師のためにも最良のものであるとし、頌栄保姆伝習所において、同書の内容の教授をカリキュラムの中軸に据えたのであった。そして「保姆養成所においては、使命に関する高い理想、広い視野、そして実践的な助言を生徒たちに与えるために、この本が不可欠です」と語り、同書を日本で用いるための工夫を紹介している。それはすなわち、ハウが頌栄保姆伝習所で行った授業方法であった。

> 私のやり方は、毎日生徒に、２、３の歌について彼らが読みとった目的を要約してもって来させる一方で、フレーベル自身が、それぞれの歌から学ぶべきことがたくさんあるといっている点を、生徒たちにはっきり理解させることから始めることです。こうして、この本の鳥瞰図が得られたなら、次は生徒ひとりひとりに、それぞれの歌の意味を説明している聖書の箇所をもって来させます。人間の真実を、霊感された聖書の言葉と結び合わせるこの作業は、私たちのなし得る、最も価値ある練習の１つです。…中略…この本の第２段階の学びの後に私たちは、それぞれの歌を再び取り上げて、文学、歴史、心理学と関連づけながら、もっと骨のおれる勉強を行います。

　このように、ハウは、学びの第一段階として、『母の遊戯及育児歌』の目的を学生に要約させて、フレーベルの意図した教育原理とその全体像を理解させようとしていた。第二段階として、歌と『聖書』とを関連させているが、この段階を最も価値ある練習としている。第三段階として、歌を文学、歴史、心理学の視点からより深く解釈していくと言う。ハウは『母の遊戯及育児歌』の内容を受動的に学ばせるのではなく、それらと『聖書』、文学、歴史、心理学を学生自らが結びつけることができるような指導していた[84]。また、同書を用いる上での教師への注意事項として、教育目的とそれを行う

理由、得られる効能、リズムや色彩などへの配慮を挙げている。さらに、母親や保姆が子どもの成長のために同書から真理を見出してそれを意識的に適用するべきであって、決して子どもに知的な学び、すなわち同書に見られるような哲学や心理学の学習を強要することがないようにと注記されている。

ハウは、同書の参考書として、ブローの『母への手紙』と『象徴的教育』、ハリソンの『山麓の2人の子ども』、H. ボーエンの『フレーベル』（大教育者シリーズの中の1冊）を挙げている。『母の遊戯及育児歌』と合わせて、これらの参考書が使用され、学生のフレーベルの教育思想への理解が深められていた。

4. 新しい教育法への反応

(1)進歩主義幼稚園教育への反応

当時アメリカにおいて一大論争となったフレーベル主義保守派と進歩派の議論についてのハウの見解を確認しよう。ハウは「幼稚園社会に於ても、進歩的と云ふ言葉が流行して居ます」[85]と述べ、その状況を以下のように説明している。

> 甲の保姆は、「紙を自由にきらせることが一番のぞましき事である」。と申しますと、乙の人は、「イヤ、それは丸でダメである。子供には、テーブルを使用させないで、床の上で仕事をさせるはずである」。と申します。すると、又他の人は、「毎朝子供を集めて、朝の集会をする様なことは、やめてしまつて、子供を数多の小さいかたまりに分けて、自由にさせる方がよい。」と申しますと、また一人は、すぢのある紙で貼紙細工をさせるのですかと云つて、両手をさしあげて、いかにもゾツトしたと云ふ風をする。また一人は、子供の仕事を一々帳面に貼りつけておくのですかと云つて、身ぶるいをして居る。ある保姆は、子供をあれまはつたり、とびまはつたり、はねまはつたりさせておる。ある保姆は、そんなあらあらしいことは、何もさせないでおく。

保姆たちは、おのおの自ら考える進歩主義的幼稚園教育実践を行っており、「私の方法が最新の進歩的方法である」とみなが主張していたと言う。しか

し、ハウは、このような現状を皮肉をもって「進歩」ではなく、「反逆」であると批判し、「間違つた考の進歩」や「病的進歩」であると述べている。また「真実の進歩」の中にも危険と弊害が潜伏していると言い、「職務に対する充分なる訓練と素養なしに、幼稚園の働きに、たづさはることを敢てなすなかれ」と忠告し、次のように語っている。

> かのフレベルの原理と実際とを了解し、この訓練を完成した上で、徐々と、自分の働きに着手しなさい。米国から新しき幼稚園教師の来る度毎に、自分の方法を変更することを急がず、又、「風に動かさる、葦」（馬太伝第十一章第七節）にならない様によく御用心を願ひます。従来の方法を変更するに、正当な理由があるならば、それを変更するを妨げませんが、世の人々の批評・風説におそれて、自分の執り来つた方法を、無暗に変更するようなことをしてはならず、又、誰か他の人が計画したことであるからと云ふだけの訳で、容易に変更を実行する様のことがあつてはなりません。

ハウは、目新しいものに流されるのではなく、フレーベルの教育学を理解した上でその方法を吟味することを勧めている。ハウは必要不可欠な「何か新らしいもの」とは、実際には「新らしいものを産出する古い原理」のことであり、新しい教育学や教育法は全てフレーベルから発生していると考えていた。ハウは、最新の教育学とされているものは、先にフレーベルが提案したものであるから、在学中に学んできたフレーベルの原理を安心して保育実践で応用するようにと語っている。

　ハウは、「真の進歩」とは「静かな・安心な・真面目な・考深き・着実な働き」の中で地味な過程を通じて到達するものであり、そのために必要なのは「すべての主張を、公平に考察批判」する力、「時事問題及び改新学説に就て、精密着実なる研究」をする力であると述べている。

> 「最新式」とか「現代式」とか云ふ言葉は、何かにつけて、よく人の申すことで、一般の人々は何ものも最新式・現代式でなくては、やくにたゝぬものと考へてをる様であります。勿論、最新式・現代式が悪いものときめる訳ではありませ

んが、世の中の人はこの新しい名称に心酔してしまつて、改変を要しない完美な
ものまでも忘れたり、軽んじたりして、むやみに所謂最新式・現代式のものには
しる傾があります。幼稚園教師が、ある方法によつて何かする時に、不幸にし
て、その実行が不満足な結果を生じ、まづい成績に終ると、その教師は、直にそ
の方法を抛棄してしまつて、他の新流行の方法をとると云ふのが、まづ今日一般
にはやつて居る仕方でありますが、自分の実行法—即ちその方法の応用が適当な
ものであつたか否かを吟味して見もしないで、唯、その結果の不成功の故を以
て、その方法を誤謬視するのは、自分の過失を方法に負はせると云ふものではあ
りますまいか。その方法が善良なる成績を生じないと云ふのは畢竟その教師が、
その方法の応用に下手であつたからではありますまいか（下線部筆者）。

　ここでハウは、「最新式」や「現代式」自体が悪いのではなく、流行に走
つてしまい、改変する必要のないものまで変えてしまうことを否定している
のである。さらに、フレーベル主義幼稚園教育の方法が悪いのではなく、そ
れを十分に実行し得ない教師の応用力の欠如に問題があると指摘している。
そして、そのような教師が、自分の実践を省みずに、新たな教育法を求める
傾向を非難している。ハウはこの問題に関して、以下のようにも述べてい
る。

　　あなた方のなすべき任務は何であるかをよく研究しなさい。あなた方の指導のも
　とにある児童を色々の方面からよくよく研究しなさい。家庭の感化と云ふもの
　は、実に大切なものでありますから、児童とその家庭の状態とによくよく留意し
　なさい。世界の思想界に日々に新しく現れて来る新思想・新学説新意見を、なる
　べく広く読み、なるべく深く研究しなさい。周到なる注意と賢明なる理解力とを
　以て、常にこれらのことにつとめて居さえすれば、それによつて、あなた方は自
　己を向上させ、進歩させ、発達させることが出来従つて、所謂「最新式」、「現代
　式」と云ふものゝ真偽を分別することが出来ます。軽薄なる世の風潮に動かされ
　て、徒らに実質に乏しき流行風を逐はない様に、常に心を静粛にし落着けて居
　て、自己の任務に向つて活動するのがなによりもまづ大切であります。改革とか
　改変とか申すものは、実際の必要に迫つた時に経験もあり、実力もあり、技倆も
　あり、学識もあり、先見もある、偉大なる人物によつて実行されるべきものであ

第3章　頌栄保姆伝習所における保姆養成の特質　153

りまして、未熟者の過失を理由とし動機として、無暗に改革・変更をなすべきものではありません。<u>その様な改革・変更は進歩ではなく退歩であります。改善ではなく改悪であります</u>（下線部筆者）。

　ハウは流行に翻弄されず、自らの教育哲学を持って保育実践に携わるためには、まず子どもを多様な視点から研究する必要があると言う。ここでは幼稚園教育だけではなく、家庭教育の子どもへの影響を示し、家庭へも注意を向ける必要があると論じている。また、世界の新思想、新学説、新意見を広く、深く研究するようにと述べている。これによって、「最新式」や「現代式」という流行の真偽を判断する能力を得ることができるとある。さらに、改革は熟練者の手で、実際の必要が生じた際に着手されるものであって、未熟者が簡単にそれらを改革することは、進歩ではなく退歩となり、改善ではなく改悪となると強く諫めている。したがって、ハウは進歩主義教育に対して、慎重にその長所や短所を見極めてから、必要ならば導入するという姿勢を有していたのであった。

　ハウは1915（大正4）年の私信の中で、アメリカの保姆養成所の元校長で、幼稚園の批評家であるトレイシーが頌栄幼稚園を訪問した際のことを記している。トレイシーは頌栄幼稚園での子どもたちの遊戯を見ると「あなたは日本でもっとも進歩的な女性ですわ。なぜご自分のことを保守的だとお呼びになるのでしょう」とハウに語ったと言う[86]。ハウはこのエピソードを通して次のように述べている。

　　時折、若い人で、私たちの頌栄幼稚園について批評を試みる人がいます。私たちは「進歩的」ではない、と。いいえ、ある女性など、まったく自己満足げに、「私ども進歩派は」と言ったりします。日本では、私たちがやっているような、実際に進歩的で、本当に進歩的なことを行なっている幼稚園はないことを、まったくもってよく知っていますが、その人には好きなように言わせています[87]。

　ハウは自身の実践に対し、真の進歩と述べ、「実際に進歩的で、本当に進歩的な」実践を行っていると自負している。先行研究では、ハウは、当時ア

メリカで行われたフレーベル主義保守派と進歩派の論争の渦中にあって、保守派もしくは中間派の立場を採っていたとされたり、進歩派の影響を強く受けていたと言われたりしており、評価が分かれている[88]。それは、進歩主義の定義が曖昧で、進歩主義理解も多種多様であるため、判断が難しいことが要因として考えられるが、今後、ハウの立場をより実証的に検討していく必要がある。ここで確かに言えることは、ハウは、フレーベルの原理を基盤としつつも、新しい学説などを吟味して、よりよい養成を志向し続ける態度であったということである。

(2)モンテッソーリ・メソッドに対する反応

　ハウは、1913（大正2）年1月から1914（大正3）年7月の休暇帰米中に、シカゴのハリソンが開催していたモンテッソーリ・メソッドのサマースクールに4週間参加し、モンテッソーリ主義の学校を参観している[89]。サマースクールでは、モンテッソーリ養成校卒業者に質問をし、ハリソンの体験談を聞く機会が用意されていた。教材の説明もなされたが、最も貴重な学びであったとハウが述べているのは、参加者による週2回のディスカッションであった。ここでは、モンテッソーリ・メソッドの教授が行われたのではなく、モンテッソーリ・メソッドが従来のフレーベル主義幼稚園教育とどう相容れるのか、また、モンテッソーリ・メソッド自体の幼稚園教育における有効性やその導入の是非が話し合われた[90]。

　ハウは、1914年7月に日本に戻った。その際、モンテッソーリ教具を持ち帰り、7月31日から8月1日にかけて行われた第8回JKU大会と、9月に神戸幼稚園で開催されたハウの帰国歓迎会において、モンテッソーリ・メソッドについての講演を行った。さらに、1915年9月には、神戸児童学会第1回大会においても、モンテッソーリ・メソッドについて演説している[91]。ハウは、モンテッソーリ教育の原理を「自由」に見出し、それをわがままや放任や混乱と取り違えてはならないと警告している[92]。そして、モンテッソー

リ（Maria Montessori, 1870-1952）は、子どもの自由な自己表現とともにしつけも重視しているため、必ずモンテッソーリの著作の中の「しつけ」の項目を読むべきであると主張している。また、帰国歓迎会では、モンテッソーリの教育法を行うには忍耐が必要であると語っている。その忍耐とは、いつも考え、熱心に学習するという行動力を伴いつつも、実践においては無言の態度、沈黙の態度で子どもに接することであると言う[93]。

それでは、頌栄保姆伝習所においてモンテッソーリ・メソッドはどのように扱われていたのであろうか。表3は頌栄保姆伝習所における1925年のカリキュラムである。

表3　1925年の養成カリキュラム

第1学年

第1学期（11週55日）		第2学期（15週75日）		第3学期（10週50日）	
学科	時数	学科	時数	学科	時数
聖書（イエス伝）	55	聖書（イエス伝）	75	聖書（書翰）	50
恩物	55	同上	75	同上	50
母の遊戯	55	開発的生活	75	幼稚園原理	50
フレーベル伝	31	談話	75	色の原理	50
児童性質研究	24	同上	35	遊戯	50
唱歌	55	同上	75	同上	50
器楽（オルガン）	11	同上	15	同上	10
オルガン練習	55	同上	75	同上	50
図画	22	同上	30	同上	20
生花	11	同上	15	同上	10
朝の礼拝	55	同上	75	同上	50
合計	429	同上	620	同上	440

156

第2学年

第1学期（11週55日）		第2学期（15週75日）		第3学期（10週50日）	
学科	時数	学科	時数	学科	時数
聖書（旧約書）	55	同上（同上）	75	同上（同上）	50
人間の教育	55	教育史	75	子供の問題	20
自然物研究	55	クリスマス贈物ニ関スル手工	75	西洋美術	12
心理学	55	同上	75	同上	9
唱歌	55	同上	75	同上	50
器楽（オルガン）	11	同上	15	同上	10
オルガン練習	55	同上	75	同上	50
図画	22	同上	30	同上	20
生花	11	同上	15	同上	10
朝の礼拝	55	同上	75	同上	50
保育法実地練習	55		75	同モンテッソリー	50
				衛生学 子供伝染病池田医師 学校衛生横田医師 子供の食物安永医師	
合計	484	合計		合計	1331

注）『エ・エル・ハウ女史と頌栄の歩み』（高野勝夫、頌栄短期大学、1973年、219-220頁）より引用した。

　表3を見ると、第2学年の第3学期の「保育法実地練習」にモンテッソーリと書き込まれていることが見て取れる。ハウは、フレーベル主義幼稚園教育の基礎を掴ませてから最終段階の第2学年3学期にモンテッソーリ教育法を養成内容に加えていたと言えよう。西川は、「フレーベルを土台にしながら新しい知識であるモンテッソーリ教育法も教授していく姿勢」であったと述べている[94]。ハウはモンテッソーリの「個人的発達の自由」という教育方法は、フレーベルの主著『人間の教育』においてすでに示された原理であると言う。このように、モンテッソーリの教育はフレーベルのそれと照らし合わせて受容されていたのであった[95]。

　また、ここでは、モンテッソーリ教育法の導入以外にも、新しい科目が組

み込まれている。1906年に生花科の教師が嘱託されており、この頃から、他の保姆養成校では設置されていない独自の科目として生花が取り入れられたと考えられる。ハウは、美の感性を重視していたこと、また日本文化を尊重していたことなどからそれを設置したのであろう。衛生学について、ハウは1895年に「日本でやりたいと切望することの1つが、私の保母伝習所のクラスに衛生学の科目を受けさせること」であると語り、「幼稚園の仕事のうちで発展させたいと思ってきたことの1つです」と、早期から衛生学に対する関心を抱き、その後もこの分野に対する研究意欲を見せている[96]。衛生学への関心が高まって、上記のカリキュラムにもあるように、1週間に各1時間、2年生に衛生講話がなされるようになったのであった。

　ハウは決して改革を望まなかったのではない。慎重に新しいものを養成カリキュラムに採り入れ、よりよい保姆養成を目指していた。進歩主義やモンテッソーリ教育への反応においてもハウの研究の傾向や姿勢が表れている。

第3節　A. L. ハウの保姆像と保姆養成観

　頌栄保姆伝習所の養成システムやカリキュラムは、ハウの保姆像と保姆養成観が具現化されたものであった。本節では、ハウの保姆養成を支えた思想や見解、およびその背景を考察する。

1．A. L. ハウによる人格的感化

　保姆養成を行うにあたって、頌栄保姆伝習所のような私塾的で小規模な機関、とりわけ寄宿舎制を採用している場合に、指導者の人格が保姆養成に大きな影響を与えていることは間違いない。原田助牧師はハウの性格を次のように述べている。

　　ハウ先生は、先づ第一に私の見る所では、実に此の正義を愛した所の方である。

聖書に正しきを求める者は幸也と云ふ事がありますが、実に正しきを求めてやまなかつた所の方であります。正義を愛する、一方に於ては悪を憎むと云ふ事でありますからして、何でも誤魔化すと云ふ様な事は嫌で、飾り立てると云ふ様な事も嫌で、何でも正しい、間違いないと云ふ事を愛した所の方でありまして、其の方面から説くとしては余りに厳格に過ぎるかと思ふ程、正しい事を愛された所の方であります。併し乍らさう云ふ様に正しい事を愛されたから、それでは情愛のない方であつたかと云ふと決してさいではなく、其の一面には、誠に親切至れり尽せりと云ふ様な点があつたのであります[97]。

ここには、正義を愛し、悪を憎むといったハウの誠実性が描かれている。またハウはある時、次のように学生に訓戒している。

私は、生徒の家でもたれた最後の日曜の夜の祈祷会に、生徒たちと一緒に出かけました。私は、彼女たちの仕事の動機の大切さを力説しました。地位や権勢や高い給料のために働いている生徒をもしも見つけたら、私はその人の頭をはねると言いました。そういう言葉を使って言ったわけではありませんが、たぶんそういった意味を私の言ったことからつかんでくれたと思います。私は言いました。「私は高い給料にも、地位にも、権勢にも、何の反対もしません。でも、あなた方がこうした目的を最優先に働く限りは、最善の仕事は達成しえないでしょう。そうしたことは他に任せて、あなた方は常に自分の務めをするように。そうすれば、成功へのいちばん確かな道を進むでしょう[98]。

ハウは、保姆が保育に従事する際の動機と目的の重要性について語っている。その動機や目的を、高い給料や地位、権勢に置くことをハウは咎め、もしそのようなものを最優先にする学生がいたら「その人の頭をはねる」と表現して、卒業直前の学生たちに保育者としての心構えを伝えた。そして、金銭や名誉に注意を向けることなく、ただ自分に与えられた仕事を熱心に行うことを奨励したのであった。厳格さと人情を有していたハウは、人々に尊敬されつつ、親しみやすさも備えていた。また、原田は次のように言う。

ハウ女史は実に精勤な人でありまして、何時も絶えず何か研究し、何か其の教育の事に働き、何か勤めて其の勉強をして御居でにならん時はなかつた程、精勤な人でありまして、けれども、又、極めて自分の仕事はどう云ふ事であると云ふ事

を、又能く知つて居つた方である。言葉を換へて申せば、自分の専問の事には忠実な人であつて、何でもござれ何でもすると云ふ方でなかつたのである。自分のすべき事でないと云ふならば、遠慮なく之を謝わられると云ふ風である。知らぬ事は知らぬ、知つて居る事ならばする、自分のすべき事ならばするが、自分の任務でない事ならばしないと云ふ、極めて吾が専問家の勤めに忠実な人であつたのであります[99]。

ここには、ハウの研究熱心な姿勢や向学心が見て取れる。ハウは自分の専門にこだわり、そのために研究を怠らない人物であった。その他、ハウの人格を形作る要素としてこれらに付け加えるならば、開拓者精神と日本人への尊敬心であろう。原田は、ハウの人格には「ニューイングランドのビューリタンの血を引いた、其の女史及び其の先祖の賜」の影響があると述べている。ハウの両親は熱心なピューリタンであって、西部への開拓によってシカゴに移住している。ハウはそのピューリタン的信仰とともに開拓者精神を受け継ぎ、日本という土地で保姆養成という分野を開拓していったのである[100]。ハウは、来日当初、次のような手紙を書き記している。

　教育・文化・洗練が、ここ日本では失われているという疑いを念頭から永久に捨てて下さい。むしろアメリカン・ボードは、この地への志願者を最大限の配慮をもって選ばなければなりません。学問や文化を充分に修めた者が、ここで効果的な仕事をするためのあり余るほどの機会を見出すでしょうし、よくも悪くもない中途半端な者は、この充分に目覚めた人々の目をごまかすことはできないでしょう。もちろん、このことはすべては、真のキリスト者としての生活の本質的な土台の上につけ加えられるべきですが、わかっていただきたいのは、誰も彼もにこの土地でやってみようなどと、そそのかさないでほしいということです。私は真のキリスト教の精神と、魂の救済というもっとも大切な目的が、結局いちばん本質的なことだということを知っています。しかし、もしこれに他のことがつけ加えられるとしたら、それで初めて、宣教師としての仕事の準備が整うことになるでしょう。今すぐアメリカに飛んで行って（船には乗りたくないので）、ハーバードの分校（訳註：Radcliffe College）で大学院のコースを受け、他に幼児教育のコースを、音楽教育を数年間、そして心理学と英語教授法を２・３年、充分な神学の養成を受けて初めて、今この時に要求されているものと渡り合えること

160

ができるのだと思います（下線部筆者）[101]。

後発国であった日本は、急激に近代化を進めていたものの、アメリカ人から見れば未開の地であった。そのような日本に自ら志願し、赴任したハウが見たものは、主に当時のインテリ層に見られる日本人の礼儀正しさや向学心であった。そのため、日本で宣教師として教育事業に従事していくためには、博愛精神や救霊への情熱はもちろん重要であるが、それだけではなく、「充分に目覚めた」日本人に対して教えるに足る教養や学力を身に付けなくてはならないと強調している。中途半端な宣教師では日本という国には不適当であり、日本に派遣する宣教師を選ぶ際には、最大限の配慮が必要であるとボードに対して主張している。このように、ハウは単に西洋の教育を日本に移入したのではなく、日本人との関わりから、日本の風土や文化、また日本人の気質を理解した上で、それらを日本に適合的に導入しようとしたのであった。多くの婦人宣教師が数年で日本宣教を諦める中、ハウは独身のまま約40年を日本で過ごした。日本人を尊重し、長く日本において教育実践を行ったからこそ、ハウは保姆養成事業においても成功を収めることができたのであった。

2. 保姆養成重視の姿勢

それでは、ハウは保姆養成についてどのように考えていたのであろうか。ハウは、「優れた女性に保育の訓練を受ける場を提供する必要があります」と言い、保姆養成の成功が幼稚園教育の充実につながることを認識している。そして、政府関係者が幼稚園教育の本質に関わる研究をあまり行っていないことを批判的に述べつつ[102]、自身の役割については、次のように宣言している。

私の仕事は、日本での同じような仕事の手本になるべきだと思っています。そして、仕事の全分野にわたっての計画をたてることが、私に残されています。保母

伝習所における、知的かつ実用的な有効性の問題です。若い婦人たちが伝習所を卒業して外で仕事を始める時、いつまでも有能な力となってみせることでもない限り、私たちは日本とアメリカの人々の信用を失うことになるでしょう。有益で熱心な幼稚園の先生を育てる水準にまで学校を育て上げるために、どのような段階を踏めばよいのかを知ることは、私の心にとってもう一つの重い負担となります[103]。

ハウは、優秀な保姆を輩出し、保姆養成の手本となることを自らの使命としている。人々は幼稚園教育理論を知らないため「力のない教師」で満足し、しばらくして園児数が減少しても、その原因すら理解できないだろうとハウは述べている。彼女は、当時の日本において、保姆の重要性が理解されておらず、それゆえ、幼稚園教育自体が失敗する危険性を見据えていた。その危機を打開するため、高い水準の保姆養成を行うことを必須の職務とした[104]。

ハウは1898年に3年制養成の構想をミッションに告げている。報告書の中でハウは、2年間で幼稚園教育の理論と実際、心理学、幼児教育の場に応用される科学、童話の話し方、絵の描き方、音楽を修得することはできないため、「もし我々が今日の幼児教育界の発展に遅れをとることを望まないならば、ますます我々の養成校を改善進歩させねばならない。そして、そのことは2年制ではなく3年制にすることを意味する」と力説している。ハウが常に養成年限の延長を目指していたことは、学生のインタビューからも知れる。1911年には卒業生に対し、さらに1年の教育実習を受けることを提案し、実際にこれを受けた者もいたと言う[105]。

力量のある保姆を輩出するのでなければ、一各種学校である頌栄保姆伝習所の存在意義が失われてしまう状況の中、教育界のみならず、ミッション・ボードにおいても保姆養成の必要性はなかなか認められなかった。しかし、幼稚園が伝道事業と見なされるようになり、保姆養成の地位も、徐々に確立していくこととなる。

四十年以上前には幼稚園事業に就ては、稍反対者も多くあり、殊に伝道機関とし

ての価値は些かも認められて居らなかつたので御座います。日本の諸教会も同様、基督教主義幼稚園が何程其の伝道事業の援助となるかを知らなかつたのですが、今日にありては、教会関係の諸事業のうちにて最も有力の一つとするに至つたので御座います。かくの如く、幼稚園の教育価値に対する無智と、この事業に対する冷淡さが消えて、今日は何れのミッションも、欧米より保育学養成を受けた教師を送り、保姆養成所を設立して、教会も社会も其の諸種の事業に連続して幼稚園を営むやうになつたので御座います。数年以前、さる人の調査によりて（不思議にも幼稚園に関係なき人）伝道事業の統計表が出来ましたが其によると、日本に於ける基督教教育事業の殆ど半数は幼稚園であるといふことを証明して居ります。四十年以前には、日本の幼稚園保姆は其の教育程度低く、又保姆としての教養も甚だ浅く、子守と同様におもはれて居ました。従つて、高等女学校の卒業生は種々の反対も手伝って幼稚園事業に対しては軽蔑の目を向けてゐる人も少くありませんでした。何れもこの事業が有する可能的幻影を見得ないからで、又子守と美術家との相違を識別する智識に欠けて居たからで御座います（下線部筆者）[106]。

　上記の文章は1929年に執筆されたものであり、40年前というと明治中期頃である。当時は、幼稚園自体の教育的価値が認められず、保姆も子守りと見なされていた。ハウは、幼稚園教育に内在する教育的価値や宣教的価値を見出すことができず、子守りと美術的素養をもった保姆との相違を識別することさえできなかった当時の人々の保姆に対する認識の低さを指摘している。その後、伝道事業における幼稚園の成功が明らかになるにしたがって、キリスト教系幼稚園が増設された。そして、それはキリスト教教育機関の半数を占めるまでに発展した。キリスト教保育はキリスト教系諸事業のうち、最も有力なものとまで捉えられるようになり、他の宗派や伝道会社にも刺激を与え、どのミッションも保姆養成機関を続々と設立するようになっていった。

　頌栄保姆伝習所は、適当な保育者がいないことを一大欠点として、先駆的に設立されたとある。同伝習所において、保姆養成が成功したのは、「材智勝れたる女子」を対象に、「必ず普通高等女学校程度課程の上に少なくも2ヶ年間特別なる養成を要する」という条件のもと、養成がなされたためであ

るとハウは述べている。キリスト教系保姆養成機関は、法的には各種学校でありながら、女子高等教育機関に匹敵するレベルのものであり、高い水準を維持したことにより、キリスト教保育事業が進展していったのであった。また、「此等の養成所は絶えず進歩発達を計り居るが故に、今日各所の幼稚園に於て多技多才の女子が其の才能を発揮してゐる」とあるように、養成校は常に進歩し続けるべきであるとハウは考えていた。ハウは、多くの日本人が保姆の重要性を認識していない中で、保姆を専門職と見なし、女子の最高レベルの教育に位置づけていた。そして、保姆養成の水準を維持・発展させながら、頌栄保姆伝習所を運営していったのであった[107]。

3．A. L. ハウによる卒業生へのメッセージ

ハウはキリスト者保姆としての心得を、卒業する学生に対して訓話していた。本項目では、「信仰」(1916年)、「幸福なる可能事」(1917（大正6）年)、「希望」(1919（大正8）年) の各訓話を分析することで、ハウが有していた保姆像と保姆養成観について検討する。

⑴「信仰」に見る保姆像と保姆養成観

「信仰」は第19回卒業生に対するのハウの講述であり、「信仰とは何であるか」についての見解が述べられている[108]。ハウは、混乱している現代にあって、信仰を四つの形式において深く体得しなければならないと言い、1．「自己の職務に対する信仰」、2．「児童の威厳に対する信仰」、3．「見へざる世界に対する信仰」、4．「現代の諸問題中、其何れかによつて、自己の立脚地を確定するに要する信仰」を挙げている。

1．「自己の職務に対する信仰」では、家庭の完成者としての婦人像とともに、活動家としての婦人について述べ、保姆もその一種であるとしている。ハウは、卒業生に対して、自分でこの働きを選んだのであるから「自分のつとめとして与へられたことに、自分の全力を注がなければなりません」

と述べている。そして、「如何なる人であつても、人間である以上、その一生涯に於て、二つ以上の技芸に熟達精通して、その専門家になると云ふことは、さうありがちのことではありません」と、複数の専門を持つことの困難さを語っている。ハウ自身、自分の専門にこだわり、それ以外のことには深くかかわらないという姿勢を有していたが、ここでも、「唯この一事をつとむ」という聖句（ピリピ書第3章13節）を引用し、その重要性を主張している。そのためには、確固たる信念とともに、自分の全ての賜物が活かされ、様々な領域から必要な知識を得ることができることを信じる信仰を持って幼稚園教育に従事することが必要であると講じている。

2.「児童の威厳に対する信仰」では、幼稚園は大学などと同じように子どもの訓練と発達のために完全で満足な設備を有すべきであるが、物理的環境のみではなく、特に重要なのは保姆自身であると言う。そして、「就中重要なことは、幼稚園の保姆たるものは、大学の教授達が、法律とか、文学とか、科学とか、その他色々の学科に就て、それぞれ蘊蓄を有しておらる、如く、自分達の幼稚園の働きに対して、用意周到でなくてはならぬ」と記されているように、保姆は大学教授のようにその専門分野、すなわち幼稚園教育に関する「蘊蓄」を備えていなければならないとある。そのため、保姆養成機関では、宗教的信仰・音楽・技芸・自然科・心理学・児童学・教育史・教育学・幼稚園の原理及実際・衛生学・談話法などの教育内容を用意し、教室・図書室・講堂・音楽堂・運動場という物理的環境を整備し、ファカルティーにも専門家を配すべきであると論じている。また、ハウは学生に対し、「日本ばかりでなく、欧米各国に於て、児童の生涯を裨益するため、常に計画・実行せられつゝある事物に、充分の注意を払ひ、自ら学生の態度を以て、絶へず研鑽を続け、書籍・雑誌に目を通して、自分の働きに資する智識を獲ることにつとめて下さる様に」と述べている。ハウは、卒業生に、国内外の幼稚園教育に関する研究や実践の動向を常に追い、学生時代のように研究を続け、必要な知識を獲得していくよう奨励しているのである。保姆に大

学教員並みの専門的知識をハウが求めたのは、「児童の威厳と神聖とを意識して下さる様に」とあるように、子どもの教育に携わる者の使命を重く受け止めていたためであろう。

3．「見へざる世界に対する信仰」では、「目に見へざる世界の黙示なる聖書」を最重要の研究であるとし、その研究を卒業後も継続するようにと勧めている。そして神への信仰と、聖書を通して示された真理と力を持ってこそ、保姆という自らの使命を果たすことができると訴えている。

4．「現代の諸問題中、其何れかによつて、自己の立脚地を確定するに要する信仰」では、まず「有効」の項目において、有用性に傾斜しすぎることが批判されている。ハウは、『ぜ、インデペンデント』の「有効に関する質疑欄」という項目を参照し、アメリカでの有用性に関する議論を紹介している。ハウは、日本においても、保姆養成機関が増加する中で、養成校間で優秀な保姆を輩出しようとして競争が起こるのは当然のなりゆきであると述べている。しかし、ハウは、「品性は材能よりも偉大なものであると云ふことをも忘れない様に」と注意しているように、効率のよい速成養成で単に役に立つ保姆を養成するのではなく、「幼稚園学の理論」と「その実際」に加え、広く教育学全般の知識を有した人格者である保姆を養成すべきであると主張している。

また、ハウは、「内包的と外延的」という点についても意見を表している。「内包的」とは熟考、静思黙想、静止沈着を意味し、自己の中で着実に努力を積み重ねていく姿勢を指す。一方、「外延的」とは、他者にその成果を伝えることであるとされている。ハウは、「内包的」な活動として、「教務時間」においては子どもに対する務めを、「自修時間」においては自分の研究を怠らず、その他、「母の会・訪問・校務・新智識を獲るための研究・保姆会」や「日曜学校や教会の働き」などにも自分を完全に捧げ、十分に力を尽くすようにと励ましている。「外延的種類の働き」に従事する人は、それに取り組むのはよいが、「一層静粛な内包的働きを与へられて居る人々は、

自分の立脚地に立ちとどまつて、静かに自分の天職にはげむ」ことをハウは求めており、「二疋の兎を追ふ人は、遂には一疋をも獲ない」とあるように、両者を同時に行うことを厳しく非難している。ハウにとって、「内包的修養」が最重要であり、「外延的活動」は「内包的修養」の自然の結果として生じるものであった。このような見解は、「唯この一事をつとむ」というハウの方針とも連関し、地道な努力を学生に課すこととなったであろう。当時はアメリカにおいても養成理念は確立されておらず、日本においてはなおさら、保姆の役割や立場に関する問題が混乱を極めていた。そのような時世の中で、「自己の立脚地」を定め、確固不抜の精神で幼稚園教育に取り組むことが望まれたと言えよう。

(2)「幸福なる可能事」に見る保姆像と保姆養成観

　幸福なる可能事とは、「範囲の広い、到達の遠い事柄」であるが、「現代の幼稚園教師の達し得られる範囲にある可能事」すなわち、「今日の幼稚園教師の活動に由て実現し得られる事項—しかもその幸福なる事項」とされている。それは、保姆しだいで、達成するのは簡単ではないが不可能ではない最良の事柄を指しており、具体的には以下の点が列記され、それぞれについて解説がなされている[109]。

①自然界に於ける神様の御働きに対し、児童をして敬虔なる愛と讃美の念を起さしむること。
②この宇宙万物は、すべて神様のおきめになつた規則によつて支配されて居ること。
③此自然界には神様でなくてはつくる事の出来ぬ神秘と栄光と美とがあること。
④この世界の創造者たる神様に対し、天にある敬愛する父様として、神聖なる愛をさゝげ奉ること。
⑤児童に向つて、幼稚園のお話をする時に、児童が成長の暁に於て、幼少の時に幼稚園で教師から聞いた談話を活用して、意匠に富める事業をなし得る様に。また、児童が幼少の時に教えられたる材料を、成人の上、最も秩序よく善用し得る様に、最もすぐれた最も美しい教材を使用すること。

⑥この人類に与へられたる神様よりの特別な、偉大な賜物である音楽―残念ながら、この賜物は、まだ一般にはゆきわたつていませんが―この音楽に対する真の感情を、いとけなき児童の脳裏に深くしみこませておくこと。

⑦この世界の人類は、御互に兄弟姉妹であつて、お互に相救ひ相助け合ふべき責任をもつておるものであることを、おさな心にも、児童の脳裏にしみこませておくこと。

⑧児童をして、彼等の一生を通じて、善良・方正なる生涯を送らしめ得るために、彼等の幼少の時代に於て、善良なる習慣を諄々と、奨励しおくこと。

幼稚園教育において、以上のような事柄が保姆によってなされるべきであるとされているが、「これらの事柄を私共幼稚園教師は、如何にして日常の任務に実際に応用すべきでありませうか」と、その実際的課題、具体的方法について論が展開されている。「第1章 自然に対する愛」の要点は以下の通りである。

> 「不信なる・不敬虔なる天文学者は狂愚である」と云ふ言葉がありますが、不信心なる・不敬虔なる幼稚園教師も同様に狂愚であります。なぜかと申しますと、幼稚園教師が不信心・不敬虔でありますと、印象を与へるに最も都合のよい、好奇心の最も旺盛な、すべての生物に対して喜悦と興味とを持つて居る、愛と讃美の種を植込むに最も適したこの逸すべからざる好機―児童の黄金時代をむだにすごしてしまうからであります。児童を、以上申しました様に教練することは容易に仕遂げ得られることではありませんが、私共は其様な教練を理想としておらねばなりません。また、その様な教練は出来得べきこと―即ち可能のことであります。

信仰がなく、敬虔でない保姆は愚かであり、子どもが神が創造した自然を愛し、讃える機会を逃してしまうと言う。「私共は、神様から与へられたこの児童の好奇心―恰も満潮の勢で溢れて居る彼等の好奇心を活用して、宇宙に充満して居る神様の霊異と栄光とを悟る様に彼等を導くべきでありませう」とあるように、ハウにとって自然とは、神の栄光の現れであり、子どもが自然物に対する興味を最も強く有している時期に、神を悟るよう導くことが重要な保育の課題であった。この論調は「第2章 神様に対する信仰」に続

き、保姆自身が人格者であり、自らの霊魂に神を置き、神の法則に意識的に服従して生きていれば、子どもに自然を介してその創造主、支配者である神の存在に気付かせることができると述べている。

　次に、保育内容との関わりから「第3章　児童の想像力養成」と「第4章　音楽趣味の奨励」を検討してみよう。前者では、子供の想像力を養うための教材としての物語の扱いについて説明している。「幼稚園教師たるものは、それを選択し、それを話す術を熟練せねばなりません」とあるように、子どもの想像力を掻き立てる物語の選択は困難なことであるが、その選出力と話術は保姆にとって必須の技量であると述べている。そして「その百冊の中からその一冊を選択することは、熟練しておる幼稚園教師にとつては、不可能の事ではありませんが、それでも間違なくその選択をするには多くの熟練を要します」と、その能力を得るには経験を積むことが必要であると言う。まだ経験の浅い卒業生のために、ハウは「民族譚に属する話の外に、聖書と云ふ立派な本があります」として、「宗教的書物として最上最高の権威と価値」を持つ『聖書』は、文学や道徳の面から見ても「驚くべき宝庫」であるから、保姆は『聖書』から良質な物語の材料を無限に引き出すことができると、一つの解決策を提示している。

　後者の音楽について、ハウは、「音楽の鑑賞力と云ふものは神様からの賜物のうちでも、最も美しきもの」であると述べている。ハウは音楽の専門家でもあったため、特に音楽的な力量を保姆に求めたのであった。しかし、音律の感受性、音楽的表情の感覚は、天才的母親か極幼少時の教師から伝承することが多いが、日本ではこの分野が遅れており、まだ発達の初期にあると言う。そして「僅か二箇年の修業年限中に於て、幼稚園に要する音楽的技巧、多様なる音楽的感情の曲折を表白するに必要なる広汎なる音楽的訓練を与へること」は、ほとんど不可能であると述べる。ハウは、日本人保姆の中には、音楽と雑音を分別できない者がおり、唱歌も単調で趣に乏しいと嘆いている。ハウは、「若し未来の幼稚園が、この音楽の鑑賞力は、神様よりの

最も美しき賜物の一であると云ふことを認識する様になり、且つ幼稚園教師が、各自その幼稚園教師養成学校卒業後に於ても尚数年間は音楽の訓練を継続する必要を感ずる様になるならば、幼稚園教師養成学校も、その音楽的教育の設備を尚一層改善し発達せしめる必要を認める様になると信じます」と期待感を見せている。幼稚園においても、保姆養成機関においても、西洋音楽はその文化的背景がなく導入が最も難しい分野であった。音楽的な能力は長期にわたる訓練によって得られるものであるが、「数多き日本婦人の中でこの音楽的感覚を持つて居らつしやる婦人は唯一人しか私は存じません」とあるように、養成校で音楽の時間を割いてもハウが満足するレベルにまで到達する学生はほとんどいなかった。ハウは、保育内容として物語や音楽に言及していたが、それは、特に、日本では遅れている分野であると感じ、改善していこうと考えていたためであろう。

　「第5章　世界的親族関係」について見てみよう。子どもは「民族的偏見」、「国家的猜疑心」がなく、生れつき「世界同胞主義」であり、「ある程度までは、その様な根本問題を合点する天賦の理解力を以て居ます」と記されている。この概念は、後述するハウの「霊魂学教授」の中でも強調されたものの一つである。世界同胞主義の第一の出発点は知識の拡大であり、それは話を聞き、絵画や外国の物産を見ることで簡単に得られるが、それには保姆が世界同胞主義という信念を有していなければならないとある。そして「深遠なる思想」に加え、「豊富なる智識」を持ち、新聞、雑誌、新刊図書によって絶えず世界の趨勢に注意を払っている必要があるとしている。キリスト教系幼稚園は、その担い手が宣教師であったことから、常に世界の動向と軌を一にして発展していった。ハウは、保姆に世界的な視野に立つことを求めていたのである。

　「第6章　善良なる習慣の樹立」の中では、子どもの習慣形成について論じられている。保姆は子どもの「家庭に於て得た善良なる習慣」を育み、さらに新たな「善良なる習慣」を形成させることができれば、「子供達は教師

の薫陶によつて、自分達の品性を、ますます善良な方向に向上発展」させることができると言う。その習慣とは、たとえば、「自己依頼（セルフデペンデンス）」であり、その実行のためには勤勉さが必要であると言う。それには、保姆自身が勤勉で規則正しくなければならない。しかし、子どもがいくら勤勉でよい習慣を身に付けても、喜びと満足が伴う活動を子どもが行うには、美術や心理学に精通し、子どもを愛する保姆の指導が不可欠であると論じている。ハウは子どもの習慣形成だけを強調するのではなく、子どもが有する諸能力や人格の発達を支援していく必要性も見逃していなかった。ハウは、「自由即ち幼稚園児童の個人的自由と云ふ事に就て、やかましい議論」がなされ、規則や秩序が自由の束縛であると批判されたことに対し、子どもは「秩序ある空気―感化の中で枝ものばし根も生じ、花もさかす」と、秩序の中でこそ自由に活動ができると訴えている。勤勉で規則正しく、美術や心理学の素養や愛のある保姆によって、「神様の制定し給ふた自然法」に沿った秩序の中で保育がなされることで、子どもは善良な習慣を取得し、その他の諸能力や人格も発達していくとハウは説明している。

　「第7章　幼稚園に関する諸問題」では、まず設備の問題に触れている。ハウは、「世間一般は、私共の考へるほどには、児童教育を大切に思つて居ません」と言い、「幼稚園の設備の不完全とか、基本金の不充分とかも、要するに幼稚園に対する世間一般の尊重心が強くない結果に外ならぬのでありませう」と述べている。卒業生に対しては、そのような幼稚園に赴任したとしても「兎にも角にも自分の最善を尽してやつて見なければならぬ」と、不十分な設備や環境の中でも保育実践を行うよう励ましている。ハウは、物理的環境が整っているにこしたことはないが、何より保姆という人的環境が重要であると考えていた。また、任務の問題については、保姆に幼稚園に関する全ての仕事の他、母の会、日曜学校、キリスト教共励会の集会、祈禱会、各種の婦人会や同窓会のための活動を行うことを要求する人がいるが、「一人でこの多方面な活動を一手販売と云ふ風に引受けることは、倒れるまでや

第3章　頌栄保姆伝習所における保姆養成の特質　171

つても、とてもとても出来ることではありません」と述べている。当時、キリスト教系幼稚園に就職した保姆への期待は高く、伝道者としての役割も果たしていたため、多忙で体を壊す者も多かった。ハウは、すべてを一人で行うことの限界を示しつつも、加わる要求に対して、神から特別な活力・霊感を受けることで、この不可能は可能となるとしている。

　ハウは、「幸福なる可能事」の中で多くのテーマを扱っているが、そのどれもがキリスト教系幼稚園に就職する際に、卒業生たちが直面することになる課題であった。ハウは、卒業後すぐに保育実践を行うであろう学生に対して、具体的に実際の保育場面での対応策を、その問題の根源とともに教えたのであった。

⑶ 「希望」に見る保姆像と保姆養成観

　ハウは「希望」の中で、子どもの中に神聖、価値、可能性を見出すことによって希望を抱くことは、幼稚園教育に従事する勇気、確乎不抜の精神、忍耐を得ることにつながると主張している[110]。

　ここでは、ベルギーやフランスにおいて、大戦乱を契機に、児童の価値が認められ、手厚く世話されるようになったということが記されている。子供が堕落した後に、大金が支払われるのではなくそれ以前の段階で救済する必要が提示されたのである。また、「滅び行くのは、貧者の小供、棄て置かれる小供のみではありません」と言い、「富者の小供」も「邪道」に走る可能性があると指摘している。幼稚園教育の重要性に気付けば、保姆は、「人の身体を保護する医師」や「人の争論を調停する法律家」と、少なくとも同じ程度の教育を受けるべきであるという要求がなされ、「明るい日光、清い空気、広い土地、美しい建物」という設備面や、「十分な俸給、十分な旅行、研究、管理、出版に必要な資金」を受ける必要も訴えられるようになるであろうと述べている。子どものうちにある可能性に目を留めることができるなら、保姆自身が保育を重要な職務として確信することができるようになり、

利己的な欲望や卑しい功名心から清められ、ただ子どもの可能性を実現するために尽力するようになると言う。そして、保姆は、「児童の神聖てふ幻象を日本に持来す媒介者」となると述べている。

しかし、そのためには、「先づ我等の霊魂の中に神の恩寵がなくして、神の御祐導がなくして、どうして此の小供達の霊魂に近づくことが出来ませうか」とあるように、子どもを導く保姆が、まず神によって整えられなければならないとある。ハウは、卒業生に対して、子どもの中に希望を見出し、その職務を神の助けを借りて全身全霊をもって行うことを決意し、勇気と確信と忍耐を持ってこの一事に取り組むことを奨めている。

以上、ハウの保姆像と保姆養成観について考察してきた。当時の日本において、保姆が単なる子守りと見なされていたことを、ハウは批判的に捉えていた。そのような状況の中、ハウは、保姆が大学教授、医者、弁護士のような専門職と同等程度の養成を受け、それにふさわしい地位や待遇が与えられることを求めていた。そして、自らは保姆養成のモデルを提示することを使命とし、保姆養成に必要な教育環境を整備していった。ハウが行った保姆養成は、第一に、幅広い教養の上で、フレーベル主義幼稚園教育の理論と技術を獲得させることにあった。しかし、それだけではなく、ハウは、学生が保姆としての自覚と確信を持つことを重視し、特に、神への信仰心を核に、幼稚園教育に対する「唯この一事をつとむ」という精神を伝授したのであった。また、研究の継続を奨励し、保姆が卒業後も成長し続け、保育実践を行っていくことができるよう言葉をかけていた。その研究は、日本国内だけではなく、世界的な視点に立って行われるべきであり、世界の保姆の水準に遅れをとらないよう意識したものであった。以上のような卒業生への訓話からは、効率のよい速成養成において単に役に立つ保姆を養成するのではなく、「幼稚園学の理論」と「その実際」に加え、広く教育学全般の知識を有した人格者である保姆を養成し、送り出そうとするハウの熱意が感じられる。

第 3 章 頌栄保姆伝習所における保姆養成の特質　173

第 4 節　卒業研究に見る保姆養成の成果

　本節では、頌栄保姆伝習所の学生が執筆した卒業論文の分析を通して、その研究の内容と学生が獲得した能力を明らかにする。特に、彼女たちのフレーベル理解がどのようなものであったか、また、学生の研究の水準はどの程度であったかについて考察したい。

1．卒業生の輩出状況

⑴卒業生の人格的特徴
　頌栄保姆伝習所卒業生は、前項で述べたようなハウの人格や保姆像、保姆養成観の影響を受けていた。第16回卒業生の南石千代は、「自然物を通して子供の精神を清く正しき物に導き、やがて神の子としての自覚を悟らしめる誘導の大使命」という目標を自己のものとして現場で実践し、幼稚園のみならず家庭や社会にまでも影響を与えようと努めていた[111]。また、第17回卒業生の藤堂ゆう子は、「創立四十年を祝して」というタイトルで以下のように述懐している。

　　一学期は、「なぜこゝへ入学したか」と、迷ふた程まだまだ幼稚教育に対しての興味も趣味も理想も出来なかつた（中略…筆者注）一学期過ぎた私共は如何なる事が起ろうとも、此の事業のためには、理解し勉強し、さらに努力せねばならないと固い々ゝ決心を致しました様な事でございました。これこそ先生方の真摯なる御指導に外ならないのでございます。以後二年間の生活は、全く平凡に過した女学校時代と異なり、寧ろ希望に満ちて、新らしい芽を培ひ面白く自分のものとして学ぶ事が出来ました。やがて、恩師の許をはなれた私共は、或は幼稚園に、又は家庭にそれぞれの道は異なりましたが、二年間教はり育くまれました其誠の教育は、やがて自分等の人格にも現はれて「頌栄伝習所を出られたのですか、何だか異つていられると思つた」と人から敬されますのも、皆頌栄特有の敬虔な教育によるのであつて、とりもなほさず献身的の御訓育の賜と思つて居ります。園

児の教育にたづさわつて居る人も、家庭の人となつた者も、少し堅くるしい所は有りますが、間違つた考へや不誠実の無い所は皆の人に認められて居ります。従つて、皆明るい生活を営んで居りますが、とりわけ、和久山先生を母として寄宿舎で送つた私共は、朝な夕な整理と清潔を心しましたので、家をきれいに、物事をきまりよく整理せねば気がすまないと云ふ様な性質になつて居る事も、外に見られぬ特徴であろうと思ひます[112]。

　藤堂は、入学当初は、なぜ頌栄保姆伝習所に入学したのかと思うこともあり、興味や理想もまだなかったと言うが、1学期が終わる頃には、何があっても幼児教育のために努力しようと、その意識が変化している。それは、教師の真摯な指導のために得られた変化であると自身で語っている。同伝習所での2年間は、それ以前の女学校時代の経験とは異なり、希望に満ち、関心をもって学びに取り組んだと述べている。そして、授業や全生活を通した寄宿舎制の教育により、人格までも育まれたと振り返っている。

　このように、学生は、在学中にハウや和久山などから人格的な感化を受けていた。卒業生は幼稚園の現場に出てからも、頌栄保姆伝習所で養われた特有の性質である使命感、献身性、敬虔さ、誠実さなどの人格的特徴を持って幼稚園教育に従事していたため、その評判は広がっていたのであった。

(2)卒業者数とその動向

　表4は、頌栄保姆伝習所卒業生の一覧である。これによると、1929年の第32回生までで、計269名の卒業生が輩出されていることが確認される。第1回生は10名であったが、それ以降は、一桁の卒業生が出ており、少人数制教育であった。年によってばらつきはあるものの、傾向としては、1917年頃から、二桁の卒業生を送り出すようになっている。1901（明治34）年以降、9月入学が4月入学に移行し、その前後は変則的な入学体制がとられていたようである。

第3章　頌栄保姆伝習所における保姆養成の特質　175

表4　卒業生一覧

回生	入学年月	卒業年月	卒業者数	卒業者名（旧姓）
1	1889年10月	1891年7月	10	小幡（安田）つや、和久山きそ、河村（梅本）えん、松浦（黒田）品、杉浦信、古川（見市）多都、那波（品川）笑、榎本（佐野）ひろ、堀（藤田）よし、太田（山崎）すて
2	1891年9月	1893年7月	7	伊藤（岸本）房子、松浦里子、多田園子、八木小春、山本（川崎）佐野子、柴田瀧子、清水美代子
3	1893年9月	1895年7月	5	砥由（村部）芳子、高橋（青木）奈良志、坂井（日匹）米子、杉山（広瀬）恒子、重松実枝
4	1897年9月	1899年7月	4	太田（村上）園子、荻田（大和田）文、太田（桑原）潔子、栗川ゆき
5	1899年9月	1901年6月	6	奏（田中）かつら、松村（桂）乙和、木材（竹内）てる、森（寺阪）田鶴、森田（瀧本）なを、須藤（京田）節
6	1901年4月	1903年3月	1	山本（小山）常
7	1902年4月	1904年7月	6	石井（工藤）りゑ、山口（津村）梅、浜田（寺阪）鶴代、阪本（佐渡）あやせ、牛山（尾野）はま、三宅夏
8	1903年1月	1905年3月	2	坂本（永井）愛、日比野（青山）春
9	1904年4月	1906年3月	5	服部（吉野）鹿野、梅崎（河瀬）梅、中尾（本多）房、増田（黒住）末野、村上静
10	1905年4月	1907年3月	4	杉（嘉納）光子、高畑（福本）初枝、水野（西森）夕児、河内（弘岡）高枝
11	1906年4月	1908年3月	6	小林（渡邊）道代、鶴原綾、真下（町田）しん、中野（五島）巻、岡本（石井）寿野、正岡辰雌
12	1907年4月	1909年3月	5	安芸（奥江）春子、伊東（加藤）藤子、大庭（高田）政、竹内八千代、児玉（黒住）古瓕
13	1908年4月	1910年3月	6	中村（片山）郁、森田（余川）トヨ、大山（内藤）トク、赤石（山本）ヤス、松原（沢）千賀、荒川（喜多川）カツヨ
14	1909年4月	1911年3月	5	奥村（服部）鶴子、青木（高村）タヅ、谷村（新木）愛、平川つや、安井（鶴見）静
15	1910年4月	1912年3月	10	福島（市川）春、伊勢（井上）小夏、水越（大宮）静子、武藤磯野、佐藤（山本）政、寺田フジノ、茂木（和田）雪枝、福井（芦田）末、山本（中山）利枝、内ヶ崎よしの
16	1911年4月	1913年3月	4	中瀬（伊集院）富子、植原（竹内）菊栄、関田（福島）静枝、南石（佐々木）千代子

17	1912年4月	1914年3月	9	阪田（原）ゆき、村上（横川）喜久枝、湊川（村田）和枝、井藤増美、黒田さち、児玉まん、小菜谷（沢）和枝、藤堂（笹井）勇、堀江（三木）佐和
18	1913年4月	1915年3月	3	松平（高見）光、菅沼（阿閉）恭、野村（酒井）福
19	1914年4月	1916年3月	4	石田静枝、平松（片山）多恵、茂村（加藤）よしの、加藤（町田）栄子
20	1915年4月	1917年3月	17	枝本千代子、丹治（山崎）さよ子、守田川初子、関（手塚）つね子、松田（山本）より、福田（横田）静、竹森（今村）友、高見沢（樽橋）よしの、大塚和歌、長田（伊藤）とみ、三好（和地）つげ、西村（浜田）米、杉田（宮森）利子、黒田隆子、薬師寺茂子、藤田（星野）しま、川島千代
21	1916年4月	1918年3月	12	吉田（安部）清香、鷹羽（大橋）文子、河野（猪尾）茂子、橋爪（小田原）富子、高仲（和田）良子、工藤（長谷川）淑子、内藤（沢村）優子、本村なつ、兼松むめ、伊達喜野恵、高津久、折島（寺岡）鹿代
22	1917年4月	1919年3月	14	衣川子枝、倉重（梶原）信子、金子（橋本）りえ、大島友子、越智（篠原）きぬえ、大中（姫野）文子、森こはぎ、棗田（村田）清子、辻居（倉地）道子、菅野よしえ、山下芳子、浪打（兼松）ふく、坂本（宮脇）りよう、伊藤（佐藤）みさほ
23	1918年4月	1920年3月	10	山崎繁、西村（並河）千世、猪尾節、好川（高山）千代、島田（樋口）かほる、加野すて、笠原（斉藤）静、福田（白杵）みはさ、大畑友、岡本ゆき
24	1919年4月	1921年3月	12	加藤（岡野）久、岩重（近藤）多恵、浪川（加藤）ふじ、影山近子、横川（林）富士栄、木村（千葉）ゆき、米本（諏訪）富、許菱（梶原）その、林（兵頭）八重、堀（加藤）満、広瀬（福沢）泰、坂本（園田）輝
25	1920年4月	1922年3月	9	檜山（倉林）ふみ、藤居民、森正、丹羽（村田）春、柏木（半田）清、高橋（谷川）貞、新谷（阪井）さと、長沢（高橋）いそ、金子（星野）かをる
26	1921年4月	1923年3月	11	高久キク、浅井（岩田）マス、河田文子、神田（星野）きく、高橋光、松本三重、山中（金須）千代寿、長谷川（飯島）美代、品川つね、荒井とめ、信太コー
27	1922年4月	1924年3月	14	藤井（掃部）わさ、野原（松永）同心子、太田みつ、新国てる、若狭（山本）智恵、保坂（高索）とし、市谷寿美子、仁児美子、堀井利恵、川井明、森田静枝、小田（西井）まさ、増田信子、平野オキナ
28	1923年4月	1925年3月	13	飯島喜久恵、渡辺滋、川沢春江、加野静枝、武川（竹田）知恵、谷津ヒデ、関口（小出）照江、酒井文好、金義順、白石よしの、清水祐子、中海（敬愛）秀、木下（川邊）とら

29	1924年4月	1926年3月	16	山中（細井）きみ、宮岡美恵、佐々木恵子、黄祐実、市谷みどり、矢野（金子）美和、砂田（竹本）織子、伏見萱、康富田、小松経子、近藤ヤス、李（崔）敬姫、沢孝子、北村秀子、木村あき、島田（富岡）米
30	1925年4月	1927年3月	14	伊庭寿子、早水栄子、岡本寿子、網島清、佐伯キヨ、吉田柳子、吉沢キヨ、根岸智芽子、大寺（平沢）静子、崔貞玉、金嘉梅、廣津浅子、徳山益子、北島（室橋）安枝
31	1926年4月	1928年3月	15	□徳純、鎌田菱子、神戸章子、佃千代子、黒岩みよ、黒井満子、瀧田ゆきえ、田口つるえ、丹野敏子、松下敏、小池れい、小島小夜子、青木悦、崔信道、篠内静香
32	1927年4月	1929年3月	10	李英哲、加藤徳子、川村かつ江、喜多（村井）輝子、村松勝世、倉橋敏子、坂本幸子、柴田とき、車賓玉、毛利やゑ

注）22回生までは『三十年間小略史』（頌栄幼稚園、保姆伝習所、1920年）を、その後の卒業生は『頌栄─頌栄幼稚園創立四十年紀念─』（1929年）を参照してまとめた。22回生が15名とあるが、14名しか確認できないため、ここでは14名とした。名前の表記が統一されていないため、照らし合わせた上で、現姓（旧姓）として表記した。また、名前は判明した場合は漢字で記した。なお、ハウが1895年11月に休暇で帰米した2年間は、伝習生の募集は停止された。

　1900年の記録では、頌栄保姆伝習所卒業生によって創設された幼稚園には明石幼稚園、京都愛隣幼稚園、同出町幼稚園、前橋幼稚園、根室幼稚園、柳川幼稚園があり、これらの6園には継続的に卒業生が送られていた[113]。また、その他、神奈川、広島、高知などの既設の幼稚園にも卒業生が就職している。ハウは、1901年に執筆した手紙の中で、26名中18名の卒業生がキリスト教関係の仕事に携わっていると述べている。その他、牧師やキリスト者の妻となった学生や亡くなった卒業生もいた。

　記録の残っている限りではあるが、卒業生の動向を具体的に見ていこう。1904（明治37）年に卒業した第7回生は、津村梅子が金沢幼稚園、工藤りゑが上田梅花幼稚園、寺阪鶴代が京都今出川幼稚園、尾崎はまが前橋清心幼稚園、佐渡あやせが神戸在住西洋人の幼稚園、三宅夏が頌栄幼稚園に就職している。また、1906年卒業の第9回生は、吉野鹿野が東京救世軍の幼稚園、河瀬梅が佐賀幼稚園、本多房が頌栄幼稚園、村上静が中津幼稚園、黒住末野が岡山花畑幼稚園に、1907年卒業の第10回生は、西森夕児が鳥取幼稚園、福本初枝が前橋幼稚園、弘岡高枝が静岡英和女学校幼稚園に派遣された。また、

この頃、満州の大連と台湾から保姆派遣の要請があったが、台湾のみに卒業生が1人送り出されている。1908年卒業の第11回生は、正岡辰雌が弘前若葉幼稚園、石井寿野が善隣幼稚園に、1909年卒業の第12回生は、加藤藤子が葺合村善隣幼稚園、竹内八千代が上州清心幼稚園、高田政が金沢英和幼稚園、奥江春子がアメリカのアラメダ幼稚園、黒住古痲が宮崎共愛幼稚園に就職している。このように、頌栄保姆伝習所は、組合派ミッションが設立した幼稚園を中心に、日本全国および台湾やアメリカの幼稚園に人材を輩出したのであった。

　1929年の時点では、約270名の卒業生中、81名が幼稚園教育に従事し、特に、58のキリスト教系幼稚園では卒業生が責任者となっていた。これらの卒業生が赴任した地域は、日本をはじめ、台湾、大連、朝鮮にまで至り、約80地域に亘ると言う。このように、多くの卒業生を各地に派遣した頌栄保姆伝習所であるが、1926年頃からその入学者の傾向に変化が見られ、頌栄幼稚園の卒園生や官公立の学校から入学する者、キリスト者ではない者も入学するようになった。頌栄幼稚園卒園生が入学したことは、継続的な幼稚園および伝習所の運営によって実現したことであったが、その他、広く一般から入学生を受け入れるようになっていったことを示している。

2. 幼児教育研究活動の実態

　卒業論文は第1回卒業生から課されていたが、筆者の把握している限り、冊子にされ現存しているものに、『頌栄幼稚園雑誌』（第1号、1908年）、「兵庫県無試験検定披露並第十二回卒業式挙序順行」（1909年）、「日本ニ於ケル幼稚園一覧」（1910（明治43）年）、「日本ニ於ケル児童労働ノ概況」（1910年）、「京阪神幼稚園遊嬉」（1912（明治45）年）がある[114]。

　『頌栄幼稚園雑誌』には、ハウによる「霊魂学教授」と学生による卒業論文が掲載されている。1908年の卒業生は6名であるが、そのうち、正岡辰雌、鶴原綾、石井寿野、五島巻の卒業論文が冊子に載せられている。これら

の卒業論文は、ハウによる「霊魂学教授」の主題の一面を補足するものとして位置づけられていた。本項目では、まず、「霊魂学教授」の内容を検討し、ハウがどのような教育論を有していたかを考察する。そして、それに対応する形で執筆された学生の論文についても分析し、同伝習所における養成の成果の一端を明らかにしたい。

(1) 「霊魂学教授」に見られる A. L. ハウの教育論

　ハウの保育観、保姆像、保姆養成観すべての基礎となる「統一」を強調した「霊魂学教授」はどのような経緯で考案されたのであろうか

　　その行事のために、私は何か新しいことをやってみるつもりです。通常の慣例のように、外部から講演者を招くのではなく、この学校自身から外部へメッセージを送ろうと、私がやってみるつもりです。プラトンの時代から、教育の分野での天才たちが皆主張してきたけれど、世界が実行するのをよしとしてこなかった目標、つまり知性の教育を伴った魂の教育というものを、集まった人々に示すことが私の希望です。4 人の生徒たちが、この主題のある一面について 7 分間の論文を読み上げます。そして私は、15分間の論文を必ず仕上げようと思っています。その主題は「魂の教師」。数学や科学や体育や、あるいはその他いかなる勉強の科目の教師とも、まったく同じように必要があるのです[115]。

従来は外部に依頼していた講演を、1908年の第11回卒業式では、ハウ自身が「魂の教師」というテーマで行い、未だ認知されていない魂の教育を頌栄保姆伝習所から外部へと発信しようと試みている。

　ハウは、「魂の教師」を各教科専門の教師と同列に並ぶものと考えていた。「霊魂学、それは学校の教ゆべき分では無い、それは説教家、日曜学校の先生や親々の為すべき分であつて、若し霊魂学が大切だと云ふなら、之れを教ゆるは是等の人々の仕事であると申しませふ」[116]という人がいるが、「若し学校にて霊魂を重んずる事恰かも身体或は精神を重んずるが如くするの日至らば、其時こそ学者等は真に事物を洞察するの明を得…中略…然らば即ち霊魂の教授の大切なる知る可きのみ」とされている。ハウは、霊魂の教

育が重要であるとしても、それは学校ではなく日曜学校の教師や親の役割であるという批判を想定し、それに対して、学校で霊魂を身体、精神と同じように重視するなら、「真に事物を洞察」することができるようになると主張している。「霊魂学教授と称せしは全くの仮の名目で、諸学校の教師等が、学生の洞察力の発達に注意する事恰かも其学識の発達を見るが如き」とあることからも、霊魂の教育の中心は洞察力の発達にあると考えられる。

　また、ハウは、「勿論私しが霊魂修養の必要を説く時に、神の道を実際に応用したる、キリスト教倫理が人類の為めに為し居る処を無視するに非ず、併し、倫理は之れ、只霊魂修養の一部であつて決して其全部の発達を促し得る者ではありません」と言い、キリスト教倫理は確かに霊魂の修養を行ってきたが、それは一部にすぎないと説明している。そして「教育諸大家の要求する処は…中略…自然と人間界とを相連ねて神に属する事を知らしめ、尚ほ進んで人類は到る所相互に同胞であると謂ふ事を悟らしめん」と述べているように、人間と自然は共に神に連なるものであり、人類はみな同胞であると見なしている。「真に事物を洞察」するというのは、すべての事物を「統一」によって理解することであるとハウは考えていた。

> 今日以前に、既に学識の必要は認められてをりました、身体発達の大切なる事も又然り、詩歌、文学、美術中に包まれたる美は、現代以前に絶頂に達し、道徳の大切なる事も、又神を信ずる強き信仰の奇蹟を為せし事も、皆今日以前に行はれた事であります。只一つ昔しに於て不完全なる処は、之れ等の理想が個々別々に存立して、一つの系統となつて青年教育の材料とならざりし事であります。世は神の結び給ひたる者を分たんと試たのであります。そうして徐々とのみ世界は、智識と肉体の発達と美と道徳と、信仰とを一の系統に結ばんとして居ります。

これまでも学識、身体発達、美（詩歌、文学、美術）、道徳、信仰は重視されてきた。しかし、これらの理想が別々に存在し、相互に連関してこなかったことは不完全な点であり、徐々に世界も注目し始めた万象の統一という概念が必要であると言う。ハウは、「児童霊魂の覚醒、指導、保育は只に数学や

歴史の事実を教ゆるよりも大切なる事柄であるとの事は私一個の意見ではありませぬ」と、それを自分の独創ではないことを断り、「ソロモン以来詩人、哲学者、教育大家等」がすでにその重要性を指摘していると述べている。ハウは、霊魂学教授の視点はこれまでにも存在していたが、実際の家庭教育、学校教育の場でそれが明確に意識されてこなかったと指摘している。そのため、ハウは、「統一」を欠いた教育を完全にするための方途として、フレーベルの教育思想とその方法を提示している。

> フレデリヒ、フロエベルは、過去の妙想を悉く網羅し、之を哲人の理想、学理に止めずして最早組織せる教育系統となりて存せりと、フロエベルの教育の中心点は、実に之の霊魂教育に存します。其恩物、遊戯は末葉のみ、其目的は児童の霊魂に想像、賞嘆、希望、愛情、信仰、統一との念を覚醒せしめん為めにありしなり。故に、フロエベルは、組織的に叙上の諸性を小児の初期より発達せしめんと試みたのであります…中略…学識の上達のみ決して成効なる生涯を為す者で非ざる事、偉大なる才識は円満なる感情と相待つて始めて理想の人物を作る事を認めたのであります。故に、フロエベル氏の教育方法の充分に実行せらるゝ時至らば、児童等はよく事物に注意し、想像し、希望に充ち、高尚なる事物を羨望し、互に愛し、神を信じ、又万物の間に統一の思想を認るに至るでせう。以上の如く、霊魂教育は重大なる者なれば、将来に於ては、哲学博士とか神学博士とか、又は其他の学位と相並んで霊魂学士と日ふ可き学位が作らるゝに至るやも知れません。此等の人々の務る所は、児童の好奇心を殺さゞる事、想像力を熾んならしむる事、希望の力は恐怖心よりも強大なる事、羨望の心は肉体の満足に優る事、愛は尚ほ嫌悪心を征服し得る事、信仰は不死の事物を認め得る事等を知らしむるにあります。如此くして、好奇心を科学とし、想像を発見とし、希望を成効とし、愛を恵とし、信仰は奇蹟を行ひ、而かも其の全般を通じて之れを統一する洞察力の発揮に至るであります。フロエベルは、我等に教へて如此き訓練は之れを児童が母の腕に抱かれ居る間より始めよと申して居ります。而かも、教育を早く始めよとは決してフロエベルの創見ではありません。フロエベルは、只他人の知恵を十分に理解して之れを実行した思慮深き人であります。…中略…「神の真理は小児の霊魂中に眠り、夢み、動く」と申して居ります（下線部筆者）。

先人の教育思想家たちの理想、すなわち、学識のみではなく感情の発達が伴

ってこそ理想的人間が形成されるという思想を受け、感情の発達を目的に置いたフレーベルを、その理想を理想に留めずに実行した人物であるとハウは評価している。フレーベルは「知識を教訓するに先つて情緒を教訓せよ」といい、ソロモン、プラトン、使徒ヨハネもこの点に言及していると言う。また、ワシントン府教育局長であるハリスが「感情の発達の如何は人生を成効又は失敗に至らしむる者である故に教育の第一要義は高尚なる感情の訓練せらるゝ様務むるにあり」と主張し、デューイが「感情と情緒とは人生の最も神聖なる者なれば教育者は之を重んじ、只間接にのみ之を感化する様力むべし」と述べている箇所を引用しながら論を進めている。

フレーベルはこの理想の教育のために恩物や遊戯を用いることを提唱したが、その目的は子どもの霊魂において想像、賞嘆、希望、愛情、信仰が覚醒され、「統一」を有するようになることであると論述されている。フレーベルの教育方法を持って教育に従事するならこれらのことが可能となるが、その際、子どもの好奇心を殺さず、想像力を掻き立て、恐怖心より希望、肉体の満足より羨望が優ること、愛は嫌悪に勝ち、信仰により永遠を知るという認識を生じさせることが重要であると述べる。そして、それら全てを統一する洞察力が発揮されることが目指されている。

さらに、フレーベルは、真理は子どもの霊魂の中にあるため、霊魂の教育はその初期から開始すべきであるとし、第一に母親がそれを担うべきであるが、「如此きは之れ普通の母親に殆んど人間以上の洞察力と知恵とを要むる」ため、普通の母親ではここまでに述べてきたような教育を行うのは不可能であるとされている。そこで、母親に対しては、「霊魂の保護者」という任務を神から与えられたことを自覚し、フレーベルの『母の歌と愛撫の歌』を用いることで、霊魂の教育の担い手となるよう求めている。しかし、「母親は万事をなし能はざれば、神はフロエベルの幼稚園を作れり」と、全てが母親によってそれが完全に行われることは困難であるため、フレーベルの幼稚園が設立されたと結論づけている。幼稚園は、「幼児の霊魂の各方面に訓練を

与ふる修養所」であり、フレーベルの方法以外に子どもの霊魂を完全に訓練する道はなく、それは幼児期から開始しなければ機を逸してしまうとされている。

　以上のように、ハウによる「霊魂学教授」とは、好奇心、想像力、希望、愛、信仰、洞察などの全ての要素が統合する形で子どもが成長することを目指すものであった。それは決して知識だけでなく、また感情や信仰だけではなく、そのすべてが一体となることを示している。そして、その全てを総括する部分を霊魂と呼び、これは人間の初期の段階から訓練される必要があり、それを成し遂げるにはフレーベルの教育方法が最善であると主張されている。キリストは「統一」を「霊魂の最上生活」と言い、天来の思想家は「教育の極致」と表現したとハウは述べている。「統一」を育むことのできる教師、すなわちフレーベルの教育方法を活用できる教師が、理想の教師であるとハウは考えていたのであった。

(2) 学生によるフレーベル理解

　学生の執筆した卒業論文には、フレーベル研究の成果が表れており、特に、フレーベルの二大主著である『人間の教育』と『母の歌と愛撫の歌』（本文中には『母の書』また『マザープレイ』と明記されている）からの引用が多数見受けられる。ここでは、『頌栄幼稚園雑誌』に掲載された論文を分析し、上述したハウの研究課題との関係に留意しつつ、学生たちがどのようにフレーベルの教育論を理解していたのかについて考察していこう。

　正岡辰雌は、「家庭と宗教」において[117]、「完全なる教育」のためには、家庭やそれを担う女子の教育に信仰を加える必要があるということを多くの教育家が指摘しているが、「家庭と最も近き関係のあるフレーベル氏は此事につきていかなる意見を以つて居られしか」と問題提起をし、フレーベルの家庭教育に対する見解を検討している。

　フレーベルの理想とした母親像として、学識と徳が優れている母が挙げら

れている。そして、「フ氏の教育学の全部の真の出発点」は「母のちごを称めて見たる時の覚信」と「其実現」にあると言う。すなわち、子どもを神からの贈り物として、その教育を引き受けることと、祈りや悟しによるその教育の実現こそが理想的な家庭教育であり、これこそが教育の出発点であるという認識である。正岡は、「フ氏同じ母の書中、理想的家庭を示して居ります」と述べ、理想的家庭は母が信仰心を持って教育にあたることによりなり、それを『母の歌と愛撫の歌』にある幼児と母、また両親の関係から考察している。正岡は『母の歌と愛撫の歌』を引用し、フレーベルについて触れながら幼児教育と家庭教育との関係を論じている。

　鶴原綾は「教育と宗教」において[118]、宗教教育を重視した教育家としてコメニウス、ルソー、ペスタロッチなどを挙げて教育史を概観した上で、フレーベルについて言及している。鶴原は、フレーベルを「大にペスタロッヂの感化を受け、教育の基礎を宗教に置きました」と紹介し、フレーベルの宗教教育に対する考えをまとめている。

> 人間の神聖なる本体は、教育により開発訓育せられ、完全に自己意識を発揮するに至らしめねばなりません。而して、人間は随意的に、自己の内に持つて居る、神聖なる主義に服従し、遂には、此原理を自由に、己が生涯の上に再現する迄に、高められねばなりません。又、教育は人をして、神と天然と人間に合致する様に教へ導くべきものであります。蓋し、神は万物の内に現はれて居りますが、殊に、人間の内には特別に現はれて居りますから、人は此三者に関する智識を充分習得して、是を自己の人格に、同化せしむべし。

鶴原は、「換言すれば教育は、教授及び訓練の手段を以て、人をして人間と天然とは神より出で、神に依りて支配せられて居ると云ふことを意識せしめ、此意識に基づいて、神と天然に調和したる、純潔なる生涯を送るに至らしむるを以て目的とするのであります」と説明している。彼女は、このように、フレーベルの主著である『人間の教育』から、教育の目的を的確につかみ、それを教育と宗教との関連に着目して論じている。鶴原は、フレーベル

の教育目的を基本にしつつ、知・徳・体の三育のみでは十分ではなく、これに必ず宗教教育を加えなければならないと述べ、自らの意見を次のように発展させている。

如何にしても人は、身体と心意との上に教育を施した丈では、完全となつたと申す訳には参りません、尚其上、内部に潜んで居る心霊、即ち人性の最も高貴なる部分を引出して、是を養成し、遂に向上の一路をたどりて、神と合体するに到つてこそ、初めて人生終局の目的に達し、人間最高の理想を実現することになるのであります。故に、完全なる教育は、宗教を包含せるもの、又真正の宗教は、広義の教育であると申して差支へはなからうと思ひます。

鶴原は、「人間最高の理想」を実現するための「人生終局の目的」を「神と合体する」ことであると主張している。彼女は、宗教を教育の基礎とし、教育の中に宗教を加えることにより「理想的人間」が形成されるとし、人間形成における宗教教育の重要性を指摘している。

　石井寿野は、『人間の教育』の中で示されているような職業観に立ち「職業と宗教」という題目で、卒業論文を執筆し、次のように記している[119]。

神は万物の内に居給ふて、変らざる法則を示して居られます。其れに従つて歩むのが人間の本分であります、此の本分を具体的につくさんとするには、人々其の与へられたる職分の上に於て、是れを実現せねばなりませぬ。故に、職業を採る人は、是れを神より与へられたる、天職と自覚しなければなりませぬ。

彼女は、「職業の内に宗教を入れる事、即ち職業を採る人の霊の教育を充分になす事は、社会改良の最も根本的の法で、又急務と云はなければなりませぬ」と言い、社会改良の手段として、最も根本的かつ早急なものとして、職業に従事している者に対する宗教教育の必要を強調している。この点について、石井は次のように論を進めている。

幼稚教育者フレーベル氏が申されますに、教育とは自己意識ある人間を導びきて、神が人間の心に給ひたる良心の法則を悟とり、自ら是れを実行に顕はさしむる事で、是れに達する道、及び其の方法は、即ち、教育であると申されました

が、特に氏に依つて認められます事は、職業に於ける宗教の価値で、人間教育
中、創作の事を云つて居りますのに、人は神の様に造られたるが為に、又、神に
似たる働をせねばならぬと申て居られます。

石井は『人間の教育』を通して、神の似姿としての人間は、神が創造主であ
るように自らも創作活動を行うべきであり、それは職業を通して可能になる
と理解していた。また、石井は、「幼稚園系統中に於て、小供の職業と称す
べき恩物と手芸を利用して、手指五官の発達と、内部の思考力、忍耐、克己
を養はんとつとめて居ります」とあるように、フレーベルの恩物作業活動や
『母の歌と愛撫の歌』に見られる遊びにおける「労作の価値」に注目し、職
業と宗教を通した教育が幼児期からなされる必要性を述べている。

五島巻は、「標号の価値」という論文を著している[120]。彼女の言う「標
号」とは、目に見えないものを暗に示すしるし（実物）と解釈できるが、そ
れは、美術、音楽、文学、宗教などの「凡ての方面に価値ある」ものとされ
ている。そして、特に、教育の分野において、それは重要な位置を占めてい
るとして、フレーベルの考えを以下のように記している。

> 氏（フレーベル氏…筆者注）は、歴史と伝説によりて小児発達の順序が太古より
> 人類進化の跡を相並して居るものであることを発見して申されますには、野蛮人
> は文明人よりも多く見る可き記号を要し、凡て具体的の物にあらざれば満足せざ
> る如く、小児もやはり形あるものを通じて真理を覚るのであります、然して、小
> 児の生涯は大人より多く自然界に親しむもので、彼等は常に優しき自然てふ老乳
> 母に撫育せらるゝのであります。そこで氏は之等の点よりして、小児に近接せる
> 自然界の標号の価値を認め、之を以て小児の自己の内なる心霊の美花を開かしめ
> んと努められたのであります。

フレーベルは、幼児には実物を持って教育にあたるべきことと、幼児期に自
然に親しむことから、「自然界の標号」に特に価値を見出していたと五島は
考察している。続いて五島は幼稚園における標号について論述している。

> （フレーベルは…筆者注）幼稚園に多くの標号的事物を用ゐられました。即、第

一恩物は統一完全の標号となり、第二恩物に於て球は動物を表はし、円柱体は植
物の標号となり、方体は鉱物の標号として用ゐられますが、此単純なる三つの物
体はよく此宇宙を形作つて居る三大部分、即、動物界、植物界、鉱物界の存在と
其性質について智識をひらく鍵となり、終には此等を統一支配し給ふ生ける大精
神を知るに至らしむるのであります。

幼稚園では恩物が標号として用いられ、球である第一恩物は統一の法則を予
感させるもの、第二恩物の球は動物、円柱体は植物、立方体は鉱物を示し、
それらの三大要素によって宇宙が形成されていることを子どもに暗示するも
のであると説明されている。そして、それは最終的に、「統一支配し給ふ生
ける大精神」、すなわち全宇宙を創造し、統治している神の存在を知ること
につながると言う。五島は、他にも、唱歌、談話、遊戯が全て「標号的性
質」を有していると論じている。例えば、唱歌においては、指遊びの歌、鳥
の歌、光の歌、花の歌などが標号として用いられ、遊戯では「農夫、炭焼、
大工、鍛冶工等の遊びを実際に摸擬して之を行ふことにより、小供等の職業
の神聖と其価値を知る」としている。また、談話においては、桃太郎や花咲
爺などの話から、真理が子どもの心に刻まれるとしている。五島は以下のよ
うに結論づけている。

> 此様にフレーベル氏は幼稚園保育の凡ての方面に此価値多き標号を応用せられま
> したが、氏は尚、後世の母の為又保姆の為めに標的遊戯を集めたマザブレー其
> 他、人間教育、レミニセンス等の有益なる書物を残されて居ります。されば私共
> は是等の書を益々深く研究して氏の志をつぎ、此有益なる標号を適切に用ゐて稚
> なき小児の霊を開き以て幼稚園保姆たるの使命を完うしたいと思ひます。

五島は、フレーベルが母親、また保姆のために『母の歌と愛撫の歌』、『人間
の教育』などを残しているのであるから、これらを「益々深く研究」し、
「標号を適切に」用いて幼児を教育していかなければならないとして自らの
使命を確認している。
　これらの諸論文は、前述したハウの「霊魂学教授」と対応関係にある。諸

論文の中で「統一」というキーワードが散見される。また、従来、別領域として扱われてきたものを相互に関連づけ、全体で一つの研究としてまとめられている。すなわち、これらの研究は、ハウの研究関心や課題を学生に共有して行われた共同研究の一種であった。

以上、卒業論文の内容を分析し、学生がどのような研究を行い、その中で、特にフレーベルの教育理論についてはどのように理解していたかについて考察してきた。その結果、学生の幼児教育研究活動の傾向として、次の3点の特徴を示すことができよう[121]。

まず、すべての卒業論文の中で、フレーベルの教育思想や幼児教育論への言及がなされているという点である。特に、彼の二大主著である『母の歌と愛撫の歌』、『人間の教育』からの引用が散見した。

第二の特徴として、学生はフレーベルの幼児教育論だけではなく、特に教育史や『聖書』に関する豊富な知識を有している点である。多くの学生がフレーベルの教育思想や幼児教育論に言及する際、欧米教育思想家について触れ、フレーベルが彼らとどのように関係するか、また、フレーベルと諸教育思想家との違いは何かについて論じている。それは、単に、フレーベルの教育思想や方法を研究するだけではなく、広く一般教育学を学んだ成果であると言えよう。また、『聖書』からも幅広く引用しており、キリスト教の表面的理解では論じきれない神的内容が検討されていることも見て取れる。

第三の特徴は、フレーベルの教育思想、幼児教育論について各学生が個人的に論じているにもかかわらず、全体として一致した内容となっていることである。これはハウの指導により、キリスト教思想に基づいたフレーベル主義教育という土台の上で執筆されたためであろう。したがって、フレーベルの思想を越えようとする者はなく、忠実にフレーベルの幼児教育論を理解し、その他の事象と結び付けて考えようとする姿勢が窺える。

このように頌栄保姆伝習所ではフレーベルの教育原理の本格的な研究が行われていたと言える。ハウの「霊魂学教授」は、西垣光代によれば、特に頌

第3章　頌栄保姆伝習所における保姆養成の特質　189

栄幼稚園の「会集」というプログラムの中で実践され、ハウが引退した後の1929年に卒業生に送ったメッセージの中でもその重要性が語られていると言う[122]。それゆえ、1908年にハウによって提唱された「霊魂学教授」は、その後、頌栄保姆伝習所および頌栄幼稚園において、継続的に語り継がれ定着していったと考えられる。

3．共同研究に見る研究能力とその水準

　本項では、学生が共同で作成した卒業論文を対象に、その研究分野や内容、また、学生の研究能力の程度について検討する。共同研究として現存しているのは、「日本ニ於ケル幼稚園一覧」(1910年)、「日本ニ於ケル児童労働ノ概況」(1910年)、「京阪神幼稚園遊嬉」(1912年) である。

⑴「日本ニ於ケル幼稚園一覧」の研究内容

　本論文は、1910年の卒業生、内藤トク、喜多川カツヨ、片山郁によって執筆された共同研究の成果である[123]。当初は、西尾、南（姓のみ記載あり）もともに調査にあたったが、両者とも病気を患ったため、先述の3名で完成させたとある。彼女たちは、学業の余暇を利用して全国各地を旅行し、資料の収集・調査を行った。調査の目的については「緒言」に以下のように記されている。

　　　近来世界に於ける日本の地位てふ自覚我が国民の間に起りしより、社会各方面に於ける総ての事業は驚く可き発展を為し、実に千古未曾有と称せらる。日本教育史上に於ける幼稚園発達史も、又実に比例に漏れず、明治九年初めて之れが設立を見し以来、実に長足の進歩を為せり。明治三十四年の調査に拠れば公立園数百八十三、保姆五百五、幼児一万九千三百八十七、私立園数七十二、保姆百六九、幼児四千三百七十二と称せらる。その後十年を経過せる今日に於ては、其数大に増加せるなるべしと雖、不幸にして完全なる統計の存する無く、職に是事業に従ふ者の大に遺憾とする処なり。浅学の我等、固より完全なる統計を集むるに由なしと雖、其集め得る限りを編纂して一冊となし、幼稚園の事業に従事せらる、諸

兄姉の座右に備へ、聊かにても是事業の発達に資する処あらしめんとは、我が園
　　長ハウ嬢の我等に望み給ふ所なり。

　これによると、日本では社会のあらゆる面で発展が目覚ましく、幼稚園もそ
の例外ではないと言う。彼女たちは、1901年に調査された公立・私立の園
数、保姆数、幼児数を挙げ、その後10年経った当時の完全な統計がないこと
を指摘している。そして、この研究において全国規模で行われた調査の結果
をまとめ、幼稚園関係者に資料として提供しようと考えている。それは「我
が園長ハウ嬢の我等に望み給ふ所なり」とあることから、ハウの指導のもと
に進められた。「完全なる統計は一朝にして成らず、随時増補訂正して完全
に近き者を得ん事は、編者が深き希望なり」とあるが、論文の内容を見る
と、その調査規模や緻密性などから、その水準の高さを知ることができる。
　初めに、各園の写真が30枚載せられている。そして、1910年度の全国に設
置されている幼稚園の情報が一覧で挙げられ、園舎の略図、平面図などが組
み込まれている。全国における幼稚園の統計の調査項目は、45府県での園数
（官公立、私立の別）、保姆（官公立、私立の別）、幼児（官公立男女、私立男女）で
あった。総計に関しては1910年度のものと、過去5年分が列記されている。
また、幼稚園に関する詳細な情報が地方別に、幼稚園名、設立主体、総坪
数、建坪数、保育年限、組数、幼児数、保姆数、園長名、主任保姆名、保育
料、一ヶ年経費、保姆俸給、創立年限、位置（設置場所）として示されてい
る。その地方は、奥羽地方、北陸道地方、東山道地方、東京市、東海道、滋
賀県、京都市公立、京都市内私立、奈良県、大阪市東区、大阪市西区、大阪
市南区、大阪市北区、兵庫県、山陽道、鳥取県、高知県、愛媛県、香川県、
徳島県、宮崎県、大分県、長崎県、熊本県、琉球、台湾である。地方によっ
ては、幼稚園名と位置だけしか情報が収集されていない場合もあるが、当時
の全国規模かつ詳細な統計としてこの研究は貴重なのものであると考えられ
る。

(2)「日本ニ於ケル児童労働ノ概況」の研究内容

「日本ニ於ケル児童労働ノ概況」は、1910年の卒業生である余川トヨ、山本ヤス、沢千賀によって分担執筆されたものである[124]。同論文は「日本ニ於ケル幼稚園一覧」のように本格的な量的調査を行ったものではなく、文献研究とインタビュー調査によってまとめられたものである。彼女たちが児童労働をテーマにしたのは、欧米諸国の教育史を学んだ結果であると述べられており、児童労働が「教育史の一部」として認識されている。そして、「未だ社会の事にたづさはりしことなき吾等は、我が国現今の社会状態は如何なる有様なるか、又多くの児童は如何なる方面に労働使役せられつゝあるや、その種類は何程あるや少しも知る所なし」とあるように、日本における児童労働の状況を把握するために、欧米諸国の児童労働の歴史や実状が参照されている。

まず、イギリスの児童労働法案が欧米諸国および日本の労働法案の基礎となったことが言及されている。アメリカの児童労働の歴史に関する紹介では、州によって、その法案や規定が様々であることから、「全体につき調査する事は困難なれば、合衆国中最初に労働問題整理の必要を認めしマサチューセッツ州について概畧を記さん」として、マサチューセッツ州の児童労働に関する歴史をまとめている。さらに、昨今の状況においては、「近年、合衆国にては、毎年児童労働に関する雑誌発行せらるゝに依り、今一千九百八年の児童労働雑誌により、其（アメリカにおける児童労働の傾向…筆者注）大体を挙ぐべし」として、アメリカ全州の児童労働法案の基準と各州の対応について整理している。同論文は、1910年3月に提出されているため、1908年のアメリカの児童労働に関する情報は、当時入手できる比較的新しいものであったと考えらえる。また、同雑誌から、「イリノイス、マサチューセッツ、ニューヨーク、オハヨー、ウイスカンシン、等の最良なる条項を集めて模範とすべき児童労働法案なる者出来せし」として、それを紹介している。しかし、アメリカでは「政府の管轄を受くる事少なく、殊に自由国なれば縦令此

等の法案ありと雖ども、之を全体に強ゆること能はず」と、現状においては、それがそのまま実行されたとは言えないと指摘している。

　諸外国の児童労働史とその現状を確認した上で、学生たちは、日本の児童労働の状況についても考察を進めている。官報（第7927号、農商務省省令第59号）を引用し、日本の代表的な工場を10社挙げ、その名称、所在地、就業時間、休憩時間、年齢、賃銭、そして労働児童数を明記している。また、神戸市立湊川小学校、松山市永木町私立松山夜学校で行われたインタビュー調査、展覧会に出展された市立脇浜小学校の「児童自宅作業表」などから現状を把握している。教育施設を有している工場については、「我が国に於ける数多の工場内にて教育を施す設備の存する所は未だ多く耳にせざる所なり」とあるが、その先進的な工場である、鐘ヶ淵紡績会社と大阪日本紡績会社を見学し、それらに付設された幼稚園、普通小学校、女学校の教育程度が諸学校の水準に劣らないものであることを明らかにしている。

　学生たちは、児童労働が経済的にも社会的にも、長期的に見れば日本に害をもたらすものであると述べ、「最も大切なる幼年期に於て其発育を全うするにあらずんば如何で人間の完成を得べけんや」と、各時期に適した教育を行うべきであると一貫して主張している。

　当時の幼稚園は中上流階層の子弟だけが通っており、伝習所で学ぶ学生もほとんどが中上流家庭出身者で占められていたと考えられる。児童労働とは無縁の環境で育ってきた学生が、児童労働に関する卒業論文を共同で執筆し、その現状を知ったことは意義深い。本来、幼稚園はフレーベルによってすべての子どもを対象に創設され、アメリカでは、セツルメント運動とも関連して、貧民層に対する教育施設としても重要な役割を果たしていた。日本では保姆の中で、特に福祉的活動に意欲的な者が、貧民のための幼児教育施設にあたる託児所などにおいて保育に従事したが、これにはキリスト教関係者が多いことは知られている。当時、すでに幼稚園と託児所の二元化が進んでいたが、頌栄保姆伝習所では幼稚園の教師を養成することを主としながら

第3章　頌栄保姆伝習所における保姆養成の特質　　193

も、貧児に対する教育についても積極的に研究していたことが明らかとなった。

(3)「京阪神幼稚園遊嬉」の研究内容

　同論文は、1912年の卒業生、市川春、井上小夏、大宮静子、和田雪枝、中山梅、武藤磯野、内ヶ崎よしの、山本政、寺田フジノ、芦田末の10名によって、調査・執筆されたものである[125]。「日頃学課におはれて他を参観する機会を得なかつた私共は、この度、幼稚園遊嬉研究の為に二週間の時日を与へられたを幸として、私共十名の者は京、阪、神、の各幼稚園を訪づれました」と記されているように、幼稚園遊嬉の研究のために、普段の授業以外で２週間をあてることができたとある。京阪神の三市だけでも、当時70数園が存在したが、学生はこのうち、神戸の10園、大阪の15園、京都の18園、計43園を訪問し、各園で行われていた遊嬉の種類とその使用例を調査した。同論文にはその中から52曲の遊嬉が選択され、紹介されている。それに加え同論文には、「フレーベル氏の著人の教育中遊戯に関する抜粋」と題された遊嬉の意義や効果についての解説と、「欧米各国並我国に於ける遊戯に関しての書籍目録」も組み込まれている。以下は、学生による調査の感想である。

　　　いづれの幼稚園を参観しましても、遊嬉は中々豊富であるやうに見うけられました。…中略…私共は、ある公立の幼稚園で「貴園でお用ゐになつてをる遊嬉の数はどの位御座いますか」と伺ひました所が「皆で六、七十もありましよう」とのお答で御座いました。いづれ他の公立幼稚園もそれに劣らぬほど沢山お用になつてをる事と思ひます。私共が当時拝見致しました所では、凡て、公立幼稚園の方は皆、共通の遊嬉即ち三市連合会より出されたもの、或は幼稚園唱歌として公にせられて居る数種の書物を使用せられて居るからで御座いました。独特の遊嬉と云ふやうなものは多く見受けませんでした。それから宗教主義の幼稚園の方を一般から申し上げますと、大抵ハウ師編纂の幼稚園唱歌よりえらび取り、又は西洋の遊嬉の書物から適当に訳出して用ゐて居られるやうに見受けました。

これによると、どの幼稚園でも多種類の遊嬉が行われ、公立幼稚園では１園

で60から70曲の遊嬉が用いられていたとある。学生たちは、公私の違いについても言及している。公立幼稚園では三市連合保育会の遊嬉や『幼稚園唱歌』からの遊嬉が用いられていたため、どの公立幼稚園でも同様の遊嬉が使用され、各園独自の遊嬉はなかった。一方、キリスト教系幼稚園では、ハウの編纂した『幼稚園唱歌』からの遊嬉が用いられ、その他、各園で西洋の遊嬉に関する書物から訳出されたものもあったと言う。また、学生は、単に各園における遊嬉の使用状況を調べただけではなく、京阪神別に、遊嬉を四季（nature）、花（flowers）、指遊び（fingers）、進行（marches）、輪遊び（circle）、五官（senses）、職業（business）、競争（competitive）、舞踏（dances）、動物（animals）、お伽遊戯（fairy tales）、雑（miscelaneous）の12パターンに分類し、表を作成している。また各園の遊嬉紹介として遊戯の歌詞、楽譜だけではなく、それぞれ詳しく遊嬉の解説・説明がなされている。

　共同研究による卒業論文の分析を通して、学生による幼児教育研究の内容を考察した結果、以下の2点の特徴を指摘することができる。まず、学生の研究水準の程度についてである。「日本ニ於ケル幼稚園一覧」と「京阪神幼稚園遊嬉」の卒業論文は特に量的な調査であり、多くのデータを収集、整理しているが、これらは当時一般的にも知られていない貴重な情報であった。前者は幼稚園の統計としては当時では最高レベルのもの、後者は保育実践のための実用的な題材を提供するものであった。また、「日本ニ於ケル児童労働ノ概況」は欧米の諸文献を用いて、歴史的な経緯と当時の最新の情報を紹介し、かつそれが日本の児童労働とどのような関係にあるか、日本の現状も調査しつつ執筆されたものである。当時の幼児教育研究者による研究は、海外文献の翻訳や、諸外国での事象の紹介に留まるものも多かった。そのような中、問題意識を持ち、課題とテーマを設定した上で、実証的に結論を導き出していることから、その研究が卒業論文の域に十分到達していたことはもちろん、日本における最高水準の幼児教育研究であったといっても過言ではない。

第3章　頌栄保姆伝習所における保姆養成の特質　195

　2点目は、それらが共同で執筆されていることである。『頌栄幼稚園雑誌』や「兵庫県無試験検定披露並第十二回卒業式挙序順行」に掲載されている個人の卒業論文に比べ、共同で執筆された論文は、量だけでなく、質的にも高度なものになっていた。共同研究論文では、個人の論文に比べ、各学生の保育観や保姆観などは反映されていないが、複数の学生の視点によって、客観的に研究が行われている。このことは、保姆として協同性や社会性を養うこととなったであろう。

　本項では、卒業論文の分析を通じて、学生のフレーベル理解や研究の内容およびその水準を考察してきた。一般には、フレーベル主義幼稚園教育の理論がほとんど理解されていなかった時代に、学生たちはフレーベルの教育原理を、主に彼の二大著書『母の歌と愛撫の歌』および『人間の教育』から学び、それを自らの言葉によって解釈することができる状態であった。また、学生はフレーベルの教育理念を、幼児教育に関わる面だけでなく、家庭教育や宗教教育との関連からも捉え、フレーベルの思想を総合的に理解していた。共同研究がなされるようになると、学生は実地調査や文献研究の研究方法を一通り身に付け、一つのテーマを設定し、卒業論文のための特別な時間の中でそれらを執筆した。それらの内容は、幼児教育分野だけでなく、教育史や福祉分野にまでも及んでおり、多面的な視点からの幼児教育研究が行われていた。簡易な速成養成での保姆養成が中心であった時代に、頌栄保姆伝習所の学生は研究的精神と研究能力を獲得し、広い視野の中で、自ら考え、学びを深めていたのであった。

　以上、頌栄保姆伝習所における保姆養成の実態と特質を検討してきた。ハウは和久山きそとともに保姆養成を約40年間継続して行い、1929年までに269名の卒業生を全国各地の幼稚園に輩出した。伝習所には2年課程の上に、指導者養成のための課程としてさらに2年制の高等科が設置された。実際には、高等科を卒業した者は少なく、普通科における2年制の養成が基本

であったが、ハウは3年制の養成を常に目指していた。

その養成は、幅広い教養の上でフレーベル主義幼稚園教育の理論と技術を獲得させるものであった。ハウは「霊魂学教授」を発表し、各分野を統一的に学ぶ魂の教育を方針に定め、キリスト教およびフレーベルの思想を重視した養成を行った。学生たちは、ハウの研究課題を共有し、『母の歌と愛撫の歌』や『人間の教育』、『聖書』を用いて幼児教育の原理研究を行った。また、共同研究においては、フィールド調査やインタビュー調査、文献研究を通した比較教育史研究を行うなど、多様な研究手法が採られていた。

ハウはフレーベルを信奉しており、フレーベルの思想を尊重していた。進歩主義が台頭するようになると、フレーベル主義の基盤に立ちながらも、慎重に新しい教育法を導入していった。ハウ自身が常に最新の研究動向に着目して幼児教育研究を深めていたからこそ、学生の研究能力が開発され、質の高い卒業研究が発表されたと言えよう。ハウは学生に対して、在学中のみならず卒業後も研究を継続するよう奨励していた。それはハウと同じように、学生たちが保育界において自ら道を切り開いていくことができるようにと考えてのことであっただろう。

＜第3章注＞

1) 長田新「頌栄学園とフレーベル精神—ハウ女史の学徳を偲びて—」『頌栄とハウ先生—頌栄六十周年記念誌—』頌栄保育学院、1949年。

2) 同上書、27頁。

3) 日本保育学会『日本幼児保育史』第2巻、フレーベル館、1974年、75頁。

4) 水野はその他、『保育に生きた人々』（岡田正章他、風媒社、1971年）、「保育者の歩み（3）A. L. ハウ」（『保育』第20巻、第6号）を著している。

5) 高野勝夫『エ・エル・ハウ女史と頌栄の歩み』頌栄短期大学、1973年。高野は頌栄幼稚園の構想からハウの帰国までを対象時期として、日本の保育界に与えたハウの影響を論述している。高野はハウの所属する組合派のミッションレポート「ジャパン・ミッション・ニューズ」（月間雑誌）やJKUの年報を資料として用い、卒業生の面接記録も加えて、当時の頌栄幼稚園ならびに頌栄保姆伝習所の実

態を明らかにしている。宣教師としてのハウの言葉や卒業生の述懐などを用いたことにより、ハウの人格や使命感などが描き出されている。なお、『頌栄短期大学紀要』に掲載されている高野の一連の論文も参照した。

6) 高道基『幼児教育の系譜と頌栄』頌栄保育学院、1996年。高道は特に、頌栄を担った三田藩出身者について調査し、当時の神戸におけるミッションの活動と各校や教会の協力関係に着目して、頌栄幼稚園、頌栄保姆伝習所の有した人的なつながりや置かれた環境について明らかにしている。また、ハウ帰国以後の頌栄の歴史についても触れ、戦後から現在の頌栄保育学院の状況を紹介している。同書においては、『A. L. ハウ書簡集』（山中茂子訳、頌栄短期大学、1993年）からの引用が散見される。書簡集はハウが日本からアメリカの家族に継続的に送っていた手紙を翻訳して一冊に収集したものである。私信ということもあり、ハウの率直な感想や幼児教育に対する見識などが読み取れる。

7) 西垣光代『A. L. ハウの生涯—日本の幼児教育にフレーベル精神を導入した婦人宣教師アニー・L. ハウの働きと思想—』神戸新聞総合出版センター、2007年。西垣はアメリカの実地調査に基づいて、ハウの経歴や家族構成を明らかにしている。また、ハウの保育思想について、ハウの著作から、特に恩物論、遊戯観、美的教育、理科教育、平和教育、魂の養育論の各項目を分析し、その特徴をまとめている。その他、保育内容や保姆養成内容についても言及している。

8) 以上挙げた先行研究の他、ハウや頌栄幼稚園および頌栄保姆伝習所に関する研究は枚挙に遑がない。特に『頌栄短期大学紀要』には多数の研究が掲載されている。その中で本研究において参照した研究には次のものがある。小林恵子はハウと周囲の宣教師との関係性に着目してその活動を記している（『日本の幼児保育につくした宣教師』下巻、キリスト新聞社、2009年）。石橋哲成はフレーベルの思想の日本への紹介者としてのハウの功績に着目している（「フレーベル教育思想の日本への紹介者—A. L. ハウ夫人—」『人間の教育の探求』第11号、1998年、117-124頁）。橋川喜美代は、アメリカからの影響に言及しつつ、保育内容をまとめている（『保育形態論の変遷』春風社、2003年、309-332頁、「A. L. ハウの幼児教育思想とキリスト教主義」『鳴門教育大学研究紀要』第20巻、2005年、81-91頁）。

9) 文部省『幼稚園教育百年史』ひかりのくに、1979年、79-90頁。

10) 高野勝夫「エ・エル・ハウ女史の日本保育史への貢献—保育者養成の先覚者、先駆者としての貢献—」『頌栄短期大学紀要』6号、1974年、21-34頁。

11) キリスト教保育連盟に提出された略歴と『神戸新聞』掲載記事（1913年）によっ

てまとめられた「基督教幼稚園の開拓者　ハウ先生」（『日本基督教幼稚園史』岩村安子、基督教保育連盟、1941年、101-104頁）がハウの経歴や活動の記述のもとになっているが、『A. L. ハウの生涯』（前掲）などの学校関係者の著作を参考に修正してまとめた。

12）『頌栄―頌栄幼稚園創立四十年紀念―』1929年、50頁。

13）前掲『A.L. ハウ書簡集』18-34、40-42頁。

14）同上書、28-29、37-38、50、60-61頁。

15）同上書、62-63頁。

16）同上書、63頁。

17）『三十年間小略史』頌栄幼稚園、保姆伝習所、1920年、7頁。前掲『A. L. ハウ書簡集』63-66、74頁。

18）前掲『日本基督教幼稚園史』10頁。和久山の経歴や活動および思想については、西垣光代によって検討されている（前掲『A. L. ハウの生涯』153-175頁）。

19）甲賀についての主な先行研究として、「最初の主任保姆甲賀ふじ」（聖和保育史刊行委員会『聖和保育史』聖和大学、1985年、392-394頁）、「日本女子大学附属豊明幼稚園初代主任保母　甲賀ふじ」（前典子『成瀬記念館 No. 2』日本女子大学成瀬記念館、1986年、33-40頁）、「甲賀ふじ研究（第1報）―ある幼稚園保姆のライフヒストリー研究試論―」（田中まさ子『聖徳学園女子短期大学紀要』第18集、1992年、43-50頁）などが挙げられる。

20）前掲『三十年間小略史』10頁。

21）前掲『A. L. ハウ書簡集』137-138頁。

22）同上書、84、91、114、117-118、161-164、173-175、182頁。

23）同上書、158、161頁。

24）同上書、193-196頁。

25）A. L. ハウ『保育法講義録』岡山県教育会、1903年。

26）前掲『三十年間小略史』15頁。前掲『A. L. ハウ書簡集』213-214、217、223、241頁。

27）W.B.M.I とは、The Women's Board of Mission of the Interior の略であり、中部婦人伝道会と訳されている。この組織の所在地はシカゴにある。ハウは、アメリカン・ボードの支部である W. B. M. I から派遣されていた。

28）前掲『A. L. ハウ書簡集』252-253頁。

29）キリスト教保育連盟百年史編纂委員会『日本キリスト教保育百年史』キリスト教保育連盟、1986年、183-184頁。

第3章 頌栄保姆伝習所における保姆養成の特質 199

30) 前掲『三十年間小略史』18-19、22頁。前掲『A. L. ハウ書簡集』243、242、249、250、255頁。なお、ハウは、1903年に一時辞職した際、母校のシカゴ・フレーベル協会保姆養成所副校長となり、「教育史」や「幼稚園児および年長児の遊び」などの特別講義を担当している。

31) 前掲『三十年間小略史』54頁。

32) 佐野友恵「明治期における幼稚園保姆検定に関する考察」『幼児教育史研究』第1号、2006年、42頁。

33) 前掲『三十年間小略史』31頁。

34) 前掲『A. L. ハウ書簡集』267頁。

35) 同上書、282頁。

36) 前掲『頌栄―頌栄幼稚園創立四十年紀念―』42頁。

37) 同上書、89-90頁。

38) 前掲『A. L. ハウ書簡集』281、283、291。前掲『頌栄―頌栄幼稚園創立四十年紀念―』36-38頁。

39) 前掲『日本キリスト教保育百年史』301頁。

40) 前掲『頌栄―頌栄幼稚園創立四十年紀念―』51頁。

41) 同上書、52頁。

42) 同上。

43) 前掲『A. L. ハウ書簡集』63-66、73、75-76、96、111頁。

44) 同上書、79-80頁。何年のものか定かではないが、高野勝夫の「頌栄幼稚園におけるエ・エル・ハウ女史の保育（Ⅰ）」（『頌栄短期大学紀要』6号、1974年、11-27頁）において、「頌栄の一日のプログラム」が紹介されている。また、同論文では頌栄幼稚園の保育の様子やハウの保育観が明らかにされている。

45) 前掲『A. L. ハウの生涯』15頁。

46) 前掲『A. L. ハウ書簡集』113-114頁。

47) 同上書、125頁。

48) 同上書、139頁。

49) 同上書、139-140頁。

50) ハウの家族関係に関しては『A. L. ハウの生涯』（前掲、35-37頁）に詳しい。

51) 前掲『A. L. ハウ書簡集』139、145頁。

52) 同上書、146頁。

53) 同上書、152頁。

54) 『幼稚園教育百年史』（前掲、939-941頁）に抜粋して掲載されているものを参照

55) その他、音楽は「楽器ノ使用ニ習熟セシム」、作文は「書牘文及近体文ニ習熟セシム」とある。

56) ここに挙げた教科書と『聖書』の他、口授以外に普通科の「心理学」では「矢島氏普通心理学」、「理科」では「理科読本」と示されている。

57) 前掲『頌栄─頌栄幼稚園創立四十年紀念─』28-30頁。大和田については『近代日本キリスト教主義幼稚園の保育と園舎─遺愛幼稚園における幼児教育の展開─』(永井理恵子、学文社、2011年、96-102頁)に詳しい。

58) 前掲『A. L. ハウ書簡集』165-166頁。

59) 伝習所の教科書の詳細については高野勝夫「エ・エル・ハウ女史の日本保育史への貢献─フレーベリズムの導入紹介者としての貢献─」(『頌栄短期大学紀要』7号、1975年、19-32頁)を参照されたい。また、『A. L. ハウの生涯』(前掲、118-140頁)においても紹介されている。

60) 前掲『A. L. ハウ書簡集』159頁。

61) 同上書、161頁。

62) 同上書、190-191頁。

63) 前掲『日本キリスト教保育百年史』178頁。

64) 前掲『A. L. ハウ書簡集』199頁。前掲『三十年間小略史』16-17頁。

65) 前掲『A. L. ハウ書簡集』267頁。

66) Kiso Wakuyama "Nature Study in the Kindergarten" *Eleventh Annual Report of the Kindergarten Union of Japan*, Karuizawa, August, 1917, pp. 14-20.

67) 前掲『日本キリスト教保育百年史』150-151頁。

68) 前掲『A. L. ハウ書簡集』277頁。

69) 同上書、292頁。

70) 前掲『頌栄─頌栄幼稚園創立四十年紀念─』87頁。

71) 前掲『A. L. ハウ書簡集』262、274、295頁

72) 前掲『日本キリスト教保育百年史』182-183頁。

73) 田中まさ子『幼児教育方法史研究─保育者と子どもの共生的生活に基づく方法論の探求─』風間書房、1998年、34-47頁。

74) Annie L. Howe, "Froebel's Mother Play," 1911 (A. L. ハウ「フレーベルの『母の遊戯』」『Annual Report of the Japan Kindergarten Union』第7巻、155頁)。以下、同論文に関してはここから引用する。

75) 前掲『日本キリスト教保育百年史』176頁。なお、ブローによる翻訳と同時期

に、ハウは同書の翻訳にとりかかったと考えられるため、ハウはブローの翻訳書を参考にしたのではなかった。ブローは日本語版の出版に際して、賛辞を送っている。

76) 前掲『A. L. ハウ書簡集』76頁。

77) 同上書、83頁。

78) 同上書、157頁。

79) 同上書、151頁、171頁。前掲「フレーベルの『母の遊戯』」145-146頁。

80) 前掲『A. L. ハウ書簡集』191頁。

81) 前掲「フレーベルの『母の遊戯』」145頁。

82) 前掲『A. L. ハウ書簡集』171頁。

83) 前掲「フレーベルの『母の遊戯』」145-155頁。

84) 西垣は『A. L. ハウの生涯』(前掲、145-148頁)の中で、このプロセスによる学生の学びの実際について学生の執筆したノートから考察しているが、挙げられた資料が何年度のものかなど不明な点が多い。

85) 本項目に関しては、以下、断りのない限り「信仰」(ミス　エイ、エル、ハウ講述、頌栄幼稚園、1916年、49-62頁、頌栄図書館蔵)および「幸福なる可能事」(ミス　エイ、エル、ハウ著、井上秀天訳、神戸頌栄幼稚園、1917年、69-74頁、頌栄図書館蔵)から引用している。

86) 前掲『A. L. ハウ書簡集』272-273頁。

87) 同上書、273頁。

88) 大戸美也子「J. K. U. 年次報告書の背景と今日的意義」『Annual Report of the Japan Kindergarten Union』第7巻、383-387頁。前掲『A. L. ハウの生涯』22-24頁。

89) 西川ひろ子「大正期におけるフレーベル主義者たちのモンテッソーリ教育法との接触—頌栄保姆伝習所創立者・アニー・L・ハウを中心に—」『中国短期大学紀要』中国短期大学、第31号、2000年、185-196頁。従来の研究では、ハウのフレーベル主義幼稚園教育思想の導入が注目されてきたが、西川は、ハウがモンテッソーリ・メソッドを受容していた点に注目している。

90) Annie L. Howe "Montessori Methods in the United States," 1914 (A. L. ハウ「アメリカでのモンテッソーリメソッド」『Annual Report of the Japan Kindergarten Union』第7巻、164-168頁)。以下、同論文に関してはここから引用する。

91) 前掲「大正期におけるフレーベル主義者たちのモンテッソーリ教育法との接触」187頁。なお、神戸幼稚園におけるハウの帰国歓迎会には、神戸市の保姆や小学

校教員、また、明石、御影、大阪からの保姆も参加し、百数名が集まったとある（「エー・エル・ハウ女史歓迎会」『婦人と子ども』14（10）、1914年、455頁）。

92）前掲「アメリカでのモンテッソーリメソッド」168頁。

93）前掲「エー・エル・ハウ女史歓迎会」457-458頁。

94）前掲「大正期におけるフレーベル主義者たちのモンテッソーリ教育法との接触」193-194頁。

95）前掲「信仰」54-55頁。

96）前掲『A. L. ハウ書簡集』171、174頁。

97）前掲『頌栄―頌栄幼稚園創立四十年紀念―』88頁。原田は、来日当初からハウの通訳をするなど、ハウの幼稚園教育事業を支えた。ハウが一時退職した際は、ハウの代わりに頌栄保姆伝習所の所長に就任しており、ハウとの交流は深く、その人格もよく知っていた人物であると言えよう。原田は、神戸教会の牧師であり、優れた英文学者でもあった（前掲『A. L. ハウ書簡集』33頁）。

98）前掲『A. L. ハウ書簡集』175頁。

99）前掲『頌栄―頌栄幼稚園創立四十年紀念―』89頁。

100）同上書、90頁。

101）前掲『A. L. ハウ書簡集』38-39頁。

102）同上書、174、183頁。

103）同上書、136-137頁。

104）同上書、160頁。

105）前掲「エ・エル・ハウ女史の日本保育史への貢献」37-38頁。

106）前掲『頌栄―頌栄幼稚園創立四十年紀念―』55-56頁。

107）同上書、56頁。

108）「信仰」（前掲）については、以下、13-47頁から引用している。

109）「幸福なる可能事」（前掲）については、以下、1-68頁から引用している。

110）「希望」（ミス　エイ、エル、ハウ著、今泉真幸訳、神戸頌栄幼稚園保姆伝習所、1919年、頌栄図書館所蔵）については、以下、14-71頁から引用している。

111）前掲『頌栄―頌栄幼稚園創立四十年紀念―』70頁。

112）同上書、71頁。

113）卒業生の動向に関しては次のものを参照した。前掲『三十年間小略史』15頁。前掲『頌栄―頌栄幼稚園創立四十年紀念―』53頁。前掲『A. L. ハウ書簡集』230-231、261、294、281頁。

114）高野は、卒業論文がそのまま一冊の冊子とされた前の三論文について、「なかな

か優れた」、「非常に優れた」と評価し、当時の幼稚園教育の状況を知る上で貴重な資料であると述べているが、その内容は分析されていない（前掲「エ・エル・ハウ女史の日本保育史への貢献」25頁）。

115) 前掲『A. L. ハウ書簡集』265頁。

116) ハウ「霊魂学教授」『頌栄幼稚園雑誌』第1号、1908年、2-27頁（頌栄図書館蔵）。以下は同箇所から引用している。

117) 正岡辰雌「家庭と宗教」『頌栄幼稚園雑誌』41-45頁。

118) 鶴原綾「教育と宗教」『頌栄幼稚園雑誌』54-57頁。

119) 石井寿野「職業と宗教」『頌栄幼稚園雑誌』62-64頁。

120) 五島巻「標号の価値」『頌栄幼稚園雑誌』77-80頁。

121) これらの他、個人で執筆された卒業論文には「兵庫県無試験検定披露並第十二回卒業式挙序順行」（1909年）に掲載された加藤藤子「宇宙之律と子供」、竹内八千代「好奇心」、高田政「凡て人間の性質は五官の上に立つ」、黒住古癩「モーセの律法」、奥江春子「フレーベル氏の教育原理と聖書の一致点」がある。これらの論文を分析すると、総じて以上取り上げてきた論文と同じような特徴を有していると言える。

122) 前掲『A. L. ハウの生涯』101-104、111-114頁。

123)「日本ニ於ケル幼稚園一覧」神戸私立頌栄幼稚園、1910年（頌栄図書館蔵）。

124)「日本ニ於ケル児童労働ノ概況」神戸私立頌栄幼稚園、1910年（頌栄図書館蔵）。

125) エ、エル、ハウ「京阪神幼稚園遊嬉」神戸私立頌栄幼稚園保姆伝習所、1912年（頌栄図書館蔵）。

第4章　広島女学校保姆師範科における 保姆養成の特質

　広島女学校附属幼稚園は、日本の進歩主義幼稚園教育導入の拠点として注目されてきたが、広島女学校での保姆養成に関する研究はほとんどなされていない。同校には F. C. マコーレー（Fannie C. Macaulay, 1863-1941）や M. M. クック（Margret Melinda Cook, 1870-1957）などのアメリカにおいて先進的な幼児教育の訓練を受けた宣教師が派遣されたため、保姆養成においても進歩主義的な影響が看取されると考えられる。本章では、広島女学校保姆師範科と移転先のランバス女学院保育専修部における保姆養成の実態を明らかにする。

　クックは、マコーレーの後任として赴任し、1904（明治37）年から1938（昭和13）年まで、長期に亘り同校の教育実践を支えた。また、クックは、1913（大正2）年から JKU（日本幼稚園連盟）の会長を務め、広島女学校内だけではなく、広く日本のキリスト教系幼稚園および保姆養成機関における指導的役割を果たした。クックは1911（明治44）年から1912（大正元）年にかけて、コロンビア大学ティーチャーズカレッジに学んでいる。帰国後、広島女学校附属幼稚園において進歩主義的な保育改革を行ったことはこれまでも着目されてきた。先行研究では、幼稚園改革の動向が概観され、進歩主義幼稚園教育の特徴を有していったことが指摘されている[1]。本章では、クックがもたらしたと考えられる新しい教育と保姆養成の関連にも目を留めつつ同校における保姆養成の特質を考察したい。

第1節　広島女学校保姆師範科の沿革

1．広島女学校と保姆養成課程の変遷

　広島女学校の前身である私立広島英和女学校（校名は1896（明治29）年に広島女学校と改称されている）は、米国南メソジスト教会宣教師であるランバス父子の援助を受け、砂本貞吉が1886（明治19）年に私塾として始めた[2]。砂本は、女子教育を行うにあたって婦人宣教師を要請し、N. B. ゲーンス（Nannie B. Gaines）が招聘された。ゲーンスは、1888（明治21）年に広島女学校の責任者に任命され、翌年には同校の校長に就任した。附属幼稚園（School Kindergarten）は、1892（明治25）年にゲーンスにより創設された。

　ゲーンスは、広島女学校の方針を「日本人生徒を外国人化することではなく、日本政府の規則のもとで、彼らに日本人とアメリカ人のクリスチャン教師を与え、キリストを伝え、また彼らを他の人たちに、キリストを知らせることのできる生徒として送り出す」と定め、自身は女学校で英語、日本語、中国語、絵画、手芸、『聖書』を教えた[3]。彼女は、1893（明治26）年7月から1894（明治27）年6月まで「シカゴ市幼稚園高等学校及エフ・ダブルユー・バーガー氏ノ師範学校」において学んだと履歴書に記載している[4]。バーガーとあるのは進歩主義教育の父と称されるF. W. パーカー（F. W. Parker）のことを指す。パーカーの師範学校というのはパーカーが校長を務めたCook Country Normal School である。ゲーンスは、その他にもヒル（Patty. Smith. Hill, 1868-1946）やハリソン（Elizabeth Harrison, 1849-1927）と親交があり、1893年6月からの休暇中に、コロンビア大学やシカゴ大学で幼児教育に関する講義を受講していることから、幼稚園教育に関心を持っていたと見える[5]。ゲーンスは、女学校自体はミッションボードによるものであるが、「幼稚園は私の頭脳と考えの所産でした」と述べているように、附属幼稚園

は彼女によって構想され、設立されたものであった[6]。最初の附属幼稚園が設立されて以降、1896年に第二幼稚園（Fraser Institute）、1907（明治40）年に第三幼稚園（West Hiroshima, Koi）、1910（明治43）年に第四幼稚園（East Hiroshima, Matoba）、1912年にセツルメントハウス（Takajo Machi Day-Nursery and Free Kindergarten）、1913年に第五幼稚園（Grace Whitney Hoff Free Kindergarten）が設立された。セツルメントハウスにはデイナーサリーと無償幼稚園が設置され、第五幼稚園は無償幼稚園であることから、福祉的側面が強化されていったことが窺える。

　園児の増加とともに、日本人保姆の養成が必要となり、1895（明治28）年4月に広島女学校の保姆養成課程である保姆養成科が創設されることとなった。そして、頌栄幼稚園の甲賀ふじを保姆兼教師として、また、同校の教育を長期に亘り支えることとなる西村静一郎[7]を教頭として採用し、女学校において保姆養成を行っていった[8]。1897（明治30）年に甲賀が退職すると、幼稚園教育専門の宣教師たちがアメリカから派遣されて保姆養成に従事した。同校の幼児教育および保姆養成に貢献した宣教師には、マコーレーやクック、J. フルトン（Jane Fulton）などがいる。1917年には、長崎の活水女学校から、J. マウドウェル（Jessie McDowell）が1年間派遣されたこともあった。これらの宣教師たちはみな、アメリカの進歩主義幼稚園教育をリードしたコロンビア大学のヒルの影響を受けた教師であったとされている。また、コロンビア大学へ留学し、ヒルに学んだ後に帰国して、同校で宣教師とともに教育を担った日本人教師たちがいた。

　保姆養成科は1908（明治41）年に保姆師範科と改名し、同年に無試験検定校に認可されている。これは、各種学校であった同校の養成水準の高さが県から承認されたことを意味している。広島女学校の専攻の一つとして順調に発展してきた保姆師範科であったが、1919（大正8）年の南メソジスト・ミッション会議の結果、広島女学校保姆師範科と神戸のランバス記念伝道女学校が合併し、神学部と保育専修部を併設するランバス女学院が大阪に設立さ

れることとなった。1921（大正10）年9月に、クックは保姆師範科生3名を連れてランバス女学院保専修部に移り、広島女学校保姆師範科は1922（大正11）年4月に廃止された。ランバス女学院保育専修部は、「大正から昭和にかけて、神戸の頌栄保姆伝習所と並んで関西における異色の二大保姆養成機関として、わが国保育界に大きな貢献をしたのである」[9]と評されている。同専修部は広島女学校時代の保姆養成の在り方を受け継ぎ、発展していった。クックは保育専修部長となり、コロンビア大学で修士号を取得した高森ふじとともに学院を運営していった。その後、ランバス女学院は1941（昭和16）年に神戸女子神学校を合併し、聖和女子学院と校名を改めた。1950（昭和25）年には聖和女子短期大学、1964（昭和39）年に聖和女子大学となり、2009（平成21）年には関西学院大学に合併吸収され、学校法人関西学院聖和短期大学となっている。

2．卒業者数とその動向

　広島女学校からは多くの保姆が輩出されている。1897年の第1回生から、ランバス女学院移転直後である1921年の第19回生までで、合計168名が卒業したという記録が残っている。表1は卒業者の一覧である。日本人だけではなく、外国人も保姆師範科で学んでいたことが確認される。また、研究科が設置されており、1914（大正3）年と1921年に3名の卒業生が出ていることは注目に値する。表1を見ると、少人数制教育であったが、しだいに学生数が増加していった様子が見て取れる。同校は、組織の改編などがあったが、継続的に卒業生を各地の幼稚園に送り出していった。

第4章　広島女学校保姆師範科における保姆養成の特質　209

表1　卒業者一覧

回生	卒業年	卒業者数	卒業者名（旧姓）
1	1897年	4	松本（芝）春枝、豊崎（かじろ）はな、真方（袖山）貞、牧野（西村）敏枝
2	1902年	2	はっとりあやは、やまさき（ほなが）うた
3	1904年	6	塩見（市川）ヌイ、ふじた（今田）チズ、あまの（岸本）民代、あかざわ（松長）芳子、そが（もりた）かつ、いしずかもと［死亡］
4	1905年	7	三野恵子、むらかみ（調所）庫子、たなか（永松）千とせ、宇野（清水）みつ、ほしあいさめ、わたなべ（山田）松菊、はせがわ（ときだ）ふみ
5	1906年	5	おのせ（西村）あい、はやし（宮崎）かめ、あかまつ（高月）蘭、おざき（吉見）ケイ、おおつか（くりもと）まつ
6	1908年	5	かじわら（きくなみ）ちよ、くりやま（井上）静江、いのうえ（松下）トク、ふじばやし（扇谷）愛、Lew（Wu）Yoelingoo
7	1909年	3	いずみ（沖田）敏、細川ツギ［死亡］、はふり（渡邊）ケイ
8	1910年	13	おだ（よしだ）はる、Yee Kyinling、Vann（Yoh）Elizabeth、Mrs. Wo、みたむら（箕越）チシヨ、よしえ（阪野）ヒロ、ふなぎ（さとう）あき、徳田まつ、則末於愛、野田千代、吉良春枝、いしはら（松田）リウ、Hsu Ging Ung
9	1911年	6	すずき（弘重）フミ、きぬがさ（砂本）勇子、岡島ハマ［死亡］、佐々木シヅエ、きとく（木村）愛、たかはし（佐渡）愛子
10	1912年	11	佐野（山脇）小春、みながわ（松島）翠、ひしもと（楢崎）楽、池田リツ、佐藤シゲ、やまぐち（亀沢）寿子、いしまる（品川）シナ子、やまもと（佐々木）亀世子、しもはた（田中）文、渡邉道子、伊賀美千代
11	1913年	12	いわま（浜島）とめ子、下川千代、櫛引富貴（既婚）、斎田エイ、よしおか（三崎屋）久、遠藤茂代、ももたに（高木）嶺、武石（手島）ユキ、のむら（吉田）ヨネ、いわむら（浦尾）恵子、児玉春枝、だて豊（吉田［死亡］）
12	1914年	12（13）	兵頭稲葉、平沢カツ、さいとう（満村）兼子、坂本アキ、さの（牛島）好子、深井龍、田中ヨヲ、ししどう（田中）タキ、しばた（坂）ヨシコ、米塚スマコ、ながやま（辰見）美之里、宇都宮菊江　Post Graduate Course: えんどうもよ
13	1915年	9	小川タメオ（既婚）、梶原セキ、おだじま（三戸）ミユキ、ごとう（児玉）富久、藤本ムツヨ、岡部久代［死亡］、ながかわ（西村）馨、うつみ（塩田）小婦喜、篠原志ま
14	1916年	15	本田妙子、今田光世、古林ミツ、河野シズエ、さきやま（香川）アヤ、なかせこ（中山）シズ、ささき（中村）妙、大村きた、うらかわ（副島）百合、柴原（のむら）ハル、瀧藤たね、山本イクエ、山本恵、早川愛子、ふじいふみ［死亡］

15	1917年	11	秋元豊野、藤本めづる、畑美佐保、桂マツノ、小宅崎子、黒田延［死亡］、みよし（里見）文子、やまぐちて（清）照子、てらだ（戸田）アイ、むらた（塚越）愛子、えいがわ（山下）アサコ
16	1918年	11	本間花、わたなべ（伊藤）祥子、町田従子、三宅良子、外島良、田中しげ、月野芳子、津田峯子、米原美子、柳原静子、牧村冨士
17	1919年	14	Ha Shojun、服部ハルエ、河村スギ、小泉三木枝、三谷智恵、森咲子、野添順子、野添恭子［死亡］、大谷槙（既婚）、なががわ（田上）花代、塚本知恵、副島民、山本仲子、沢村アイ
18	1920年	9	深井咲、浜井清子、浜崎カホル、平山時子、木田光、三戸和枝、真田昌、田中コト、すずき（八幡）敏子
19	1921年	10（12）	甲国枝、神田ツキノ、児玉伊久子、小泉キクエ、小崎須磨子、熊崎ミネ、宮崎静恵、中島ツル、珠川澄子、月野貞子　Post Graduate Course: 深井咲、三戸和枝

注）"Kindergarten Normal Department of the Lambuth Training School For Christian Workers"（Osaka, Japan, 1921-1922, pp.14-15）および学籍簿（学校法人関西学院聖和短期大学キリスト教教育・保育研究センターより使用許可をいただいた）より筆者が作成した。なお、氏名が特定できた人物は漢字で表記した。この他、卒業はしていないが在籍していた学生が存在していた。

　保姆師範科卒業生の進路は様々である。広島女学校本科の卒業生の大半が主婦となっている中、保姆師範科においては、1909（明治42）年までの卒業者全28名のうち、14人が保姆、2人が小学校教員となっており、6割弱の女性が教育職に就いている[10]。

第2節　保姆師範科における初期の保姆養成

1．保姆養成科における見習制養成

　広島女学校で保姆養成を受けた学生には、女学校普通科（本科）を卒業した者が多い[11]。したがって、保姆養成課程の基盤である女学校との関係に着目して、保姆養成科のシステムやカリキュラムを検討する必要がある。1890（明治23）年の女学校の学則をまとめると表2のとおりである[12]。

第4章　広島女学校保姆師範科における保姆養成の特質　211

表2　広島女学校の学則（1890年）

予備科（2年）	倫理、読書、英語、訳読、美術、習字、地理、図画、手芸、音楽、体操
普通科（4年）	倫理、和文、漢文、英語、訳読、数学、地理、歴史、理科、習字、図画、家政、手芸、音楽、割烹、体操
高等科（2年）	倫理、和文、漢文、英語、訳読、数学、博物、画学、家政、手芸、音楽、教育学、割烹、体操
専修科	英語、音楽、手芸、女礼

注）「創立以来学則変更ノ要領」（広島女学校百年史編集委員会『広島女学院百年史』広島女学校、
　1991年、639頁）より作成した。なお、高等科に関して「但、普通科高等科ノ割烹ハ之ヲ随意科
　トス」と記されている。

　広島女学校では、保姆養成が開始される以前の1890年から高等科の中に教育学が導入されている。1894年には教育学は高等科から除かれているが、翌年に保姆養成科が開始されていることから、教育学と保姆養成はなんらかの関連性をもっていると考えられる。1896年の学則を見てみよう。この年の変化として、英語と音楽がそれぞれ選科になったこと、手芸と女礼が裁縫専修科になったこと、高等科が教育科、文科、理科に分けられたことを指摘することができる。表3は、高等科の3科で教授された科目の詳細である。

表3　高等科内に設置された三つのコース

教育科	倫理、国文、漢文、教育、数学、心理、科学、簿記、体操、裁縫
文科	倫理、国文、漢文、英語、教育、心理、家庭、裁縫
理科	倫理、数学、心理、科学、家政、裁縫

注）「創立以来学則変更ノ要領」（前掲、640頁）より作成した。

　保姆養成科が教育科として組み込まれていたのかについては、この時点では明らかでないが、1908（明治41）年の学則には「高等科ノ教育科ヲ更ニ普通教育科、保姆師範科ニ分ツ」とあるため、教育科の中に保姆養成科が位置づけられていた可能性が高い。

　保姆養成科は2年制で、最初の学生は12名であった。ゲーンスが「保育原理及フレーベルの母の遊戯」、ブラクアンが「音楽」、甲賀が「保育実習」の

各科目を担当していた。後の同校における保姆養成と比べると、草創期は見習制に近いものであった。教師と学生は常に行動をともにし、幼稚園やゲーンスの部屋などあらゆる場所で、保育の空き時間に教授が行われていた。また、学生は各自が幼稚園の組を受け持ち、実習にあたっていた。教科書はすべて原書が用いられ、学生は作文や卒業論文を英語で執筆した[13]。

6年間広島女学校において保育と保姆養成に携わった甲賀は、ハワイ諸島無償幼稚園と子どもの援助協会（The Free Kindergarten and Children's Aid Association of the Hawaiian Islands）からの要請により、ハワイ無償幼稚園日本人部の主任保姆となるため、1897年7月に養成科第1回卒業生を送り出すと同時に辞職した[14]。甲賀の後任として第1回卒業生の松本春枝が就任している。後に松本は、ハリソンの *A Study of Child-Nature : from the Kindergarten Standpoint*（Chicago Kindergarten Training School, 1891）を訳し、『父母と教師の為の児童之研究』（福音舎出版部、1926（大正15）年）として出版した。同書は幼稚園の原理による家庭教育の在り方について記した実践的な内容を含んだものであり、何ヶ国語にも翻訳されている[15]。松本は当初、同書を母の会で用いるために翻訳を始めたと言う[16]。卒業生の他にも、幼児教育専門の宣教師が派遣され、同校での教育にあたった。次項からは同校の保姆養成を主導した宣教師に着目して、広島女学校における保姆養成の実態を明らかにしていこう。

2．F. C. マコーレーによる保姆養成

1901（明治34）年に来日したマコーレーは、日本にスキップ運動を導入した人物として知られている[17]。しかし、マコーレーの教育実践活動についてはほとんど明らかにされていない[18]。マコーレーについて、筆者の調査によれば、1901年にルイビル無償幼稚園協会（Louisville Free Kindergarten Association）の2年制の養成コース（the Training School of the Louisville Free Kindergarten）を卒業していたことが確認された。同コースは1887年9月にA. E.

ブライアン（Anna E. Bryan, 1857-1901）によって始められており、ヒルは同コースの最初の卒業生であった。1893年にブライアンが辞任すると、彼女の推薦でヒルが後継者となった。進歩派を代表するブライアンとヒルの指導のもとにあった同校は、進歩主義の立場をとる最初の学校の一つと見なされていた。マコーレーはここで学び、1901年6月8日にヒルから学位を授与され、卒業後すぐに来日し、広島女学校において幼稚園教育と保姆養成の責任者となったのであった[19]。

　1900（明治33）年に日本を訪れたウィルソン（Mrs. Wilson）によると、ゲーンスは、自身の片腕となるような幼稚園教育の専門家をずっと求めており、マコーレーが赴任することになったと言う。マコーレーによって「時間数やコース・オブ・スタディが確定された養成クラスが組織され」、広島女学校における保姆養成は見習制に近いものから組織的な養成へと発展したのであるが、その実態について詳細に検討していこう[20]。

　保姆養成科の規則は、女学校規則の細則として作成されている。現存する最古の規則は、1903（明治36）年の「広島女学校附属幼稚園保姆講習規則」である。1904年の規則は英文のもののみ現存している。両規則は、マコーレーによって作成されたと考えられる。以下は1903年の規則である。

　　広島女学校附属幼稚園保姆講習規則[21]
　　　○科程課目
　　生理学
　　心理学
　　教授法
　　教育史
　　遊戯ノ心理及歴史
　　フレーベルマザー、プレー、（母の遊戯）
　　フレーベル恩物及用法
　　手工
　　体操　　音楽（課外）

○入学者ノ資格
一年齢十八歳以上ノ女子。
一品行方正ナルモノ。
一英文教科書ヲ用ユルヲ得ル者。
一高等女学校ノ卒業証書ヲ有スル者、若クハ之ト同等ノ学力アル者。
　　○科程
一毎日午前児童保育ヲ実習シ、午后学課ヲ修メシム。
一講習年限ハ、本校本科卒業者（若クハ之ト同等ノ者）三年、其以上ノ学力アリ
身体健全ナルモノハ二年トス。
　　○学費　　（略…筆者注）
　　○入学期　　（略…筆者注）
「前諸項以外ノ細則ハ本校規則ニ準ズ」
　　●予告
幼稚園保姆ノ需要ニ応ジ得ンガ為メ、来明治三七年九月ヨリ、邦語科講習部ヲモ
併置シ、斯道ニ熟練セル者其任ニ当ルベシ。而シテ、其規定ハ総テ前項ニヨル。

　「科程課目」を見ると、「生理学」、「心理学」、「教授法」、「教育史」、「遊戯
ノ心理及歴史」、「手工」、「体操」、「音楽」といった科目に加え、フレーベル
の「マザー、プレー、（母の遊戯）」や「恩物及用法」が組み込まれている。
「マザー、プレー、（母の遊戯）」とは、フレーベルの主著の一つである『母の
歌と愛撫の歌』のことを指すが、これは当時のアメリカにおいて保姆養成の
教科書として用いられたものである。「恩物及用法」は、恩物というフレー
ベルが考案した教育遊具とその使用法について学ぶ科目であった。マコーレ
ーはフレーベル主義幼稚園教育の理論と実践を伝授したと言えよう。これら
の科目は、午前の実習が終了した後に、座学で教授された。
　入学資格を見ると、18歳以上の高等女学校卒業者、もしくはそれと同程度
の学力保有者が対象とされている。「科程」の項目を見ると、広島女学校卒
業生、もしくはそれと同程度の学力を有する者は3年、それ以上の学力のあ
る学生は2年で修了することができるとある。広島女学校本科卒業生の学力
程度は決して低いものではなかったことは前項で引用した女学校の規則から

第4章　広島女学校保姆師範科における保姆養成の特質　215

推察されるため、マコーレーは通常3年制の保姆養成を行う必要があると考えていたと理解できる。

　また、入学資格の項に「英文教科書ヲ用ユルヲ得ル者」とあり、予告の項には、1904年7月から邦語科講習部を併置することが示されている。つまり、上記の保姆養成は英語によってなされたものであった。しかし、やはりそれでは対象者が少なかったのであろうか、「幼稚園保姆ノ需要ニ応ジ得ンガ為」邦語科講習部を開くことにしたとある。このように、保姆養成科では、「保姆講習」という名称ではあるが、一般にいう講習の程度ではなく、保姆養成科創立当初よりも組織的な養成が行われていたのであった。マコーレーは1903年の第12回定例日本伝道会議年報に次のように記している。

> 私は皆さんが幼稚園の本当の、まじめで真摯な仕事の重要性を認識して下さっているかどうかは、全くもって確信に至りません。どうか、わかって頂きたい。幼稚園は、ただ単に母親の代わりに子供たちを遊ばせ、もてなし、面倒をみる場ではありません。また、ただのどんな女性でも教師の代わりができるわけではありません。幼稚園とは、指導のもとに行われる知的な遊びと自主的活動を通して、子供たちをすべての清らかな純粋な善良な世界へと導き入れることの可能な、二つとない教育の場なのです。崇高なクリスチャンの生き方の基盤が築かれる場なのです。幼稚園の仕事に携わる女性の基準は、到達できてもできなくても理想的でなければなりません[22]。

ルイビルで保姆となるための専門的な訓練を受け来日したマコーレーは「幼稚園は決して、より大きい「学校」という組織の副次的付属品ではない」と考え、上記のような保姆像のもと養成に取り組んでいた。また、附属幼稚園における教育活動以外にも、無償幼稚園や家庭訪問、母の会など、多岐にわたる活動に積極的にかかわっていた[23]。

　マコーレーは1905（明治38）年にクックに後を任せて帰米した[24]。その後、ルイビルの A Model Elementary School において、1907年9月から Kindergarten 部門のディレクターとなっていることが確認される[25]。

3. M. M. クックによる初期の保姆養成

　マコーレーが帰国すると、1904年に来日していたクックが養成科の責任を引き継いだ。『聖和保育史』の中では、「先にマコーレーによって従来の幼稚園教育に新しい感覚がもちこまれ、ついでクックによってたえず新しい幼児教育の研究と紹介がなされていった」[26]とある。クックは1938年まで、広島女学校および後に移転するランバス女学院において継続的に指導者として保姆養成を牽引していった。ここでは、彼女の経歴や初期の教育実践の有り様を分析していこう。

(1) M. M. クックの経歴と来日経緯

　クックについては『小さき者への大きな愛』に詳しい。同書には、1900年10月頃にテネシー州ナシュヴィル市の南メソジスト監督教会外国伝道部秘書課に提出されたクックの宣教師応募書類が掲載されているため、それを参照し、クックの経歴と来日の経緯についてまとめておこう[27]。

　クックは、1870年3月1日にジョージア州のロマにおいて、父 W. F. クック（W. F. Cook）と、母 L. R. クック（L. R. Cook）の間に生まれた。彼女は、神学博士である父の牧会するジョージア州ワシントン市の南メソジスト教会の会員であり、日曜学校の奉仕にあたっていた。クックの宣教師応募に際して、彼女の父親が伝道局に宛てた手紙の中で、クックがチャタヌガ英語学校の大学コースで英文学と語学とを専攻したことが記されている。クック自身は、ラテン語とドイツ語を習ったと志願書に記載している。また、クックの父親は、クックの幼稚園教育経験についても触れ、クックとともに幼稚園教育事業に携わった人物を伝道局に紹介している。これらの人物による推薦状を見てみよう。

　ジョージア州教育局長である G. D. グレンは、クックについて、「非常に高いレベルの教育能力」を持ち、「この州内において、最も忍耐強く信頼出

来る、献身的で愛すべきクリスチャン教師の一人です」と推薦している。また、アトランタ幼稚園教育師範学校校長である W. A. アレン（Willette A. Allen）は次のように述べている。

　3年の間、私の生徒また助手として一緒に働いて来ました経験から申し上げますと、私は何の保留も無く、彼女を最高に評価致します。彼女は教育の教師としてとても立派な能力を持ち、子どものニードに対しては稀な洞察力を有し、完全に忠実で、責任ある全ての事柄に非常に注意深くあります…中略…彼女の教育のために、もし付け加えるとするなら、音楽をもう少しと言いたいですが、これは疑いなく、その方面を受け持つ助手がつくことでしょう[28]。

　『聖和保育史』によると、クックはアトランタ幼稚園教育師範学校を1898年に卒業したとある[29]。クックは、音楽に長けてはいなかったが、幼稚園で働いた実績や宣教師としての資質が認められ、日本に派遣されることとなった。ゲーンスは、赴任する前にアメリカの幼稚園について研究してくるようクックに課題を与えたが、父親の急病によりクックの来日は延期となり、代わりにマコーレーが赴任したものと考えられる。

　クックは、日本で幼稚園教師が求められていることを知った時から日本宣教への情熱を持ったと述べ、「神の国の前進のために私の生涯を捧げて、神様に最も良く使って頂くこと」を宣教の動機として志願時に語っている。クックの意思は固く、1903年12月頃には、再度日本宣教の準備を開始し、アメリカに一時帰国していたゲーンスと面会することを希望している。以上のような経緯によって、クックは1904年1月に日本に、同年2月3日に広島に到着した。

(2)保姆師範科への改組

　クックは、マコーレーによって形作られた養成科を発展させるための再組織を行っている[30]。1906（明治39）年の規則からは、責任者にクックとゲーンスの名前が挙げられるようになり、マコーレーの定めた規則と異なる形式

でそれが作成されている。以下では1906年の規則[31]を分析し、クックの保姆像と養成内容について検討していこう。

まず、入学条件として「年齢十八年以上ノ女子ニシテ、身体健康品性良好ノモノ」、「多少音楽ノ素養アルモノ」、「五年程度ノ高等女学校ヲ卒業シタルモノ、若クハ同等ノ学力アルモノ」、「英語科ニ入ルモノハ、英語教科書ヲ用ヒ得ベキモノ」と四つの資格が提示されている。ここにあるように、18歳以上の5年程度の高等女学校卒業者で、身体健康かつ品性良好で音楽や英語の素養があることが条件とされていた。卒業は「入学後満二ヶ年ヲ経ルニアラザエレバ、卒業スルコトヲ得ズ」とあるように2年間は必ず在学することになっていた。当時、一般の養成は半年間程度の速成養成が主なものであったことから、同校での養成年限は圧倒的に長期間に設定されていたと言える。さらに、この当時、師範科には英語科と邦語科が設置されていたが、「初メ邦語科ニ入リ、英語科ニ転ズルノ予備ヲナスモノニハ、在学年数ヲ延長セシム」と、予備的に邦語科で学び、英語科に進む者に関しては、在学年限を延長させていた。教員組織を見ると、科長のクックが教師も兼ね、その他、保姆養成科の卒業生である調所庫子と市川ヌイの2名が助教師として名を連ねている。講師としては、広島女学校の教頭でもあった西村静一郎が心理学と教育学を担当し、その他、国文・音楽・図画の担当の講師が置かれていた。規則の最初の頁には保姆養成科の教育方針が載せられている。

> 保姆タル事ハ、女性ノ完全ナル発達ナリ。技芸的能力智的能力及徳性ノ根底ニ、神ト共ニ働クノ業ナリサレバ、保姆タルノ教育ヲ受クルハ女子ノ教育ノ最高ナル完結ナリ。斯業ノ外ニハ青年女子ガ人生ノ種々ナル務ヲ果タスニ足ル好キ準備ヲナシ得ベキ余地ハ殆ンドアル事ナシ。仮令ヒ、之ヲ本業トセザル迄モ、由リテ以テ女子ノ胸底ニ窈メル薫香ヲ放チ施テ、最高ノ務、即チ、母タルノ務ヲ尽クスニ適当ナラシムルニ足ル。児童ヲ愛スルノ愛ハ至要ナリ。而カモ、保姆ハ兼テ又教育者ナラザルベカラズ、幼稚園ハ各方面ノ教育、即チ、手（手芸）、頭（智能）、心（性情）ノ基礎ナリ。

日本語規則では、それらは一つの続きの文章となっているが、英文規則を見ると、数箇所からの引用であることがわかる。例えば、最初の箇所である「保姆タル事ハ、女性ノ完全ナル発達ナリ。技芸的能力智的能力及徳性ノ根底ニ、神ト共に働クノ業ナリサレバ、保姆タルノ教育ヲ受クルハ女子ノ教育ノ最高ナル完結ナリ」の箇所は "To be a Kindergartner is the perfect development of womanliness—a working with God at the very fountain of artistic and intellectual power and moral character. It is therefore, the highest finish that can be given to a woman's education, to be educated for a Kindergartner." と記載されている。この箇所は E. P. ピーボディ（Elizabeth P. Peabody）の著作、*Lectures in the Training Schools for Kindergarteners*（13頁）の一部である。同書はピーボディが養成校で行った講義の内容がまとめられたものであり、フレーベルの経歴からはじまり、自身の経験を踏まえてフレーベルの教育理念を解説したものである。同書はアメリカにおける保姆養成の教科書として定番であり、上述の箇所はよく引用される部分である。日本では中村五六の『幼稚園摘葉』において同書が紹介されている[32]。クックは同書から、保姆は女性の完全な発達であり、神とともに働く業であるため、保姆となるための教育を受けるということは女子教育の完結であると示している。広島女学校では1916（大正5）年に最高教育機関として保姆養成課程が位置づけられていることからも、女子教育との関係性が窺える。なお、この方針はこの後も継続して掲げられていくものであり、広島女学校の保姆養成の精神であると言えよう。このような方針のもと、以下のような教科目が置かれていた。

　　教科目
一、幼稚園ニ於ケルフレーベルノ理論並ニ保育ノ実際研究
　　　教育史　特ニ、ルーソー、ベスタロツヂ、フレーベル、ヘルバルト等ノ教育
　　　　　　　論ヲ注意研究セシム。
　　　教育要綱　フレーベルノ「人ノ教育」、「教育ノ法則」等ニ示サレタルガ如キ

　　　　　研究。

　　遊戯ノ歴史並ニ心理

　　応用心理並ニ児童研究

　　母^{コレーベル}ノ遊戯、ソノ譬喩的表示ニヨリテ表ハレタルガ如キ児童生活ノ意義ヲ発
　　顕スルコト。

　　フレーベル恩物並ニ手業ニ就テ、理論的並ニ実際的取扱ヒノ研究。

　　自然界研究

　　体育

　　聖書研究並ニ日曜学校教授ニ応用シタル幼稚園ノ主義。

　　　（注意）　以上ハ、凡テ英語ニテ研究スルモノトス。

二、心理並ニ教育　既ニ英語ニテ修メタルト同題目ニ就キ、邦語ヲ以テ補習的ニ
　　研究セシム。

三、邦語作文　巧ニ思想ヲ表示スルハ鑒要事ナルガ故ニ、作文ノ要項ヲ習得セシ
　　メンコトヲ期ス。

四、音楽　保姆タルニ必要ナル音楽ヲ修メシメンガ為メ、本校音楽部ニ於テ練習
　　セシム。

五、図画　幼稚園ニ適用センガ為メ、科学的並ニ技術的ニ其要項ヲ学習セシム。

　　講演　現代教育ノ題目ニ就キ、時々、知名ノ士ノ講演ヲ開催スベシ。

　教科目としては、「幼稚園ニ於ケルフレーベルノ理論並ニ保育ノ実際研究」
とあるように理論と実践が含まれた内容であった。その中で、「教育史」と
して「特ニ、ルーソー、ベスタロッヂ、フレーベル、ヘルバルト等ノ教育論
ヲ注意研究セシム」とあるように教育思想家たちが取り上げられていた。ま
た、「教育要綱」には、「フレーベルノ「人ノ教育」、「教育ノ法則」等ニ示サ
レタルガ如キ研究」とあり、フレーベルの著作などから、教育の根本原理に
ついて学ぶように考えられていた。その他、「遊戯ノ歴史並ニ心理」、「応用
心理並ニ児童研究」、「母^{コレーベル}ノ遊戯、ソノ譬喩的表示ニヨリテ表ハレタルガ如
キ児童生活ノ意義ヲ発顕スルコト」、「フレーベル恩物並ニ手業ニ就テ、理論
的並ニ実際的取扱ヒノ研究」、「自然界研究」、「体育」、「聖書研究並ニ日曜学
校教授ニ応用シタル幼稚園ノ主義」の各科目が置かれており、これらは英語
で教授された。その他、「心理並ニ教育」は英語で学んだ内容が補習的に日

本語で教授されるものである。「邦語作文」、「音楽」、「図画」、「講演」もカリキュラムに組み込まれていた[33]。教科目はマコーレーの時代から比べると詳細に記述されるようになった。また、『聖書』や日曜学校に関する内容も保姆養成カリキュラムの中に正式に含まれるようになった。さらに、「研究」という語が多用されている点からは、単なる伝習程度の保姆養成とは異なったものであったことが推察される。

これらのことから、フレーベルの主著である『人間の教育』、『母の歌と愛撫の歌』などを英語および必要ならば日本語でも学び、幼稚園教育の原理が重視され、かつ実践を意識した養成カリキュラムが編成されていたと言える。『母の遊戯』（『母の歌と愛撫の歌』）は、マコーレーが作成した規則と同様、教科書として明記されている。同書については「譬喩的表示ニヨリテ表ハレタルガ如キ児童生活ノ意義ヲ発顕ス」と説明されており、引き続き同書を用いてフレーベル主義幼稚園教育の原理が研究された。また、フレーベルの『人の教育』（『人間の教育』）は、本規則で初めて明記された。クックは後に同書について、「フレーベルが実際の教育に於いて実験しつつあった所の教育目的と方法とを記したもの」と述べている。また、「幼稚園の概念が充分に形成される以前に於いても、フレーベルは、自己活動及び創作的活動の必要を高学年の少年に於いて認めていました」と言い、『人の教育』の中にそれが詳しく示されていると論じている[34]。「教育ノ法則」という教科書も示されているが、同書はJ. L. ヒューズ（James Laughlin Hughes）の *Froebel's Educational Laws for All Teachers*（D. Appleton and Company, New York, 1897）である[35]。この文献はアメリカの1890年代における幼児教育関連書籍の中でも最も重要なものの一つと見なされており、フレーベルの教育原理を幼稚園教育のみならず、小学校における教育へ適用することを示したものである[36]。

この当時の広島女学校での保姆養成は、同年代のアメリカにおける保姆養成の中でも高度な養成課程の基準に準じていたことが明らかである。アメリカの幼稚園教育運動の指導者であるS. E. ブロー（Susan E. Blow）は1900年

222

の時点でのアメリカの養成の基準について、幼稚園運動の初期においては、1年間の養成期間があればよいと考えられていたが、「今日、大部分の評判のよい師範学校では、養成課程は二年間になっている」と述べている。養成内容は、「幼稚園の恩物と作業の理論、母と子の遊びの研究、歌・ゲームの練習、体育、唱歌・製図・造形および色彩の実習、お話を語る技術の講義、幼稚園の実際の活動の観察等」を含み、さらに優れた師範学校ではそれらに加え、「科学、文学、心理学、教育史」が置かれていたと言う[37]。保姆師範科では2年制の養成課程においてアメリカにおける一般的な養成内容に加え、心理学と教育史も含まれている。

しかし、カリキュラムの充実に対し、修業年限は2年に下げられている。クックは、後のランバス女学院時代に3年制を採用することになるが、一般的には半年程度であった当時の日本の保姆養成の状況では、マコーレーによる3年制の保姆養成を継続するのが難しくなったのであろう[38]。

その後の1908年の広島女学校学則に「高等科ノ教育科ヲ更ニ普通教育科、保姆師範科ニ分ツ」とあることは前項で示したが、それらの科目は表4の通りである。

表4 1908年の広島女学校学則

普通教育科	修身、国語漢文、英語、数学、教育、心理、理科、歴史、地理、家事、裁縫、音楽、図画、体操
保姆師範科	修身、国語、英語、教育、心理、音楽、図画、体操、幼稚園科理論及実習

注)「創立以来学則変更ノ要領」(前掲、642頁) より作成した。

保姆師範科には修身、国語、英語、教育、心理、音楽、図画、体操に加えて幼稚園科理論及実習という科目が記載されている。1908年に同校が無試験検定校に認可されたことを受け、保姆養成科は保姆師範科と改称され、制度的にも整備されたと考えられる。そして、それは、「政府が求める基準より高い、2年間のコース・オブ・スタディ」が提供されたとある[39]。保姆師範科

規則には、1910年から「本証書ヲ有スルモノハ、本県ノ認可ニヨリ、幼稚園保姆無試験検定ヲ受クルコトヲ得」[40]と無試験検定の特典について明記されるようになった。1916年の女学校の学則には、「高等科ヲ廃シ師範科ヲ置キ」と記載され、同科が広島女学校において最高レベルの教育を担う課程となったことが確認される。このように見ると女学校全体の中での養成課程の位置づけが創立当初に比べると、徐々に明確なものとなっていったことがわかる。

4．中心統合主義保育と養成

近年、初期の広島女学校附属幼稚園において、中心統合法が導入されていたことが注目されるようになってきた[41]。アメリカにおいては、進歩主義に先んじて、ヘルバルト主義者が開発した中心統合法がカリキュラム改革に貢献したのであるが[42]、それが日本の保育現場にどのように導入されたかについての研究は管見の限りにおいてない。そこで本項では、アメリカの保育実践・研究と比較対照しながら、中心統合法が採り入れられた過程と初期の広島女学校附属幼稚園の実態を明らかにしつつ、前項において見てきたマコーレーとクックによる養成の実際について検討していくこととする。

⑴保育要領の概要と特徴

本項では、広島女学校附属幼稚園の保育要領を中心に、広島女学校附属幼稚園の保育実践の特徴を明らかにする。この資料は、1909年の『京阪神連合保育会雑誌』に掲載されたものであるが、それはこの頃、広島女学校附属幼稚園の保育が新しい保育方式としてにわかに注目されたためであると考えられる。東京女子高等師範学校において幼児教育研究に携わっていた和田實は、当時の日本には、形骸化した恩物中心のフレーベル主義幼稚園と中心統合主義の幼稚園が存在しており、後者は輸入されつつある形式で、広島女学校附属幼稚園がその代表であると述べている[43]。また、前述したように、

224

1908年に保姆師範科が無試験検定校に認可されたこともあって、他園の参考となるようそれが掲載されたと言えよう。

『京阪神連合保育会雑誌』には、1907年4月9日から7月18日の「広島女学校附属幼稚園課業綱目」（以下、「課業綱目」と称す）、1908年1月から3月の「広島女学校附属幼稚園保育綱領」（以下、「保育綱領①」と称す）、また1908年4月から1909年3月の「幼稚園保育綱領」（以下、「保育綱領②」と称す）が続けて載せられている[44]。そこで、まず、以下に引用した「課業綱目」を検討し、広島女学校附属幼稚園における中心統合主義保育の特徴を把握しておこう。

- 一、題目
  万物は互に相依り相助ける事
- 二、目的
  幼児の現生涯を豊富にし来の生涯の鞏固な基礎を据ゑる事
- 三、幼児日々の課業、遊戯、唱歌、童話の意義。
  四月　此月には幼児を導きて家庭生活より幼稚園生活に移り易からしめ且幼児が家庭の内外で其生活を楽む様になす
  　第一週　家庭内の春の仕事
  　第二週　店舗の春の仕事
  　第三週　田園の春の仕事
  五月　此月には幼児が天然物に対する天賦の愛に応じて動植物体間の相互の関係により幼児自己他物に対する関係を知らする様になす
  　第一週　春季に草木花卉がなす仕事
  　第二週　春季に鳥類がなす仕事
  　第三週　春季に蜂蝶などがなす仕事
  　第四週　復習
  六月　此月には幼児をして天然物の価値を知つた後再び家庭生活に帰らせる
  　第一週　人の住家の事
  　第二週　家屋を建てる職人の事
  　第三週　家具を造る職人の事
  　第四週　食物、衣服を調へる人の事　　　　　　　　　　（以下略）[45]

「課業綱目」の題目には「万物は互に相依り相助ける事」とあり、「三」にあるように、課業、遊戯、唱歌、童話の保育項目がこのテーマのもとに組み込まれている。「課業」とあるのは、恩物を中心とした構成的作業である。「課業綱目」には「幼稚園事業の直接に目的とする所」という箇所の中で「相関連して居る課業及遊戯によりて幼児の思考力を発達せしめ色、形状、数、大小等を教へて知識の基礎を開くこと」（下線筆者）という記述も見られるように、課業（恩物遊び）、遊戯、唱歌、童話の各活動が、題目のもとに関連づけられつつ組織されていることがわかる。このような一つのテーマを中心に子どもの諸活動が結びつけられたものが、中心統合法を採用して構成された中心統合主義カリキュラムと言われるものである。

　中心統合法は周知のようにヘルバルト主義者によって開発されたものである。アメリカでは、進歩主義教育運動を先導する運動として、1890年頃から児童研究運動とともにヘルバルト主義運動が盛んになった。ヘルバルト主義運動においては、文学、歴史、自然研究などの学科が一つ採られ、それを中核として組織されたカリキュラムが初等教育に導入された。幼稚園もこのような中心統合法の影響を強く受けたが、その中核には学科ではなく社会的な諸活動が置かれた[46]。すなわち、ヘルバルト主義者の開発した中心統合主義カリキュラムを幼稚園に適用する場合、中心統合の中心は子どもの活動そのものとされたのであった。

(2)師範科生の保育案にみる保育の内容

　保姆師範科では、保育実習を見据えた保育案作りの授業が行われていた。まず、第4回生の宇野ミツの保育案[47]を分析してみよう。1905年11月の保育案には、月の目標として「世界を幸せにするための田舎と都市の生産について各児童に理解させる」と記されている。そして、田舎で生産されるものと、都会で生産されるものに分け、「どんなものが生産されているか」「誰によって」「結果はどうか」という過程が示されている。具体的には、「田舎で

生産されるもの」として、穀物、野菜、果物、木材、木炭が挙げられ、農夫やきこり、炭やき人によってそれが生産されることが表されている。同様に、「都会で生産されるもの」として、肩かけ、洋服、陶器、バケツ、本が職人によって作られ、各地へ送られることが示されている。表5は「田舎で生産されるもの」の週案の抜粋である。「ねらい」を見ると、生産物が生産者によって精選され、都会に送られることで、全国に生産物が行き渡るという社会のつながりに子どもが気付くことを意図していることがわかる。月の計画にそって11月9日にはまず穀物が取り上げられ、米俵の製作や恩物を用いた実践が計画されている。10日は野菜、11日は果物、12日は木材、13日は木炭を中心として活動が展開されるよう組織されており、一週間でまとまりを持った単元となっている。また、野菜やバケツなどの実物も合わせて提示されている。恩物のように抽象的な教材以外にも、実生活に即した具体的な材料が遊びに利用されていたことが窺える。

表5　宇野ミツの週案「田舎で生産されるもの」

	一九〇五年一一月九日（月曜日）	一九〇五年一一月一〇日（火曜日）
一時間目	米俵を作る。これは二時間目に用いる。	紙でバケツを作らせる。これは二時間目に用いる。
二時間目	中心は穀物。 材料　第六恩物　一時間目に作った米俵を用いる。	中心は野菜。 材料　第二恩物　本物の野菜とバケツ　一時間目に作ったバケツを用いる。
三時間目	米俵の絵を糊づけする。	野菜の絵を糊づけする。
ねらい	精選された穀物は田舎で農夫によって生産され、都会の人々に送られる。全国中がそのおかげでうるおう。	精選された野菜は田舎で農夫によって生産され、都会の人々に送られる。全国中がそのおかげでうるおう。

注）『聖和保育史』（聖和保育史刊行委員会、聖和大学、1985年、30-31頁）より引用した。

　ここで、宇野の保育案がどのようなテーマのもとで作成されたのかを検討していこう。この保育案の年間目標は、同園がキリスト教系幼稚園であることから、「与えなさい。そうすれば、自分も与えられます。人々は量りをよ

くして、押しつけ、揺すり入れ、あふれるまでにして、ふところに入れてくれるでしょう。あなたがたは、人を量る量りで、自分も量り返してもらうからです」（新改訳、ルカによる福音書 6 章38節、以下ルカ 6 ：38と表記する）という『聖書』の一句から採られている。この聖句の前後を見ると、この部分が神の愛のもとに成り立つ人間同士の関係性について述べられた箇所であることがわかる。前述した「課業綱目」の題目に「万物は互に相依り相助ける事」とあるように、ここでも有機的連合体である人類が、互いに助け合って生きる社会を実現することを理想として、テーマが設定されていると言えよう。

　同じように「保育綱領②」でも、聖句が「基本的思想」および「本文」に据えられている。「基本的思想」としては「生命及びその関係」とあり、その根拠として「わたしが来たのは、羊がいのちを得、またそれを豊かに持つためです」（ヨハネ10：10）という聖句が挙げられている。「わたし」とはイエス・キリスト、「羊」とは人間のことを指すことから、ここでも神と人間の関係が基本とされている。また、その説明には「豊かなる生命とは真実に且つ充分に生命の関係的義務を果たす」とあり、人生の豊かさは自分が置かれた関係の中で与えられた役割を誠実に果たしていこうとする中に見出されるという意味が込められている。「本文」では、キリスト教の基本的律法である「心を尽くし、思いを尽くし、力を尽くし、知性を尽くして、あなたの神である主を愛せよ」および「あなたの隣人をあなた自身のように愛せよ」（ルカ10：27）が採り上げられている。そして、「注意」として家族的関係と社会的関係、「主義」として従順と相互の助成に触れ、神を基軸とした人間相互の関係とそれぞれの役割をテーマに掲げていることが理解される[48]。

　1908年に保姆師範科を卒業し、その後広島女学校附属幼稚園に勤務した松下トクの保育案も現存している[49]。これを見ても、恩物や遊戯などの諸活動が、相互依存というテーマにそって構成された中心統合主義カリキュラム案が作成されていたことがわかる。松下の保育案にある「お米を食べる」という単元では、「誰によって」「活動」「結果」という形式が採用され、農夫が

稲を植え、収穫し、それを米屋に売り、大八車によって米が運搬され、母親がそれを購入して調理することでおいしいお米を食べることができる、という内容が展開されている。この続きの単元では、家庭における母親の仕事である料理が注目されている。「鳥たちの春の準備」（1906年4月23-27日）という単元では、母鳥が雛を育てる様子が描かれ、育児について触れられており、母親の役割が強調されている。

「保育綱領②」（表6）にも家族や家庭生活に関する内容が見られるが、これは子どもの最も身近な生活を反映したものであることから、新学期の始めに組み込まれている。4月の家族的関係において、まず幼児自身の家族について扱われ、遊びの家族、すなわちごっこ遊びのような形式の活動が行われていく。また、第2週目以降から5月にかけては、動植物の家族の在り方にその焦点は移っていく。

表6　保育綱領②

	題目		
四月	家族的関係	第一週	幼児の家族及び遊びの家族
		第二週	植物の家族（母ノ愛ノ世話　之二応ズル幼児ノ勤メ）
		第三週	植物の家族続き　之に関連せる話　木や花などの目覚めること即萌芽
		第四週	復習及び園芸
五月	家族的関係の続き	第一週	鳥の家族　そが帰り来て巣作りすること
		第二週	前の続き　特に鳥類の話
		第三週	昆虫の家族及び水中に住む家族
		第四週	復習

注）『京阪神連合保育会雑誌』（1909年、第23号、74頁）より筆者が作成した。

　以上のことから、広島女学校附属幼稚園においては、人間の相互依存・相互扶助の関係に着目したテーマが設定され、それにそって課業や遊戯、唱歌、談話などの諸活動が統合された保育カリキュラムが構想されていた。そしてそれは、子どもの身近な経験を通して組織され、社会のあらゆるものとのつながりを知るようにと考えて開発されたものであったと言えよう。

(3)宣教師による保育実践指導の様子

ここまでは広島女学校附属幼稚園の保育要領や保育案を参照しながら、同園で行われた保育の実態を考察してきた。本項ではそれらの保育計画や保育案がいかに実施されていたのか読み解いていきたい。

筆者は、当時、保育関係者に愛読されていた雑誌、*Kindergarten Review*にマコーレーが投稿した "Work in a Japanese Kindergarten at Hiroshima"[50]という論文を発見した。ここにはマコーレーの4年間の広島女学校における体験が描写されている。マコーレーは附属幼稚園での保育実践について、季節や生活様式および作業に適したプログラムが用意されていたと述べている。実習生は毎週テーマや材料などを熟考し、綿密な計画を練った上で保育案を作成していた。そして、マコーレーの点検を受け実習に臨んでいた。同論文において、マコーレーは指導内容の一部を次のように示している。まず、「基本的思想」として「私たちに必要なものは＿＿によって供給される」という一文を掲げている。そして、「私たちの食料雑貨類の必要は食料雑貨店主によって満たされる」とし、さらには「食料雑貨店主の必要は豆の使用によって満たされる」と記している。これまでマコーレーが行った実際の保育内容を特定する資料は存在しなかったが、このような記述からは保育実践の目的や構成、形式において、これまで見てきた広島女学校附属幼稚園における保育実践と同じような傾向を見出すことができよう。それはすなわち、前項で検討してきた同園の保育案の内容が、マコーレーによって指導されたものであったことの傍証となり得る。また、クックの教育実践については、保姆師範科第3回生赤沢よし子の回想が残されている。

> 先生は信仰の厚い方で毎日第一の時間は聖書により神の愛を先づ学びそして社会の人々は互いに相愛して他の人々のために愛の奉仕をすること、百姓はよき穀物よき野菜を作って人々のために提供する、商人は便利な品よき品を集めて多くの人々のために提供、大工は腕をみがき丈夫な立派な家をたてる。鍛冶屋は丈夫な道具を作り、掃除人等すべての働き人は皆一生懸命働いて人々を益することを遊

戯や恩物遊びになして表わすことを教えられました[51]。

ここにあるように、クックは神の愛の上に成り立つ社会的関係において、各職業によって事物の供給が行われていることを、遊戯や恩物遊びなどを通して幼児に示すよう指導していたことが窺える。1904年に来日したクックが、マコーレーとともに実践に携わった期間は短いが、クックが来日するまではマコーレーによって実践が方向づけられ、その後両者が協力することによって1900年代における同園の保育実践が形作られたと言えよう。次項では、このような実践を創出するにいたった背景を考察する。

(4)アメリカの保育カリキュラムの典型例

広島女学校附属幼稚園の保育実践は、アメリカ人宣教師によって担われていたため、当時の日本の一般的な保育実践に比べ、アメリカでの実践の内容を強く反映したものであった。そこで、本項では、アメリカの保育カリキュラムの特徴を分析することで、広島女学校附属幼稚園のそれがどのような位置にあったのかを検討していく[52]。以下は、シカゴ大学幼稚園と小1・2クラスの「仕事の概要」（表7）である。

表7　仕事の概要

	主題	トピック
秋学期	家庭	1 家族　2 人形の家族　3 家庭的な動物の家族　4 鳥の家族 5 植物と種
冬学期	商品の流通	・例えば、食料雑貨店主、牛乳屋、石炭屋、氷屋など ・供給源とそれがどのように私たちのもとに運搬されるか 　（人や食料の輸送：汽車、そり、手押し車、ワゴン、車）
春学期	庭園	1 庭の花壇（型と区分）　2 庭園の木や鳥 3 土の中や植物の上にいる動物の生活

注) *Announcements of the University Elementary School 1905-1906* (The University of Chicago, Chicago, 1905, pp.33-35) より筆者が作成した。

「仕事の概要」を見ると、秋学期の内容は家族を主題にしたものであることがわかる。また、冬学期の主題は、「商品の流通」とあり、食料雑貨店

主、牛乳屋、石炭屋、氷屋などの職業が取り上げられている。「供給源とそれがどのように私たちのもとに運搬されるか」とあるように、生産物がどこから供給され、何によって運搬されて各家庭に届くか、その過程を明示することが重視されているのがわかる。

また、当時アメリカで流行していた保育実践の内容を *Kindergarten Review* に連載された年間保育計画を参考に検討していこう。例えば、1905年に E. エバレット（Edna Everett）によって記された年間保育計画がある[53]。そのテーマは、フレーベルの主著『母の歌と愛撫の歌』に見られる「世界の神的統一」と「生命合一」とあり、年間テーマは「統一」、各学期テーマは、9-12月は「家庭の統一と相互扶助」、1-2月は「人類愛と地域の相互扶助」、3-6月は「全生命体の統一・自然界の相互扶助」であった。フレーベルは、すべてのものは神から出て神によって一つであるという世界観を有していた。そのため、神を中心としてすべてのものが調和する世界を理想としていた[54]。そのような思想の具体的表出として、次のような保育カリキュラムが開発されていた。11月の「冬の準備」という単元を見てみよう。ここでは、各家庭や地域社会の中での母親や父親の仕事を扱った後、農夫、食料雑貨店、パン屋の仕事とそれらの相互の関わりに着眼点は移っていく。その中で、例えばパン屋の仕事について、パン屋が小麦、砂糖、ミルクをどこから手に入れるのかという問いが立てられ、農夫や食料雑貨店、牛乳屋とのつながりが説かれている。また次週には、パンの原料にも目を向け、それを生み出す自然、さらにはその自然の根源に働く神の力を知り、神と人とに感謝するという活動内容が展開されている。

農業を取り扱った保育カリキュラムは、他にも数多くの実践事例が見られる。同じく1905年の *Kindergarten Review* に掲載された E. A. ウォルドー（Eveline A. Waldo）の年間プログラムでは、11月の主題を「「収穫」この季節の自然、収穫、感謝祭」とし、「基本的思想」は、神の考え、感謝、自然と人間との協同についてとされている[55]。ウォルドーはこの実践を通して、農

業の必要性と使用する用具に関する理解、また、地域の生産物と、それがいかなる方法によって運搬・販売されるのかという流通ルートに関する認識を子どもに得させる実践を行うよう勧めている。さらに、このような仕事と子どもたちの家庭生活とを関連づけ、すべてのものがともにどのように働いているかを示すよう提案している。このように、農業を中心とした仕事とその周辺に位置するものとの連関について、幼児が理解できるようなカリキュラムが編成されていたのであった。

　この時期、アメリカにおいて、なぜこのような仕事に着目した保育カリキュラムが編成されたのであろうか。それには、コロンビア大学でのカリキュラム開発が影響していると考える。コロンビア大学の実験校であるスペイヤー・スクールの校長となったヘルバルト主義者 F. マクマリー（F. McMurry）は、同校のカリキュラムに、学校を生活に結びつける生活接近的な活動単元と、相関の原理、すなわち各活動を統合的に組織するための方法を導入し、「周囲の仕事」をカリキュラムの中軸として据え、それを幼稚園のカリキュラムにも採り入れていた[56]。

　幼稚園における中心統合主義カリキュラムは、その中心を子どもの活動に置いていたことは前述したとおりであるが、その中でも特に、社会的な諸関係の上に成り立つ仕事や役割が中心的に語られたのであった。広島女学校附属幼稚園や保姆師範科での実践は、その具体的な受容ルートについての考察は今後の課題としたいが、以上のようなアメリカ保育界の動向を受けて展開されていたことは間違いない。

⑸中心統合主義保育カリキュラムの適用

　中心統合法というアメリカで開発された最新の教育方法は、保育カリキュラム改革の流れを実際に母国で体験し、来日後はそれに関する情報を *Kindergarten Review* などの保育雑誌や個人の人脈を通して熟知していた宣教師たちによって、日本の保育現場に導入された。しかし、宣教師たちはアメ

リカで行われた保育実践を単に模倣したのではなく、それを一つのモデルとしつつも、目の前の子どもに合わせた保育カリキュラムを創出していた。宣教師たちは、アメリカで作り出された保育内容を広島女学校附属幼稚園の保育目標に合わせて組み込み、同園に適用していた。これまで見てきたように、アメリカにおいては、小麦とそれによってつくられるパンが保育材料として活用されたのに対し、日本の幼稚園においてそれはお米とされた。また、四季の変化などの日本の生活環境や生活様式も配慮されていた。

　クックは1909年に "The Festivals We Celebrate in our Kindergarten"[57] という論文を執筆している。この中で彼女は、七つの年間行事を幼稚園で欠くことができない行事として紹介している。それらは、「正月」、「帝国の建国」、「天皇誕生日」、「皇后誕生日」、「感謝祭」、「クリスマス」、「イースター」である。クックは、前者四つの行事を「日本独特のもので、日本の伝統から生まれたもの」と見なしている。また、後者三つの行事は、「人類社会の共通の遺産」であり、それを祝うことによって「人の生活について、その関連すべてにわたり、大いに学ぶ」ことができると言う。「感謝祭」、「クリスマス」、「イースター」などのキリスト教的な行事を組み込み、世界規模での人間の関係性を示しつつも、門松作り、お餅つきなどの日本の慣習や、「シキ」（儀式、祝典）、国歌、国旗など、「日本の子どもが正統に受け継ぐ伝統」を尊重していた。

　アメリカのフレーベル主義者たちは、教材は子どもの興味に基づいて、子どもの生活の中から選択されなければならないと考えていた。また、活動の結果も生活と直結させる必要があると捉えていた[58]。そのため、宣教師たちは、保育材料レベルでその実践を日本化していた。それはアメリカで普及していた中心統合主義カリキュラムをモデルとしつつも、単なる方法的模倣の次元を超えて、目の前の子どもに合わせて、経験や活動の組織化を図ったものであった。一方、カリキュラム構成の基本的枠組みは、アメリカで開発された中心統合主義の理論と方法が適用されたものであった。

広島女学校附属幼稚園における保育実践は、中心統合法を単なる合科的実践と見なした保育とは異なるものであった。表面的には、中心統合法が同じように導入されたかに見えても、方法の背景にある理念を認識していたかどうかが保育実践の質に影響を与えると考えられよう[59]。フレーベルの主著『母の歌と愛撫の歌』の中で描かれているような世界の連関を[60]、アメリカの保育現場では、より具体的に実践の中で幼児に示すことが試みられており、ヘルバルト主義の中心統合法は、その点においてフレーベルの世界観に合致すると見なされ、幼稚園にも受け入れられていった。それはヘルバルトやヘルバルト主義者たちが、人間の相互関係の重要性を子どもに気付かせることを通して道徳的品性を陶冶しようといった明確な目的を持ち、それを実現するための一方途として中心統合法を考案したことが理解されていたからである。このように、アメリカでは、ヘルバルト主義とフレーベル主義が不可分の状態で保育カリキュラムが改造されていった[61]。また、彼女たちはフレーベルとヘルバルト両者の教育思想の根底にあるキリスト教的世界観に基づいた万物の連関を子どもに伝えるのに適していると考えて中心統合法を採用したからこそ、日本の文化や生活様式に合わせながら、それを適用することができたことも見逃してはならない。同園に赴任した宣教師たちは中心統合のテーマとして相互依存や社会のつながりを掲げており、それが同園の保育実践のねらいであった。

　このような意図のもと、附属幼稚園と保姆養成課程の一体的な運営の中、保姆師範科において保育案作りや実習を通して中心統合主義保育の在り方が教授されたのであった。

第3節　保育改革と保姆養成の展開

　明治30年代における日本の保育カリキュラムは、恩物教育の改造が進み恩物中心主義保育から解放される過程にあった。1899（明治32）年の「幼稚園保育及設備規程」において、恩物が「手技」に一括化され、遊嬉、唱歌、談話、手技の保育四項目が定められることとなり、各園ではこれに即した保育実践が展開されていた[62]。明治40年代になって、ようやく一つのテーマのもと、恩物や唱歌、談話などを融合させた中心統合主義保育が新しい方法として知られるようになってきた。そのような中、前述したとおり、広島女学校附属幼稚園においては、アメリカでの新しい動きに即時的に対応し、中心統合法が先駆的に導入された。それは、日本においても保育カリキュラム改革に大きな影響を与えることになる進歩主義教育を受け入れる土壌となったのであった。昭和期に入ってからも、同園のカリキュラムの形態自体に変化は見られないため[63]、1900年代に広島女学校附属幼稚園の保育カリキュラムの骨格が形作られたと言える。

１．アメリカの進歩主義幼稚園教育運動の影響

　まず、アメリカの幼稚園教育と進歩主義について確認しておこう。アメリカ幼稚園改造運動と連なって1890年頃から始まった進歩主義幼稚園教育運動において、幼稚園教育のあり方に関する議論が活発に行われた。1913年には国際幼稚園連盟（IKU）を舞台に行われたフレーベル主義保守派、進歩派の論争において、進歩派が勝利している。広島女学校と深い関係があるヒルは、進歩派の代表的人物であり、コロンビア大学に招聘されて1905年からスペイヤー・スクール、1915年からはホレースマン・スクールで研究を行い、進歩主義幼稚園教育運動を先導していった。

　保守派がフレーベルの恩物作業材料をそのシークエンス通りに用いて、教

師主導で保育実践を行っていくことを絶対視したのに対し、進歩派は恩物作業材料を吟味し、幼児に適するものを厳選して保育材料とした。さらに恩物作業材料以外にも、子どもの遊びを発展させる効果的な教材を研究し、実践に取り入れていった。それらの新しい材料には、例えば、フレーベルの恩物を子どもの身体的活動に合わせて巨大化したヒルの大きな積み木、人形や大工道具などの日常生活に即したものがある。そして、このような材料によって子どもが自ら遊びを計画し、展開していくことに教育的価値をおく、子ども中心的な保育が目指された。

　進歩派は決してフレーベルを全否定したわけではない。批判の対象となったのは、フレーベルの象徴主義とそれに固執した恩物作業材料の扱い方であって、遊びに教育的意味を見出し、遊びという子どもの創造的活動によって心身の発達が遂げられるというフレーベルの提唱した根本的な幼稚園教育論は踏襲されている。ヒル自身フレーベル研究を行い、フレーベルが考えた自己活動の意義や母親や教師の役割、環境の影響を理解していた。その上で象徴主義に代わって科学的、実験的な方法で子どもの遊びにより適した教材を開発していったと言える。ヒルは、当時勃興してきたホール（Granville Stanley Hall）の児童研究やデューイの教育哲学を学び、子どもの衝動・興味に基づく経験の再構成を研究課題としていった。子ども自身の衝動・興味を用いたのは、それこそが子どもの遊びの原動力であり、また遊びを持続的にするものと捉えたからである。さらに経験の再構成という視点から、遊びが連続的に展開するように材料が工夫された。ヒルの研究の成果は、1923年に『コンダクト・カリキュラム』[64]が刊行されるまで、特にまとめられたものはないが、この間にも研究は進展しており、その動向は常に日本にも紹介されていた[65]。

　このような状況の中、クックはアメリカに渡り、コロンビア大学において1911年に夏期講習会（Summer Session）、19111-1912年に秋および春学期（Academic Year or fall and spring）、1912年に再度夏期講習会を受講している。ク

第4章　広島女学校保姆師範科における保姆養成の特質　237

ックは視察ではなく、夏期講習会と正規のコースに所属して養成を受けたのであった。彼女はこの間、幼稚園スーパーバイザー（Kindergarten Supervisor）コースに学生として在籍しており、スペシャルディプロマ（Special Diploma）を1912年10月25日に授与されている[66]。クックのノートには文献目録として1911-1912年に受けたキルパトリック（William H. Kilpatrick）やホールの講義が挙げられている[67]。

　クックは、帰国直後の1913年に、「日本における私たち幼稚園の使命」[68]という論文を執筆している。ここには、彼女が帰米中に学んできた内容が反映されていると考えられる。クックは、「フレーベルの頃からの教育的貢献の見地からみて、改革が求められています」と言及し、幼稚園教育の修正について、ホールの児童研究やホールと共同実験を行ったバーナムの児童衛生学に関する研究の影響が大きいことを指摘している。クックは、フレーベルが「私の研究の成功は部分的にとどまり、また完全なものとはいえない」と述べたと言い、「フレーベル自身は、子どもの問題にこうした新たな光があてられていることを知ったら、きっと喜んだに違いありません」とその改革を支持している。また、彼女は、心理学的な側面だけでなく、哲学も幼稚園の理論と実践に影響を与えていると論じている。「経験や実生活とのかかわり合いに重点が置かれ、個人の発達を社会全体の利益と進歩との関係においてとらえることが、幼稚園から大学までの教育的努力の中で、ますます顕著になって」おり、「アメリカ教育界のリーダーとして認められているジョン・デューイ博士は、フレーベルを現代的に解釈し、その解釈にデューイ博士自身の教育上の貢献を加えて幼稚園の進歩を促しています」と説明している。

　さらには、「フレーベルは、もはや幼稚園関係者のみの研究対象ではなくなり、幼稚園教育に携わる者もフレーベルだけから学んでいれば十分という時代でもなくなりました」と明言している。ランバス女学院保育専修部の第2回卒業生である立花富は、クックについて以下のように述懐している。

保育者としては何といっても進歩主義教育を我国の保育界に導入、実施された勇気と達観でしょう。当時JKU（Japan Kindergarten Union）―宣教師の組織していた団体―の会合で、まだまだミス・ハウの勢力が強く、かなりクック先生は批難される立場だったと聞きます。（ミス・ハウとの論争の話もききますが、クック先生はいつも下手に出ておられたようです。私の学生時代、キリスト教保育関西連盟部会席上、クック先生の紹介された大阪市の視学に満座の中でミス・ハウがくってかかられ、フレーベルをけなしたと怒られた情景をみたことがあります。あの激しいミス・ハウに反発するより受け流す方がクック先生らしい性格だと思います。しかし、高森先生を招き、ピービー、フィールドと次々協力者をおしたてて念願を築き上げられた点、強い信念の持ち主だったと敬服します[69]。

　前章で考察した結果、頌栄保姆伝習所のハウは進歩主義を全面的に否定する姿勢ではなく、フレーベルの理念を重視しながらも、慎重にその導入を検討していた。しかし、次章で見るように、急進的な改革に対しては否定的な見解を有していた。この回想の時期は定かではないが、ランバス女学院保育専修部第2回卒業生の立花が在学中であることから、1921年から1923（大正12）年頃の期間のエピソードであると考えられる。クックは、アメリカの進歩主義幼稚園教育運動の進展にそって自らの教育思想を築いていったと考えられるが、この回想からは、ハウの逆鱗に触れるほど進歩主義的な側面を強調したことが窺える。

2．広島女学校附属幼稚園における保育改革

　広島女学校附属幼稚園では1914年に「保育綱目」が打ち出された。これは進歩主義的保育カリキュラムの先駆けと言われている[70]。また、この時期、同園では、ヒルの大きな積み木などが導入され、教材の改良も行われたようである[71]。この頃の保育改革の状況を卒業生の佐野小春は次のように述べている。

　　画も大胆な指導方法に一転し、手技は小を大に、材料を豊富にして、自由作製に

と指導されるので、木片、紙片、古箱、空缶等何でもが作品材料にされる事になりましたので、当時手技係であった私は毎度仰天していました。保育時間割を一切廃止して、入門から左様ならまで子供の動きの儘に指導、見守り役の私達は当分はかなりとまどい続けでした[72]。

　これらのことより、「保育綱目」の作成時は、広島女学校附属幼稚園における保育実践の大きな転換期であったと言える。「保育綱目」を誰が作成したかは明確には示されていない。しかし、この頃同園の実践を主導していたのはクックであり、アメリカの進歩主義教育の影響が見られることからも、「保育綱目」はクックを中心に作成されたと考えるのが妥当であろう。クックは次のように述べている。

　　日本では、幼稚園教育に対する誤解や困難があるが、「私たちのキリスト教主義の幼稚園は、その手本になるという絶好の機会に恵まれているわけで、その意味でふさわしい基準を作り上げていくことができます[73]。

クックは1912年にコロンビア大学でスペシャルディプロマを受け、1913年にはフルトンを伴って帰国している。1913年といえば、IKUにおけるフレーベル主義保守派、進歩派の論争において、進歩派が勝利した年である。このような状況の中、日本においても新しい保育の方針を示す必要性を感じたクックは、「保育綱目」を「ふさわしい基準」の一つとして提示したのであろう。ここで「保育綱目」の内容について分析していこう。

　「保育綱目」のはじめに「保育綱目組識上熟慮ヲ要スル事項」として「家庭、社会、自然界ニ存スル幼児ノ興味」と「幼児身心上ニ於ケル能力」が挙げられている[74]。前者については、「保育綱目ノ指示スベキ点」において「幼児ノ成長発達ヲ促サンガタメ、是等ノ興味ヲ利用スベキ事」とあり、「一年ノ間保育綱目ノ原基」には「幼児ノ有スル興味」として、家庭、社会、自然界が示され、「幼児ノ興味ノ種別」として「家庭に於ケル興味」、「社会……幼稚園近隣店舗等」、「自然界……木ノ葉ノ変ル事、種子蒔、鳥獣及魚類ノ生活」が挙げられている。また、「幼児ノ日々為ス遊ビハ、実ニ多方面ニ

シテ、従ツテ、其表ス遊ビハ家庭的、社会的、自然的ナルアリテ此等ノ遊ビハ各時期ニ伴ヒテ変化ヲ生ス」とあるように、子どもの遊びは家庭的、社会的、自然的であり、それらが各時期によって変化するため、春（3～5月）、夏（6～8月）、秋（9～11月）、冬（12～2月）に分けられている。子どもたちは、変化に富んだ環境の中で多方面に興味を抱き、遊びを通して各種能力を発達させる存在であると捉えられていることが理解される。

　これは、1913年のコロンビア大学のスペイヤー・スクールの幼稚園教育カリキュラム[75]において、社会と自然という2領域が四季の変化と掛け合わせて設置されていたことと構造的に近い。スペイヤー・スクールカリキュラムでは、以下のような説明がなされている。

　　幼稚園の仕事は、子どもたちの率直な興味や活動の成果である。子どもそれぞれの経験は、他の子どもたちとの関係を通して広がり、豊かにされる。材料は、経験の最も有効な源、すなわち、自然と社会生活から自ずから出現する。子どもの生活は、自然や社会の応答である[76]。

　ここでは、子ども自らの興味や経験が重視され、他の子どもとの関わりや自然、社会生活との関連について示されており、「保育綱目」の特徴と重なる部分が見受けられる。田中まさ子は、「保育綱目」において「「興味」は活動への導入手段として利用される意味合いに留まっているのが分かる。子どもの興味を掲げたものの、ここから教育内容を構築していく姿勢ではない。その意味で子ども中心主義教育はまだ萌芽的段階であったと解釈できる」と述べている。また、杉浦英樹は、1913年にIKUの19人委員会に提出したレポートから、当時ヒルはまだ幼稚園教育カリキュラム作成を模索している時期であったと言う。したがって「保育綱目」がこの時点で「萌芽的段階」であったというのは、まさにアメリカでの進歩主義幼稚園教育の動向と軌を一にして、日本での保育改革が進展していたためであると考えられよう[77]。

　後者の「能力」については、「保育綱目ノ指示スベキ点」に「普氏ノ恩物手芸及ビソレニ附属セル材料ヲ用ヒテ、幼児ノ工業的、美術的、構成的、創

第4章 広島女学校保姆師範科における保姆養成の特質 241

造的能力ノ進歩ヲ助ク」とあるように、「普氏」すなわちフレーベルの恩物作業材料やそれに連なる材料を用いて、工業的、美術的、構成的、創造的能力を育成することが記されている。フレーベルの恩物作業材料と「ソレニ附属セル材料」が並列的に置かれている点が進歩主義の一つの特徴であるだろう。また、「心身ノ発達ヲ増長セシメンガタメ為メニ、幼児ニ適当セルモノトシテ精撰サレタル談話、童話、唱歌、遊戯、音律ヲ用ヒ、及ビ郊外遠足ヲナシテ自然物ノ観察ヲナサシム」とあり、お話や唱歌遊戯、また遠足などの活動によって子どもの心身を発達させようとしている。観察は、日本における一般的な幼稚園では大正期頃から重視され始め、1926年の「幼稚園令」に「観察」の項目が加えられるようになることから、その後、長く日本の保育カリキュラムの重要な内容となるが、これがすでに示されている点は先駆的である[78]。クックは、1913年に発表した論文「日本における私たち幼稚園の使命」の中で、子どもが生まれながらに持っている「本能的素質（natural instincts)」について以下のように説明している。

> 子どもの本能的素質を見出すことは、心理学や実践的な児童研究の力を借りてすれば比較的やさしいものです。その素質とは、たとえば組み立てる本能、話すまたは伝達する、あるいは記録する本能、装飾すること、喜ぶこと、驚くことなどの本能です。また、本能的素質を引き出して、出てくる能力を訓練するような教材を手に入れることもできます。しかし、どんな練習を与えるべきなのか、どんな活動を奨励したらよいのか、また、いつ、どんな教材を使うべきかということは、その国民にとって今まで何が価値あると認められてきたのかを考慮して、初めて決められることです[79]。

ここには、「組み立てる本能、話すまたは伝達する、あるいは記録する本能、装飾すること、喜ぶこと、驚くこと」などの本能的素質が挙げられおり、これらを引き出すことで、「保育綱目」で示された「工業的、美術的、構成的、創造的」能力が生じるという解釈ができる。クックは、心理学や児童研究によって比較的容易に本能的素質を発見することができること、ま

242

た、能力は教材（活動）によって訓練することができることを指摘しているが、注目すべきは、「その国民にとって今まで何が価値あると認められてきたのか」を考慮する必要性を述べていることである。「保育綱目」に示された1914年4月から1915（大正4）年3月までの年間計画（表8）を見ると、実際に用いられたテーマや教材が確認される。

表8　「保育綱目」における年間計画

4月	第1週	新入園児ヲシテ、幼稚園及保姆並ニ朋友ニ慣レシムル事 春季ニ於ケル幼児ノ経験 正確ナル時ニ従フ事
	第2週	家庭内ニ於ケル春季ノ活動 家族及ビ各自ノ職務
	第3週	春季ニ於ケル自然界及ビ社会ノ変化 春季ノ花及種子蒔 春季ノ衛生……大掃除（家庭内ノ清潔法及自然界ニ存スル清潔）
5月	第1週	端午ノ節句　武者遊ビ
	第2週	武士　英雄　勇敢ナル気象　兵士　豪邁ナル幼児
	第3週	医師ト兵士 食物及衛生
	第4週	春季ニ於ケル農夫ノ活動（筍　蕗　苺　枇杷　等　新野菜　新果物ノ市場ニ現ル、事）
6月	第1週	新時候ニ入ル事　此時候ニ起ル事項 農夫ノ活動（田植　綿ノ種蒔） 店舗ニ於ケル活動（夏物大売出シ　扇屋ノ多忙）
	第2週	梅雨及綿ノ種蒔 梅雨季ニ於ケル食物ノ注意 梅雨ト防雨具及之レニ関スル店舗
	第3週	梅雨と梅 梅の用途 水ノ効用 雨ト鳥類及ビ獣類ノ防雨法 水生、陸生ノ鳥類
	第4週	夏ノ楽ミ（船遊ビ　海水浴　夏着ノ準備）
7月	第1週	夏ノ楽ミニ続ク
	第2週	夏ノ夜（衣類花類　早ク寝ニ就ク事　身体ヲ露出セザル事）

9 月	第 1 週	幼児ノ休暇中ニ於ケル経験
	第 2 週	秋季ニ於ケル家庭内ノ務
	第 3 週	秋季ニ於ケル郊外散歩　店舗ニ於ケル活動ノ変化 農家ノ秋季ノ活動 昆虫　爬虫類
10月	第 1 週	秋季ノ収穫　稲苅及野菜、果物ノ収穫（松、蕈、樫果類）
	第 2 週	秋季ノ店舗ト幼児ノ使
	第 3 週	前週ノ続キ
	第 4 週	仝上
11月	第 1 週	紅葉狩　菊見　菊見時ニ於ケル社会ノ状態 果物ノ保存　樽柿　干柿
	第 2 週	家庭ニ於ケル冬季ノタメノ準備（火鉢　炬燵　蒲団等） 昆虫ノ冬籠ノ準備 店頭ニ於ケル誓文払ノ準備
	第 3 週	秋季ニ於ケル農家　感謝祭 米ノ収穫　大根引キ　麦豆ノ種蒔　漬物作リ
12月	第 1 週	多忙ナル家庭及店舗 店頭ニ於ケル装飾（提燈　旗　緑葉等）
	第 2 週	クリスマス及感謝祭ノ復習 クリスマスノ意義（受クルヨリ与フルハ幸ナリ） クリスマスノ話及贈物
	第 3 週	サンタクロース（喜楽ノ方面ヲ表スサンタクロース） 玩具屋（贈物ニ使用セラル丶、玩具） 玩具ノ製造所 クリスマスノ木及其装飾
1 月	第 1 週	新年ニ於ケル経験 家庭ニ於ケル新年ノ準備（大掃除　装飾） 餅屋　新年ノ玩具（羽子板　凧等）
	第 2 週	郵便配達夫　年賀状ノ往復　印刷屋
	第 3 週	樵夫　炭焼人　大工　左官
	第 4 週	鍛冶屋　製鉄所〔ママ〕　金物屋
2 月	第 1 週	社会ニ於ケル活動（餅搗キ　製紙　牡蠣取リ　海苔取リ）
	第 2 週	日夜ノ長短　発光物　自然的光線（太陽　月星） 人工的光線（瓦斯　電燈　石油　種子油　蠟燭）
	第 3 週	氷雪ノ溶解スル事 芽出デ　花ノ蕾ノ出ヅル事　梅ノ開花　柳ノ芽ノ出ヅル事〔ママ〕
3 月	第 1 週	雛祭リ　玩具屋

第2週	水ノ用途 風ノ遊ビ及ビ効用 船舶ヲ走ラス 洗濯物ヲ乾カス 空気ヲ清潔ニシ植物ノ種子ノ繁殖ヲ助ク 風ノ遊ヲ助クル事 凧上ゲ　風車遊ビ
第4週	保育証書授与式

注) 「保育綱目」(学校法人関西学院聖和短期大学キリスト教教育・保育研究センター蔵) より筆者が作成した。

　ここには、これまでも重視されてきた幼稚園行事である「感謝祭」や「クリスマス」が取り上げられているが、その他「端午ノ節句」、「紅葉狩」、「菊見」「雛祭リ」などの日本の伝統的行事や「梅雨」という日本独自の気候についても記されている。また、「武士」、「餅」、「年賀状」、「羽子板」、「凧」など、日本人に馴染みのある材料が用いられている。以前から、保育内容にアメリカ的な材料に加え、日本の伝統的な要素が取り入れられていたが、「保育綱目」にも同様の傾向が見られる。次項では、以上のような附属幼稚園における保育改革と連動して、保姆師範科においていかなる養成カリキュラムが編成されたか分析しよう。

3．保姆師範科における保姆養成の充実

⑴養成カリキュラムの性格（1914年〜）

　次に、1915年の私立広島女学校保姆師範科細則[80]に注目してみよう。ここでは、「教授概梗」が大幅に整理され、初めて「学科課程及教授時数表」（表9参照）が追加された。1914-1916年の英文規則も適時参照して養成カリキュラムの性格を検討していこう[81]。

第4章　広島女学校保姆師範科における保姆養成の特質　　245

表9　保姆師範科学科課程及教授時数表

学年 科目	第一学年 教授時数	教授程度	第二学年 教授時数	教授程度
修身	一	道徳ノ要領　倫理ノ一班	一	同上
教育	四	教育史理論　保育法	二 一五	全上教育制度　学校衛生 実習
心理	二	普通心理　児童心理	一	児童心理
国語	四	講読作文	二	同上
英語	二	講読作文		
博物	三	動植物鉱物　実験等		
図画	一	自在画	一	同上
手工	二	粘土細工　紙細工　木工等	二	同上
幼稚園科	六	恩物　遊戯ニ関スル研究　保育案	三	同上
音楽	二	唱歌　楽器使用法	一	同上
体操	二	普通体操　遊戯	一	同上
合計	二九		二九	

表10　英文規則におけるカリキュラム表

Junior		Senior	
Ethics	1	Ethics	1
Education	3	Education	2
Psychology	2	Child-Psychology	1
Literature（Japanese、Chinese）	4	Literature（Japanese、Chinese）	2
English	2		
Music	2	Music	2
Art	2	Art	1
Drawing	2	Drawing	1
Physical Culture	2	Physical Culture	2
Nature-Study	3		
Kindergarten Theory and Practice	6	Kindergarten Theory	3
		Practice	15
Sunday School Normal Study	2	Sunday School Normal Study	2
Bible	1	Bible	1
Total	32	Total	33

表11　授業担当者一覧

担当科目	氏名	出身校
Bible（Principal of School）	Nannie B. Gaines	
Bible（Treasurer of School）	J. T. Meyers	B. A. Randolph Macon
Ethics, Education, Psychology, Primary Observation（General Manager of School）	S. Nishimura	M. A. Teachers College, Columbia University
Kindergarten Theory, Observation, Sunday School Normal Study（Principal of Kindergarten Department）	Margaret. M. Cook	Atlanta Kindergarten Normal and Teachers College, Columbia University
Kindergarten Practice, Music, Games, Hand Work	Jane Fulton	Ethical Culture School and Teachers College, Columbia University
English（Class Teacher of the Department）	Takamori Chizu	A.B. Goucher College, Baltimore and Mombusho License
Literature, Japanese and Chinese	Y. Kodama	Mombusho License
Literature, Japanese and Chinese	Hoshino Tadanao	Mombusho License
Art, Drawing	T. Tanabe	
Science, Nature Study	Manabe Yoshiro	B. S. Leeland Shanford University
Piano, Organ	Ethel Newcomb	Kroeger School of Music, St. Louis
Violin	Ogawa	
Violin	Uchida Toyo	Ueno Conservatory of Music, Tokyo, Mombusho License

　1915年の規則を見ると保姆養成の基本方針は前述した規則と変わっていない。入学資格は、1909年以降、17歳以上の高等女学校卒業生とされ、2年間の修業によって卒業証書および無試験検定が受けられるようになっている。その目的に「幼稚園保姆タルニ必須ナル学芸ヲ授ケ、優良ナル保姆ヲ教養スルニ在リ」とあるように、同師範科は保姆を目的的に養成する課程として設置されている。しかし、前文には、主婦になる者にとっても保姆養成は最高の教育であると述べられている。また、英文規則には「同師範科は、幼稚園と家庭における教育のための準備を望む若い女性に、理念と実践のコースを与えようと努める」とあるように、同師範科は保姆になる者のみならず広く主婦になる女性にも開かれていた。

第4章　広島女学校保姆師範科における保姆養成の特質　247

　表10は、英文規則に掲載されたカリキュラム表である。これを見ると、表
9の日本文規則とは科目の分類や時間数が異なっている[82]。これは年度の不
一致によるものかもしれないが、大きく見れば、英文規則に「Sunday
School Normal Study」（日曜学校教授法）が2時間と「Bible」（聖書）が1時
間加えられているための差である。英文規則には前者について、「日曜学校
の勉強が、小さな子どもとより大きな子どものバイブルレッスンの準備のた
めに行われる」とある。また、後者について、「聖書の本質、内容、教訓が
包括的に理解されるように行われる」と示されており、これらの科目が正課
の中に位置づけられていたことがわかる。日本文規則にある「修身」は「教
育ニ関スル勅語ノ趣旨ニ基キ、道徳的思想ト情操トオ練リ、特ニ、幼児ヲ保
育スルニ師表タルベキ心情性格ヲ養成セシム」と記されている。しかし、英
文規則の「Ethics」（修身）には、単に「A course for teacher」と記載され
ているだけである。対外的には教育勅語による国家主義的な教育を行ってい
たように見せていたが、実際には、『聖書』を用いたキリスト教教育が行わ
れていたと言えよう。表11をみると、この科目を担当していたのは、西村静
‧郎であったことが確認される。

　「教育」もまた西村の担当科目である。その内容は「近世教育史ノ大要、
近世大家ノ教育論ノ研究、教育ノ理論及実際保育法、学校衛生等ヲ授ケ、教
育ニ関スル一般ノ知識ヲ得シメ、其技能ヲ習得セシム」とあるように、教育
史、教育理念、保育法、衛生学などであった。「教育」の内容は後述する
「幼稚園科」の内容と重なるように見えるが、英文規則によると「教育」が
一般教育学よりの内容であり、「幼稚園科」のほうが幼児教育に特化したも
のであったと見える。

　次に「心理」であるが、これには「一般心理学ノ大要及児童心理ノ研究ヲ
ナサシメ、以テ児童生活ノ発展、状態ヲ知得セシメ、之ガ保育ノ根本的観念
ヲ得シム」という説明がなされている。英文規則には、第2学年の心理学に
ついて「現代心理学調査の結果とペタゴジーの思想」が教授されると記され

ているため、第1学年では心理学一般について、第2学年では特に児童心理学について取り扱われていたことがわかる。「教育」と「心理」を見ると、その教育内容は、包括的な内容から専門的な内容へと展開されていると言える。

「博物」（Nature-Study）には「一般天然物ニ関スル研究、特ニ、幼児生活ニ直接関係アルモノ、即チ、彼等ノ見聞接触スルガ如キモノヽ研究ヲ主トシ、必要ナル実験等ヲナサシム」とあり、英文規則では、四季を考慮する姿勢も表されている。

「体操」には、「身体各部ノ発育動作ノ機敏ト耐久トヲ計リ、児童ノ体育ニ関スル知識技能ヲ得シメ、幼児衛生ニ関スル研究ヲモナサシム」とある。英文規則の説明によると、この中でリズミックエクササイズ、マーチ、簡単な体操、フォークダンス、リズムと物語の劇化について教示されていたようである。すなわち、「体操」は、単に体育としてではなく、衛生学に関する研究や、ゲーム、劇などの要素が含まれたものであった。1913年に来日したフルトンは、表10を見ると、Kindergarten Practice, Music, Games, Hand Work（保育実践、音楽、ゲーム、手仕事）の担当であることが確認される。フルトンは、コロンビア大学卒業後、エシカル・カルチャー・スクール師範科を卒業し、同校で保育経験を積んだ宣教師であり[83]、彼女によって新鮮な刺激が同科にもたらされたと言う[84]。フルトンの指導により師範科の学生が1915年6月に日本で最初のリズム・ゲームの幼児曲集を出版している[85]。卒業生の磯部（野田）千代は、このリズム・ゲームが大正期の新教育運動の一つである土川五郎の律動遊戯のモデルとなったと述べている[86]。同書に関して「本書ハ、多年、幼稚園児ノ音楽遊戯ニツキテ研究ヲ重ネラレシフルトン女史ノ、三年前当幼稚園ニ来ラレ、幼児ノ日々ノ遊ヲ観察シ、彼等ノ要求ニ応ジ、是ニ適当セル楽譜ヲ択バレ、卒業生数名ノ歌詞ヲ付セシモノニテ、特ニ、本書ハ楽譜ヲシテ歌詞同様ノ意味ヲ発表ナサシメンタメニテ、幸ニ是ニヨリテ、我等ノ目的ヲ諸氏ニ紹介スル事ヲ得バ無上ノ幸福ナリ」[87]とあるよ

うに、これは幼児の唱歌遊戯の研究を長年おこなってきたフルトンが選んだ楽譜に、学生が歌詞を付けたものであった。「音楽」においては「音楽ニ関スル知識技能ヲ得シメ、且ツ幼稚園ニ於ケル唱歌、遊戯等ニ資スルノ基礎ヲ得シム」とある。「音楽」では、同曲集にあるような遊戯以外にも、ピアノやオルガンが課されていた。

「国語」では、「文学史ノ概説、詩歌、物語等ノ研究ヲ始メトシテ、文学的趣味ヲ養ヒ、且思想ノ表出ニ正確自由ナル能ヲ得シメ、以テ幼児保育ニ必要ナル唱歌、物語等ニ資スル所アラシム」とある。特に、幼稚園教育や初等教育で用いられる歌や物語などの知識やその用い方が教授されていたことがわかる。「英語」では「普通ノ英語ヲ了解スルノ能ヲ得シメ、以テ幼児保育ニ関スル参考書類ノ通読ニ資セシム」とある。邦文の幼稚園教育関連文献がまだ少ない当時にあって、最新のアメリカの幼稚園教育情報を英語の文献から直接入手することは、先駆的な実践を志向する同師範科においては必須の能力であったと考えられる。英文規則によると、英語の教科書としてはロングフェロー（Longfellow）やシェークスピア（Shakespeare）の著作とともに『聖書』が用いられていた。また、第2学年では、「英語」は学科として取り入れられていないが、個人の能力に応じて自主的に読み書きを行うことが奨励されていた。

「図画」は、「物体ノ観察ヲ正確ナラシメ、意匠ヲ練リ、美感ヲ養ヒ、又写生画、黒板画、色彩等ノ研究ヲナサシム」とあるが、英文規則では、主に、黒板画（Black Board Drawing）と記されている。「手工」は「天然物日用器具等ノ模造、粘土細工等、諸種ノ細工及材料ノ性質、保存法等ヲ知ラシム」とある。英語では「Art」とされており、粘土やクレヨンが用いられ、デザインや様々な絵画技法が教授された。

ここで注目すべきは「幼稚園科」である。この科目では、「児童心理ニ基キ、保育要綱ノ研鑽実習及恩物ニ関スル理論的並ニ実際的研究、「母ノ遊戯」ノ研究、保育案ノ研究等ヲナサシム」とある。英文規則では「幼稚園科」は

Kindergarten Theory and Practice という名称で記載されている。表10を見ると、Kindergarten Theory はクックが、Kindergarten Practice はフルトンが担当している。第1学年の内容は、「講義で得た児童研究の知識をもって、幼稚園において観察と実践がなされ、その後レポートとディスカッションと批評がなされる」とあり、座学で知識を得るのみならず、現場でそれを応用する能力の獲得までが視野に入れられていた。具体的には、フレーベルの恩物作業材料を含めた遊具の研究、幼稚園と第1学年の観察、幼稚園において1年で10週間助手を務めることであった。幼稚園と第1学年の観察については以下のように記されている。

> 同師範科は、広島女学校の不可欠な要素として、このような準備のために専門的な教師陣と幼稚園を置くだけではなく、上の学年を観察する機会が備えられているという特別な利点がある。学生は子どもの発達を継続的に観察することができ、そうすることで学校生活の次の段階に幼稚園がどのように関係しているかを理解することにつながる。このコースは、学生の側に立った文化的、専門的な学びが用意されており、理念を実践してみようと計画することもできる[88]。

ここには、広島女学校の一部としての保姆師範科が示されており、広島女学校の教育環境が保姆養成においても利用されるとある。広島女学校には1891（明治24）年に附属小学校が設置されている（1893年認可）[89]。学生には幼稚園だけではなく小学校との連続した実践を観察する機会が用意されていた。観察の担当教員は、表11によると、初等教育は西村、幼稚園はクックであった。同師範科は、1917（大正6）年に県からの指導により、保姆免許に加え小学校教員免許も付与できるようになった[90]。当時、一般には小学校教員免許保持者は同時に保姆資格者であった。しかし、法的には保姆資格を保有していたとしても幼稚園教育の専門的訓練を受けたわけではなく、小学校で教えられれば幼稚園でも務まるという認識であった。そのような中、保姆師範科の学生は幼稚園教育の専門を深めたことで小学校でも教えられると見なされ、同科は小学校教員免許の無試験検定校となったのであった。なお、

第4章　広島女学校保姆師範科における保姆養成の特質　251

5章で示す International Kindergarten Union による1916年のアメリカ保姆養成の標準カリキュラムには、小学校における観察が組み込まれている。幼小連携カリキュラム開発は日本では1920年代以降に着目されるようになるが、それ以前から同師範科では幼小の接続を意識した保姆養成が行われていたと言えよう。

　「幼稚園科」の第2学年では、週に3時間の理念と15時間の実践がなされている。その内容は、フレーベルの著作の批判的検討、日々の実践に関連した保育案の作成、小さな子どもに最良の教材を提供し現代の幼稚園の要求に合わせて取り入れるために必要な手工に関する知識と技術を学ぶ手仕事のコース、幼稚園での実習である。このように「幼稚園科」の内容には講義と実習があり、それらを相互に関連づけた学びの機会が用意されていた。フレーベルの著作の批判的検討とあるが、これは『母の歌と愛撫の歌』についての研究などであったであろう。1911年のクックのコロンビア大学受講ノートには、「ダンス、遊戯、ゲームなどについての短い考察」、「筋書き（プロット）の展開を例示する動き、リズム、ゲーム類、スキップ、マーチ、サークルなど」と記されていることより、彼女はコロンビア大学において遊戯・ゲームについて学んだと考えられる。1914年のノートには、「「母の遊戯」のゲーム」、「「母の遊戯」の研究のための質問点」という記述がある。田中まさ子によると、クックは『母の歌と愛撫の歌』のゲーム性を強調し、自己の経験や感情をどのように表現するかを重視したと言う。また、クックは学生に、幼児の実情と結びつけながら同書の内容を教授し、児童研究との関連についても示していた[91]。このように『母の歌と愛撫の歌』を新しい視点から学ぶことは、フレーベルの思想を尊重しつつも、それをさらに現実の幼児の生活に適したものに修正しようという姿勢であったことを示している。

　「実習」には「本校附属ノ各幼稚園ニ於テ、管理及保育ノ法ヲ実習セシム」とある。クックは、「私どもは、個々の教師志望学生に一年間の実習期間を与えるために、広島や近郊にたくさんの幼稚園を造りたいと思っていま

252

表12　附属幼稚園とセツルメントハウス

Kindergarten No. 1	School Kindergarten	Noda Chiyo, Class 1910
Kindergarten No. 2	Fraser Institute	Hyoda Inaba, Class 1914
Kindergarten No. 3	West Hiroshima	Oda Haru, Class 1910
Kindergarten No. 4	East Hiroshima	Undergraduates
Settlement House	Takajo machi Day Nursery and Free Kindergarten	Yasunaga Tsune, Director Yakushiji Toku, Resident worker Iga Michiyo, Class 1912, Kindergarten
Kindergarten No. 5	Grace Whiteny Hoff Free Kindergarten	Undergraduates

注）年号は卒業年次を指す。表１の「卒業者一覧」の中に上記の人物の氏名が見られる。

す」[92]と述べており、英文規則では、五つの幼稚園とセツルメントハウスが実習園として挙げられている（表12参照）。セツルメントハウスには、保姆となる訓練を希望する女性が増え、実習のために多くの子どもたちが必要となったため、地域の貧しい子どもたちを対象に運営されるようになったデイナーサリーと無償幼稚園が設けられた。アメリカでは無償幼稚園運動が起こり、セツルメントは幼稚園運動との関連を持っていたが、広島女学校保姆師範科においてもそのような取り組みが行われていたと言えよう。

　表９、10と英文規則によると、実習は第２学年において１年間を通して行われ、15時間が割かれていた。前述したように、第１学年の「幼稚園科」においても「１年で10週間の幼稚園での助手」の他、随時、実習園での観察と実践がなされていた。すなわち、第２学年において本格的に実習が行われる前から学生は実習園において助手となり、子どもたちを直接観察していたのであった。表12を見ても "Undergraduates" と記載されており、実習生が現場に入っていたことがわかる。

　最後に、課外講演（スペシャルレクチャー）についても触れておこう。これらは表９や表10には記載されていないが、教授概梗には説明が付されている。これに関しては「現代教育ノ題目等ニ就キ、知名ノ士、若クハ本校教師

第4章　広島女学校保姆師範科における保姆養成の特質　253

表13　1914-1916年のスペシャルレクチャー

講演科目	講演者	所属
Child Psycology	M.Tsukahara	Higher Normal School, Hiroshima
Japanese Literuture	Fujioka	Higher Normal School, Hiroshima
Story Telling	T. Kurushima	Story Teller and Lecturer, Tokyo
Sunday School Pedagogy	Dr.Fujikawa	
Sunday School Pedagogy	K. Mito	Secretary Sunday School Board, Japan Methodist Church

ニヨリテ課外講演ヲ開催ス」と記されている。1914年から1915年、1915年から1916年にかけて表13のように、広島高等師範学校の教授によって、ペタゴジー、日本文学についての講演が行われ、その他、ストーリーテーリングや日曜学校教育学についても専門家を招いていた。同校では以前から「この学校と広島師範学校との間の強い関係により、保姆師範科の学生は、あの生き生きとして進歩的な教育機関の専門家たちによって講じられる心理学や教育史の講義を、聴講する特典が与えられています」[93]とあり、広く学びの機会が提供されていたことが窺える。

(2)養成カリキュラムの性格（1917年〜）

　1917年10月からクックが病気を患って休職している。その1年間、長崎の活水女学校のJ. マクドウェル（Jessie McDowell）[94]が広島女学校においてクックの代理を果たした。マクドウェルについて、クックは、「養成科の学生たちは、ミス・マクドエルの幼稚園と小学校の教師としての素晴らしい訓練と大きな経験から、たくさん教えて頂く恩恵を受けることができました」[95]と述べていることから、マクドウェルの指導は、それまでのクックの教育方針とずれるものではなかったと考えられる。彼女は、アメリカで学んだ教育理論や自らが行った調査研究をもとに指導を行った。それは、子どもの興味に基づいた保育計画が最善の計画であり、保姆は子ども理解を深めることによって、幼児に適した保育実践を行うことができるという考えのもと、自由

254

遊びや各活動の中で幼児の自由な表現などを重視する進歩主義的な特徴のある保育であった[96]。短い期間ではあったが、マクドウェルにより広島女学校における保姆養成は強化されたと言えよう。

1918（大正7）年にクックによる指導が再開されると、保姆養成はさらに充実していった。保姆師範科の英文規則[97]によると、同師範科の目的は、①全ての奉仕により適合できるように、若い女性のキリスト者としての生活を豊かにすること、②訓練を受けたキリスト者保姆がますます求められている中で、福音伝道的な精神と意志を持ち、十分に素養を身に付けた教師として学生を派遣することの2点が示されており、伝道者としての保姆および女性奉仕者を養成することが明記されている。1918年から1919年の教師陣は表14のとおりである。

表14 1918-1919年の授業担当者一覧

担当科目	氏名	出身校
Bible（Principal of School）	Nannie B. Gaines	
Bible（Treasurer of School）	J. T. Meyers	B. A. Randolph Macon College
Ethics, Educational Psychology and Primary Observation（General Manager of School）	S. Nishimura	M. A. Teachers College, Columbia University
Kindergarten Education: Principles and Methods, Program, Stories, Hand Work, Games and Rythms, Sunday School Pedagogy（Principal of Kindergarten Normal Department）	Margaret. M. Cook	Atlanta Kindergarten Normal School; Teachers College, Columbia University
Kindergarten Education: Principles and Methods, Program, Stories, Hand Work, Games and Rythms, Sunday School Pedagogy	Nui Shiomi	Kindergarten Normal Department, Hiroshima; Teachers College, Columbia University

Absent for Study in America	Chizu Takamori	A. B. Goucher College, Baltimore; Mombusho License
English	Konatsu Hishinuma	Kobe College; Mombusho License
Japanese and Chinese	Y. Kodama	Mombusho License
Japanese and Chinese	Tadanao Hoshino	Mombusho License
Science and Nature Study	Yoshiro Manabe	B. S. Leeland Stanford University
Mathematics	Iwahachi Takagi	Mombusho License
Manual Arts and Drawing	Yone Miki	Tokyo Bijitsu Gakko; Mombusho License
Domestics Arts	Kiku Hayashi	Tokyo Bijitsu Gakko
Piano, Organ	Annice Siler	Graduate Elizabeth College Conservatory; Piano Student of Alfred Barilli, Atlanta; Piano Student of Karl Mueller, and Voice Student of Gerard-Thiers, Southern University of Music Atlanta
Piano, Organ	Sumi Ogawa	Forest Lake University, St. Louis
Violin	Toyo Uchida	Ueno Conservatory of Music, Tokyo; Mombusho License

　特に、1904年に広島女学校保姆師範科を卒業し、附属幼稚園で数年間保姆として勤務した塩見ぬいが、コロンビア大学ティーチャーズカレッジから戻り、保育や家庭との連携がより充実したと記されている[98]。彼女は、クックとともにKindergarten Education（幼稚園教育）の Principles and Methods, Program, Stories, Hand Work, Games and Rythms, Sunday School Pedagogy（原理とメソッド、プログラム、ストーリー、手仕事、ゲームとリズム、日曜学校教育学）を担当している。フルトンの代わりにクックと塩見でこのような教科を教えたようである。スペシャルレクチャーは表15のとおりである。

表15　1918年度のスペシャルレクチャー

講演科目	講演者	所属
Sunday School Pedagogy	K. Mito	Secretary Sunday School Board, Japan Methodist Church
Story Telling	T. Kurushima	Story Teller and Lecturer（…筆者注）, Tokyo
Child Psychology	M.Tsukahara	Ph. D., Higher Normal School, Hiroshima

Manual Arts	Prof. S. Utsumi	Higher Normal School, Hiroshima
Clay Modeling	Prof. T. Yoshida	Higher Normal School, Hiroshima
History of Education	Prof. Haruyama	Higher Normal School, Hiroshima
Japanese Literature	Prof. Fujioka	Higher Normal School, Hiroshima

　引き続き、広島高等師範学校の教授によって特別講義がなされているが、今年度は教育史などが加えられている。次に、コース・オブ・スタディを検討してみよう。これまでの規則に見られる師範科の基本方針に加え、以下の内容が記されている。

　　第1年目は幼稚園だけでなく、家庭や小学校の重要な教育的基礎が積まれる。第
　　2学年では確立した教育原理に基づいた幼稚園教育方法論を理論の上でも実践の
　　上でも理解する。教育課程全体で極めて重要なのは、クリスチャンワーカーとし
　　ての資質がさらに充実することを見据えた規則的かつ継続的な聖書研究、様々な
　　学年において日曜学校の実習を行う日曜学校教師の訓練、母の会や家庭訪問、日
　　曜学校の実習における指導と経験である。実習はスーパーバイザーのもとで行わ
　　れる。無償幼稚園とデイナースリーは、教育を受けられない子どもたちへのキリ
　　スト教的責任を強調して置かれているのに対し、他の実習園では学校や教会に関
　　係する仕事の経験を得られる。

　これによると、第1学年では教育の基礎が据えられ、第2学年では教育の原理を土台として幼稚園教育方法論が理論と実践において理解されるようカリキュラムが編成されていることが確認される。またカリキュラムの中心に聖書研究や日曜学校、母の会や家庭訪問が位置づけられていた。

　実習園には五つの幼稚園とデイナーサリーおよび無償幼稚園があり、担当者の変更が見られる以外に前回規則から変化はない。実習は、単に幼稚園における保育実習だけが課されたのではなく、日曜学校や母の会、家庭訪問も含まれており、教会や母親とのかかわりと関連して行われるようになった。また、デイナーサリーと無償幼稚園における実習は、福祉的な要素があったと考えられ、他の実習園と異なり、キリスト者の責任を強調したものであった。その他、幼稚園における実習において学校や教会との関係が注目されて

いる。1918年度の英文規則のカリキュラムは表16の通りである。

表10との相違点として、第１学年の「Ethics」（修身）が１時間から２時間に、「Education」（教育）が３時間から２時間に、「Music」（音楽）が２時間から１時間に、「Nature-Study」（博物）が３時間から２時間に、「Kindergarten Theory and Practice」（幼稚園の理論と実践）が６時間から「Kindergarten Education」として３時間に、第２学年の「Music」が２時間から１時間に、「Kindergarten Education」が３時間から４時間になった点を挙げることができる。科目としては、第１学年に「Mathematics」（算数）、「Domestic Arts」（家政学）、第１、２学年に「Manual Arts」（手工）が加えら

表16　1918年度カリキュラム表

Junior		Senior	
Ethics	2	Ethics	1
Education	2	Education	2
Psychology	2	Child-Psychology	1
Literature（Japanese、Chinese）	4	Literature（Japanese、Chinese）	2
English	2		
Mathematics	2		
Music	1	Music	1
Domestic Arts	4		
Manual Arts	2	Manual Arts	1
Drawing	2	Drawing	1
Physical Culture	2	Physical Culture	2
Nature-Study	2		
Kindergarten Education	3	Kindergarten Education	4
		Practice	15
Sunday School Normal Study	2	Sunday School Normal Study	2
Bible	1	Bible	1
Total	33	Total	33

れ、「Art」が削除されている。総計時数は1914-1916年では第1学年は32時間であったが、1918年には33時間となっている。これに加え、第1学年は日々の礼拝に、第2学年は毎朝の祈禱会に参加するよう定められている。

「Bible」（聖書）と「Sunday-School Pedagogy」（日曜学校教育学）は継続して設置されており、前者については、第1学年と第2学年とが共同で学ぶことから、毎年題目が変更されていると示されている。後者については、幼稚園児クラスだけではなく様々な学年の子どもに対して教育原理が宗教教育に適用され、毎週日曜学校でのインストラクションの準備がなされると説明されている。

「Mathematics」は、数の学びの熟達とそれを小学校の子どもに教える方法を学ぶとある。これは同師範科が小学校教員免許も同時に取得する課程となったために必要な科目として新設されたと考えられる。「Domestic Arts」では、裁縫技術の習得と家庭や学校との関係でそれを適用する能力を取得することが目指されている。同科目には日本人としての礼儀も内容に含まれ、「Ethics」を補足するものであると記されている。「Ethics」の説明を見ると、日本人として礼儀を含んだ、政府から要求される教育への特別な言及を与えるとある。「Manual Arts」に関しては、粘土、木材、紙などの材料について、それらの性質、準備、使用法、保存法が教授されるとあり、家庭や産業界において必要とされる自然や生活をとりまく材料の知識が与えられるとある。

「Physical Culture」（体育）では、「子どもに適したゲームの実践及びその形態、目的を伝授する」とあり、リズミックエクササイズ、マーチ、簡単な体操、フォークダンス、リズムと物語の劇化が含まれている。クックは1919年に、「幼稚園におけるゲームの役割と目的」[99]と題した論文を執筆している。同論文の中で、クックは、子どもの経験を基にして、教育的価値ある構成へと導く段階を「素材を使って考えを刺激する遊び」→「素材を使って考えを表現する遊び」→「素材の使用の有無にかかわらず、考えながら構成さ

れた遊び」としている。それはすなわち、「実験」→「経験」→「構成」で
あると言う。表17は、クックが論文の中で例として挙げた事例を、段階にわ
けて筆者が整理したものである。この遊びは、「大工さんの仕事や役割を言
葉や動作であざやかに表現する遊び」であり、大工についての認識と関心が
刺激されて進められる活動である。大工道具は、アメリカでも遊びの材料と
して効果的であることが認められ、よく用いられていたものである。また、
複数の子どもがともに遊ぶことで、協同の経験を提供するものとされ、社会
性の育成も目指されている。クックは論文の中で、「幼稚園におけるゲーム
の目的は、疑いもなく、子どもの遊びの経験を、教育的目的のために彼の自
然的な遊び活動を用いて構成することです」と述べ、「ゲームを価値あるも
のとするためには、教師だけでなく、子どもの心からの目的的活動の本当の
表現でなければなりません」と説明している。そして、「ゲームは遊びから
構成された形式です」といい、この例のように、子どもの自発的な関心によ
って、簡単な遊びからより複雑な遊びへ、そして最終的にゲームや劇遊びへ
と発展していくプロセスが重要であると考えていたと理解される。

表17 大工さんの遊びの事例（劇遊びに至るプロセス）

段階	材料	結果
実験	大工道具（金づちなど） もしくは大工道具や大工の仕事ぶりを描いた絵	自然と実験の欲求が生まれる。
	本物の道具や遊具	個々の関心が呼び起される。
経験	みんなで家具をとりつける大工さんの店を訪ねる。	・生活と意味がイメージに加わる。 ・見たことを喜んで自由に表現するという模倣遊びが自発的に行われる。 ・子どもが興味を持ち、アイデアを役立てる最良の方法が見出される。
構成	文学的な言葉で要約された経験を伴うリズムや音楽	子どもの経験を芸術的表現にまで高め、真の教育的価値をもつ。

注）Margaret M. Cook "The Place and Purpose of Game in the Kindergarten" 1919（M. M. クック「幼稚園におけるゲームの役割と目的」『Annual Report of the Japan Kindergarten Union』第7巻、185頁）より筆者が作成した。

附属幼稚園では、初期からゲームが保育の重要な一部として認識されてきたが、スキップ運動のような感覚的なものから、フルトンの指導した教師主導のリズム・ゲーム遊びへ、そして、クックによる子ども自身から生じた自己表現としてのゲームへと、ゲーム実践が展開していった。

ここで、クックが1918年に筆記したとされているノートから、2年制の養成課程の構想について見てみよう[100]。クックは、保育界にはフレーベルの伝統を遵守する保守派と、哲学、児童研究、衛生学などの新しい考えを漸次受け入れてきた進歩派があるが、両学派において依然としてフレーベルの文献と材料が中心に位置づけられていると言う。ただし、特に進歩派は一般教育との接点を見出し、現代の教育に対応して、幼稚園と小学校が正しく関係づけられる必要性を認め、フレーベルを肯定しながらも修正していると記している。クックはこのような動向に注意を向け、フレーベルの思想を研究していくだけでよいのだろうかという問題意識を有していた。そして、日本においては普遍的な教育の原理を採り入れながらも、日本人の生活やニーズに合わせた幼稚園が生み出されていかなければならないと考え、2年制の養成課程を編成していった。

2年間という期間は非常に短いが、現状では延ばすことは難しいとクックは述べている。その2年間にいかに保姆に相応しい教育内容を養成カリキュラムに組み込むかが重要であった。クックはその内容を1. 一般教育学、2. 幼稚園独自の理論、3. 幼稚園の技術、4. 特別教科（音楽、芸術、哲学、初等教育メソッド、自然研究、宗教教育）として示している。

1. の一般教育学は、社会学、心理学（児童研究）、教育学（教育史、教育哲学、教育原理、教育方法論）、生理学の視点が設定され、例えば、心理学ではE. L. ソーンダイク（Edward L. Thorndike, 1874-1949）、教育方法論ではヒルが挙げられており、アメリカで進歩主義教育を主導していた指導者の理論が内容に含まれているのが見て取れる。一般教育学では幅広い見地と基礎が提供されるべきであり、そのためにはフレーベルの文献研究をするだけでは不十

分であると見なしている。

2．の幼稚園独自の理論では、教育における幼稚園の位置づけや教育思想におけるフレーベルの貢献について『母の歌や愛撫の歌』や『人間の教育』から学ぶなど、歴史的および実践的な視座からフレーベルとその理論が検討されるとある。

3．の幼稚園の技術は具体的には恩物と作業、歌やゲーム、物語、構成的作業とプログラム作成であり、理論と実践の両面から研究されるものである。ここではフレーベルの恩物作業材料をその形式やシークエンスが固定された状態で研究するのではなく、児童研究、衛生学、実践で承認された最も新しく適用されたメソッドに照らし合わせて研究するべきであると言う。そのことにより、フレーベルの秘儀めいた象徴主義や理由づけに傾倒した学びによる時間や知力の浪費を防ぐことになると述べている。また、学生自身が教材研究を行い、それを小学校現場で実験することができる機会を提供し、恩物作業材料以外の教材やモンテッソーリ・メソッドなども試して原理が確立されるべきであると記している。プログラムの作成は、原理、観察、批判、批判対象の保育案や実践の学びに関連づけて扱われる必要があるとされている。

4．の特別教科に関しては、例えば初等教育メソッドでは、幼稚園との相互の関連性を理解することが挙げられている。また、宗教教育は特に重要視され、キリスト教理解と日曜学校などの実践が含まれた内容となっている。

表18は、以上のような養成課程を編成するための仮のデイリースケジュールとしてクックがノートに記載しているものである。空欄や書き直しおよび書き込みが見られることから、思考途中のものと考えられるが、参考に引用する。

これを見ると、「Bible」（聖書）や「Formal Sunday School Study」（日曜学校研究）が毎日第1限目に行われ、その後、幼稚園現場と関わりながら授業が展開されていくことがわかる。クックの説明によれば、入学直後から

262

表18　仮のデイリースケジュール

1 年次

	8-8：30	9-10	10-11	11-12	1：30-2：15	3：45-4：00
M.	Bible	Observation	Psychology	Pedagogy	Nature Study Primary Methods *(1：30-3：45)* Physical Education	Program
T.	Bible	Physical Education	Observation	Observation	Library	Lectures
W.	Bible	Observation	Psychology	Pedagogy	Drawing	
T.	Bible	Psychology	Observation		Primary Methods	Music
F.	Formal Sunday School Study	Observation		Kindergarten Materials	Games	

2 年次

	8-8：30	9-10	10-11	11-12	1：30-2：15	3：45-4：00
M.	Bible	Psychology	Observation and Practice		Primary	Pedagogy
T.	Bible		Pedagogy		Nature Study—Program Library—Singing	
W.	Bible			Psychology	--Lectures Industrial Arts	
T.	Bible	Pedagogy			Drama	Music
F.	Formal Sunday School Study		Psychology		Putting into Work	Games

注）クックのノート（No. 8，1918，学校法人関西学院聖和短期大学キリスト教教育・保育研究セン
ター蔵）より作成した。

「Observation」（観察）が実施されると言う。ここでは、子どもの園での全
生活を観察できるよう、時間が割り振られるとある。その他、特に、「Pro-
gram」（プログラム）の科目の中では、1 年次に、計画のディスカッション
や実践後の批評を聞き、さらに観察した実践に対して批評を述べるという内
容が含まれている。「Primary Methods」（初等教育メソッド）では異なる段階
の子ども比較をするための基礎が築かれ、より幼稚園の方針にそった専門化

がなされるとあるが、それは 6 歳以降の子どもについて知ることがそれ以前にすべきことへのよい準備となるという考えである。クックは幼稚園と初等教育低学年の教師がお互いの教育について理解し合う必要があることを認識していた。

また、表18にある「Library」（図書館）とは自習時間で、学生が自ら必要な文献を図書館で探して参照する力をつけることが目的とされている。「Lecture」（講義）はいわゆるスペシャルレクチャーのことであり、外部講師によって心理学、教育史、インダストリアル・アーツ、社会的慈善的活動に関する講義がなされる。

ここで見てきたものは、保姆師範科の規則の中で見られる養成の方針にそったものである。特に、幼小連携が重視され、そのために観察や原理研究が新たな局面をむかえていたことを指摘できよう。さらに、1918年度にはよりキリスト者としての保姆という視点が強化されていることも見て取れる。広島女学校では指導者による幼児教育研究が進められていく中で、養成カリキュラムも改革され発展していったと言えよう。

4．ランバス女学院保育専修部における保姆養成

広島女学校保姆師範科では、これまでもキリスト教の精神を身に付けた保姆の養成が試みられていたが、学生がよりクリスチャンワーカーとしての自覚をもつ必要から、同師範科は1921年にランバス記念伝道女学校と合併し、ランバス女学院保育専修部となった。大正新教育運動のもと、進歩主義幼稚園教育が一般の保育界に浸透していく中、保育専修部に人材を送って、新しい教育の摂取に努める人々もいたようである[101]。保育専修部では、移転前からの進歩的性質を受け継ぎつつ、児童相談所や母親学校などの新しい試みも行われた。

本項では、広島女学校保姆師範科からランバス女学院保育専修部へと移転

した後の時期を対象に、保姆養成の有り様を明らかにし、ランバス女学院保育専修部において継続的に発展した保姆養成の特徴を考察したい。

⑴保育専修部の設立と養成の特徴

1921年度の「ランバス女学院保育専修部一覧」および「ランバス女学院保育専修部規則」[102)]は、移転後最初のものである。1921年度の一覧や規則は、日本文と英文のものが現存している。英文規則[103)]ではより内容が詳しく記述されているため、それも参照しながら、移転の様子とランバス女学院での保姆養成の特徴を検討していこう。

「設立の由来」には、ランバス一家によって、広島に設置されていた広島女学校保姆師範科と神戸に設置されていたランバス記念伝道女学校が合併してランバス女学院が設立されたと述べられている。両施設の設立動機は同じく「基督者的生活に相応しき女子教育を施す」ことであった。英文規則では、「キリスト者的生活及びリーダーシップが備わるよう、若い女性を訓練し、外へ派遣するという同様の目的」で大きな視野を持って合併がなされたとされている。そして「今日、日本のキリスト教教会は、女性と子どものために働く女性を訓練するという緊急の要求を有している」として、牧師の助手やバイブルウーマンとともに活動する保姆、日曜学校教師、遊び場やソーシャルセツルメントのワーカー、地域のナース、ボーイズ・ガールズクラブのリーダーなどが求められているとある。この需要は供給を上回っており、しかも徐々に増加しているため、ランバス女学院が設立されたと説明されている。

大阪市天王寺地区に設立されたランバス女学院は大都市の近郊に位置し、交通の便もよかった。そして、「本学院生は学習の傍、此大都市に於ける教育並に伝道的施設に接触して之が観察と実行に裨益し、或は音楽、技術、社会改善等に関する世界的人物に接して見聞を拡むるの好機も亦尠からざるべし」とあるように、今までになかった教育機会に恵まれるようになった。例

えば、「The Ohara Sociological Research Society」の図書館を教師も学生も自由に使用できる環境が用意されている。

　養成年限は変わらず2年で、定員は60名とあり大規模化している。入学資格は、「本校ニ入学スル者ハ、高等女学校卒業若クハ之ト同等以上ノ学力ヲ有シ、身体強健ニシテ、操行善良ナル者タルベシ」とあり、年齢は記載されなくなった。校務の相談のため、顧問が新しく置かれ、学院顧問として日本メソジスト教会監督の鵜崎庚午郎が、本部顧問として京都帝国大学教授の野上俊夫が就任している。教師陣は表19のとおりである。

表19　1921年の授業担当者一覧

幼稚園教育、フレエベル主義の教育、聖書	部長	アトランタ幼稚園師範学校、コロンビア大学教育部出身	マーガレット、エム、クック
幼稚園教育、保育法、児童心理	生徒指導主任	シカゴ幼稚園初等教育大学、コロンビア大学教育部出身	マスター、オブ、アーツ高森ふじ子
幼稚園教育、唱歌、談話、遊戯、手技	幼稚園主監	カンサス市幼稚園師範科、スカレット聖書師範科出身	カサリン、エ、ハッチヤー
幼稚園教育	助教師	広島女学校師範科出身	野田千代
修身、教育、心理	教務主任	京都帝国大学文学部教育学専攻	村田整
音楽	学院音楽部主任	セントルイ音楽学校出身	ミス、イー、ニユーカム
国語漢文	講師	大阪府立高津中学校教諭	山田直記
博物	講師	関西学院教諭	バチエラー、オブ、アーツ眞鍋由郎
図画	講師	大阪府立天王寺師範学校教諭	小野田伊久馬
	臨時講師	大阪市視学	山桝儀重
	臨時講師	奈良女子高等師範学校附属幼稚園主事	森川正雄
	臨時講師	広島女学校専門部長	マスター、オブ、アーツ西村静一郎

	臨時講師	日本メソヂスト両国樹教会牧師	バチエラー、オブ、アーツ 釘宮とし生[104]
	臨時講師	前大阪市立児童相談所全任医学士	竹村一
	臨時講師	神戸松寿幼稚園長	松本春枝

これを見ると、クックが部長を務めていることがわかる。西村静一郎や保姆師範科の卒業生などがひき続き関わっているが、奈良女子高等師範学校の森川正雄など現地からも教師を得ている。特に注目すべきは高森ふじが招聘されていることである。高森ふじは、ヒルの『コンダクト・カリキュラム』の翻訳を行った人物で、マクドウェルの勤務校であった活水女学校で附属幼稚園主任保姆となった後、アメリカに留学してコロンビア大学で修士の学位を取得している[105]。

次に、「目的」に着目してみよう。「本部は、飽迄児童中心主義にして家庭、幼稚園若くは学校に於て真に児童を理解して保育教養せんと欲する者を収容して二ヶ年の正科を卒りし者には卒業証書を与へて其専門的幼稚園保姆たるを得せしむると同時に母若くは教師として女子に必須なる実際的教育を施すを以て目的とす」とあり、総則第1条にも「本部ハ、幼児保育ニ必要ナル学術技能ヲ授ケ、併セテ婦徳ノ涵養ヲ為スヲ以テ目的トナス」と記されているように、保育専修部は専門的な保姆の養成を主眼としつつも、小学校教員や母親として教育に携わる女性も対象としていた。すでに広島女学校保姆師範科の時代から、保姆の免許に付随して小学校教員免許も取得することができるようになり、卒業生には小学校教員の道も開かれていた。また、「家庭、学校若くは教会に在りて教育者たり指導者たり得る様、女子を教養して女子並に児童の為めに尽瘁せんことを期す」とあるように、家庭や学校に加え、教会の指導者養成も視野に入れていたことが読み取れる。

2年間の「正科」とは別に「特別科」を設け、「正科を履修する能はざるも、尚自己の修養と奉仕の為めに学習せんことを希望する者の為め」に自己

修養のコースも備えられていた。また、主婦に対しては「母の組」を組織して、「理想の普及」を図ろうとした。それは、「幼児の体育知育霊育の要求に応ぜんが為め衣服食物衛生等の研究を始めとして宗教の研究をも勉むべし」とあるように、キリスト教教育を含んだものであり、一般的に「徳育」とされる部分は「霊育」とある。すなわち、この「理想」とは、キリスト教保育の理想であったと言えよう。それは、ランバス女学院の設立目的がクリスチャンワーカーを育てることであることから当然であった。

同部では「児童中心」という言葉を目的の最初に掲げている。ここでは養成規則を検討しつつ、「児童中心」の意味するところを解明したい。コース・オブ・スタディの内容は、広島女学校の頃とさほど変化が見られない。

　一　学科
　聖書　聖書全篇の解釈及其内容に通ぜしめんことを期す。
　修身　道徳的思想を練り、以て幼児幼童の徳性涵養に資せしむ。
　教育　教育史、近世教育思潮、教授法、教育制度等を研究せしむ。
　心理　一般心理学の大要並に児童心理を研究せしむ。
　国語　文学史、特に児童に関する詩歌物語等の研究並に自作の練習をなさしむ。
　英語　英語学の抜萃等に就て研究せしめ、各自の能力に応じて益々向上せしめ参考書類の通則に資せしむ。
　博物　季節に随ひて動物植物鉱物等の研究をなし、且、自然界に対する児童の興味を啓発すべき科学的智能を得せしむ。
　数学　数学に習熟せしむると共に、児童に数形等に関する初歩観念を授くるの方法を講究せしむ。
　音楽　音楽に関する知識技能を得せしめ、且、児童に適する唱歌の研究をなさしむ。
　家事裁縫　裁縫割烹生理衛生家事経済等に関し、家庭幼稚園学校等に於ける児童の必要に応じて、夫々専門家に就て講究せしむ。
　手工　砂土、粘土、紙、布、材木、羊毛、葉、等の材料に関する智識、使用法、保存法等を研究し、且、児童教育に於ける其価値を知らしむ。
　図画　物体の観察、鑑賞に熟せしめ、其技を練り、写生、黒板画、色彩の研究をなし、児童の書画本能をして、言語及技術的発表に順当の発達をなさしむ

べき方法の講究をなさしむ。

体操　身体各部の発育動作の機敏と耐久とを計り、体操と共に遊戯を課し併せて児童の遊戯、律動的遊戯、簡易なる体操、表情遊戯若しくは物語等を児童に適する遊戯動作に応用する等の研究をなさしむ。

　また、表20と21は日本文および英文で記載されたカリキュラム表である。前述した1918年度の規則は、英文のものしか現存していないため、日本文規則を参照しながら、主に英文のカリキュラム表を比較していこう。

表20　1921年度のカリキュラム表（日本文、「学科課程及毎週教授時数」）

科目＼学年	毎週教授時数	第一学年	毎週教授時数	第二学年
修身	二	人倫道徳及国民道徳ノ要旨並ニ作法	一	同上
教育学	四（第三学期二）	教育学教授法	二	教育史、教育制度及学校衛生
心理学	二	普通心理学及児童心理学	一	児童心理学
保育法	三	恩物、遊戯、保育案ニ関スル研究	四	同上
教育実習	第三学期二	実習	十五	同上
国語漢文	四	講読、国文学吏、作文、作歌	二	同上
英語	二	講読、作文		
数学	二	算術、代数、幾何ノ応用練習及珠算		
理科	三	動物、植物、鉱物、天文、物理、化学		
手工	二	粘土細工、紙細工、竹細工、木工等	二	同上
家事裁縫	三	和洋衣食住一般練習		
音楽	一	唱歌、楽器使用法	一	同上
図画	二	自在画	一	同上
体操	二	普通体操、遊戯	一	同上
計	三二		三〇	

第4章　広島女学校保姆師範科における保姆養成の特質　269

表21　1921年度カリキュラム表（英文）

Junior		Senior	
Ethics	2	Ethics	1
Education	2	Education	2
Psychology	2	Psychology	1
Language and Literature	4	Language and Literature	2
English	2		
Science	3		
Mathematics	2		
Music	1	Music	1
Domestic Arts	3		
Manual Arts	2	Manual Arts	2
Drawing and Painting	2	Drawing and Painting	1
Physical Culture	2	Physical Culture	1
Kindergarten Theory	3	Kindergarten Theory	4
Kindergarten Practice Third Term	2	Kindergarten Practice	15
Total	32	Total	30

　1918年度のカリキュラムと比べ、教科名が多少変更されているものがある
他、第1学年では「Nature Study」（博物）の代わりに「Science」（博物）が
入り、時間数も2時間から3時間に増加している。「学科」の内容を確認す
ると、「季節に随ひて動物植物鉱物等の研究をなし、且、自然界に対する児
童の興味を啓発すべき科学的智能を得せしむ」とあるため、ほぼ同じ内容で
ある。「Domestic Arts」（家政学）は、「裁縫割烹生理衛生家事経済等に関
し、家庭幼稚園学校等に於ける児童の必要に応じて、夫々専門家に就て講究
せしむ」と示されているように、生理学、衛生学などが組み込まれたもので
あり、時数は4時間から3時間に変更されている。第2学期では「Manual
Arts」（手工）が1時間から2時間と増加された。この学科の内容は「砂
土、粘土、紙、布、材木、羊毛、葉等の材料に関する智識、使用法、保存法
等を研究し、且、児童教育に於ける其価値を知らしむ」とあり、フレーベル

の恩物作業材料以外にも天然の素材などの使用や保存法について研究するものである。「Physical Culture」（体育）は 2 時間から 1 時間になった。同科目は「身体各部の発育動作の機敏と耐久とを計り、体操と共に遊戯を課し併せて児童の遊戯、律動的遊戯、簡易なる体操、表情遊戯若しくは物語等を児童に適する遊戯動作に応用する等の研究をなさしむ」とあり、単に学生の健康管理のための科目としてではなく、遊戯の研究がなされていた。また、コース・オブ・スタディの内容説明の部分には組み込まれているが、両学年とも「Sunday School Normal Study」（日曜学校教授法）と「Bible」（聖書）は表には記載されておらず、課外として扱われている。しかし、学科の筆頭には『聖書』が掲げられ、「聖書全篇の解釈及其内容に通ぜしめんことを期す」とあるため、『聖書』を重視した養成がなされていたことは間違いない。

　注目すべきは「Kindergarten Theory」（幼稚園の理論）と「Kindergarten Practice」（幼稚園の実践）である。従来、1 年次の「Kindergarten Theory and Practice」（幼稚園の理論と実践）は合わせて 3 時間であったが、ここでは理論に 3 時間、3 学期だけであるが実践に 2 時間が割かれている。そして、フレーベルの恩物作業材料と並んでモンテッソーリ教具が加えられている。第 2 学年の「Kindergarten Theory」と「Kindergarten Practice」においては、フレーベルの著作の批判的検討と他の教育者たちによる教育原理とフレーベルのそれとの比較がなされるとある。また、同科目では子ども研究記録（child study records）をつけ、幼稚園と家庭、学校間の適切な関係を築くための方法を研究し、実習において個々の子どもを研究すると記されていることは、前回規則に加えられた点である。

　「児童中心」を掲げた保育を担う保姆の養成には、以上のような教育内容が含まれていた。保育専修部第 1 回規則では、モンテッソーリ・メソッドや子ども研究記録など新しい内容が追加されたが、基本的には広島女学校保姆師範科時代の養成カリキュラムを踏襲していた。それは、クックが一貫して主導者として保姆養成を行っていたためである。保育専修部の教師陣は、広

島女学校時代とは異なっているが、新たに赴任した高森ふじは、活水女学校やコロンビア大学において教育を受けた人物であった。保育専修部における進歩主義的教育は「クックは広島女学校時代に、米国進歩主義派の教育を紹介していたが、いま、コロンビア大学でMAの学位をとった高森藤を招くことによって、パティ・ヒルの新教育理念はランバス女学院の教育の中に継承されることとなった」とあるように、クックとともに高森ふじによって発展していったとされている[106]。すなわち、その詳細な検討は今後の課題であるが、保育専修部は広島女学校保姆師範科時代から継続してコロンビア大学での幼稚園教育研究の成果を採り入れていたからこそ、移転後も進歩的な研究傾向を受け継いで保姆養成を発展させていくことができたと言えよう。

(2)「母の会」の活動に見る母親教育

フレーベルは、幼稚園に幼児の教育だけではなく、母親教育の役割を持たせていた。アメリカではこのような幼稚園観のもとで、母の会や家庭訪問なども行われた。しかし、日本では幼稚園の機能としての母親教育が草創期に紹介されたものの定着しなかった。広島女学校においては保姆養成が開始された1894年頃からすでに甲賀ふじによって「母の会」が設けられていたが、どのような活動を行っていたかは定かではない[107]。母親教育は継続的に行われていたと考えられるが、特に、ランバス女学院時代に母親教育が組織化されたと見える。以下、母親学校と称された母の会について、「母親学校ノ規定」(1923年) を参照しよう[108]。

　　一、目的　　母親ノ教養
　　一、入学資格　年齢十八歳以上ノ婦人
　　一、期間　　二ヶ年（毎週水曜日午後一時半ヨリ四時マデ）
　　一、授業料　　一学期　五円
　　一、入学申込　毎学期開講前日迄
　　一、学科

一学年			二学年		
一学期	二学期	三学期	一学期	二学期	三学期
育児法	幼児衛生	学童保健	児童心理	文化思想史	日本美術史
家庭教育原論	幼稚園教育	小学校教育	社会衛生	社会問題	宗教心理
看護学	童話、童謡	智能検査	児童用洋服	児童用編物	児童ノ食物
略画	略画	自然研究	音楽	音楽	音楽
音楽	音楽	略画	遊戯	遊戯	遊戯
遊戯	遊戯	音楽			
		遊戯			

　右ノ外毎学期課外講義ヲ入レマス

　これによると、母親の教養を目的として2年間にわたり毎週3時間の講義がなされていたことが確認される。そのカリキュラムも組織的に組まれ、第1学年では幼児教育、児童教育に関する諸科目が、第2学年では宗教や社会に関する科目が設置されており、単なる母親の会合ではなかったことが理解される。1924（大正13）年の母親学校聴講生記録を見ると、第1学期が乳児期、第2学期が幼児期、第3学期が学童期とされているため、上記のカリキュラムもそのような段階を意識して編成されていたと考えられる[109]。1924年から1926年にかけて、母親学校の講師として、クックは「幼稚園教育と家庭」、高森ふじは「フレーベルの「母の遊戯」」や「遊戯」、竹村一は「幼児衛生」、附属幼稚園保姆である亀井ふさ子は「音楽と遊戯の研究」や「幼稚園教育と家庭」の各科目を担当し、その他内外の教師が講義を担った。第1回の母親学校には40名の婦人が登録し聴講したとある[110]。

　なお、同年、母親学校に関連して「幼稚園及初等年級に関する講習」が開かれている[111]。この講習は1923年8月2日から8日に渡ってランバス女学院内で、児童教養研究会主催で開かれた。定員は150人とあり、外部からの講師とランバス女学院教授によって講演がなされた。この講演については開催案内のパンフレットより内容を把握しよう。

　東京女子音楽学校教授であり童謡作家であった葛原㴞による「教育の手段としての童謡―附童謡の作り方及実習」が15時間とあり、他の講習内容のお

よそ 3 倍の時間が当てられているが、それは毎日午後に添削に時間が付加されているためである。また、ランバス女学院と同じ教派に属する関西学院の教授で児童心理研究者の今井恵（文学士）によって「初等年級学科課程と児童の心的過程」（5時間）と題した講演がなされるとある。「今時初学年級教育が往々教材が唯の教授として注入詰込と化して行くのには種々の原因がありませうが、其内の一つには、教師が学科課程と児童の心的過程との関係を考慮しないからでありませう」と記されているように、詰め込み式の旧教育が行われるのは教師が子どもの心的過程に注意を払わないためであると説明がなされている。梅花女子専門学校教授（文学士）の朝日直樹は、メンタルテストの研究者であり、「教育測定と其結果の応用」（5時間）というタイトルの講演を行う予定となっている。「智能測定素質検査」について「教育者として一応知るべきは勿論あるが、其上其結果を如何に教育上に応用するかといふ事が又大切な問題」であるとし、「此問題が解決せらるゝならば、そこに種々教育上改善が加へる」とあるように、この分野に関する知識を得るだけではなく、その結果をいかに教育実践に生かすかという視点が看取される。ランバス女学院保育専修部からは、表19に臨時講師として名が挙げられている、前大阪市立児童相談所全任医学士である竹村一が登壇し「幼児身体検査法及其結果に基く保育の新しき試み」（4時間）という題で講演がなされるとある。竹村は子どもの身体状況を把握した上で、身体的教育を改良しなければならないとして実際にランバス女学院附属幼稚園で行われている新しい試みを紹介するとある。その他、医学士で大阪母親相談所長の入間田悌佶による「性的生活と其教養」（4時間）、東京高等師範学校専攻科教育哲学専攻の大武美徳による「教育の哲学的基礎」（5時間）が挙げられている。これを見ると直接的に幼小連携に関係する内容だけが講じられたのではなく、より広い視野に立ってそれが検討されるよう意図された講演会であったと言える。

　この講演会は、「較近、心理学、教育学及生理学的方面の研究によれば、

幼稚園及初等年級時代の児童は一つの連続したる児童期として取扱はなければならぬと云ふ事であります」とあるように、児童研究の成果に基づいて、8歳までを「一つの連続したる児童期」として見なし、幼小連携の教育を行わなければならないという趣旨のもと開催された。そして、それは大阪のみならず東京から、またキリスト教系以外の教育研究者も招聘して大規模に行われた。橋本美保によれば、進歩主義幼稚園教育から始まった幼小連携の取り組みは、アメリカにおいて1910年代に幼小連携カリキュラムの実験的研究が本格化し、その成果が1920年代には全米に普及したと言う。また、それは同時代の日本にも伝えられ、『幼児の教育』誌上に幼小連携に関する記事が増加したことを指摘している[112]。倉橋惣三が『幼児の教育』において国際幼稚園連盟（IKU）により作成された幼小連携カリキュラムの翻訳を紹介したのは1923年であったことから、同講習会は、幼小連携への関心の最盛期に開かれたものと考えられる。広島女学校保姆師範校では1910年代から附属小学校と幼稚園の接続が試みられていた。そのためランバス女学院保育専修部では、これまでの研究を引き継いでこのような時期に大規模な講演会を催すことができたと言えよう。

　母親学校は、以後も盛んに行われ、1927（昭和2）年には、ランバス女学院附属幼稚園母の倶楽部と合同で開催されるようになった。同園園児の母は、この倶楽部に参加することが奨励され、母親学校を無料で聴講することができた。この倶楽部の目的には、「児童が家庭及幼稚園に於て起す各種の問題を教師と母と協力して共に研究解決に務むること」とあり、「母の会」がその教養を高めることを目的としたことから発展して、母が教師と共に研究を行う組織となっていったことが確認される[113]。

　その後のランバス女学院の一覧・規則を通覧していくと、1923年にようやく神学部が移転し、神学部と合同での養成が開始され、保育専修部での宗教教育も充実していった[114]。1923年には、本科2ヶ年の上に1ヶ年の「研究科」が設置され、1928（昭和3）年には保育専修部が3年制となってい

第4章　広島女学校保姆師範科における保姆養成の特質　275

る[115]。クックは「高等学校を卒業してから3年間学ぶことは、幼稚園教師として、またキリスト教の働き人として、より広く深い準備のときを与えるので、学問的にはより高い基準を達成する」[116]と述べ、常に保姆養成をより高度なものへと発展させようとしていたのであった。

第4節　M. M. クックの保姆像と保姆養成観

1．保姆としての総合的な力量形成

　広島女学校では1906年に指導的役割についたクックによって、保姆養成改革が行われていった。彼女はまず、保姆養成の基本的方針を定め、保姆の養成は女性教育の「最高ナル完結」であるとし、保姆養成の意義を明確にしている。それは広く主婦となる女性にも開かれた養成であったが、専門職としての保姆を養成することに主眼を置いたものであった。アメリカから帰国した直後である1913年におけるクックの論文からは、以下のような彼女の保姆観が読み取れる。

　　今日、幼稚園の先生が自分の任務を広げていったとしても、そこに見込みがあり、実現可能であるなら、それは当然のことといえます。6歳以下の子どもを扱う仕事は、ますます単純に、子どもに合わせてなされるようになってきていますが、この単純化は、先生の負担を軽減するどころか、かえって重くしているのです。幼い子どもの生まれながらもっている本能的素質や行動に応えながら、何が重要かを見きわめ、価値あるより高い水準へと引き上げるのは先生の役目です…中略…手技、歴史、文学、科学、音楽、美術、宗教などは、これらすべての分野に目覚め、向かって行こうとする様々な素質を正しく導く努力をしている人によって研究される必要があります[117]。

　クックによれば、保姆は子どもの素質を正しく導くため、手技、歴史、文学、科学、音楽、美術、宗教の研究を行う必要があると言うことである。また、次のようにも述べている。

我々が提供している講義は、若い女性に一層高い人格や能力や目的を要求していま
　す。学生の思考力や研究力、個人的な調査能力や実験力の発達を要する質の高
　い保母養成コースが準備されています…中略…私どもの若い女性たちが、観察力
　において、また芸術・科学・宗教などの面への子どもの指導において、素晴らし
　い進歩を遂げて、働く喜びを増進させています[118]。

　ここから、クックは、保姆に、人格や目的意識とともに、思考力、研究力、
調査能力、実験力、観察力などの能力および芸術・科学・宗教の各分野にお
ける指導力を求めていたことが窺える。しかし、このような総合的な力量を
2年間の養成期間で学生たちが獲得することができるよう指導するのは容易
なことではなかった。

　　当然ながら、どれだけ効果が上がるかは、保母の教育者として、また福音の働き
　手としての訓練や資質にかかっています。では、その訓練という責任の所在はど
　こにあるのでしょうか？大半は幼稚園保母養成所にあります。そこで養成所の問
　題が起きています。教育の責任は重くのしかかっています。ほとんどの場合、2
　年という短い期間で、女学校を出たばかりの若く、経験も浅い女性が教育者にな
　るための訓練を受けるのです。この専門職にふさわしいコースを設け、幼稚園に
　携わる責任をたとえ部分的にでも実践で果たせるように学生に合わせた訓練を行
　うのは、何ひとつとっても容易なことではありません[119]。

　ここでは、幼稚園教育の成功は保姆の資質と訓練にかかっており、この訓練
の責任を「専門職にふさわしいコース」である保姆養成校が負うべきである
と説かれている。しかし、クックは、当時においてそれが十分にされていな
い現状も認識していた。彼女は、「養成所は時間や機会が足りないために、
ほとんどこの仕事には未経験なままの若い先生を送り出しますが、養成所で
学ぶ間に興味や希望を抱いて基礎づくりができています」[120]と述べ、養成校
の役割は、保姆としての基礎を築くことにあると論じている。以下の引用に
もそのことは表わされている。

養成期間は短い上に、履修しなければならない科目はたくさんあります。学生たちの幼稚園での経験といえば、教育実習だけです。卒業してどこかの他のところで仕事をするようになって初めて、この女性たちは、家庭や母親の間に立って、外でいかに能力を発揮できるか試されるのです。養成期間も午後は学習に充てられます。…中略…私たちは力を合わせて、有能なクリスチャンの働き手であり、かつ良い幼稚園の先生を育てていくことができます。教育は初めが肝心です。卒業したばかりの若い幼稚園の先生には、成長の基礎を身につけて出ていき、自分の幼稚園を本当のキリスト教教育の土台にするつもりでいます[121]

　クックは、本来なら専門職としての保姆を養成するためには2年では不十分であると考えていたが、質の高い養成を行い「有能なクリスチャンの働き手であり、かつ良い幼稚園の先生」を育てることは、簡単ではないが不可能ではないと考えていた。「幼稚園は幼稚園教師を必要としていますから、幼稚園教師の養成は必須です」と述べ、「しっかりとした性格」、「キリスト教奉仕活動に参加したいと熱心に考えて」いること、「十分な資格」を保姆養成校入学者に要求していた[122]。

　クックは、女子教育における教養程度の保育とは別に、保姆また伝道者として、社会で活躍する女性の育成を目指していたと言えよう。それは決して子守り程度の保姆を想定していたのではなく、社会に貢献する専門職としての保姆を養成することであった。クックがそのような保姆像を有していたことにより、アメリカの教育実践・研究の成果を採り入れた養成が広島女学校において行われていたのであった。クックは保姆に、人格や目的意識、幅広い教養、専門的知識などの総合的な力量を求めた。とりわけ思考力や調査能力、実験力、観察力などの研究能力の獲得を重視していたのであった。

２．保姆養成の重要点

　クックは1938年までランバス女学院保育専修部において保姆養成に携わっている。1937（昭和12）年に『基督教保育』の中でクックは以下のように述べている[123]。

科学的研究、現代児童心理学の光を浴びて資材や方法は変化してきた。がフレーベルの貢献はより根本的であつた。彼は幼児を、自然の子として、人の子として、更に神の子として見た。彼は実際に「幼児等と共に生活」をなし、創造的な自己活動と社会経験との連絡に因り、遊びを通しての発達の原理を作り上げた。吾々今日の幼稚園教育者は果してその本質を表示してゐるであらうか。

この記述からもわかるように、クックはフレーベルが幼児とともに生活し、自己活動と社会経験からなる遊びに即した発達の原理を見い出したことを賞賛している。進歩主義者はフレーベル主義教育を否定していると誤解されることがあるが、進歩主義幼稚園教育を主導したクックは、フレーベルの精神を尊重していたことが明らかである。それは、彼女が教育史や教育原理研究に真摯に取り組んできたことから導き出した彼女自身の研究成果に基づいた理解であったであろう。クックはフレーベルが行った教育への貢献を根本的なものと見なし、それを体現することができているかと問うていた。

　このような姿勢を有していたクックは保姆養成に重要な要素を次のように考えていた。同じく帰国の直前の1937年に『幼児の教育』誌上に掲載されたクックの「保姆養成の重要点」を見てみよう[124]。クックは「人間の根本教育である幼児教育に携る保姆の資格に就いては従来全く無関心に扱はれて来て居りました。勿論今日では相当に改新されて来て居りますが私は将来の幼児教育者の養成には尚この点を強調し向上させたいと願ふ者であります」と述べ、次の３点を挙げている。

　一、幼稚園教育及びナースリースクール教育は一般教育の基礎である事を確認する事、身体、知能、情緒、社交の発達は即ち教育であるからであります。
　二、幼児教育者は教育学、心理学、に精通するのみでなく、幼児教育そのものが一個人の全般に互る教育でありますから、博く各方面の知識を習得し高い教養を持つ、人格者を養成すべき事。
　三、以上の要求を完成させる為特に左の二点の学習に意を用ふる事。即ち
　　A、幼児研究
　　B、社会知識

第4章　広島女学校保姆師範科における保姆養成の特質　279

　クックは第一に幼児教育は一般教育の基礎であること、第二に、幼児教育に携わる者は人格的にも整えられ、かつ、幼児教育の性格上、あらゆる知識や教養を身に付けているべきこと、第三に、幼児と社会に関する研究を行うことを、保姆養成の重要点であるとしている。

　三、のA、幼児研究についてクックは、幼児は環境に支配されて教育されるため保姆は「多くの課程」を研究しなければならないと言う。それは一般的な幼児の能力や発達段階を熟知することに加え、個々の子どもの要求を把握し、それに応じた材料を蒐集・撰定し、環境の整理を行うなど、年長児教育者以上の努力が必要であると主張している。このようなことは「とても高女卒業程度の者が準備なしではその任務を全うする事は出来ないのであります」とクックは強調している。そして、教育学、一般心理学、教育心理、児童心理などの根本原理となるべきもの、監督の下での実習や観察などの「相当の勉強」が養成校において与えられなければならないと考えていた。

　また、Bの社会知識に関しては、自然研究、地理、文化科学、物理学などの分野において「幼児の日常生活に密接なる関係を有する方面の学習を充分に保育科の課目に加へ重要視しなければならない」と記している。このような知識を獲得し、その上で自分自身の生活の中でそれらのことを体験する必要を挙げている。

　以上、広島女学校保姆師範科およびランバス女学院保育専修部における保姆養成の実態と特質を検討してきた。保姆養成科として始まった広島女学校での保姆養成は、当初、見習制に近いものであったが、幼児教育専門の宣教師を招聘することで、組織として整備されていった。最初期に赴任した宣教師であるF. C. マコーレーは、1903年の時点で3年制の保姆養成課程を組織していたが、その後2年制の養成が基本となった。長期に亘り本校における保姆養成を主導したのはM. M. クックであり、彼女はハウと並んで日本におけるキリスト教保育界のリーダー的存在であった。クックは2年の養成期

間を確保し、理論と実践の有機的な関連を重視したカリキュラムを編成していた。広島女学校では、日本はもとよりアメリカにおいても高度な基準に相当する保姆養成を行っていたが、それはクックの理想とするものに達しておらず、常に3年制の保姆養成を見据えていた。そのような意識の中で、2年間でできる限り効果的な養成を行おうとしていた。それは、保姆としての基盤の形成を中心にしたものがあった。広島女学校保姆師範科からは1921年までに168名の卒業生が送り出されている。

　同校にはさまざまな教師が派遣されたが、いずれも進歩主義教育を支持する教育宣教師であった。そのため、同校の保姆養成には、伝統的なフレーベル主義保守派の教育に対し、その改革を志向した教育実践・研究の影響が強く反映されていたと言えよう。それは、最初期には中心統合法の導入という形をとり、徐々に進歩主義の影響が強くなるという展開であり、アメリカにおける保育界の動きを即時的に採り入れた段階的な受容であった。同科では、フレーベルの文献の批判的検討やモンテッソーリ・メソッドの導入がなされていた。とりわけ幼小接続の意識が高く、小1観察を行い、一般教育学を重視するなど進歩主義的な学びの機会が用意されていた。さらに特徴的なのは、同科では、キリスト者としての保姆の養成に力を入れており、教会や家庭との連携が強調され、母親教育が充実していた点である。

　このような養成が行われたのは、クックが保姆を専門職として捉え、それに見合った養成システムやカリキュラムを整えていったことによる。移転後のランバス女学院での試みは、クックにとってはあくまで広島女学校保姆師範科における実践の延長線上にあるものであったと言えよう。

<第4章注>

1）学校史には、新しい保育が「わが国においても大正期に倉橋惣三らによって全国的に普及され始めた。しかし広島女学校保姆師範科ではそれより早く、一九一四年（大正三）年には恩物と併行して「児童中心」の新しい保育が附属幼稚園にお

いて試みられていた」（聖和保育史刊行委員会『聖和保育史』聖和大学、1985年、47頁）と説明されている。その他、『幼児教育方法史研究―保育者と子どもの共生的生活に基づく方法論の探求―』（田中まさ子、風間書房、1998年、156-186頁）、「アメリカ幼稚園運動におけるプログレッシブ幼児教育論―P. S. ヒルを中心にして―」（坂田嘉郎『聖和女子大学論集』3巻、1973年、49頁）、「近代幼稚園教育の展開―婦人宣教師の歩みと聖和大学―」（井口純子『大学時報』No.301、2005年、131頁）などにおいても附属幼稚園の保育の変化が指摘されている。

2）以下、広島女学校の歴史に関しては、『聖和保育史』（前掲）、『小さき者への大きな愛―ゲーンス幼稚園の歴史とM・クックの貢献―』（広島女学院幼児教育史刊行委員会、広島女学院、2006年）、『日本基督教幼稚園史』（岩村安子、基督教保育連盟、1941年）、『日本キリスト教保育八十年史』（基督教保育連盟、1966年）などを参照してまとめた。

3）前掲『小さき者への大きな愛』216-217、222頁。

4）広島女学院百年史編集委員会『広島女学院百年史』広島女学院、1991年、127頁。

5）前掲『小さき者への大きな愛』16、36頁。

6）Margaret M. Cook "A half Century of Kindergarten Progress," 1935（M. M. クック「キリスト教幼稚園発展の半世紀」『Annual Report of the Japan Kindergarten Union』第7巻、1985年、80頁）。以下、同論文に関してはここから引用する。

7）コロンビア大学の学籍係で確認したところ、西村はAY（academic year or fall and spring）の1909-1910年およびAYの1910-1911年の2年間、コロンビア大学において "Supervisor of Elementary Schools" というコースに在籍し、1911年6月7日に "Master of Arts" の学位を取得していることが判明した。西村は、広島女学校保姆師範科がランバス女学院保育専修部となって大阪に移転するまで、同科における教授と運営を担った広島女学校の中心的人物である。彼は、ランバス女学院保育専修部時代にも、臨時講師として講義を行っている。西村の影響力を明らかにすることは今後の課題であるが、アメリカ人宣教師だけではなく、日本人教師が留学して同校の教育活動に携わったことは注記しておく。

8）前掲『聖和保育史』396頁。

9）日本保育学会『日本幼児保育史』第3巻、フレーベル館、1969年、226頁。

10）前掲『広島女学院百年史』137-138頁。

11）同上書、137頁。

12）「創立以来学則変更ノ要領」（前掲『広島女学院百年史』638-646頁）。以下、女学校の学則に関しては同頁を参照した。

13) *Bulletin*, Hiroshima Girls' School Kindergarten Normal Department, Hiroshima, Japan, 1918-1919, p.1（学校法人関西学院聖和短期大学キリスト教教育・保育研究センター、広島女学院大学歴史資料館蔵。以下、*Bulletin*（1918-1919）とする）。前掲『小さき者への大きな愛』37頁。山代辰治編『創立五十周年記念誌』広島女学院、1936年、50頁。

14) 甲賀の幼児教育活動については以下の論文などを参照されたい。前掲「最初の主任保姆甲賀ふじ」『聖和保育史』392-394頁。前典子「日本女子大学附属豊明幼稚園初代主任保母　甲賀ふじ」『成瀬記念館 No.2』日本女子大学成瀬記念館1986年。田中まさ子「明治後期の幼稚園教育に関する一考察—甲賀ふじの保育日誌にみる進歩主義の受容とフレーベル主義の展開—」『人間教育の探求』第5号、1992頁。勝村とも子「"幼児教育のパイオニア"甲賀ふじと福音伝道（1）—1897年の渡米までを中心に—」『聖母被昇天学院女子短期大学紀要』31、2005年。甲賀はハワイでの教育活動の後、進歩主義幼稚園教育研究のためにアメリカ本土へ渡り、帰国後は日本女子大学附属豊明幼稚園初代主任保姆となっている。

15) ニーナ・C・バンデウォーカー『アメリカ幼稚園発達史』教育開発研究所、1987年、149頁。

16) 松本春枝『父母と教師の為の児童之研究』福音舎出版部、1926年、1頁。

17) 文部省『幼稚園教育九十年史』ひかりのくに、1969年、142頁。

18) 前掲「アメリカ幼稚園運動におけるプログレッシブ幼児教育論」49頁。坂田は、マコーレーが日本に進歩主義教育を紹介したと評価しているものの、その詳細な検討は行っていない。

19) *Courier-Journal*, Louisville, Ky., Jun. 9, 1901, Jan. 12, 1902. Louisville Free Kindergarten Association, *Seventeenth Annual Report and Catalogue*, 1904-1905, p.16, 52, 55. なお、*Bulletin*（1918-1919）に "Mrs. F. C. Macaulay, of the Louisville Kindergarten Training School" と記載されている。また、同上の1904年度のルイビル無償幼稚園協会年次報告書の卒業者一覧の中にマコーレーの勤務先が "Kindergarten Dept. and Training Class, Girls' School, Hiroshima, Japan" と記されている。

20) 前掲『日本キリスト教保育百年史』74頁。*Bulletin*（1918-1919）, p.2.

21) 「広島女学校附属幼稚園保姆講習規則」1903年（学校法人関西学院聖和短期大学キリスト教教育・保育研究センター蔵）。

22) フランセス・リトル著、佐々木翠訳『勲章の貴婦人』1996年、広島女学院、168-169頁。

第4章 広島女学校保姆師範科における保姆養成の特質 283

23) 同上書、169-170、174頁。

24) *Announcement*, Kindergarten Normal Department Hiroshima Girls School, Hiroshima, Japan, 1906-1907（学校法人関西学院聖和短期大学キリスト教教育・保育研究センター蔵）。以下 *Announcement*（1906-1907）とする。

25) *Courier-Journal*, Aug. 20, 1907, p.7. 同雑誌ではマコーレーについて、5年間日本の広島女学校で幼稚園の責任者を務めたことと、*The Lady of the Decoration*（Frances Little, 1906, 前掲『勲章の貴婦人』）の著者であることが紹介されている。同校は3歳から12歳を対象とした教育機関で、幼稚園部門の他、Primary Department が設置されていた。

26) 前掲『聖和保育史』58頁。

27) 「宣教師応募志願書」、「医師の診断書」、ランバス監督宛の4通の「推薦状」、「クック親娘からランバスへの手紙」（ドルー大学内合同メソジスト教会古文書保存館蔵、『小さき者への大きな愛』前掲、52-67頁から引用）。その他、同上書、48、127頁も参照した。

28) 前掲『小さき者への大きな愛』61頁。

29) 前掲『聖和保育史』398頁。

30) *Bulletin*（1918-1919）, p.2. なお、同規則では、マコーレーの時代の規則と同様の入学資格が提示されているが、「入学ヲ許サレタルモノハ、初メ三ヶ月間ヲ仮入学トシ、其間保姆タルノ適否ヲ試査シテ後、本入学ヲ許スモノトス」とあるように、仮入学の制度が整えられるようになった。

31) 「広島女校附属幼稚園師範科畧則」1906年3月（学校法人関西学院聖和短期大学キリスト教教育・保育研究センター蔵）。*Announcement*（1906-1907）.

32) 中村五六『幼稚園摘葉』普及舎、1893、105頁。このことに関しては上智大学教授湯川嘉津美氏にご教示頂いた。

33) 英語コースと邦語コースが設置され、卒業証が英語卒業証と邦語卒業証に分けられている点からも、英語による教授が中心でありつつも、邦語による保姆養成も成果を上げてきたと言える。

34) M. M. クック「フレーベル其の幼稚園の教育への貢献」『フレーベルとその宗教教育への貢献』フレーベル幼稚園百年祭記念出版、キリスト教保育連盟関西部会大阪区、1937年（前掲『小さき者への大きな愛』208、210頁参照）。なお、田中まさ子は1904年と1906年の師範科規則を比較して、後者の方が幼稚園教育の幅広い領域からなる統合的性格を持つものと理解し、専門的内容と一般教養的内容が配分され、『母の歌と愛撫の歌』もその関連性の中に設定されていると述べている

（前掲『幼児教育方法史研究』46頁）。

35）1906年の規則には著者が記されていないが、1909年3月の「広島女学校保姆師範科規則」に「ヒユーノ「教育ノ法則」」、1910年3月の同規則に「ヒュースノ「教育ノ法則」」などとあることにより判断した。

36）前掲『アメリカ幼稚園発達史』150頁。

37）阿部真美子他『アメリカの幼稚園運動』明治図書出版、1988年、159-160頁。

38）続く1907年、1908年、1909年、1910年、1912年の規則においては、1909年に入学資格が18歳から17歳に引き下げられたことの他は、教師陣の変更が主なもので、大きな変化は見受けられない。

39）*Bulletin*（1918-1919）, p.3.

40）「広島女学校保姆師範科規則」1910年3月（学校法人関西学院聖和短期大学キリスト教教育・保育研究センター蔵）。

41）橋川喜美代『保育形態論の変遷』春風社、2003年。金子嘉秀「明治後期の幼稚園における中心統合主義カリキュラムの受容・実践内容に関する研究—広島女学校附属幼稚園師範科生徒の保育案ノートを手がかりとして—」『保育学研究』第51巻、第1号、2013年、6-16頁。金子の研究は、中心統合法の影響を受けた実践内容を紹介しただけであり、特に受容のプロセスは分析されていない。中心統合主義カリキュラムの受容について解明するには、それがどのような意図で導入されたのか、また、どの点が変容したのかなどについて緻密に検証した上で、さらなる具体的な受容の内実を明らかにしなければならないであろう。

42）橋本美保は、「及川平治「分団式動的教育法」の系譜—近代日本におけるアメリカ・ヘルバルト主義の受容と新教育—」（『教育学研究』第72巻、第2号、2005年、220-232頁）の中で、ヘルバルト主義教育が進歩主義教育を醸成したことは、アメリカ教育史研究においては常識であると述べている。その他『米国カリキュラム改造史研究—単元学習の創造—』（佐藤学、東京大学出版会、1990年）、『保育形態論の変遷』（前掲）を参照した。

43）和田實「幼稚園問題」『婦人と子ども』第8巻、第11号、1908年、6-15頁。

44）「広島女学校附属幼稚園課業綱目」、「広島女学校附属幼稚園保育綱領」、「幼稚園保育綱領」『京阪神連合保育会雑誌』第23号、1909年、70-75頁。

45）同上雑誌、72頁。

46）Paul Monroe, *A Text-Book in the History of Education*, New York, Macmillan, 1905, p.636.

47）前掲『聖和保育史』28-35頁。

48) その他、保育要領の中には、「同情的」（「保育綱領①」より）「同情心」（「課業綱目」より）というヘルバルトが提示した多方興味の中の同情的興味に関するタームが読み取れる。同情的興味とは、人間関係に関わる興味を指し、ヘルバルトおよびヘルバルト主義者はこれを最も重視していた。ヘルバルト主義教授理論に関しては、庄司他人男『ヘルバルト主義教授理論の展開―現代教授理論の基盤形成過程―』（風間書房、1985年）に詳しい。

49) 原典は公開されていないため『小さき者への大きな愛』（前掲）の中に掲載された部分（83-113頁）を分析の対象とした。なお、金子は同保育案ノートを詳細に検討している（前掲、「明治後期の幼稚園における中心統合主義カリキュラムの受容・実践内容に関する研究」）。

50) Fannie Caldwell Macaulay, "Work in a Japanese Kindergarten at Hiroshima," *Kindergarten Review,* 1904, Vol.15, pp. 521-525.

51) 聖和八十年史編集委員会『聖和八十年史』聖和女子短期大学、1961年、208頁。

52) 本項では、史料の制約により、広島女学校附属幼稚園に直接的に影響を与えたと考えられるコロンビア大学だけではなく、広く当時のアメリカの幼児教育研究の到達点を参考に、アメリカと広島女学校附属幼稚園の保育実践の影響関係を捉えることを試みた。その際、アメリカの二大教育研究大学であるシカゴ大学やコロンビア大学の幼児教育実践・研究に関して以下の論文などを参照した。橋本美保「アメリカ幼稚園運動における進歩主義の幼小連携カリキュラム―その理論的背景と日本に伝えられた実践情報―」『アメリカ教育学会紀要』第19号、2008年、51-64頁。遠座知恵『近代日本にけるプロジェクト・メソッドの受容』風間書房、2013年。

53) Edna Everett, "Kindergarten Program," *Kindergarten Review,* Vol.16, 1905, pp.16-617. この事例に関しては橋川が『保育形態論の変遷』（前掲、238-240頁）の中で紹介している。

54) フレーベルの教育思想については、荘司雅子『フレーベルの教育学』（玉川大学出版部、1944年）および『フレーベル研究』（玉川大学出版部、1953年）などに依った。

55) Eveline A. Waldo, "Suggestions for a Year's Program," *Kindergarten Review,* Vol.16, 1905, pp.33-625.

56) 杉浦英樹「プロジェクト法の源流（1）―コロンビア大学附属スペイヤー校の幼稚園カリキュラムとP. S. ヒル―」『上越教育大学研究紀要』（16）第1号、1996年、142-146頁。なお、そもそもフレーベルは『母の歌と愛撫の歌』の中で、仕

事とそれによる人々との関係に着目している。

57) Margaret M. Cook, "The Festivals We Celebrate in our Kindergarten," 1909（「幼稚園での行事」『Annual Report of the Japan Kindergarten Union』第 7 巻、1985年、91-96頁）。金子は、材料が日本化される点に加え、テーマにも日本化が見られると指摘し、カリキュラムの日本化が起こったと言う。金子は、広島県が「移民県・軍事県」であったという理由から、「移民の新天地での生活」や「軍隊での生活」というテーマは日本化・地域社会化の結果であると見ているが、そのテーマ設定自体はむしろアメリカ的なものであろう（前掲、「明治後期の幼稚園における中心統合主義カリキュラムの受容・実践内容に関する研究」）。

58) Monroe, op. cit., p.641.

59) 和田実は、統合主義を評価しつつも、無理に保育項目を結びつけた実践を行っていた幼稚園に対しては批判していた（近藤めぐみ「和田實の保育カリキュラム論―目白幼稚園における実践に着目して―」（『幼児教育史研究』第 8 号、2013年、6-7頁）。また、遠座はプロジェクト・メソッドが日本に受容される際、その理論研究の基礎となるフレーベルやヘルバルトの教育学説が当時十分に消化されていなかったという状況を指摘している（前掲『近代日本にけるプロジェクト・メソッドの受容』287-288頁）。

60) 児玉衣子『フレーベル近代幼児教育・保育学の研究―フリードリッヒ・フレーベル著『母の歌と愛撫の歌』の教育方法学的検討から―』現代図書、2009年、447-464頁。

61) Monroe, op. cit., p.650.

62) 『幼稚園教育百年史』（文部省、ひかりのくに、1979年）などの通史の他、『日本幼稚園成立史の研究』（湯川嘉津美、風間書房、2001年）を参照されたい。

63) 1923年の年間保育カリキュラムが『小さき者への大きな愛』（前掲、78-81頁）と『幼児教育方法史研究』（前掲、176-178頁）に掲載されている。それを見ると、中心統合法によって保育カリキュラムが作成されていることが窺える。

64) Patty Smith Hill, et al., *A Conduct curriculum for the Kindergarten and First Grade*, New York, Charles Scribner's Sons, 1923.

65) アメリカの進歩主義幼稚園教育の動向や特徴については、以下の論文などに拠っている。杉浦英樹「プロジェクト法の源流（1）―コロンビア大学附属スペイヤー校の幼稚園カリキュラムと P. S. ヒル―」『上越教育大学研究紀要』第16巻、第 1 号、1996年。杉浦英樹「プロジェクト法の源流（2）―コロンビア大学附属ホレースマン校と『コンダクト・カリキュラム』―」『上越大学研究紀要』第19

巻、第2号、2000年。遠座知恵「東京女子師範学校付属小学校におけるプロジェクト・メソッドの研究実態—第三部幼学年カリキュラムの開発を中心に—」『カリキュラム研究』第19号、2010年。遠座知恵・橋本美保「近代日本における進歩主義幼小連携カリキュラムの受容—三校の女子師範学校の研究態勢を中心に—」『東京学芸大学紀要』総合教育科学系Ⅰ、第62集、2011年。

66）コロンビア大学の学籍係において確認した。

67）クック直筆のノート全8冊が学校法人関西学院聖和短期大学キリスト教教育・保育研究センターに所蔵されている。この内容に関してはNo.8と番号が付された1918年に執筆されたと推定されるノートに依っている。なお、同様に1901年の夏に受けたデューイの講義についても記されているため、クックは来日以前から進歩主義教育に触れていたと言えよう。クックは段階的にその理論や方法を学んでいったと考えてよいであろう。

68）Margaret M. Cook "Our Kindergarten Responsibility in Japan," 1913（M. M. クック「日本における私たち幼稚園の使命」『Annual Report of the Japan Kindergarten Union』第7巻、1985年、41-45頁）。以下、同論文に関してはここから引用する。

69）前掲『小さき者への大きな愛』131頁。

70）『日本幼児保育史』の中で、「保育綱目」は「興味」による保育として「幼児の教育を理論的に行おうとして保育に反省を加えたことは、新しい傾向を示すものであり、大正期のキリスト教幼稚園の進歩性をもの語っている」（前掲、第3巻、148-150頁）と評価され、当時の保育綱目の中では画期的なものとして知られてきた。また、井口純子は、広島女学校の自由保育の導入を4段階に分類し、その第2段階に「保育綱目」を位置づけている（前掲「近代幼稚園教育の展開—婦人宣教師の歩みと聖和大学」131頁）。

71）*Seventh Annual Report of the Kindergarten Union of Japan*, 1913, pp.44-45. ここにはヒルの大きな積み木が附属幼稚園の保育に用いられている写真が数枚掲載されている。

72）前掲『聖和八十年史』214頁。

73）前掲「日本における私たち幼稚園の使命」43頁。

74）「保育綱目」（学校法人関西学院聖和短期大学キリスト教教育・保育研究センター蔵）。以下、同資料から引用した。

75）Columbia University Teachers College, *The speyer school curriculm*, 1913. スペイヤースクールカリキュラムについては、東京学芸大学遠座知恵准教授にご教示

頂いた。

76) Ibid., p.12.

77) 前掲『幼児教育方法史研究』163頁。前掲「プロジェクト法の源流（1）」155頁。

78) 『幼稚園教育百年史』（前掲、146頁）には、園外で観察を行った保育の例として、広島県三原女子師範学校附属幼稚園の保育綱目が挙げられているが、これは1918年のものである。

89) 前掲「日本における私たち幼稚園の使命」42-43頁。

80) 「保姆師範科細則」文部省指定、私立広島女学校、1915年1月（広島女学院大学歴史資料館、学校法人関西学院聖和短期大学キリスト教教育・保育研究センター蔵）。以下、表も含め日本語規則はここから引用した。なお、「文部省指定」とは、広島女学校の本科卒業生に対し、1910年より「専門学校入学資格」認可の指定を受けていたことを示している（前掲『広島女学院百年史』81-83頁）。

81) *Bulletin*, Hiroshima Girls' School Kindergarten Normal Department, Hiroshima, Japan, 1914-1916, pp.5-9（広島女学院大学歴史資料館、学校法人関西学院聖和短期大学キリスト教教育・保育研究センター蔵）。なお、英文規則に関しては、従来1915年規則と見なされてきたものは、スペシャルレクチャーの項目に1913-1914年とあるため1913年度のものと判断した。したがって、本研究ではこれまで1916年度規則とされてきた英文規則を、スペシャルレクチャーに1914年から1915年、1915年から1916年の2年度分が示されていることから、1914-1916年のものと見なし用いた。以下、表も含め英文規則に関する部分は1914-1916年の規則（Bulletin（1914-1916）とする）から引用する。なお、1913-1914年の規則と1914-1916年の規則を比較すると、教師陣および実習園の担当教員に多少入れ替わりが見られること、第六の実習園、すなわち第五幼稚園が増設されたこと、新しい写真が3点加えられたこと、第1学年「英語」の教材の表記が一部変えられた（Lamb's Tales from Shakespeare → Lamb's English Literature）ことが変更点である。

82) 第1学年では、教育4時間に対し、Education 3時間、図画（自在画）1時間に対し、Drawing 2時間、第2学年では英文規則では体操および音楽が各1時間加えられ、手工が1時間削減されている。

83) 前掲『小さき者への大きな愛』114頁。

84) *Bulletin*（1918-1919）, p.2.

85) 前掲『聖和保育史』77頁。

86) 前掲『聖和八十年史』208頁。

87) 前掲『小さき者への大きな愛』115頁。

88) *Bulletin*（1914-1916), p.5.

89) 附属小学校においても、ゲーンスがパーカーに師事したことから早い時期から進歩主義的な実践が行われていたとある。ダルトン・プランの研究にも先駆的に着手し、1925年のパーカースト来日時には成果が見られたと言う（前掲『広島女学院百年史』128頁）。なお、同附属小学校は1942年に廃校となっている。

90) 前掲『聖和保育史』631頁。

91) 前掲『小さき者への大きな愛』72頁。クックがノートの中に記した『母の歌と愛撫の歌』に関する内容については『幼児教育方法史研究』（前掲、47-51頁）に詳しい。

92) *Fifth Annual Report of the Kindergarten Union of Japan*, Karuizawa, Augaust, 1911, p.7（前掲『小さき者への大きな愛』238頁参照）。

93) *Third Annual Report of the Kindergarten Union of Japan*, Karuizawa, August, 1909, p.20（前掲『小さき者への大きな愛』236頁参照）。

94) マクドウェルは、シカゴのフレーベルキンダーガルテンアソシエーション（The Froebel Kindergarten Association）を卒業し、ゲーリースクール（Gary School）で名高い Mr. Wm. A. Wirt とともに数年間公立学校で働いた経験がある人物であった（*Tenth Annual Report of the Kindergarten Union of Japan*, Karuizawa, August, 1916, p34（前掲『小さき者への大きな愛』245頁参照）。*Bulletin*（1918-1919), p.3. 前掲『幼児教育方法史研究』156頁）。

95) *Twelfth Annual Report of the Kindergarten Union of Japan*, Karuizawa, August, 1918, p.55（前掲『小さき者への大きな愛』252頁参照）。

96) 前掲『幼児教育方法史研究』163-175頁。永井優美「J. マクドウェルの保育カリキュラム論―アメリカ進歩主義教育実践の導入」『明日へ翔ぶ―人文社会学の新視点―3』風間書房、2014年、53-68頁。

97) 以下、特に注記がない限り、表も含め *Bulletin*（1918-1919）から引用した。

98) *Bulletin*（1918-1919), p.3. *Twelfth Annual Report of the Kindergarten Union of Japan*, Karuizawa, August, 1918, p.16, 56（前掲『小さき者への大きな愛』251-252頁参照）。

99) Margaret M. Cook, "The Place and Purpose of Game in the Kindergaren," 1919（M. M. クック「幼稚園におけるゲームの役割と目的」『Annual Report of the Japan Kindergarten Union』第7巻、1985年、184-187頁）。

100) クックのノート、No. 8、1918年（学校法人関西学院聖和短期大学キリスト教教

育・保育研究センター蔵）。

101）前掲『日本キリスト教保育百年史』158、192頁。

102）「ランバス女学院保育専修部一覧」（1921年 2 月、旧広島女学校師範科、学校法人関西学院聖和短期大学キリスト教教育・保育研究センター蔵）。「ランバス女学院保育専修部規則」（1921年 2 月、旧広島女学校師範科、関西学院大学法人聖和短期大学キリスト教教育・保育研究センター蔵）。以下、表も含めこれらの資料から引用している。

103）*Announcement Bulletin*, Kindergarten Normal Department of the Lambuth Training School For Christian Workers, Osaka, Japan, 1921-1922, pp.1-2. 以下、断りがない限り、同資料（*Announcement Bulletin*,（1921-1922）とする）から引用する。

104）漢字は不鮮明で読み取れないが、英文規則に Toshio とある。

105）キリスト教保育連盟編『キリスト教保育に捧げた人々』キリスト教保育連盟、続号、1988年、38頁。「聖和を築いた人々」（前掲『聖和保育史』403-408頁）。

106）前掲『日本キリスト教保育百年史』146頁。前掲『聖和保育史』94頁。

107）前掲『幼児教育方法史研究』43-44頁。

108）前掲『聖和保育史』107-108頁。

109）同上書、110-113頁。

110）同上書、107-113頁。

111）同上書、113-115頁。前掲『日本キリスト教保育百年史』147頁。

112）田中智志・橋本美保『プロジェクト活動―知と生を結ぶ学び』東京大学出版会、2012年、102-113頁。

113）前掲『聖和保育史』116-118頁。

114）規則に、同学院は「我保育専修部は、来四月より仮校舎に於て開始し、本紀念伝道女学校の移転し来るの秋に本館を新築すべき予定なり」とあるように、まずは保育専修部のみが開設されている。

115）前掲『聖和保育史』124頁。

116）*Twenty-Third Annual Report of the Kindergarten Union of Japan*, Karuizawa, August, 1929, p.43（前掲『小さき者への大きな愛』267頁参照）。

117）前掲「日本における私たちの幼稚園の使命」42頁。

118）*Eighth Annual Report of the Kindergarten Union of Japan*, 1914, p.34（前掲『小さき者への大きな愛』242頁参照）。

119）前掲「日本における私たちの幼稚園の使命」49頁。

第 4 章　広島女学校保姆師範科における保姆養成の特質　　291

120）同上論文、45頁。

121）同上論文、44頁。

122）*Thirteenth Annual Report of the Kindergarten Union of Japan*, Karuizawa, August, 1919, p106（前掲『小さき者への大きな愛』256頁参照）。

123）エム・エム・クツク「巻頭言」『基督教保育』第10号、1937年 4 月、 1 頁。

124）マーガレット・エム・クツク「保姆養成の重要点」『幼児の教育』38 （4）、1938年、27-28頁。

第5章　日本幼稚園連盟（JKU）の
保姆養成に果たした役割

　日本幼稚園連盟（Japan Kindergarten Union、以下 JKU とする）は在日宣教師たちによって、キリスト教系幼稚園および保姆養成機関の連携のために結成された幼児教育専門団体である。本章では、まず JKU の設立経緯や活動内容について分析し、それがキリスト教系保姆養成の発展に果たした役割を考察したい。JKU は、国際幼稚園連盟（International Kindergarten Union、以下 IKU とする）[1]の海外支部であった。両団体は、設立当初からその目的に相互の情報交換を掲げており、アメリカの幼稚園教育・保姆養成に関する情報が JKU を介して随時日本にもたらされていたと言える。そこで、次に IKU の保姆養成施策を分析することで、アメリカの保姆養成の実態と水準を把握し、日本のキリスト教系保姆養成機関における保姆養成の特質を明確にしたい。

第1節　JKU の結成と保姆養成への取り組み

1．JKU 設立の経緯と規約

⑴ JKU の創設と第1回大会の状況

　1906（明治39）年8月28日から9月3日にかけて、キリスト教系幼稚園教育関係者が教派を越え、全国各地から集合した。参加者は在日宣教師19名と日本人指導者1名であり、その中から初代役員として、会長にハウ（A. L. Howe）、副会長にロールマン（Eva L. Rolman）、書記兼会計にクック（M. M. Cook）、理事にラーネッド、タッカー、タムソン、そして、唯一の日本人メ

ンバーである和久山きそが選出された。この会議では、①新組織を JKU と
すること、②年次総会を催すこと、③年次報告書を刊行すること、④ IKU
と提携するよう努めることが決定された[2]。クックは、JKU の設立について
以下のように述懐している。

> ミス・アニー・L ハウは、1887年から1927年の今日に至るまで40年間にわたっ
> て、日本のキリスト教幼稚園を着実に指導して来られた第１人者です。…中略…
> 創立メンバーとして19名が名を連ねておりますが、現在まで引き続いて活動して
> いるのは、当時、既に19年間も活動しておられたミス・ハウと、その２年前に日
> 本に到着したばかりの私との２名のみとなりました。最初の印刷物には、その年
> の終わりに27名の会員の名前が記されています[3]。

多くの宣教師が JKU の設立に関わり、その後、加盟する幼稚園や養成機関
が増加していく中で、ハウとクックは JKU 創設当初から長年にわたり、リー
ダーとしてともにこの組織を継続発展させていったと言えよう。また、ク
ックは「発起人で創立者でもあったミス・ハウは21年後の彼女の引退まで、
連盟の中のスピリットを指導し続けました」[4]とも述べており、ハウが JKU
の精神的支柱であったことがわかる。ハウは自身の私信の中で次のように記
している。

> このことを始めてしまうほどに私が愚かで、またその会長役を引き受けてしまう
> ほどさらに愚かであったため、この１年というもの私は悩みを頭の上からぶら下
> げていたのです。…中略…最初の年次報告書が完成し、昨晩、私のもとに届けら
> れました（この仕事は私が思い悩むべきことではなくて、通信係のする仕事だっ
> たのですが、彼女がずうずうしくも、原稿を私の膝の上にどさりとのせて行って
> しまいましたので、私が印刷と挿し絵の手配をしなくてはなりませんでした）。
> （年次報告書は…筆者注）仕上がって私の手もとにあります。…中略…プログラ
> ムはすべて手配できています。読み上げてほしかった論文を引き受けてくれる人
> が見つからなかったので、私が資料を集めて英訳してもらい、他の人に編集と朗
> 読をお願いしました[5]。

このように、JKU 最初の会長となったハウは、その責任を一手に引き受

け、年次報告書やプログラム作成に奔走した。同時に、第1回年次大会で会長として講演するための準備も行わなければならなかった。第1回大会が成功に終わり、報告書も高い評価を得ると、ハウは、「この日本での幼稚園協会の創立は、私が日本において行うことを許された最良のことだと思っています」[6]と述べている。ハウが「私たちが打ち込んできた、この協力と発展への願望こそが私の心を運命づけたのであり、それはすなわち、こんなにも素晴らしい仕事を、他国の幼い子どもたちのために広めるという神の思し召し」[7]と語っているように、JKUは日本における幼稚園事業の発展を使命としてハウを中心に結成されたのであった。

(2) JKU加盟幼稚園数の推移

　日本における初めての幼稚園に関する法令である「幼稚園保育及設備規程」が1899（明治32）年に制定されて以降、設備の基準が明確になったことから、多くの私立幼稚園が設置認可を受けるようになった。表1を見ると、1900（明治33）年から5年で私立幼稚園数が倍増している。1909（明治42）年には、私立幼稚園数が公立の幼稚園数を上回るようになるが、1926（大正15）年に「幼稚園令」及びその施行規則が制定されるとさらに増園し、1930（昭和5）年には公立幼稚園数に対し、私立幼稚園数がおよそ倍の数となっている。

　キリスト教系幼稚園は、1912（明治45）年には98園で、私立幼稚園309園の32%を占めていた[8]。また、1916（大正5）年のキリスト教系幼稚園総数は116園であり、これは1907（明治40）年におけるそれの約4倍である[9]。JKU加盟園については、表1によると、1906年にJKUが結成されて以降順調に増加し、1920（大正9）年には私立園中で26.9%の割合となっている。したがって、キリスト教系幼稚園は私立幼稚園数の増加に伴って増え、多くの園がJKUに加盟したと言える。

表1　幼稚園数とJKU加盟園数

年次	国立	公立	私立	合計	JKU加盟園（私立の内数）	私立園中の割合（%）
1890	1	98	39	138		
1895	1	161	57	219		
1900	1	178	61	240		
1905	1	180	132	313		
1910	1	216	258	475	39	15.1
1915	2	234	399	635	81	20.3
1920	2	261	465	728	125	26.9
1925	2	347	608	954	157	25.8
1930	2	478	1,029	1,509	180	17.5

注）『日本キリスト教保育百年史』（キリスト教保育連盟、1986年、163頁）を一部修正し、引用した。

(3) JKU 規約の作成

　理事会は、まず初めに規約の作成に着手し、日本平和協会の規約を参考に、何時間もかけて内容が練られた[10]。以下はJKUの規約として定められたものである。

　　第1章　名称[11]
　　　第1条　本会は、J. K. U.（日本幼稚園連盟）と称する。
　　第2章　目的
　　　第2条　この連盟の目的は、幼い子どものための仕事を効果的に進めるため、
　　　　　　　在日外国人保育者が相互に話し合い、連携し合うことにある。
　　第3章　事業
　　　第3条　この連盟は、前条に述べた目的を達成するために次に事業を行う。
　　　　(1)　この連盟の会員が行っている幼稚園の内容および日本ならびに諸外国の
　　　　　　幼稚園の実情を知る。
　　　　(2)　I. K. U.（万国幼稚園連盟）との関係を確立する。
　　　　(3)　年次報告書を刊行する。
　　　　(4)　連盟の会員に幼稚園に役立つ物を配布する。
　　第4章　役員
　　　第4条　この連盟は、会員の中から会長、副会長、書記、会計、通信係を選出

する。

第5条　これらの役員は、認可された教員養成校卒業の会員で、かつ日本で少なくとも1年間幼稚園勤務を経験した者の中から選出される。幼稚園の経験は、選挙または賜暇の前年までに行っていることが望ましい。

第6条　これらの役員の他に、3人の会員が幼稚園活動に積極的に参与している者の中から選出され、役員と共に理事会を構成する。

第7条　理事会は、毎年1回または必要が生じた場合に開催する。

第8条　会長はこの連盟を代表し、すべての会合を召集すると共にこれらの議長になる。副会長は会長を補佐し、書記は会議の議事録ならびに資料の保管にあたり、会計は年次報告の出版に参与する。通信係は、通知を発行し連盟の通信業務を扱う。

第9条　年次総会は、5人の出席をもって成立する。年度内に召集されるいかなる特別会合も、3人の出席をもって成立する。

第10条　選挙は、毎年行う。

第5章　会議

第11条　この連盟は、毎年8月に総会を開催する。

第6章　会員および賛助会員

第12条　保育者ならびに幼稚園に公式に関与している者は、会員になることができる。

第13条　この連盟の目的に賛同し、年間会費1円也を納入する者は、賛助会員として登録される。賛助会員は、選挙権を持たずまた役員に選出されることも出来ない。

第14条　連盟を脱会しようとする会員または賛助会員は、会長および書記にその旨を申し出る。

第15条　会員は、年間会費2円也を納入しなければならない。

第7章　支部

第16条　支部は、連盟の決議により組織される。

第17条　支部の規則は、連盟によって決定される。

第8章　細則

第18条　この連盟の規約は、総会出席者の4分の3の賛成がなければ変更できない。変更の申し出は、理事会または10人以上の会員によってなされなければならない。

第19条　前条で述べた事項を除いて、すべての決定は出席者の多数決で行う。

第20条　この連盟は、会員資格を国際的なものとする。

第21条　協議はすべて、英語で行うものとする。

　JKU の目的は、「幼い子どものための仕事を効果的に進めるため、在日外国人保育者が相互に話し合い、連携し合うこと」と定められている。その目的を達成するために、①この連盟の会員が行っている幼稚園の内容および日本ならびに諸外国の幼稚園の実情を知る、②IKU との関係を確立する、③年次報告書を刊行する、④連盟の会員に幼稚園に役立つ物を配布する、の4項目が挙げられている。以下、役員、会議、会員支部の規定が続き、細則には連盟の会員資格を国際的なものとすること、協議はすべて英語で行われることが明記されている。

　条件的にはあくまで在日外国人幼稚園関係者中心の組織であった。日本人は「外国の学校で勉強して来た養成学校の教授級の人でないと、日本人としては、この J. K. U. 会員に成ることには抵抗があり、まして現場の保母たちにとっては及ぶべくもないレベルでの会合であった」[12]とあるように、英語能力があり、キリスト教系幼稚園および保姆養成校の指導者レベルの和久山きそのような人物しか参加することができなかったようである。

2．JKU の活動方針

⑴統一のビジョン

　JKU の初代会長となったハウは、JKU 創設時から日本におけるキリスト教系幼稚園教育・保姆養成統一のビジョンを有していた。JKU は、当初12の教派かつ諸外国の宣教師によって構成されていたが、ハウは西洋と東洋の相違さえも気に留めないと宣言している[13]。ハウは会長の挨拶の中で、JKUに期待されている仕事として以下の5点を挙げている。

　　1．私たちキリスト教主義の幼稚園や保母養成所に関心をもつこと。

　　2．少なくとも互いに面識をもつこと。

　　3．日本の仲間や、その人たちの仕事を知ること。

第5章　日本幼稚園連盟（JKU）の保姆養成に果たした役割　299

　4．可能な限り日本の一般教育制度について十分な知識を得ること。
　5．海外の幼稚園事情の研究[14]。

「1．私たちキリスト教主義の幼稚園や保母養成所に関心をもつこと」と
「2．少なくとも互いに面識をもつこと」は、JKU の規約の中で示された
「幼い子どものための仕事を効果的に進めるため、在日外国人保育者が相互
に話し合い、連携し合うこと」という目的と、それを達成するために「この
連盟の会員が行っている幼稚園の内容および日本ならびに諸外国の幼稚園の
実情を知る」という活動を示している。会長の挨拶として以下のように明確
に語っている。

　　自分達の幼稚園を公正に、そして自分たちの養成所を効率よく運営していこうと
　　すれば、それだけでもう十分忙しいのですが、それでもなおかつ、自分と同じ仕
　　事を他の人がいかにこなしているかを知った方がよいと思います。こんなふうに
　　してしばしば刺激を受けるものです。日本には外国人が関係している幼稚園が20
　　以上あります。私たちは少なくとも、お互いに知り合い、何がなされているか知
　　りたいと思っています。…中略…この J. K. U. こそ、私たちが互いに知り合い、
　　激励し合うために役立つと思います。私たちはこのより広い視野に立つ時間を作
　　り出さなければなりません。そして隣人の庭の水まきを眺め、どのように花の世
　　話をし、どのようにブドウの蔓を巻かせるか見るのです[15]。

キリスト教系幼稚園数は増加してきていたが、横のつながりがなく、各宣教
師は孤立した状態であった。黒田成子は「J. K. U. の目的は、いうまでもな
く日本におけるミッション経営の幼稚園が、その使命達成のために一致協力
することであった」とし、創立集会の第1日目に、ハウが「私たちがまず第
1になすべきことは、出席者の名前と仕事を知ることである」と述べている
ことを指摘している[16]。当時の日本のキリスト教系幼稚園および保姆養成校
は互いに交流がなく、それぞれ単独でその仕事を行っていたのであった。そ
のような状況の中、JKU は活動の中心目的を相互の状況把握に置き、宣教
師たちが激励し合うことができる環境が整えられていった。ハウは、「隣人
の庭」、すなわち、他の幼稚園において、どのように保姆が花（子どもたち）

に水まき（保育）を行っているかを知ることを奨励している。また、ブドウの蔓とは、神がブドウの木でキリスト者をブドウの枝に例えることから、キリスト教保育の在り方を指していると考えられる。いずれにせよ、刺激を与え合うことで、キリスト教保育の発展を促す意味が含まれていたと言える。

　また、ハウは「私たちは超教派です」といい、JKU の超教派的な性質を強調し次のように述べている。

　　　私たちは、教派別分類による統計表を作成するつもりであることは事実です。それは便宜上、年代順や ABC 順による同じ統計資料の操作よりもむしろ、"走りながらでも読める" 私たち自身の教派の幼稚園数の表示のためですが、教派主義の大目にみてよい習慣の一側面といえるでしょう。私たちは宣教師の活動の別の分野についての記録には、いくらかの差をつけようと思っています。ここでは、援助を求めて私たちを見つめている何千という熱心な小さな眼を相手にする幼稚園教師なのです。ここでもし教派主義者にならなければならないとしたら、私たちは聖公―長老―バプト―メソ―ナショナリストとでもいいましょうか[17]。

ハウはここで、幼稚園教育に携わる教師に教派はないことを訴えている。すなわち、JKU は日本在住の全ての宣教師のための組織であることを主張しているのである。教派の違い以外にも、宣教師たちを分裂させる危険性があったのは、フレーベル主義保守派と進歩派の対立であった。ハウは、「私たちは超学閥です」とも述べているが、JKU 結成当初は以下のようにその立場を表明していた。

　　　幼稚園の教材や教授法については、もっかさかんに検討が進められています。ある人びとは、フレーベルの恩物をほとんど排除して、その代わりに、子どもが使いこなせるものなら何でも与えるということまでしようとしています。こうすることで、子どもが思考や行動の真の意味に近い自由を獲得すると信じているからです。その一方で、フレーベルが見事に構成した教材に代わるべきものは何もないと信じている幼稚園もまだあります。個人的には、私は急進的なやり方に肩をもちたくありません。アメリカでは、「伝統的教授法」から脱却しようという風潮の中、あまりにも多くの幼稚園が神経疲労の温床となってきました[18]。

ハウはJKUの会長としての挨拶の中で、進歩派の会員に配慮を示しつつも、急進的な考えに賛成するわけではないと明確に述べ、進歩主義幼稚園教育の負の側面を指摘している。また、当時、保守派を代表したブローについて触れ、「この方は超急進派に対し、まさに時機を得た警告」[19]を発していると言う。ハウは、「フレーベルの英知を単に身につけるだけでなく、伸ばしていけるまでは、そこから出発してはなりません」[20]と強調していた。しかし、ハウは「分裂したことは決してありません」と言い、「進歩派も保守派もそのことを確認し、そして目立たなくなっています」と述べているように[21]、JKUの設置目的である統一の精神のもと、保守派と進歩派の対立構造は、JKUにおいては解消されるように努められたのであった。

⑵日本人との協調

ハウは宣教師同士の連携だけではなく日本人との関係も重視していた。JKUの機能として「3．日本の仲間や、その人たちの仕事を知ること」、「4．可能な限り日本の一般教育制度について十分な知識を得ること」を挙げている。ハウは「これらの規程は1899年に発令されたものですが、私たちは全般的な手続きに関しては注意深く当ります」と述べており、「幼稚園保育及設備規程」が英訳されて宣教師たちに示されていた。その他にも、各地方の規程や最新の規程にも着目していたようである[22]。

さらにハウは、「日本の幼稚園の先生の多くは素晴らしく完璧な才能の持ち主で、私たちが誇りにしている誰よりもすぐれているといってよいほどです」と日本人の優秀さを示し、二葉幼稚園の野口幽香を例に挙げている。そして、一般の幼稚園教育指導者たちによる組織やその広報活動に対しても注意を向ける必要性を、「互いに知り合うことによって、互いに敬意を表し、また助け合うことができるのですから」と語っている[23]。ハウは、在日宣教師だけではなく、幼稚園教育に従事する日本人たちとの関係性にも配慮していたのであった。また、ハウは、日本の教育状況全体の中に位置づく幼稚園

という視点から次のように主張している。

> 日本には、井の中の蛙ということわざがあります。これは自分の周りは真っ暗闇で、見えるのは真上の小さな点のような光だけという意味です。私たちが幼稚園ばかり見つめていて、他の光を拒んでいれば、まったくこれと同じです。幼稚園は、教育のほんの小さな部分を占めるにすぎません。幼稚園以後、そして同様に、幼稚園以前を見渡すことができて初めて、私たちはこの道の専門家を名のることができるのです。また、日本の教育全般を知ることによってのみ、私たちは、教育に携わる者に不可欠な広い視野に立って務めを果たせるのです。私たちのもとを離れて、幼稚園児はどんな学校に通うのでしょうか。そこで何に出会うのでしょう。日本の教育で重きを置かれているものは何でしょう。日本でえらい先生とは、専門家とはどういう人でしょう。学校制度はどんなふうで、法律がどうなっているのか、どんな試験を受けるのでしょうか。報告書は？　出版物は？学校の歴史は？　こういうことを私たちは知らなければなりません。そして知るためには、日本の学校の先生たちと交流し、会合に出たり、出版物に目を通さねばなりません[24]。

ハウは日本語の諺を例に出して、幼稚園だけの世界を知って専門家と名乗るのではなく、幼稚園前後の教育や日本の教育界とのつながりを把握してはじめて専門家と言えると述べている。そして、それを知るためには、日本人の教師と会合し、その出版物を読むことで情報を取得するべきであると言う。第3章で触れたように、ハウ自身は公立幼稚園関係者と良好な交流を保っていた。他のキリスト教系幼稚園関係者にも日本人に自ら歩み寄るよう奨めていたようである。

(3)支部の設置

　JKU では、日本人でも会員となることは可能であったが、議事や講演などはすべて英語で行われ、また、毎年軽井沢に集うための経費の問題もあり、日本人で会員となる者は稀であった。そのため、日本人も参加できるようにと、各地方に支部が設置された。ここに、宣教師と日本人幼稚園教育関係者との協力関係が築かれていくこととなる[25]。クックは支部の状況に関し

て以下のように述べている。

　　仕事における効果は、外国人幼稚園教師の間と同じように、日本人の協力者たち
　　との相談や協力で決まるということは、最初から認識されていました。日本人の
　　幼稚園教師たちを軽井沢での年次総会につれてくる努力がなされましたが、英語
　　を理解する人数は限られていました。より遠くの地へ広げるという問題は、次第
　　に日本中に連盟の支部を組織することによって解決していきました。最初の支部
　　は1915年に創られました。そして支部会を通して、軽井沢の総会での討議と研究
　　が、日本語で、子どもたちと実際に接している人たちに伝えられました。これら
　　の支部は、「海を越えて誰にも劣らず相談や協力や接触すること」から成果を得
　　るための作戦上の地点であることを証明しました。日本人の指導力は、急速に適
　　切に開発されました。最終的には、支部は、東北、関東、北陸、東海、関西、九
　　州に組織されました。J. K. U. との結びつきは非常に密接で、より多くの日本人
　　幼稚園教師が軽井沢の集会に出席しはじめました。1917年には、英語を使用する
　　という細則は廃止されました[26]。

　JKU は当初から、日本人との協力を目指していたが、支部が設立されるま
では、一部の日本人だけが JKU に参加している状況であった。JKU 総会の
討議や研究内容が支部を通して日本人保姆に伝えられるようになると同時
に、JKU 総会に出席する日本人保姆も増加していった。それはまた、「支部
で日本人の指導性が開発され、幼稚園への興味が広げられると共に、キリス
ト教の理念が研究され樹立され」ていくことにつながった。そして、「私た
ちの協議と協力や海外の最良の成果との接触とを、どのようにに巧く用いる
かが図られました」とあるように、支部は、海外との協力、相談、接触の成
果を得るための「作戦上の地点」、すなわち幼稚園教育情報受容の拠点とな
り、諸外国の保育実践に関する情報が日本のそれに活用されるよう努められ
た[27]。
　JKU の規約第16条に「支部は、連盟の決議により組織される」とある。
これにより1915（大正4）年に大阪、名古屋、鳥取、広島、九州、琉球、東
京、信州、仙台、北海道、青森、北陸に12の支部会が組織された。支部会結

成により、日本人保姆が JKU に加盟するようになり、研修を受ける機会なども増えていった。そのため、1916年には、規約第17条「支部の規則は、連盟によって決定される」が削除され、支部会の自主性が確保されるようになり、年報には各支部会による報告記事が掲載されるようになった。また、1917年に、規約第21条の「協議はすべて、英語で行うものとする」が削除され、JKU はますます日本人保姆に開かれていった。

　支部会で行われた研修の内容を確認しておこう。1916年の年報に、前年に初めて開催された各部会の状況が報告されている。たとえば、ハウがリーダーを務めた大阪グループでは、2日間の日程で、7，80名の保姆が参加した。1日目は、ゴルボールドが指導して親睦を兼ねたゲームの研修がなされた。2日目は、和久山によるモーニング・サークル、すなわち朝の会集の指導が行われている。その他、和久山による「幼稚園における現代的教授」という題での講演、トレーシーによる「アメリカにおける幼稚園教育の原理」の講演、コダマによる「話法の方法」というレポート、また、京阪神・伊勢地域にある25の幼稚園からの現況報告もなされている。大阪以外にも各支部で研修がなされたが、その規模や内容は多様であった[28]。先行研究では、研修の内容について、「J. K. U. 年会における講習よりかなり程度は低くなっている」[29]と指摘されているが、日本人保姆のレベルに合わせつつ、日本語によって研修がなされたことは、キリスト教系幼稚園教育の研究と実践の成果が、広く日本全国に広がる契機となったと評価できよう。その際、日本人保姆でありながら、宣教師たちとともに JKU を建て上げた和久山きそが活躍し、宣教師と日本人保姆を結ぶ役割を果たした。しかし JKU の会員となった日本人は、1916年に4名、1930年に3名と少数であり、日本人保姆は支部における活動をするに留まっていた[30]。そのため、1925（大正14）年からは、日本人が主導する組織の結成が協議され始め、1931（昭和6）年に正式に基督教保育連盟が誕生することとなった。これによって、初めて日本人が主体的にキリスト教保育を導いていくこととなる。

3．JKU における保姆養成の共通理解の形成

⑴年報の発行とその内容

　JKU の機関誌である *Annual Report of the Japan Kindergarten Union* は、1907年から1935（昭和10）年まで毎年発行され、最終版である第29年報は、1937（昭和12）年から1939（昭和14）年までが合わせて発刊された。その他、増補の号を含めると、全部で32巻が出版されている。

　収録記事は、年次総会報告、各園・各養成校からの報告、研究論文や研究発表の内容などであった。1907年に発行された第1回年報は500部作成され、28頁におよぶ資料と15頁の写真、JKU 創設の経緯が載せられている[31]。加盟している園や養成校の統計は第2回年報から掲載され、当時のキリスト教系幼稚園教育関連施設全体を把握することができる。また、全巻で計500枚程度の写真が含まれており、保育の様子を断片的に読み取ることができる。ハウは「私たちの年次総会や年次報告書や相互協議が、日本の幼子のための仕事に理解と援助をもたらすのに非常に役立ってきたということを信じなければなりません」[32]と述べ、総会とともに年報の発行も JKU という組織の一つの重大な機能と見なしていた。

　記事の傾向を見ると、初期はハウによる啓蒙的な記事が主であったが、しだいに研究論文が多く見られるようになっていった。表2はハウが紹介している10年間の研究の抜粋である。学術的な研究から保育の実際に関するものまで多様な報告が多数の宣教師によってなされている。

　特に、1919（大正8）年の第13回大会では、多数の会員によって研究発表が行われている。その内容は以下の通りである。

　　和久山キソ「アメリカの印象」
　　ミス・ハウ「フレーベリアン・メソッド」
　　ミス・アームストロング「我が園の障害児」
　　ミス・ファニング「幼稚園の音楽はどうあらねばならないか」

表2　創設から10年間に発表された主要な研究論文

年	掲載号	著者	タイトル
1908	増補	ディウォルフ	幼稚園文学
1908	増補	ラーネッド	幼稚園統計学
1908	増補	ロールマン	恩物の基準
1909	増補	ロールマン	幼稚園のための物語
1909	第3回年報	クック	幼稚園での行事
1909	第3回年報	ディウォルフ	私の体験した幼稚園の同窓会
1909	第3回年報	ゴードン	公立学校における幼稚園卒園児の地位
1909	第3回年報	ウィルソン	日本伝道のために私たちの幼稚園は何をしているか
1909	第3回年報	ハート	建築の計画と費用（注：報告されず）
1909	第3回年報	タッピング	日本、中国、韓国、台湾での新しい働き
1910	第4回年報	ハウ	1910年の幼稚園の出来事と統計
1911	第5回年報	ヘニガー	幼稚園報告の要旨
1911	第5回年報	ディスリッジ	幼稚園の保育計画
1911	第5回年報	ベーコン	幼稚園での図画
1911	第5回年報	ハウ	日本におけるフレーベルの「母の遊び」の用い方
1912	第6回年報	スレート	日本における幼稚園の働きについての小史 （注：小冊子として出版）
1912	第6回年報	ゴードン	福音伝道の力としてみた幼稚園
1912	第6回年報	ディスリッジ	遊びとゲームの教育的価値
1913	第7回年報	クック	日本における私たち幼稚園の使命
1913	第7回年報	ガースト	ゲームの問題
1914	第8回年報	ハウ	アメリカでのモンテッソーリ・メソッド
1914	第8回年報	タムソン	ローマの「子どもの家」訪問
1914	第8回年報	デアリング博士	福音伝道運動と幼稚園の関係（注：報告されず）
1915	第9回年報	ドーソン	幼稚園の活動と保育教材
1915	第9回年報	ゴードン	幼稚園における実際的な問題
1915	第9回年報	カタヤマ博士	子どものための節制の教育

注）Annie L. Howe, "Historical Paper Read at the 10th Anniversary of the Founding of the Kindergarten Union of Japan," 1916（A. L. ハウ「J. K. U. 10年の歩み」『Annual Report of the Japan Kindergarten Union』1985年、第7巻、53-54頁）より作成した。

スミス牧師「日本における教育と宗教の関係の一部分」
無署名レポート「自然学習はどうすべきか」
同前「幼稚園の園庭」
ミス・ディスリッジ「物語の話方」
ミス・クック「幼稚園におけるゲームの目的とその位置」[33]

さらにこの大会においては、広島女学校のC. ハッチャー（C. Hatcher）によって「ゲームの概略」という講習が行われており、広島女学校のクックとともに保育におけるゲームの有様を示した。第13年報の内容を見ると、頌栄保姆伝習所からはハウと和久山、広島女学校からはクックとハッチャーが発表しており、二大養成校の存在感が現れている。

⑵年報に紹介された保姆養成情報

年報の内容は、キリスト教系幼稚園と保姆養成校の一年の活動報告記事が大半を占めており、同年報を講読することで、日本全国のキリスト教系幼稚園および保姆養成校の状況を把握することができた。1909年のJKU加盟の教派別幼稚園数と保姆養成機関は表3のとおりである。

多くのキリスト教系幼稚園は、指導者である婦人宣教師が所属した教派の影響下にあり、その教団や宣教団体から、献金や情報提供などの支援を受けていた。各幼稚園に派遣される保姆も当然、その教団が組織する養成校出身者が望ましいとされた。

しかし、たとえば長老派は独自の養成校を有していない。日本で最初のキリスト教系保姆養成機関として、長老派の桜井女学校幼稚保育科が開設されたが、同科は1898年に廃止されている。その後は、金沢の英和幼稚園などの長老派の幼稚園では、頌栄保姆伝習所の卒業生を招いて保育を継続している[34]。ここに、教派を越えた交流関係が見出される。その他、メソジスト、キリストの教会の幼稚園にも頌栄保姆伝習所出身の保姆が赴任しており、「独自の養成所を持たない教派の幼稚園に、最も多くの人材を提供したの

は、A・L・ハウの指導する頌栄保姆伝習所である」[35]と指摘されている。ま
た、メソジスト監督教会は弘前と長崎にそれぞれ保姆養成機関を設置してい
た。このように広範囲に亘り幼稚園教育事業を展開していた教派において
は、地理上の問題にも配慮して養成機関が設立されたと言えよう[36]。

表3　教派別幼稚園数と保姆養成機関（1909年時点）

教派名	幼稚園数	保姆養成機関
長老派 Presbyterians	3	
組合派（会衆派）Congregational	9	頌栄保姆伝習所
メソジスト Methodist Protestant	3	
バプテスト Baptist	4	東京保姆伝習所
南メソジスト監督教会 Methodist Episcopal South	7	広島女学校保姆師範科（後ランバス女学院保育専修部）
メソジスト監督教会 Methodist Episcopal		伝習学級（弘前）活水女学校幼稚園師範科（長崎、後ランバス女学院保育専修部）
メソジスト（カナダ）Canadian Methodist	6	梅花幼稚園保姆伝習所（後東洋英和女学校幼稚園師範科）
ルター（ルーテル派）Lutheran	2	
キリストの教会 Churches of Christ	1	
米国監督教会（聖公会）American Episcopal	3	
カナダ監督教会（聖公会）Canadian Episcopal		柳城保姆養成所

注）『日本キリスト教保育百年史』（前掲、131頁）を参照し、作成した。教派名および保姆養成機
　　関名を一部修正した。

　その後、表3にある養成機関以外には、米国監督教会（聖公会）による青
葉女学院保姆科（仙台、1913（大正2）年設立）、大宮愛仕母学会（大宮、1923
年設立、ただし個人立）、平安女学院高等科保姆部（京都、1921（大正10）年設
立）、アルウィン（S. A. Irwin, 1882-1957）による教派に属さない玉成保姆養成
所（東京、1916年設立）がJKUに加盟している。

次に、年報に紹介された保姆養成に関する論文などを参考に、当時、JKU内で保姆の資質能力としてどのようなものが重視されていたのかを検討していく。なお、本書では、特に、以下で述べるような保姆の資質能力や、その土台となっていた部分に注目しているが、その他にも当然、JKU内では保姆の専門性などについて様々な議論がなされていたことは注記しておく。

⑶専門職としての保姆像
①研究的志向を持った保姆

戦前日本の保姆は、師範学校において小学校教員養成に付随した形で養成されるか、幼稚園での見習制や検定試験などを通して得られていた。中には多くの無資格者保姆がいたことは言うまでもない。そのような状況において、キリスト教系保姆養成機関は保姆の専門性を強く意識した養成を行っていた。ハウは保姆養成校の責任について以下のように述べている。

> 幼稚園が保母養成所を併設したなら、仕事や責任がどれほど重くなることでしょう。この仕事に伴う通常の問題を別にしても、つぎつぎ増えていく要求を満たすための財政問題は、最も緊急かつ心を痛める問題でしょう。多額のお金が高等教育につぎ込まれていますが、こうした養成所のクラスは、多くは高等教育機関の上級クラスに匹敵するぐらい大きいものです。養成所は、東洋において若い女性に任された最も責任ある地位にふさわしい資格を与えるところです。こういう養成所は十分な設備を整えて運営していくか、あるいは、他のより高度な研究機関のすべての要求が満たされ、また贅を尽くして設立されるまで待たされるのです[37]。

このように、JKUにおいては、保姆養成校は女性に責任ある地位にふさわしい資格を与える、高等教育機関に匹敵するほどのものであるとの共通理解が図られていたと言えよう。一般に保姆養成が軽視にされている時代にあって、JKU内では、いかなる保姆の専門性が求められたのであろうか。ハウは保姆や保姆養成指導者の研究能力について以下のように論じている。

幼稚園の先生、特に養成所を担当している先生は、少なくとも5年に1度は1年間休暇をもらってアメリカやイギリス、ヨーロッパを訪問すべきです。1年間の個人的訪問や調査によって得られるものは、その費用など問題にならないくらい大きな価値をその仕事にもたらしますし、新たな活力や影響力を残すでしょう。この提案にミッションが何をいいたいかは、容易に想像がつきます。けれども、しなければならないことに対して、反対することはできません。養成所はどれもうまくいっています。けれども、現代にふさわしい幼稚園の先生を育てるには、現状の最も進んだ養成所で行われている以上に広範囲の勉強が必要です。1906年の万国幼稚園連盟の年次大会では、「教育、心理、および哲学に関する一般委員会と特殊および技術的幼稚園委員会の関係」という題で話合いがありました。ここで注目されたことは、幼稚園の先生が養成所を終えてから、大学や総合大学で、哲学、心理学、文学、社会学、教育史などを勉強しようとする傾向が強いという事実でした。私自身について証言するなら、私が学生生活を送った中で、ごく最近シカゴ大学で教育史を学んだ6か月間に匹敵するほど刺激を受け、また有意義であったことはかつてありませんでした[38]。

ここでは、IKU の年次大会において、保姆が養成校卒業後に、哲学、心理学、文学、社会学、教育史などを大学で勉強する傾向が強いことが注目されたということが示されている。ハウ自身もシカゴ大学で半年間、教育史を学んだと語っている。また、別の箇所で以下のようにも述べている。

幼稚園は今、恩物や手技工作の技術的使用法（もちろんこれも必要ですが）以上に基本的理念を求めています。現在、私たちが一番切実に探し求めているのは、新しい織紙や縫いとりの本ではなく、積み木やゲームの本ではありません。求めているものは心理学、哲学、教育学、科学、文学、芸術といった分野の本なのです。これらの研究が幼稚園の実践活動に深い洞察力をもたらし、よりいっそう新しい技術に発展するにちがいありません[39]。

以上のように、ハウは、幼稚園で求められているのは恩物作業材料の使用法ではなく幼稚園理論であり、それを見出すためには心理学、哲学、教育学、科学、文学、芸術の視点が必要であるとの見解を有している。そして、単に技術のみを習得するのではなく、ここに挙げたような分野に関して研究

を行うことによってこそ、保育実践における技術も開発されると述べている。さらに、現代にふさわしい保姆となるには、最も進んだ養成校で行われている以上の広範囲の研究がなされるべきであると言い、絶えざる学びを奨励している。特に、養成校の教師に対して、5年に1度、1年間集中的に海外で調査・研究をする必要性を主張していることも注目される。

保育内容に関する知識とその選択能力については、具体的には「幼稚園の先生は、自然界と人間の社会、そこから引き出される未知の分野の中で、子どもが将来の準備をするのに一番ふさわしいものだけをこの全宇宙から選び出すことができるという、類い稀な存在でなければなりません」と述べ、保育プログラムを保姆自身が選択するために知識、知恵、経験が必要不可欠であると考えていた。諸項目における保姆に期待される力については、物語では文学上の利点や子どもの発達段階との関係でお話を選ぶ力、遊戯では心理学、美学、社会学、教授法などの見地、美術ではその基本、自然学習では科学的素養を挙げている。

このように、JKU内では保姆が単に幼児教育の知識や技術を有していればよいと考えられていたわけではないことが明らかである。ハウは、「何でも知っている先生を作り出すことは可能」であるが、「その人の品性とか魅力、熱意、親切心、真の母性などを残らず犠牲にして知識を増やしてもよいものでしょうか」と問いを投げかけ、知識を蓄えるだけの保姆養成を行うのではなく、品性、魅力、熱意、親切心、真の母性の育成も重要であることを強調していた[40]。したがってJKUでは、人間性や教職への熱意なども保姆の専門性を考える上では必要不可欠な要素であったことが確認される。

②家庭との連携と母親教育

当時、一般的な幼稚園とは異なり、キリスト教系幼稚園では家庭訪問が導入され、母親教育が重視されていた。ここでは、幼稚園と家庭との連携についての議論を検討し、そのために必要な保姆の資質能力について考察してい

312

こう。家庭訪問については宣教師の間にも次のような両極端な意見が存在した。

　　その１つは、幼稚園は家庭への手がかりをつかむための場であるという考えです。その人たちにいわせると、幼稚園を創設し、運営するには、幼稚園に在籍する子どもたちの家庭のキリスト教についての考えを把握しなければならないのは当然だろうという考えです。この観点からでは、日本の幼稚園の仕事は、先生に給料を支払い、建物の維持管理面に限定されてしまうことはいうまでもありません。そのような考えでは、毎日通園している子どもたちが、幼稚園でキリスト教の教えにふれ、理想的に成長していくすばらしい可能性を認識できなくなってしまうと申し上げたいのです。また一方、会員の中に、家庭訪問をすることに不賛成な方がいることもわかっています。普通の若い先生にそこまで仕事をさせるのは能力をはるかに超えた望みである、先生方の仕事は子どもにかかわることであり、それを大人まで相手にすることは期待できないという考えのようです。このような意見は私たちの国の養成学校や幼稚園の考えからするともっともなことなのですが、日本においての幼稚園の仕事にはそれなりの目的があることを忘れてはなりません。日本では宣教師の仕事の一部として位置づけられていることは、単に教育だけにたずさわっていればよいのではなく、もっと広く社会的なかかわりをもたざるを得ないので、家庭との関係をもつことは是が非でもしなければならないことといえます[41]。

　ある宣教師は、幼稚園は家庭への手がかりをつかむ場と考え、家庭訪問は当然なされるべきであると捉えていると言う。宣教の視点からそのことが重要であることは理解されるが、それだけでなく、一貫した教育目的に基づいた、家庭と幼稚園の連携の上に成り立つ子どもの成長を尊重する立場をとっていると言える。反する意見としては、保姆の職務は子どもに対することだけであり、大人を相手にすることは能力を超えた要求であるというものがある。

　この論文の執筆者であるE. L. ライアン（Esther L. Ryan）は前者の意見を支持している。ライアンは日本においては、幼稚園教育活動は宣教の一部としての特別な目的を有しているため、家庭との連携は必須であると言う。母

親教育はそもそも幼稚園の機能の一つであるが、日本の一般的な幼稚園にそれは定着しなかった。しかし、キリスト教系幼稚園には、宣教という目的が付与されたため、ここに見られるように母親教育の視点が強調されたと言えよう。

さらに、当時の小学校以降の教育状況を考慮すると、園児は短期間でキリスト教系幼稚園を去り、「完全に反キリスト教的雰囲気ともいえる小学校」に入学するため、家庭との連携こそがキリスト教保育を成功に導くものであるというライアンの考えが読み取れる。当時の義務教育においては、「私立学校令」によって宗教教育が禁止され、キリスト教系小学校の多くは廃止されていった。このような背景があったことも、子どもの教育に影響を及ぼし続ける母親に対する教育が重視された理由であろう。

4.『聖書』を中心とした養成カリキュラムの開発

それでは、以上のような資質能力を身につけるためには、JKUにおいてどのような養成が提案されたのであろうか。1923（大正12）年に、JKUにおいて *The Bible in the Kindergarten and Training Schools*[42]という冊子が作成され、『聖書』を中心とした養成カリキュラムモデルが提示された。これは年報の特別号として出版されている。同冊子の内容は、養成校における聖書教育の在り方について論述したものであった。この中でハウは、子どもの直面している諸問題との関連で『聖書』を教えることが必要であると主張している。『聖書』の授業は毎日1時間、キリストの生涯、教会の成長（使徒行伝）、新約聖書中の手紙、旧約聖書の歴史の概要を内容として行われるべきであるとしている。ここから、『聖書』を通して幼稚園教育における問題を解決していこうとする姿勢が見受けられる。そして、そのためには、何より保姆が『聖書』を研究し、キリスト者として成長していかなければならないと考えられていたことがわかる[43]。

M. B. アカード（Martha B. Akard）は、キリスト教系幼稚園の機能及びキ

リスト教保育の在り方に関して以下のように記している。

> キリスト教主義幼稚園がどの分野に属するか定かでない人もあります。私どもの幼稚園は教育機関なのでしょうか、それとも伝道機関なのでしょうか。もちろん、世界中の保母たちのうち、誰1人としてこのような質問をする者はないでしょう。統一体としての子ども、すなわち、身体的、精神的、道徳的、霊的存在としての子どもの発達、教育、救いにおいて、幼稚園が果たす役割は、それを限定するにはあまりに広く、あまりに深く、あまりに高いのです。しかし、現実においては、幼稚園の本領は保母の能力と献身とによって制限を受けています。地上に対するキリストの使命は、統一体としての人間を高め、また救うためでした。すなわち「この世はキリストにより命を得べし」であります。罪人の心に直接向けられた「悔い改めて信ぜよ」というキリストの言葉は、それによって人間性、すなわち統一体としての人間を高めるためのてこであったし、今日もまたそうであります。私どもは、日本にある私どもの幼稚園をキリスト教の幼稚園と呼びます。私はその目的を「キリストの道においての教育」と考えたいと思います[44]。

アカードは、幼稚園は教育機関、伝道機関のどちらかという議論は論外であり、それは身体的、精神的、道徳的、また霊的に子どもの発達、教育、救いの全体、すなわち統一体としての人間を高め、救うという「限定するにはあまりに広く、あまりに深く、あまりに高い」役割を有していると訴えている。そして、「キリストの道においての教育」を行うという幼稚園が果たすべき役割の絶対条件は、保姆の能力と献身であるとし、次のように述べる。

> では、保母たちは全体として、この点（家庭への伝道…筆者注）における責任を果たすことができるでしょうか。それは伝道者の仕事であるという人がいます。もちろんそうです。けれども、これらのいくつかのドアは、おそらく幼稚園保母にだけ開かれているのです。保母は何度もそこに出入りした後に、はじめて婦人伝道者を紹介したり、あるいは、その本来のキリスト者たる母親を教会へ導くことができるのです。私は、幼稚園保母だけに例外的に許されているまたとないこの機会を、もっと大切にしなければならないと考えております。では、どのようにすればよいのでしょうか。どの保母養成学校でも聖書研究は教育課程の重要な位置を占めており、また保母たちの祈りの生活を発展させるためにできうる限り

のことがなされておりますが、2年目の終わりに向けて、聖書の歴史や概説、キリストの生涯、日曜学校の教育、祈りの研究など、これらのすべての勉強を、キリストについて問うてくる母親たちにいかにしてキリストを示したらよいかという点にしぼって進めていくことはできないでしょうか。幼稚園保母はまた、日本のキリスト教文学の中にこれらの家庭の必要に応えるものがあることも知っておいてよいでしょう。…中略…幼稚園保母は、どんなに教育を受けても、十分すぎるということはありません[45]。

　以上の記述からは、保母には家庭への伝道者としての任務が課せられている関係で、聖書研究と日々の祈禱だけでなく、母親教育のための特別な聖書や祈禱、日曜学校のための研究が必要であると見なされていることが読み取れる。また、保母は母親にキリスト教文学などの知識を示すことがあるため「どんなに教育を受けても、十分すぎるということはありません」と述べられている。このように保母は単に幼児を教育するだけでなく、このように母親にも積極的に関わっていく存在であると受け止められていたと言えよう。それゆえ、特にキリスト教的教養は、伝道者と同じ程度のものが期待され、保母養成に聖書研究およびキリスト教に関連する知識の学びが導入されていたのであった。

　しかし、そのような役割を担う保母の負担は多大であった。そのため、理想としては幼稚園に聖書研究指導者が配置され、聖書研究指導者が保母からの情報をもとに家庭訪問を行うのがよいという提案がなされている。この論考は1921年のものであるが、同年、広島女学校保姆師範科が女性伝道者の養成機関と合併し、ランバス女学院となっている。この養成校を指導したクックは、家庭との連携を強調し、次のように自身の見解を述べている。

　　私たちキリスト教幼稚園に働く教師は、主のみ名によって教育する以上は、教育的向上を常に心掛けておらねばなりません。しかしながら、私たちの働きはそこで終わるものではありません：私たちにはキリストの福音を伝える責任があります。子どもの生活に上手に接触するには、私たちは子どもを知り、その子どもが来ている家庭を知らなければなりません。子どもとその母親とが共に真理へと導

かれるためには、家庭とその母親たちとの密接な協力が必要です。私たちの幼稚園が富んでいようと貧しかろうと、私たち日本の幼稚園教師は、ここでは福音宣教者でなければならないのです。家庭に接触するためには、家庭と社会の状況を学ばねばなりません。幼稚園教師としての私たちの使命は、社会のあらゆる困窮と、社会状態の向上を図るあらゆる運動とに結ばれています。私たちの幼稚園の子どもたちが、裕福で上質な、経済的には問題のない家庭から来ているとしても、困窮した階層の家庭が担っている重荷を、同情をもって実際に助けることをするべきではないでしょうか[46]

ここでは、クリスチャンワーカーとしての保姆像が描かれ、保姆は社会改革の担い手であることが論じられている。保姆には幼稚園の中で教育を行うという以上の役割を果たすことが期待されていた。ランバス女学院には聖書研究指導者養成の専攻と保姆養成の専攻が設けられ、その連携の強化が意図されていた。すなわち、以上のようなクックの見解に基づき、聖職者としての保姆を養成することが目指されたと言える。当時の日本の幼稚園は、中上流階級の子どもだけが通う貴族的な性格を有したものであったが、クックは幼稚園の役割として教育的な側面と福祉的な側面を指摘し、あらゆる階層の子どもの支援を想定していた。このような状況は、多くのキリスト教系幼稚園において共通の課題であったであろう。以上のような保姆を取り巻く環境の中で、聖書を中心とした養成カリキュラムが開発されていったのであった。

JKUは幼稚園教育と保姆養成に携わる在日宣教師の一致と団結を目指して1906（明治39）年に組織されて以降、大会や年報を通して会員に幼児教育情報を提供していた。大会では宣教師や日本人指導者によって研究発表や研修が行われ、年報には幼稚園教育や保姆養成に関する研究論文、また、各園および養成校からの活動報告などが掲載された。JKUはこのような方法によって、キリスト教系保姆養成のレベルを全国的に一定に保つよう努めていたのであった。したがって、同団体は、戦前のキリスト教系保姆養成において啓蒙的役割を果たしていたと言える。

JKUを主導したハウは、保姆の専門性について、保育に関する知識や技

第5章　日本幼稚園連盟（JKU）の保姆養成に果たした役割　317

術だけではなく、研究的志向を持つことの重要性を挙げている。特に幼稚園理論を研究することを奨励し、そのために教育学、教育史、哲学、心理学、文学、社会学、科学、芸術などの視点を獲得する必要性を訴えていた。保姆を養成する主体である養成校の教師に対しては、海外での研究や調査を行うべきだと述べ、最新の研究に触れるよう求めていた。さらに、保育実践上の技術や保育プログラムにおける選択能力などの具体的な能力は、幼稚園理論という土台の上に築かれるものであると考えていた。そして、このような多分野における内容を学び、常に新しい教育情報を収集して保育実践に活かすため、保姆は研究し続ける存在であるべきことを、自らの保育研究への取り組みを通して示していた。またそれだけではなく、「品性、魅力、熱意、親切心、真の母性」が奪われてはならないと述べ、「何でも知っている先生」を養成するだけでは不十分であることも忠告している。

　JKU においては、保姆の専門性として母親教育の力量も強調されていた。それに力点を置いていたことは、キリスト教的な考え方が根底にあったことによる。JKU は、IKU とは異なり宣教師によって構成されていたため、福音宣教に積極的であるという団体の特徴を有していた。幼稚園は伝道機関の一部と見なされ、保姆は家庭訪問などを通して幼児だけではなく親とも関わっていく存在であると捉えられていた。アメリカにおいても、当時母親教育の重要性は指摘されていたが、日本において宣教という点からそれが特に強調されたのであった。また、同じ目的を持つ聖書研究指導者（伝道者）などの専門家とも協力関係を構築して、幼稚園教育を通して家庭・社会に影響を与えようとしていた点も注目される。

　JKU 内では、上述したような保姆の専門性を提唱し、保姆像の共有化を図っていたと言える。そして、このような資質能力を育成するために、JKUでは聖書をカリキュラムの中心に据えた保姆養成カリキュラムを提示していた。また、聖書を中核とした養成を行うことによって、養成校では全人的な保姆養成が行われ、保姆を志す学生が自然と保姆としての自覚や使命、およ

び献身性を獲得していくこととなったのであろう。

第2節　国際幼稚園連盟（IKU）との連携とその影響

　JKU は IKU との関係の中で活動を展開していた。ハウは JKU の機能の一つに「5．海外の幼稚園事情の研究」を挙げ、IKU との関係を強調している。先行研究には、IKU の動向や組織に着目した研究[47]や、JKU から IKU への影響に関する研究[48]などがあり、IKU における議論の内容や情報交換の実情について知れる。本節ではまず、JKU と IKU との関係を確認する。そして IKU の保姆養成施策について分析し、特に IKU において作成された保姆養成カリキュラムのナショナルスタンダード制定の経緯と特質について明らかにする。

1．IKU の組織構成と JKU との関係性

(1) IKU の目的と役割

　IKU は、全米教育協会（National Educational Association）内に設置された幼稚園教育部会において、1892年に設置の決議がなされた。それは、全米教育協会での教職の専門性に関する議論を受け、保姆の専門性の確立を目指すために設けられたものであった。IKU 結成時には、会員数は30名であり、九つの支部が置かれた。1900年には、会員数は6225名と増加し、支部は67部となり、委員会も九つ設けられた。JKU が IKU に承認されたのは1907（明治40）年である。IKU では1908年に100の支部が設置されており、この中に JKU も含まれていた[49]。ハウは、会長の挨拶の中で、IKU について以下のように説明している。

　　幼稚園教育という考え方自体の驚異的成果とは別に、この成功にはそれなりの理由があり、その理由とは組織でありまた研究団体であります。ほとんどその当初から、幼稚園関係者は、研究や向上のため地域ごとの会を作って集まりを続けて

きました。養成所はそれぞれ卒業生の会を組織し、公立学校幼稚園ではそれぞれ毎月集会を行い、私立学校もまた同様で、ついには、1つの都市に8つから9つの異なる幼稚園協会ができて、それらを統合する連盟を結成できるようになります。…中略…このような都市ごとの連盟を超えて、アメリカの多くの州やカナダでは、有名な万国幼稚園連盟（International Kindergarten Union, I. K. U.）を形成しています。そして年に1度、地域集会の代表がいわばエルサレムまで行って、いうなればこの幼稚園団体が誇りうる最高の大家の声を拝聴します。この国際大会では、フレーベルの理論をますます深く理解し、またより賢明な応用を成し遂げたいという共通した願いをもって、どんな小さな意見の相違でも討議し皆耳を傾けるのです[50]。

ハウはここで、アメリカの幼稚園組織について語っている。アメリカにおける幼稚園教育の成功は、幼稚園自体の効果はもちろん、その他、幼稚園関係者によって組織された研究団体の力が大きいと言う。それらは、幼稚園がアメリカで普及した最初の頃から各地域で結成され、各都市に複数の研究団体があり、都市を超えてこれらを統合する連盟も存在するようになった。そして、それらの連盟をさらに統合する国際的な団体としてIKUが組織されたのであった。各幼稚園協会の代表者がIKUの大会に参加し、幼稚園教育に対する見識を深め、討論などを行っている。

　IKU設置目的は、1982年の会則によると、①「国際規模で幼稚園運動に関する知識を集める」、②「幼稚園の全事業に積極的に協力し関わる」、③「幼稚園設立を促進する」、④「幼稚園教員養成のレベルを向上させる」、⑤「1893年の特別目標としてコロンビア博覧会において世界的幼稚園の発展が可能とする限りの素晴らしい幼稚園展示を行い成功させる」の5点であった。IKUの第1号の年報にも、①「施設の運営主体（agent）、公私に関わらず、幼稚園の普及・拡大を目指すこと」、②「質の高い基準の養成を目指すこと」、③「幼児教育に関する研究援助、知識の提供、教員への協力を行うこと」、④「コロンビア博覧会の成功を目指すこと」と表現は異なるが、会則と同様の目的が掲げられている。さらに年報の中では、①に関して、当時

のアメリカではまだ私立幼稚園が優勢であったが、公私に関係なく幼稚園の普及・拡大を目指すこととされている。②に関しては、「だれでも幼い子どもを教えることができる」という考えが払拭された現状にあって、幼稚園教員もその他の教師と同等の基準に達する必要性を指摘している。③に関しては、IKU が研究のアウトラインや情報を提供し、全米教育協会や海外との協力を行うとある。④の目的は早急なものであるが、コロンビア万国博覧会以降も幼稚園教育に関する最先端の情報を紹介する役割があるとされている。北野幸子によれば、IKU が研究の進展や国際化に貢献する点を明記していることは特徴的であり、「企画主体としての役割、アドボカシーとしての役割、つまり唱導、擁護、代弁」といった役割を IKU が果たし、「統制やチェック機能」および「情報提供やコンサルティング機能」を有していたと言う。また、養成については、保姆の専門職化が目指されたと述べている[51]。

　以上より、IKU は、国際的な幼稚園教育啓蒙団体であり、主に情報提供によって国際的に幼稚園教育研究を進め、その中で、保姆養成を向上させることをねらいの一つとして定めていたのであった。

(2) IKU と JKU 間の情報交換

　前述した JKU の規約には、第 3 条に、「この連盟の会員が行っている幼稚園の内容および日本ならびに諸外国の幼稚園の実情を知る」、「I. K. U. (万国幼稚園連盟) との関係を確立する」という活動を行うことが示されている。1907 年 5 月 3 日に IKU の理事会は、JKU を海外支部、それも名誉支部として承認した[52]。そのため、JKU は、会費を免除されるなどの特別な待遇を受けることとなった。ハウは、IKU との関係に関して次のように述べている。

　　私たちは、自分たちの選択したこの日本の地だけを対象に仕事を考えるつもりは

ありません。私たちの務めを公平に見ようとするなら、他の国で何が行われているかを調べる必要があります。というのは、日本で得られる以上の援助や影響を、他の地で見出すこともあると信じているからです。そんなわけで、万国幼稚園連盟の関心を呼んでいる問題に、私たちは注目する必要に迫られたのです。なぜなら、そこでは、幼稚園の仕事を大きく左右する問題が検討され、保守的にあるいは急進的に解決の手を差し伸べているからです。…中略…J. K. U. の会員は全部、万国幼稚園連盟（I.K.U.）の準会員になるべきです。そうすれば、それぞれに会報とこの報告書が届き、それを読んで理解することにより、現在の幼稚園界の最良の思想や最新の成果を常に知ることができます[53]。

　ハウは、JKU の会員は全員 IKU の準会員となり、IKU で行われている議論の内容を IKU の会報や報告書から入手し、最良の思想や最新の成果を常に知るべきであると主張している。ハウは、日本ならではの問題はあるものの、教材、指導計画、保育の諸項目などに関する普遍的な課題は、世界のどこでも同じ重要性を持っていると考えていた。そのため、IKU における諸問題に関する議論の動向に注意を向け続けるよう奨めている[54]。

　一方、IKU の目的には、「幼稚園に関する情報を世界的に収集し、提供すること」とある[55]。IKU には国際協力委員会が置かれ、1915年の年報には、海外支部の協力委員は連盟の大会などで幼稚園教育運動に関する情報を報告することと明記されている。実際に日本からはハウや和久山きそなどが IKU の大会に参加している。また、国際協力委員会を通じて海外支部に向けて、報告書、パンフレット、IKU の活動報告書などを発信するとあるため、IKU が支部と相互に情報交換していたことが確認される。IKU は、JKU に対して年報を送付することはもちろん、1915年には、日本への１ヶ月滞在ツアーが企画され、同年に日本訪問委員会を設置している。しかし、このツアーは実行されなかった[56]。

　ハウは「万国幼稚園連盟が、いつの日か年次総会を日本で開く、と私が予言しても、これは私がいい加減な予言の力に惑わされているとは思えません」[57]と述べていることから、その関係は他の国の支部よりも親密であった

と言えよう。また、ハウは、「私たちは、イングランド、ドイツ、フランス、ベルギー、インド、日本などの万国幼稚園連盟に属している幼稚園の海外通信によって、教訓を得ることもできます」[58]と述べているように、IKUを通して他の多くの国々の幼児教育や保姆養成の情報も取得していたのであった。

2．アメリカの保姆養成の状況と IKU の保姆養成施策

(1)アメリカにおける保姆養成の歴史的展開

　アメリカでは、読み書き算を教えるインファント・スクールに代わって、遊びを中心としたフレーベル主義幼稚園が1860年代にピーボディ（Elizabeth Peabody, 1804-1894）によって導入され、普及していった。ピーボディは、ドイツからフレーベルの教育に精通した教師を招聘して養成校を設立して保姆養成を行い、ドイツの保姆養成校に忠実な養成カリキュラムを整備した。それは徒弟制的な方法によるもので、幼稚園と養成校は一体化されており、実習が重視されたものであった。学生は幼稚園で助手を務めながら、フレーベルを含む近代教育思想家についても学び、フレーベルの恩物作業に関するノートを作成するなど、フレーベル主義幼稚園教育の理論と方法を実践的に獲得していった。そこで保姆に求められたのは母性、慈善性、人間性であった。保姆は、慈善活動の奉仕者であると見なされ、賃金のための労働とは区別された。保姆の活動は多分に福祉的であり、幼稚園もセツルメントハウスと連動していた。保姆の専門性の基準といえば、フレーベル主義幼稚園教育の理論と方法に限定されており、その知識と技術が保姆養成内容であった。保姆はフレーベル主義教育の伝道者であり、母親クラスや家庭訪問を通して母親教育を行い、社会改革の担い手としての活動を担う存在と捉えられていた[59]。

　1870年代から1880年代において、保姆養成への要求が高まりつつあった。初等教育はまだ伝統的な基礎の上にあったが、幼稚園は形式的な教授ではな

第5章　日本幼稚園連盟（JKU）の保姆養成に果たした役割　　323

く、発達段階を考慮する必要性を示し、支持を得ていた。1870年に10園だった幼稚園が1880年までに400園以上に増加した。幼稚園数の急増により保姆養成校が増加したのであるが、量的な拡大のために、養成コースは短く、質的には不十分なものであった。しかし、保姆養成カリキュラムには教育論の基礎となる発達論やゲーム・歌・手工の教授法が組み込まれていたため、期間の短さにもかかわらず充実感があった。この頃は私立の保姆養成校が多く、従来からのフレーベル主義のタイプを採っており、教育実習とフレーベル研究が中心的なカリキュラムであった[60]。

　一方、1878年より、幼稚園の普及・拡大のため、幼稚園は公教育制度へ組み込まれるべきであるとの意見が出されるようになり、幼稚園は就学準備教育的な性格を帯びていくようになった。ハリスは、1879年に、保姆を学校教育の一端を担う独自の専門職であるとして、保姆養成の公的管理の必要を提示している。保姆養成の標準化を志向する原点がここにあったと言えよう。行政側は幼稚園に対しては、産業化社会に対応できるアメリカ市民の育成や、都市生活に適合できるよう子どもたちの習慣を形成することを期待した。そのため、保姆に規則正しさ、時間厳守、勤勉、清潔さ、自制、丁重さの素養が求められ、保姆養成においてその獲得が目指された。幼稚園教育が公教育となる過程で、小学校教員とは異なる保姆の独自性にも焦点が当てられ、専門職としての保姆像が確立されていった[61]。

　1880年代は未だフレーベルの知識や技術が重視され、保姆の専門性として母性が強調されていたが[62]、1885年から教育は進歩した。初等教育カリキュラムに音楽、芸術、手工が取り入れられ、小学校教員の養成基準は高くなった。しかし、その頃保姆養成には新しい知識と一般教育学関連の科目は含まれておらず、養成内容の狭さが批判されるようになった。保姆養成者は、幼稚園が学校制度の一部になるには、学校の要求に応えなければならないと考えるようになり、保姆養成コースの内容は少しずつ広がっていった[63]。

　幼稚園が学校制度に組み込まれると、公立学校関係者も保姆養成に関心を

示すようになり、公立師範学校に保姆養成コースが設置されるようになった。この保姆養成コースでは、私立のそれと重視する点が異なっていた。師範学校では、保姆がその仕事を学校との関連で全体的に捉えることができるように一般教育学を重視した。しかし、私立では、学校のみではなく、家庭や地域との連携も重要であると考え、保姆が社会的サービスのリーダーとなることができるよう、ソーシャル・ワークの見解を与える養成校が多かった[64]。

1880年代から1910年代にかけて政府や地域社会の課題に応じ、保姆養成は多様化していくが、この過程で入学資格はハイ・スクール卒が基本とされ、２年制養成が主流となっていった。特に、1890年以降は、保姆養成に児童研究や衛生の領域が含まれ、保姆自らがこれらの研究を行う主体となり、それを通して子ども理解を深めていくことが求められるようになっていった。さらには、新教育運動の影響により養成内容にも変化が生じていった。また、小学校との連携が強化されていき、より広い視野に立って保姆の役割が吟味されていくこととなった[65]。

N. C. ヴァンデウォーカー (Nina C. Vandewalker)[66]は1916年の時点で、幼稚園教育の理念の強調の程度、また、保姆の仕事の種類の違いにより、さまざまな養成の型が存在するが、大きく二つの改善点が一般的に認識されていると述べている。第一に、学校の一部としての幼稚園と見なして、一般教育学の目的や方法に関する知識を加えることである。第二に、均一性への努力である。保姆養成の転換期においては、フレーベル主義教育による保姆養成を行う伝統的な養成校も多かったが、修正された新しいタイプの養成校が発展しつつ、優位を獲得していったと言う。フレーベルのメッセージに集中するという努力が疑いのないものであった時代は過ぎたとヴァンデウォーカーは捉えていた[67]。

以上のように、アメリカにおける保姆養成の歴史的展開を見ると、保姆養成カリキュラムに含まれた発達論や音楽・芸術・手工などが、初等教育カリ

キュラムの充実に貢献したことは称賛されながらも、幼稚園が学校制度の一部となるために養成カリキュラムの改革が進められ、幼小連携を意識した改善点が提示されていったことが確認される。また、典型的な養成と新しいタイプの養成が存在していたことに加え、公私の養成方針の相違が養成カリキュラムの多様性を助長していた。そのため、養成カリキュラムの標準化が保姆養成の大きな課題として認識されていたのである。このような背景のもと、IKU を舞台に保姆養成標準化の動きが展開していった。

⑵養成委員会による保姆養成の推進

　IKU には多くの委員会が設置され、その中で各テーマに関する専門的な議論が進められていった。IKU では保姆養成の水準の向上を目的の一つとして掲げており、1898年から養成委員会（Committee on Training）が常時設置されるようになった。そこでは、毎年2セッションにわたる部会が開設された。また、大会では必ず委員会独自のセッションが設けられ、報告書も毎年作成された。以降、この委員会が IKU において保姆養成に関する議論の中心となり、基準の設定を推進していくこととなる。ここでは、養成委員会に着目し、IKU においてどのような保姆養成に関する議論がなされ、いかなる活動が行われたのかについて検討する[68]（表4参照）。

　1893年の第一回大会では、ドイツやアメリカの保姆養成の実態報告や保姆養成校の奨学制度、養成校の入学年齢、養成校の乱立についての発表や議論がなされた。また、養成カリキュラムの整備の必要が認められ、具体的な基準として、対象年齢が16歳以上で2年制の養成が提示された[69]。1895年の理事会では、1893年度に設定した養成の基準をより明確にするため、A. パットナム（A. Putnam）を委員長とし、養成委員会が設置された。翌日の本大会では養成委員会の委員である L. フィッシャー（Laura Fisher）が、保姆の専門性には養成可能な力量と個人の資質によるものがあるため、それを区別し、養成可能な専門性の基準を設定するべきであると報告している。1896年

表4 IKU における保姆養成施策と議論テーマ

1893年	奨学制度、入学年齢、養成校の乱立について
1895年	具体的な養成基準の設定のため、養成委員会が設置される。
1896年	養成に必須の図書リストの提示（図書委員会より）
1897年	資格試験について
1898年	監督組織や幼稚園指導主事制度について 常置委員会となる。
1903年	養成者育成について
1904年	保姆養成における実習の意義と実際
1905年	「別の視点からの幼稚園教材と幼稚園教育方法」（児童研究と関連して） 「スーパービジョンの問題」
1906年	師範学校、カレッジと大学、特別養成校の養成プログラムの比較調査 1906年以降、度々「教員養成と指導主事の育成会議」が開催されるようになる。
1907年	『母の歌と愛撫の歌』の養成校での使用について
1908年	養成プログラムにおける効率性と制度的整備について
1913年	保姆養成校の標準化について
1914年	保育者の専門職化と関連した教材の研究・選択・作成・活用方法および教科の 技術的発展について
1916年	保育者養成カリキュラムの提示

注）前掲「世紀転換期アメリカにおける幼児教育専門組織の成立と活動に関する研究」182-188、
　　190、196-197、206-207、213-219頁。

に発行された第1号年報には、養成委員会の目的と進捗状況について以下の
ように記されている。

> 養成の基準を設置する。綿密な2年制の養成コースの内容が設定中である。理事
> 会の提案に賛同する、委員会による2年生の養成コースに準じる養成コースを希
> 望する養成校は、認定審査を受けることができる。また、より重要なポジション
> である、幼稚園教育指導員あるいは、養成校の指導員の資格試験を行う予定であ
> る。試験には、知的能力試験に加え、適性検査が含まれる[70]。

ここでは、2年制コースの具体的内容の設定とともに、その基準に沿う養成
校を養成委員会が認定することが示されている。さらには、指導員の資格試
験も養成委員会が担うと明記されている。1896年以降も表4にあるように、

養成に関する議論などが行われている。1898年には、全米教育協会の教育長部会にならって養成委員会は監督組織となることが決定され、幼稚園指導主事制度の必要性が確認された。同年に養成委員会は常置の委員会となっている。1906年には、師範学校、カレッジと大学、特別養成校の養成プログラムの比較を行い、学位の質を上げるために、幼稚園養成コースと一般の教育学、心理学、哲学のコースとの比較、教養教育科目の比較、実学、技術、実践教育の問題の検討がなされている。さらに1906年以降、「教員養成と指導主事の育成会議」（Conference of Training Teachers and Supervisors）が開かれるようになる。1907年には『母の歌と愛撫の歌』の養成校における使用に関する報告がなされているが、北野によれば、フレーベル主義教育の知識と技術は基礎学力、教養として位置づけられるようになったと言う。また、IKUにおいては初期にはフレーベル研究が行われ、それに照らし合わせた養成基準が設定されたが、1910年以降はその基準自体が議論され、フレーベルの批判的検討が行われるようになっていったと述べている[71]。

このように、養成委員会によって保姆の資質向上のための議論がなされ養成水準を高めるため、様々な取り組みが行われていた。このような動きの中で、1913年以降は保姆養成の標準化に関心が集まっていくことになる。次にこれらの議論の到達点と言えるIKUが作成した保姆養成のカリキュラムモデルについて分析する。

３．IKU による保姆養成のナショナルスタンダード

IKU では、1913年に養成校の標準化という議題が出されている。そして、保育の質向上のため保姆養成のナショナルスタンダードの必要が訴えられ、その提示の責務がIKU にあるとの自覚が促された[72]。1913年３月に連邦教育局幼稚園委員会（the Kindergartening Committee of Bureau of Education）が局長であるP. P. クラックストン（P. P. Claxton）によりIKU 内に設置されると、養成に関する議論は一時この委員会を中心に行われた[73]。

連邦教育局幼稚園委員会はIKU側の責任者である会長のヴァンデウォーカーを中心に運営され、1914年に常設となり、教育局委員会（the Bureau of Education Committee）と改称された[74]。同年の大会では、IKUの会長を務めた経験のあるL. ウィーロック（Lucy Wheelock）が「保育専門家として：その機会、特権、責務」という講演を行っている。その中でウィーロックは、保姆の専門性や地位の向上および保姆のミッションについて語り、保姆の専門性のスタンダードをIKUが提示すべきであると主張している[75]。

IKUは、1916年に報告書として*Kindergarten Training Schools*[76]を作成した。これは、当時のアメリカにおける各養成校の実態調査報告と今後の保姆養成の基準を提案したものであり、連邦教育局より刊行されている。報告書の発行とそれに関するIKUでの一連の議論は、全米での本格的な保姆養成標準化の動きであったと考えられる[77]。そこで、このナショナルスタンダード成立の経緯とその内容を検討するため、まず、報告書の作成過程を確認し、どのような経過で標準的な養成カリキュラムが提案されることになったのかを明らかにしたい。その上で、アンケート調査結果から、アメリカにおける保姆養成の実状を把握し、提案された養成カリキュラムの特質について考察したい。

(1) *Kindergarten Training Schools* の概要と統計の作成過程

ヴァンデウォーカーは、報告書 *Kindergarten Training Schools* の目的や意義について次のように述べている[78]。

> この調査は、一部の教育関係者において保姆養成に関する問題への関心が高まったことにより促された。この結果をまとめた *Kindergarten Training Schools* は様々なところで役に立つと信じられている。この *Kindergarten Training Schools* は保姆養成者に、養成への全体的な見方と共通問題をつかむ方法を獲得する機会を与えるであろう。彼女らは養成のシステムやカリキュラムの相違を知ることができ、今までなかったほどの標準化の要求がわかるようになる。また、学校関係

者や保姆を目指す学生にも、*Kindergarten Training Schools* はより深い見識を示し、幼稚園自体の目的や理念を教える。この機会に保姆養成と初等教員養成は比較され、双方の養成の改善に実際的な提案が与えられる。

ここで、*Kindergarten Training Schools* の概要について触れておこう。目次は以下のとおりである。

送付状		… 4
Ⅰ	保姆養成の回想と見通し	… 5
Ⅱ	養成校に関する統計（1912-13）	…10
Ⅲ	提案された2年制の養成コース	…51
Ⅳ	保姆養成の理想	…55

送付状の中で、クラックストンは、ここ数年、幼稚園数が急増するに伴い全米で幼稚園への関心が高まり、保姆養成校とその学びの基準やコース・オブ・スタディについての情報が求められるようになったと述べている。そして、養成校側からは、養成における的確な批判とそれらの改善への提案が求められたと記されている。すなわち、*Kindergarten Training Schools* は一般の人々と養成校関係者の両者からの要求に応えるために作成されたものであった。

　なお、この報告書は、IKU に教育局委員会が設けられ、そこでの議論をもとに作成されていくが、全米幼稚園協会（National Kindergarten Association）も作成に関与している。また、「保姆養成の理想」の項目はIKU の19人委員会によってまとめられたものであった。教育局委員会以外にも様々な団体や委員会が作成に関わっていることから、養成のあり方への関心の高さが窺える。委員会の構成メンバーは以下の21名である。

　Nina C. Vandewalker, Myra M. Winchester, Ella C. Elder, Alice O'Grady, Patty S. Hill, Julia Bothwell, Alma Binzel, Hortense Orcutt, Mabel MacKinney, Amalie Hofer Jerome, Luella A. Palmer, Alice Temple, Mary C. Shute, Margaret A. Trace, Elizabeth Harrison, Lucy Wheelock, Annie Laws, Mary B. Page, Mary

McCulloch, Catherine R. Watkins, Alice N. Parker

ここには、アメリカの幼稚園教育を主導しているヒル、テンプル、ハリソン、ウィーロックなどが名を連ねているが、このうち投票によってヴァンデウォーカーが委員長に、ウィンチェスターが事務局長に選ばれ、後にローズが教育局との連絡を担当する責任者となった。

次に、割かれている頁数を見ると、*Kindergarten Training Schools* の大部分は、1912年度の各養成校の実態調査の結果であることが確認される。IKU と教育局が協力する目的として、養成校に関する情報を収集することが特に強調されていることから、全米の養成校の実状を把握することが第一の課題であったと言える[79]。ここで、議論の経過と統計の作成過程を概観しよう。

まず、第1回の会議が1913年4月28日（年次大会前日）に、クラックストンの召集により IKU と合同で行われた。この時すでに、養成校の状況を把握するための試験的なアンケート用紙①（何度もアンケート用紙が改訂されるため①とする）が各メンバーに発送されていた。大会では、養成委員会においてクラックストンによる養成コース標準化の提案が行われた。そこで、A. E. フィッツ（Alice E. Fitts）とヴァンデウォーカーを中心に、養成コース標準化について委員会内でディスカッションが持たれた[80]。ここで、アンケート用紙①の返答が紹介された。さらに、すでにヴァンデウォーカーによって発送済みであった新たに作成されたアンケート用紙②が紹介され、議論によってさらに新しいアンケート用紙③が各養成校に発送されることとなった。

第2回の会議は、1914年の年次大会直前の3月1日に行われた。この会議では、the Expert Advice Committee と the Bulletin Committee という小委員会が設置され、前者はテンプルが、後者はパーマーが委員長となった。今回は小委員会についての議論に時間が割かれ、アンケート用紙に関する十分な議論が行えなかったため、委員長であるヴァンデウォーカーにアンケート

を作り変え、それを発送する権限が与えられた。アンケート用紙④は、彼女の手紙とともに3月20に発送されている。しかし、これに対しても批判と修正の提案がなされ、10月に最終版のアンケート用紙⑤が211の養成校に送付された。アンケート用紙④と⑤を比較すると、言い回しや区分が変更された他、1912年から1913年と期間が明記されたこと、観察に関する質問事項が7点加えられたことが修正点であった[81]。1914年の年次報告書には、各養成校へ配布したアンケート用紙の完成版が掲載されている[82]。1915年の年次報告書では、これまでの調査に関する報告書が印刷中であると記されているため、統計の結果がまとめられたことがわかる[83]。

　以上のように、アンケートの質問項目について議論が活発に行われ、何度もアンケート用紙が改正され、それをヴァンデウォーカーが中心となってまとめ上げた結果、全米の保姆養成校に関する統計データが作成されたのであった。管見によれば、このような全米規模の養成校に関する緻密な統計がとられたのは初めてであり、この年代においても他に同程度の統計はないため、*Kindergarten Training Schools* に掲載されたデータは、当時のアメリカにおける養成校の実状を知るには貴重な資料と言える。以下、この統計の結果を分析していく。

(2)アンケートの回答に見る保姆養成の実状

　アンケート用紙⑤の返答をもとに公私にわたる126校のデータがウィンチェスターによってまとめられた（表5参照）。アンケート調査の結果は、全米の保姆養成校の状況を、組織やシステム、カリキュラムなどの面から示す包括的なものであった。この結果は、保姆養成の基準を向上するための指導において不可欠なものと見なされ[84]、養成校の教育内容を把握し、その標準化を進めるための基礎資料となった。報告書では、表5の諸項目における各養成校の回答の集計結果が一覧にされているだけで、その分析は読者に委ねられている。そこで、筆者は、この表を利用し以下の分析を行った[85]。

表5　統計の諸項目

＜表1＞　校長と施設
所在地／学校名／設立主体／設立年／校長名／教師陣：教員数・教員の授業時間・最大給料・最小給料
＜表2＞　入学基準
年齢／性格・適性／健康状態／学力水準／音楽能力
＜表3＞　収入・コース期間・卒業証書
収入：授業料・その他の収入源・合計／コース：授業期間（月）・年限／証書授与に必要な年数：1年・2年・3、4年
＜表4＞　入学者数・授業料と他の費用、卒業生（進路）
入学者数：1年制・2年制・3年制・4年制・特設コース（サマースクールなど）や大学院のコース・合計／諸経費：授業料・書籍・教材、部屋・下宿／卒業者数：創立時からの卒業生総計・（進路）幼稚園教員・幼稚園教員以外の教員・その他の職業・既婚者・初任給・需要と供給
＜表5＞　カリキュラム
授業時間／授業時間総計／授業時間の配分：体育・教養科目（音楽、美術、自然研究、文学と物語）・心理学と児童研究・幼稚園の技術（ゲーム・恩物・作業・プログラム）・幼稚園理論（『マザー・プレイ』、『人間の教育』、幼稚園に関するその他の文献）・一般教育学（教育学、初等教育法、教育史）／その他の関連科目
＜表6＞　観察と実習
観察・実習時間（45分）／観察時間／観察に伴うディスカッション／実習（週）／実習時間（日）／実習実施学年／監督者／小学校での観察／小学校実習（週）
＜表7＞　＜表5＞以外の科目
授業時間／表5以外の科目

注）Department of the Interior the Bureau of Education, *Kindergarten Training Schools*, Bulletin No.5, 1916, pp.11-50より筆者が作成した。

　まず、養成校全体の基礎的な情報を整理しよう。表6にあるように、設立主体は全126校中、私立が49校（39％）、州立が40校（32％）、市立が22校（17％）、協会立が14校（11％）、連邦立が1校（1％）であった。公私に区分すると、公立（州立、市立、連邦立）63校、私立（私立、協会立）63校である。1912年度の入学者数は全4,901人中、私立2,505（51％）、州立1,510（31％）、市立505（10％）、協会立373（8％）、連邦立8（0％）であり、公立の入学者数は2,023名で、私立は2,878名であった。また、この時点での卒業者数の合計は22,784名で、そのうち私立が12,581名（55％）、州立4,063（18％）、市立3,504（16％）、

協会立2,583（11%）、連邦立53（0%）名で、公立7,620名に対し、私立は15,164名であり、およそ2倍の卒業者を輩出していた。

　したがって、回答のあった養成校数は公私同数でありながら、輩出した学生数は私立のほうがはるかに多く、1912年度の入学者数も多い。1912年までは私立の設置数の方が多いことから、1900年代に公立校が急増してきたと言っても、未だ私立のほうが量的に優位であった[86]。

表6　設立主体別入学者数・卒業者数

	設置数	1912年度入学者数	創立以来の卒業者数
私立	49（39%）	2,505（51%）	12,581（55%）
州立	40（32%）	1,510（31%）	4,063（18%）
市立	22（17%）	505（10%）	3,504（16%）
協会立	14（11%）	373（8%）	2,583（11%）
連邦立	1（1%）	8（0%）	53（0%）
合計	126	4,901	22,784

⑶養成カリキュラムの特徴

　ここでは、次項で紹介する2年制のカリキュラムモデルと比較するため、2年制のカリキュラムのみ抽出して見てみよう。2年制を採用している養成校は126校中95校で、全体の77%にあたる[87]。また1912年度の入学者は2年制に入学した者が3,587名で全体の76%である[88]。

　卒業までに必要な授業時間は平均1,122時間であるが、これは最小274時間、最大2,400時間と大きな幅がある。表7はそれぞれの科目の平均時間数と、最大・最小時間数である。平均値、最大・最小値を見ると、養成校によって各科目に費やされる時間数に差があることが認められる。また、表5のアンケート項目＜表3＞の証書授与に必要な年数によれば、与えられる証書や資格が各州によって多種多様であることや、表5の＜表7＞を見ると、「＜表5＞以外の科目」が各養成校で様々であることが明らかである。

334

　ここで、 2 年制を採用していたミルウォーキー州立師範学校の場合を事例として見てみよう。同師範学校は1892年に設立されている。入学資格は17歳（High-school graduate）以上で、校長はヴァンデウォーカーであった。この年の入学者は101名であり、これまでに輩出した卒業生数は計565名に上る。卒業までに必要な時間数は1,720時間であった。取得できる免許について、「幼稚園コース卒業生には、 1 年間幼稚園と小学校で働くことができる法的な資格が与えられて、 1 年後に終身免許となる」とあるように、卒業後は、幼小

表 7　各科目の平均時間数と最大・最小時間数

体育と教養科目

	体育	音楽	美術	自然研究	文学と物語	心理学と児童研究
平均値	88.2	77.8	92.2	71.4	74.7	109.6
最大値	240	228	228	200	312	360
最小値	12	14	12	5	6	12

幼稚園の理論と方法

	ゲーム	恩物	作業	プログラム	『マザー・プレイ』	『人間の教育』	その他の幼稚園教育関連文献
平均値	55.8	69.6	67.6	44.3	56.6	23.9	36.1
最大値	192	200	200	128	192	53	73
最小値	10	14	24	10	7	6	2

一般教育学

	教育原理	初等教育法	教育史	その他の関連科目
平均値	72.2	57.0	61.0	156.7
最大値	580	580	220	468
最小値	3	3	5	3

観察と実習

	実習時間総計	観察時間	実習時間／週	実習時間／日	実習実施時期	小学校での観察時間	小学校実習／週
平均値	689.1	147.7	35.4	3.3	注 1	6.3（注 2 ）	6.7
最大値	1,600	1,120	80	5		60	36
最小値	102	0	6	1		0	0

注 1 ） 2 年時51校、 1 年と 2 年時41校、 1 年時 1 校、未記入 2 校。
注 2 ）主に「少し行う」という回答である。

教員免許が1年間の仮免許の後に交付されるシステムになっていた。表8は、前述した2年制養成校における各科目時間の平均値と同師範科の時間数を比較したものである。

　以上の分析から、全米における養成のシステムやカリキュラムの不統一性が明確となった。ミルウォーキー州立師範学校の例を見ても、そのカリキュラム編成は独自のものであり、平均値とは重ならない。この時期のアメリカにおける保姆養成カリキュラムは、平均値を出すだけではその多様性により実態を把握することが困難であると言えよう。ヴァンデウォーカーは、「調査では養成校の多様性が明らかになったが、その要因は、理念の相違ではなく、保姆養成が過渡期にあるためである」と述べている。アメリカでは、こ

表8　ミルウォーキー州立師範学校の場合

体育と教養科目

	体育	音楽	美術	自然研究	文学と物語	心理学と児童研究
平均値	88.2	77.8	92.2	71.4	74.7	109.6
Milwaukee	120	100	150	100	120	150

幼稚園の理論と方法

	ゲーム	恩物	作業	プログラム	『マザー・プレイ』	『人間の教育』	その他の幼稚園教育関連文献
平均値	55.8	69.6	67.6	44.3	56.6	23.9	36.1
Milwaukee	75	75	50	50	50	50	50

一般教育学

	教育原理	初等教育法	教育史	その他の関連科目
平均値	72.2	57.0	61.0	156.7
Milwaukee	注3	50	25	205

注3）幼稚園原理で部分的にカバーしている

観察と実習

	実習時間総計	観察時間	実習時間／週	実習時間／日	実習実施時期	小学校での観察	小学校実習／週
平均値	689.1	147.7	35.4	3.3	注1	6.3	6.7
Milwaukee	600	多くの学生	30	4	2年次	少し	10

の当時、保姆養成改革が進みつつあったため、各校において多様な保姆養成が行われていたのであった。アンケート結果より、保姆養成のシステムやカリキュラムの相違点が明らかになったが、共通してどの養成校でもフレーベル主義幼稚園教育の理念に基づいた養成を行っていたことは確かである。その上での微細な違いは、保姆養成の転換期であることに加え、量的に優位を占めた私立校がそれぞれ独自の方針をとったためであると考えられる。このような状況の中、有識者の間では、カリキュラムの標準化が一つの課題になっており、*Kindergarten Training Schools* において2年制のカリキュラムモデルが提案されたのであった。以下、ナショナルスタンダードとなるこのカリキュラムを検証していこう。

⑷提案された2年制保姆養成のカリキュラムモデル

1914年の年次大会では、統計作成以外にも保姆養成のカリキュラムモデルの議論が行われた。委員長が試案のコースを練り上げ、それを各メンバーに送付することとなった。1915年の年次大会では、試案について討論された後、それをさらに改善するために特別な小委員会に回された。教育局委員会の慎重な調査と討論を通して、カリキュラムモデルが具体化されたのであった。

それでは、その内容と特徴を考察していこう。作成された「2年制コースの詳細」では、授業時間に関して、1年36週間、1週5日間、1日4時限、1時限45から50分と定められ、合計時数が1,440時間とされた。単位にすると20単位となり、1単位あたり72時間であった。統計結果では、2年制の場合卒業までに必要な授業時間は平均1,122時間であったが、これと比較すると全体の授業時間が318時間増加していることがわかる。次に、「コースの概略」を分析していこう。表9はこれを基に筆者が作成したカリキュラム表である。

表9　２年制のカリキュラムモデル（「コースの概略」より作成）

	１年前期	１年後期	２年前期	２年後期
実習と観察	＊観察 1、1／4（54）	保育実習 2、1／2（126）	保育実習 2、1／2（126）	＊小１実習 1、1／4（54）
一般教育学	教育原理1／2（36）			教育史1／2（36）
	教育心理学と児童研究1、1／2（108）			
幼稚園教育学	恩物と作業活動1、1／2（108）		フレーベルの文献1／2（36）	
	ゲーム（48）＋カリキュラム（48）＋幼稚園の原理と方法（48）＝2 その他の幼稚園関連文献1／2（36）　　　　　　　　　　＜年次指定なし＞			
関連している 専門科目	図画1（72）		音楽1（72）	
			自然科学1（72）	
			衛生学（社会福祉）1、1／2（108）	
			初等教育法1／2（36）	
	英語と児童文学1、1／2（108）			
	体育1、1／2（108）　＜２年間＞			

注）括弧外の数字＝単位数、括弧内の数字＝授業時間　＊は必修ではない

　このカリキュラム表と前述したアンケート結果の諸項目とを比較してみよう。まず、項目とその区分について見ていこう。アンケートでは「心理学と児童研究」は「体育と教養科目」に入れられていたが、ここでは「一般教育学」に割り当てられている。また、「初等教育法」は「一般教育学」から「関連している専門科目」へ移動しており、「一般教育学」の中の一部として存在した「その他の専門科目」は「関連している専門科目」として独立している。また、新しく加えられた科目は「衛生学（社会福祉）」と「幼稚園の原理と方法」のみである。前者は、表５の＜表７＞から、多くの養成校が科目としてすでに設置していたものであった。

　次に、学習の展開を見てみよう。実習と観察に関して、カリキュラム表を見ると、観察⇒保育実習⇒小１実習と、保育実習を中心にそれらが展開され、まだ定着していなかった小１実習も組み込まれている。科目に関しては、基礎的な諸科目が第１学年に設置され、従来重視されてきた「教育史」が、時数を削減された上で最終段階に置かれるようになった。また、「衛生

学（社会福祉）」や「初等教育法」など、幼稚園と周辺の分野との連携のための科目が第2学年に設置されている。*Kindergarten Training Schools*に、「初等教員になるための養成を行うことが委員会の目的ではないが、学生に相対的な見方のセンスと小学生に触れる経験を与えるため、ある程度の小学校実習も必要である」と示されているように、幼稚園児の発達を理解する助けとなるよう初等教育法や小1実習が含まれたと言える。幼小連携のための養成が重視されていた師範学校だけではなく、私立の養成校においてもそれが実現されるよう目指されたことが見て取れる。さらに、私立の養成校ではすでに重視されてきた衛生学（社会福祉）が加えられていることから、幼稚園と福祉分野との連携の意識が読み取れる。

　次に、カリキュラムモデル作成の中での議論や、報告書の中でそれについて説明されている部分から保姆養成カリキュラムの特徴を挙げよう。まず、「観察」という科目に注目しよう。前述したように、アンケート用紙は数回改正されているが、その作成過程の最終段階である1913年10月に、観察についての諸項目が追加された。その結果、観察時間、観察に伴うディスカッション、小学校での観察が調査結果として掲載されることとなった。先行研究によれば、観察が教師教育カリキュラムに導入されたのは1920年以降のことであるため[89]、教育局委員会においてこの時点で観察が注目され、議論の結果、保姆養成カリキュラムに組み込まれたことは、先駆的なことであった。しかし、アンケート結果の調査を見ると、実習の平均時間が689.1時間であるのに対し、観察の平均時間は147.7時間と少なく、さらに0時間の養成校も見られることから、各養成校の観察への取り組みの姿勢には大きな差があったと考えられる。したがって、観察は一般的には未だ保姆養成カリキュラムの中心的な領域として認識されていなかったが、今後の養成を見据えてモデルとなるカリキュラムの中にそれが採り入れられたと言えよう。

　また、他の科目と観察との関連に着目すると、観察が重要な位置にあったことが明らかとなる。まず、観察は児童研究や心理学と関連づけて行われる

べきであるという提案がなされている。観察と実習の項目についての説明部分には、「観察が実習と別に明記されたのは、それが児童研究、心理学、『マザー・プレイ』、初等教育法、幼稚園教育法などと関連づけられるためである」とあり、観察が実習と区別された理由が記されている。報告書の中でウィーロックは、児童研究は心理学と1年時の観察と関連づけられ、観察はコースの最初から開始され、1年間継続されるべきであると述べている。そして、観察の理想は、子どもとともに生きるというフレーベルのモットーに見出されると主張している。また、フィッツは次のように語っている。

> 保姆の仕事は、自然と自然の成長過程の理解に基づくものであるため、養成の中で植物や動物と触れ合う機会を与えることが重要であり、これによって得られた観察と育成の能力は子どもたちに適用される。子どもの身体的、教育的なケアに責任を持つため、学生は子どもの成長段階を観察し、その各段階を明らかにする十分な観察の機会を与えられるべきである。また、子どもへの共感的な態度は基本であるが、それだけでよいのではなく、学生は確かな教育原理に導かれる必要がある。それはフレーベルの文献の中にあり、現代においては児童研究や心理学の中で見つけられる。

　以上より、観察が児童研究や心理学と関連づけて解釈されるように提案されていることがわかる。このような議論の末、観察という科目が第1学年の前期に導入された。また、フレーベルの思想も観察にとって重要な要素であると見なされていたことが理解される。そこで、次に、フレーベルの代表的著作であり、当時の養成校で最も使用された『マザー・プレイ』（『母の歌と愛撫の歌』）と児童研究・心理学との関連について考察しよう。

　委員会は心理学と児童研究を重要視し、その目的に沿って『マザー・プレイ』の研究を関連づけるよう勧めている。さらに、従来通りフレーベルの文献研究やフレーベルの考案した恩物作業材料の扱い方も研究される必要を述べつつ、より自由に『マザー・プレイ』の研究を行う価値を示している。新しい視点で『マザー・プレイ』の研究を行うことは、児童研究による子ども

たちの活動の解釈のために効果的であるが、それだけではなく、養成制度の基本となる哲学の表現にも有効であると言う。これらのことから、フレーベルの文献、特に『マザー・プレイ』は保姆養成の理論的支柱としての権威が保たれつつ、当時勃興してきた心理学や児童研究などの科学的な手法によって再解釈されるようになったのであった。

　これらのことから、実習とフレーベル研究に偏っていた典型的な養成カリキュラムに修正が加えられ、２年制という限られた時数の中で、理論と実習をバランスよく設置したカリキュラムモデルが提示されたことが明らかとなった。また、観察、児童研究、心理学という新しい科目と、従来からのフレーベル研究とが並列的に置かれており、フレーベル研究は新たな局面をむかえていた。それは単に、フレーベル主義幼稚園教育を批判するものではなく、フレーベルの幼稚園教育理念を基礎に据え、象徴主義から科学主義へとその手法を転換させたものであったと考えられる。

(5)養成理念の確立という残された課題

　各州、各養成校によって統一性がなかった養成カリキュラムの標準化を目指した IKU は、ここにカリキュラムモデルを提示し、養成の形式を整えた。しかし、養成の理念的な面での一致については、19人委員会によって作成された「Ⅳ　保姆養成の理想」の項目の中で今後の課題として指摘されている。そこには、入学資格やコース・オブ・スタディの基準も重要であるが、それらの基礎となる「理想における基準」も考慮される必要性があるとされ、次のように説明されている。

　　理想を標準化するにあたって、19人委員会は特定の本がよく読まれ、研究され、特定の材料の使用法が理解され守られ、特定の人格と学識に関する固定化された基準が満たされたとしても、その精神を目覚めさせる本当の仕事は始まったばかりであると同意した。仕事の精神的意義が、不安定で、感情的・表面的なすべてのものを排除することによって深められなければならない。見識の育成と活気を

与えることは、先駆的な時代が終わった現代の養成校における最大の仕事である。

　また、ヴァンデウォーカーも「保姆養成の回想と見通し」の中で、今後は
アメリカの教育の進歩との関連の中で、幼稚園教育全体として、報告書の中
で述べられた事実を解釈し、幼稚園と保姆養成において精神的な部分も分析
されていく必要があると述べており、保姆養成理論の確立が共有された課題
であったと言える。

　このように、*Kindergarten Training Schools* では養成の形式は整えられ
たが、保姆養成の理論に関しては未だ結論が出ておらず、保姆像に関しての
意見統一は不十分であった。そのことは、「保姆養成の理想」において、統
一的見解が示されたのではなく、パットナム、ウィーロック、ページ、フィ
ッツ、ヴァンデウォーカーの各委員による個人的な意見が報告書の中で紹介
されただけであることからも窺える[90]。

　以上より、1900年代のアメリカにおける保姆養成の標準化の動向につい
て、*Kindergarten Training Schools* の作成過程や当時のアメリカの保姆養
成の状況を検討しつつ、その実態と特徴を考察してきた。IKU は保姆養成
の水準向上を一つの目的として設立されており、その目的に沿って、創立当
初から養成に関する議論がなされていた。1913年頃からそれが具現化され、
結実したものが *Kindergarten Training Schools* であった。

　当時のアメリカの保姆養成は各州、また、各養成校によってそのシステム
やカリキュラムが不統一であり、全体としての基準が設定されていなかっ
た。IKU はアメリカで初めての全米規模の幼児教育専門団体であったた
め、様々な立場のメンバーによって構成されていたが、保姆養成カリキュラ
ムに関しては、一致してその標準化を提言する必要性が認識された。

　この標準化の特徴は、最も高い保姆養成の水準に合わせられたのではな
く、２年制の実現可能な養成基準に設定され、その底上げが目指されたこと
にある。このことは、1916年３月１日に19人委員会と養成委員会が合同で行

ったディスカッションの中で、「（現状の各養成校において…筆者注）様々なコースがある中で、バランスはよいが、カレッジレベルのコースの提案も行うべき」[91]などの意見が出されていることからも明らかである。その他、議論の中で、「ゆくゆくは養成の期間を延ばすべきであるが、現段階においては、まず、より効率のよい2年制コースの作成に取り組むべきである」と、現状との打開策が図られつつ、「その間に、3年制コースの試案も作成し、状況がよければそれを提案すべきである」という主張もなされていた。また、近いうちに2年制コースの他、3年制の保姆養成コース、3年制の幼小教員養成コース、大学の幼稚園コース、幼稚園と家庭のコースの決議を採択すると記されていることからも[92]、アメリカにおける初の本格的な養成カリキュラムのナショナルスタンダードは、理想的な形として提案されたのではなく、当面の保姆養成の内容を方向づけるものであったと言える。

　このカリキュラムモデルは、啓蒙団体であるIKUと連邦教育局が共同で提案したものであるため、法的拘束力を有しておらず、実際にこのような基準がどの程度実現したかについては明らかではない。しかし、アメリカの保姆養成の展開についてここで確かに言えることは、新しい保姆養成への転換は一瞬にして起こったものではなく、多様な養成カリキュラムの存在を把握しつつ、議論を重ねながら徐々に進展していったということである。

　本章では、JKUがキリスト教系保姆養成の全体の質の向上に果たした役割を考察してきた。JKUは、毎年行われる大会や1年間の各園および各養成校からの活動報告を通して、会員に国内の幼稚園教育情報の提供を行っていた。また、JKUはIKUの日本支部であり、両団体は相互に情報交換を行っていたため、会員はJKUを通して国外の教育情報をも入手することができた。大会では、宣教師や日本人指導者によって研究発表や保育実践に関する研修などが行われており、全国的に一定の保姆養成レベルを確保する努力がなされていた。そのため同団体は、啓蒙的役割を担っていたと言える。さ

第 5 章 日本幼稚園連盟（JKU）の保姆養成に果たした役割 343

らに、保姆養成についての実状が報告されるとともに、保姆像とそれに沿っ
た養成法が共有されていた。

また、アメリカにおける保姆養成改革の一つの到達点である、IKU によ
る保姆養成カリキュラムのナショナルスタンダードを参照したところ、それ
は日本国内で宣教師らによって行われていた保姆養成と同じ傾向のものであ
った。ただし、JKU はあくまでも宣教師たちの連合団体であったため、ア
メリカ国内における保姆養成よりもキリスト教色の強い養成が目指され、保
姆に伝道者としての役割も期待していた点は、IKU にはない JKU という組
織の独自性であったと言えよう。

以上、キリスト教系保姆養成は、各養成機関内で完結していたのではな
く、広く日本、そして IKU やアメリカの養成機関と JKU を介してつながっ
ていたのであった。JKU はアメリカ式の幼稚園教育・保姆養成の傾向を直
接的に反映していたため、当時の日本の幼稚園教育団体であるフレーベル会
や京阪神連合保育会とは異なる特徴を有していたと考えられるが、それらの
比較考察は今後の課題である。

＜第 5 章注＞

1) IKU は、教育庁が推奨した幼稚園カリキュラム（Bureau of Education Commit-
tee, Subcommittee on Curriculum, *The Kindergarten Curriculum*, Washington
Govt. print, 1919）を作成するなど、全米に影響力を有した幼児教育専門団体であ
り、1930 年に Association for Child Education となり、現在は Association for
Childhood Education International となっている。

2) Annie L. Howe, "Historical Paper Read at the 10th Anniversary of the Found-
ing of the Kindergarten Union of Japan," 1916（A. L. ハウ「J. K. U. 10 年の歩み」
『Annual Report of the Japan Kindergarten Union』第 7 巻、1985 年、49-50 頁）。
以下、同論文に関してはここから引用する。

3) Margaret M. Cook, "A Retrospect and a Long Look Forward-Address Given at
Annual Meeting," 1927（M. M. クック「回顧と展望—JKU 年次総会講演」『小さ
き者への大きな愛—ゲーンス幼稚園の歴史と M・クックの貢献—』広島女学院幼

児教育史刊行委員会、広島女学院、2006年、188頁）。以下、同論文に関してはここから引用する。

4) Margaret M. Cook, "A Half Century of Kindergarten Progress," 1935 (M. M. クック「キリスト教幼稚園発展の半世紀」『Annual Report of the Japan Kindergarten Union』第7巻、1985年、81頁）。以下、同論文に関してはここから引用する。

5) 山中茂子訳『A. L. ハウ書簡集』頌栄短期大学、1993年、262頁。

6) 同上書、264頁。

7) Annie L. Howe, "President's Address," 1908 (A. L. ハウ「私たちのなすべき仕事—会長の挨拶」『Annual Report of the Japan Kindergarten Union』第7巻、1985年、15頁）。以下、同論文に関してはここから引用する。

8) 同上論文、109頁。なお、キリスト教系幼稚園のうち、無認可の園や無償幼稚園があるため、正確な数字とは言えない。

9) 前掲「J. K. U. 10年の歩み」55頁。

10) 同上論文、50頁。

11) "Constitution of the Kindergarten Union of Japan" (「J. K. U. の規約」『Annual Report of the Japan Kindergarten Union』第7巻、1985年、11-13頁）。

12) キリスト教保育連盟百年史編纂委員会『日本キリスト教保育百年史』キリスト教保育連盟、1986年、222頁。

13) 前掲「私たちのなすべき仕事」15頁。

14) 同上。

15) 同上論文、18頁。

16) 黒田成子「J. K. U. の歴史とその役割」『Annual Report of the Japan Kindergarten Union』第7巻、1985年、359頁。

17) 前掲「J. K. U. 10年の歩み」47頁。

18) 前掲「私たちのなすべき仕事」22頁。

19) 同上論文、25頁。

20) 同上論文、26頁。

21) 前掲「J. K. U. 10年の歩み」47-48頁。

22) 同上論文、53頁。

23) 前掲「私たちのなすべき仕事」18-19頁。

24) 同上論文、19頁。

25) 『頌栄—頌栄幼稚園創立四十年紀念—』1929年、57-58頁。

26) 前掲「キリスト教幼稚園発展の半世紀」82頁。

第5章　日本幼稚園連盟（JKU）の保姆養成に果たした役割　345

27）前掲「回顧と展望」189-190頁。

28）前掲『日本キリスト教保育百年史』126-129、268頁。

29）同上書、129頁。

30）同上書、222頁。

31）前掲「J. K. U. 10年の歩み」52頁。

32）同上論文、48頁。

33）前掲『日本キリスト教保育百年史』168-170頁。

34）「養成機関の無かった「長老派」の場合、金沢の英和幼稚園は前述の如く自前で
　　養成したが、主任保母は神戸の頌栄保姆伝習所の卒業生であった」とあるよう
　　に、英和幼稚園では、主任保姆以外は、見習制養成において自前で保姆を得てい
　　たようである。たとえば、1904年に吉野五月が見習生となっている。主任保姆と
　　しては、第3章で詳述したが、頌栄保姆伝習所卒業生の高田政が英和幼稚園に赴
　　任していた（前掲『日本キリスト教保育百年史』131-132、442頁）。

35）同上書、132頁。

36）同上書、130頁。

37）前掲「私たちのなすべき仕事」17頁。

38）同上論文、20-21頁。

39）同上論文、13-27頁。

40）同上論文、17-25頁。

41）Esther L. Ryan, "The Disposition of a Kindergartner's Time," 1921（E. L. ライア
　　ン「幼稚園教員の有効な時間の使い方」『Annual Report of the Japan Kindergar-
　　ten Union』第7巻、1985年、301-302頁）。

42）Annie L. Howe, *The Bible in the Kindergarten and Training Schools*, Read at
　　the Seventeenth Annual Convention of the Japan Kindergarten Union, 1923,
　　pp.1-37.

43）前掲『日本キリスト教保育百年史』158頁。

44）Martha B. Akard, "How We Want Our Teachers Trained," 1918（M. B. アカー
　　ド「教員養成に何を望むか」『Annual Report of the Japan Kindergarten Union』
　　第7巻、1985年、297頁）。

45）同上論文、298頁。

46）前掲「回顧と展望」190-191頁。

47）*The Kindergarten in American Education*（Nina C. Vandewalker, New York,
　　MacMillan Company, 1908）の1923年版が、『アメリカ幼稚園発達史』（中谷彪監

訳、教育開発研究所、1987年）として翻訳されている。北野幸子「世紀転換期ア
メリカにおける幼児教育専門組織の成立と活動に関する研究―領域の専門性の確
立を中心に―」博士論文、広島大学、2001年。

48) 西川ひろ子「International Kindergarten Union の機関誌にみられる20世紀初頭
の日本幼児教育観」『教育交渉史における日本教育観の形成と展開』1999-2001年
度科学研究費補助金研究成果中間報告書、31-80頁。

49) 前掲「世紀転換期アメリカにおける幼児教育専門組織の成立と活動に関する研
究」165頁。

50) 前掲「私たちのなすべき仕事」13-14頁。

51) 前掲「世紀転換期アメリカにおける幼児教育専門組織の成立と活動に関する研
究」175-177頁。

52) "Vote of the International Kindergarten Union" *Second Annual Report of the
Kindergarten Union of Japan*, 1907-1908. 前掲「J. K. U. 10年の歩み」52頁。

53) 前掲「私たちのなすべき仕事」20頁。

54) 同上論文、25頁。

55) 前掲『アメリカ幼稚園発達史』120頁。

56) 前掲「世紀転換期アメリカにおける幼児教育専門組織の成立と活動に関する研
究」201頁。

57) 前掲「私たちのなすべき仕事」15頁。

58) 同上論文、22頁。

59) 阿部真美子「アメリカ保育者養成史―幼稚園教師養成の発生及び変化の過程―」
『幼児保育制度の発展と保育者養成』玉川大学出版部、1995年、224-227頁。前掲
「世紀転換期アメリカにおける幼児教育専門組織の成立と活動に関する研究」
37-40頁。なお、アメリカにおける保姆の専門職化に関する議論については北野
の一連の論文（「アメリカの幼稚園運動における保育者養成に関する議論の展開
―保育の専門職化過程―」『教育学研究紀要』中国四国教育学会、第44巻、第1
部、1998年、491-496頁、「19・20世紀転換期アメリカにおける保育の専門職化プ
ロセス―国際幼稚園連盟（IKU）を中心に―」『教育学研究紀要』中国四国教育学
会、第45巻、第1部、1999年、506-511頁、「アメリカのフレーベル主義協会・組
織における保育の専門職化プロセス」『人間教育の探求』（12）1999年、15-31頁）
も参照されたい。

60) Department of the Interior the Bureau of Education, *Kindergarten Training
Schools, Bulletin* No.5, 1916, pp.5-6. 以下、*Bulletin* (1916) とする。

61）前掲「世紀転換期アメリカにおける幼児教育専門組織の成立と活動に関する研究」43-44頁。

62）同上論文、143-146頁。

63）*Bulletin*（1916），p.6.

64）Ibid., pp.7-8.

65）前掲「アメリカ保育者養成史」228-229頁。前掲「世紀転換期アメリカにおける幼児教育専門組織の成立と活動に関する研究」146-149頁。

66）ヴァンデウォーカーは連邦教育局幼稚園部長であり、ミルウォーキー州立師範学校長であった人物である。また、アメリカの幼稚園運動史に関する代表的著作であり、多くの養成校で教科書とされた *The Kindergarten in American Education* を執筆し、保姆養成や幼稚園現場での指導に携わった他、小学校と師範学校で教えたこともある歴史学者であった（*Bulletin*（1916），p.48. Vandewalker, op. cit., vi-vii.）。

67）*Bulletin*（1916），p.8.

68）前掲「世紀転換期アメリカにおける幼児教育専門組織の成立と活動に関する研究」206頁。

69）同上論文、182-184頁。

70）同上論文、187-188頁。

71）同上論文、196-215頁。

72）同上論文、219頁。

73）"Report of the Bureau of Education Committee" *Proceedings of the 21th Annual Meeting of the International Kindergarten Union*, 1914, p.100. 以下、*Proceedings*（1914）とする。

74）Vandewalker, op. cit., p.101.

75）前掲「世紀転換期アメリカにおける幼児教育専門組織の成立と活動に関する研究」217-218頁。

76）*Bulletin*（1916），pp.1-62.

77）先行研究では、北野幸子が *Kindergarten Training Schools* を紹介している（前掲「世紀転換期アメリカにおける幼児教育専門組織の成立と活動に関する研究」207、220、224頁）。また、阿部真美子は課題として「幼稚園運動等の側からの養成の標準化への動きと影響について、特に1913年の養成校についてその状況調査（IKU による）と標準化への提言について明らかにする」（前掲「アメリカ保育者養成史」238-239頁）と、その必要性を提示している。同書がアメリカの保姆養

成の一つの到達点であると見なされているが、未だ内容分析は行われていない。

78) 以下、断りのない限り *Bulletin* (1916) から引用している。

79) *Proceedings* (1914), p.100.

80) "Conference of Training Teachers and Supervisors," *Proceedings of the 20th Annual Meeting of the International Kindergarten Union*, 1913, pp.77-78.

81) *Proceedings* (1914), pp.100-106.

82) Ibid., pp.100-114.

83) "Report of the Bureau of Education Committee," *Proceedings of the 22nd Annual Meeting of the International Kindergarten Union*, 1915, pp.80-82.

84) *Proceedings* (1914), p.106.

85) *Bulletin* (1916), pp.11-50.

86) ヴァンデウォーカーは、1903年には私立135校、公立40校であったのに対し、1913年には私立71校、公立76校と、公私の比率が逆転したことを指摘している（*Bulletin* (1916), p.7）。

87) 2-3年制が7％、2-4年制が5％、1、2年制が4％、その他が7％である。

88) 特設コース（サマースクールなど）または大学院の入学者が633名で13％である。その他、3年制と1年制への入学者がそれぞれ5％、4年制の入学者は1％であった。

89) 教師教育に観察が取り入れられた先駆的な事例として、教育実験研究所における教師教育プログラムが紹介されている。この中で「観察」と「記録」の訓練が養成教育の中心的方法論として位置づけられている（佐久間亜紀「進歩主義教育運動における教師教育プログラムの事例研究―「教育実験研究所」の教師教育プログラムに着目して―」『教育学研究』第62巻、第4号、1995年、11-19頁）。

90) これらはシンシナティ会議（1915年2月25日開催）においてなされた個人声明からの記述である。

91) "Report of the Bureau of Education Committee," *Proceedings of the 23rd Annual Meeting of the International Kindergarten Union*, 1916, pp.90-93.

92) *Bulletin* (1916), pp.52-53.

結　章

　本研究では、近代日本の保姆養成における実態と特質を、キリスト教系保姆養成機関における養成を中心に明らかにしてきた。まず、各章における研究成果を踏まえた上で、キリスト教系保姆養成の歴史的展開を整理しておこう。

　第1章では、近代日本の保姆養成において、官立の東京女子師範学校およびその流れを汲む保姆養成と、キリスト教系保姆養成の二つの系統があることを示した。次章以降からは、キリスト教系保姆養成機関の中から、第2章では桜井女学校幼稚保育科、第3章では頌栄保姆伝習所、第4章では広島女学校保姆師範科（後のランバス女学院保育専修部）を取り上げ、従来不明であった各養成校の保姆養成の実態を解明した。

　キリスト教系初の保姆養成機関である桜井女学校幼稚保育科では、草創期にあって既に、後述するようなキリスト教系保姆養成の基本的性格が形成されており、以後の保姆養成の先駆となったことを指摘できる。その後、保姆を継続的に輩出した頌栄保姆伝習所において、養成システムやカリキュラムが整備された。広島女学校保姆師範科では、進歩主義教育の影響をいち早く受け、その理論と方法が段階的に導入され、新しい保姆養成のあり方が提示された。頌栄保姆伝習所はキリスト教系保姆養成機関の中核としてその他のキリスト教系保姆養成校をリードしたのは確かであるが、第2章から第4章で見てきたように各養成校で独自の保姆養成が行われていたため、全てのキリスト教系養成校が頌栄保姆伝習所を単に模倣していたわけではなかった。

　多様な保姆養成が展開される中、キリスト教系幼稚園と養成校が日本において一致して幼児教育事業を行っていくため、第5章で見たように日本幼稚園連盟（JKU）が結成された。同組織において情報交換や研究、研修が行わ

れることで、加盟養成校間の協力体制が整えられていった。また、JKU では保姆像とそれに基づく養成方法が発信され、キリスト教系保姆養成の全体の質の維持向上が図られた。

JKU はその本部である国際幼稚園連盟（IKU）と連携していた。アメリカでは IKU によって1916年に保姆養成カリキュラムのナショナルスタンダードが提示されている。それを中心にアメリカの保姆養成の傾向について検討したところ、キリスト教系保姆養成機関における保姆養成は日本の保姆養成の動向よりも、むしろアメリカのそれを反映していた点を確認することができた。

各キリスト教系養成校では既述のように独自の養成が行われていたが、それらに共通する特質として以下の3点が挙げられる。

第一に、保姆養成システムに関する点である。戦前日本では、小学生を教えることができれば誰でも保姆になれるという認識が流布しており、小学校教員資格を保姆資格の本筋とする規程にも見られるように、幼稚園教育の独自性は十分に認められていなかった。そのような中、キリスト教関係者によって保姆養成独自の課程や学校が特設された。

先行研究においてキリスト教系保姆養成機関が専門的な養成を行っていた根拠として挙げられてきたのが養成年限である。東京女子師範学校とその流れを汲む保姆養成の養成期間は多くが1年未満であった中、キリスト教系保姆養成は2年制が基本であったことが紹介されてきた。しかし、精確に言えば、桜井女学校幼稚保育科の時代においては、まだ2年制養成は確立していなかった。頌栄保姆伝習所の A. L. ハウや、広島女学校の F. C. マコーレー、M. M. クックのようなアメリカで幼児教育の訓練を受け、幼児教育専門の宣教師として日本に派遣された指導者たちによって、2年制以上の養成システムが整備されていったのである。

頌栄保姆伝習所では2年制の普通科の上に2年制の高等科が設置された。高等科は保姆養成指導者の養成課程であった。そのため通常の保姆養成は2

結章　351

年制養成であったが、ハウは3年制養成を目指していた。また、広島女学校
においては、マコーレーによって3年制の養成が実施され、以後同校では2
年制の養成が主流になるものの、クックは常に養成年限の延長を考えてい
た。その後、ランバス女学院時代に一時3年制養成が実現した。ハウやクッ
クなど、JKUでも指導的立場にあった宣教師たちは、養成期間は2年では
足りないと考えていたが、当時の状況では2年という限られた期間で、保姆
としての基盤育成を中心に養成を行わざるを得なかったのであった。

　これは、アメリカにおける保姆養成の期間と同基準であったことを示して
いる。IKUによる保姆養成のナショナルスタンダードでは2年制のカリキ
ュラムモデルが提示されたが、これは全米の養成水準の底上げを狙ったもの
であった。そのため、同時に3年制の養成カリキュラムの整備が課題として
挙げられていた。すなわち、1年未満の保姆養成が一般的であった日本の養
成機関と比べ、キリスト教系保姆養成機関においては、アメリカでも課題と
なっていた3年制養成を見据えた保姆養成が行われていたのであった。

　第二に、保姆養成カリキュラムに関する点である。確かに養成年限を見る
ことは専門的な養成を行っていたのか否かの一つの指標となるが、重要なの
は養成の質である。それはカリキュラムを検討することで確認できよう。

　当時、保姆養成の内容としては、恩物教育の方法論および実習が一般的で
あった。それに対し、キリスト教系保姆養成では幼稚園教育の理論と実践の
双方が重視され、フレーベルの教育理論と、その基礎となる西洋教育思想や
『聖書』の研究が行われていた。特に、恩物教育だけではなく『母の歌と愛
撫の歌』も養成内容として重視されていた点がキリスト教系保姆養成の一つ
の特徴である。フレーベルは、母親こそ最良の保姆であると考え、母親のた
めの育児書として『母の歌と愛撫の歌』を出版した。アメリカにおいては、
このようなフレーベルの保姆像が浸透し、幼稚園導入の最初期においては、
同書の研究がそのまま保姆養成へとつながっていた[1]。アメリカでは同書は
保姆養成に必須の教科書であったが、日本ではキリスト教系保姆養成校だけ

で使用された。キリスト教系保姆養成校では『母の歌と愛撫の歌』の読解
は、その初期から進歩主義が台頭した後も養成カリキュラムにおいて中核的
位置にあった。日本の保育界には、明治30年代から大正期において進歩主義
の影響が看取される。その際、日本ではフレーベル主義への形式的な批判が
起こったが、キリスト教系保姆養成校ではフレーベルの方法論を修正しなが
らも、その精神や思想を尊重していったのであった。アメリカにおいては
『母の歌と愛撫の歌』は心理学や児童研究、観察などの科目と照らし合わせ
て科学的な側面から再解釈されつつも、幼稚園教育の理論的支柱として常に
重視され続けたのであるが、キリスト教系保姆養成では同書がそれと同じ方
針で扱われたと言えよう。キリスト教系保姆養成機関においては、キリスト
教思想に精通した指導者自身がフレーベル研究を行い、また同書の批判的検
討を行い得たことで、その内容が教授され続けたと考えられる。

　また、アメリカでは幼小連携の必要が認められるようになると、一般教育
学関連の科目や初等教育法、小１実習などが保姆養成カリキュラムの中に組
み込まれていった。これは幼児教育に携わる上で、その後の子どもの発達や
生活の状況を理解する必要があることから設けられたものである。IKU に
よる1916年の調査報告によると、小学校における観察や実習を実施している
養成校は未だ少数派であったが、同報告で提案された保姆養成カリキュラム
にはそれらが含まれている。たとえば、広島女学校保姆師範科では、1915年
の時点で附属小学校における観察が行われていた。クックは幼稚園教育だけ
ではなく一般教育学関連科目や初等教育メソッドをカリキュラムに取り入れ
る必要を認めており、アメリカの最先端の養成水準が日本において実現して
いたことが確認される。

　第三に、保姆の役割に関する点である。キリスト教系保姆養成では、保姆
が慈善活動や社会改革の担い手となることも視野に入れた養成がなされてい
た。日本では幼稚園は中上流層のための教育機関に特化していったが、アメ
リカではキリスト教的博愛精神のもとセツルメント運動との関係で幼稚園教

育が進展していき、無償幼稚園が設立されるなど多分に福祉的要素が幼稚園の機能に含まれていた。その際、子どもだけではなく、家庭に対する支援も重視され、母親教育も保姆の職務であると捉えられた[2]。アメリカではこのような幼稚園観により、保姆養成カリキュラムに衛生学（社会福祉）などが組み込まれていたのであるが、一般に日本においては幼稚園の機能や保姆の役割は限定的なものと見なされていた。このような状況の中、キリスト教系保姆養成では、早くから「母の会」が組織され、家庭訪問が頻繁に行われていた。また、養成カリキュラムに衛生学が取り入れられ、無償幼稚園が設置されるなど福祉的側面が充実していた。

　これらのキリスト教系保姆養成に共通する特質が生じた要因には、以下の2点が考えられる。

　第一に、キリスト教系保姆養成機関における保姆養成がアメリカ人宣教師によって担われていた点である。彼女らは母国で保姆養成を受け、教育経験を積んだ上で来日し、アメリカ基準の養成を行った。宣教師たちは宣教団体や出身校、個人の人脈およびJKUなどのネットワークを活用して、日本にいながらアメリカの幼児教育情報を即時的に収集していた。また、彼女らはアメリカでの幼児教育の当事者であり、議論の渦中にあってその立場や意見を確立させていった。さらに、長期休暇を利用してアメリカの大学で講義を聴講したり、サマースクールに参加したりするなど、文献や雑誌以外にも直接的な学びを通して情報を獲得していた。日本人の幼児教育研究者の場合、洋書や欧米視察によって教育情報を取得することが多くアメリカ人宣教師に比べ入手する情報の種類や傾向は限定的なものであったと考えられる。また、日本人による幼稚園教育では文教政策や世論からの影響も強く、恩物教育が形骸化し、幼稚園が学校化するという特色が生じていた。それに対し、宣教師によってアメリカ直輸入の保姆養成が行われたことで、キリスト教系幼稚園独自の性質が形成されたと言えよう。

　第二に、アメリカ人宣教師が有していた保姆像が影響していたと考えられ

る。それは研究的志向を持った実践者としての保姆像と聖職者としての保姆像である。

　宣教師たちは、日々の授業では、知識や技術の修得に留まらず、自ら考え、創意工夫を持って課題に取り組む姿勢を学生に教えた。幼児教育研究のテーマや様々な手法を伝授し、卒業論文の執筆やその発表、共同研究などの指導がなされていた。当時の日本で、教員の研究や研修のために定められた学割制度が保姆に適用されていなかったことは、一般に保姆には研究や研修が必要ではないと考えられていたためである[3]。それに対し、宣教師たちは、即戦力としての保姆像ではなく、自らもそうであったように研究的志向を持った実践者としての保姆像を有し、卒業後も研究を継続するよう学生を励ましていた。

　そのような養成を受けるには、学生側にも多くのことが要求される。基本的にキリスト教系保姆養成は、高等女学校卒業者を対象に行われていた。桜井女学校幼稚保育科は、女学校の教養を基礎として設置された専攻であり、多くの学生が高等部も履修していた。頌栄保姆伝習所は、保姆養成単独の学校であったが、同じ組合派の女学校である神戸女学校と提携しており、同校の卒業生を受け入れていた。広島女学校保姆師範科は、女学校より一段レベルの高い高等科に位置づけられていた。キリスト教系保姆養成校の学生は十分な教育を受けた教養ある女性であった。また、学生の多くがインテリ層出身者であり、西洋人との交流やその文化に好意的であったことから、キリスト教に親しみ、英語能力を身につけることも比較的容易であったであろう。このような学生に対し、宣教師が直接的な指導を行ったため、幼児教育研究を継続的に行い、自ら実践を創出していくことができる保姆が生み出されたのであった。

　また、アメリカ人指導者たちは聖職者としての保姆像を有しており、キリスト者としての保姆という視点からの養成を行った。日本のキリスト教系保姆養成においては、幼児教育という目的に加え、宣教という目的が付与さ

れ、保姆に伝道師としての役割も期待されていた。そのため、保姆には献身的で慈善的な素養が必須であるとされた。宗教教育としては、聖書研究はもちろん、日曜学校での奉仕、日々の礼拝や祈禱がなされており、宣教師とともに寄宿舎で生活するという教育環境の中で、学生の信仰心が育まれ、保姆としての使命感が涵養されていった。当時、キリスト教系幼稚園の給与は公立幼稚園のそれに比べ大幅に低かったが、キリスト者の保姆たちは宣教師と同じように自己犠牲の精神をもって自ら進んで幼児教育に携わっていた[4]。学生は宣教師に感化されてキリスト者として成長していく中で人格も形成していった。したがってキリスト教系保姆養成校出身者は、保姆は専門職であるという自覚を持ちつつも、それにふさわしい給与や待遇、地位を要求せずに、その信仰と使命感、また、慈善的精神を持って保育に携わったのであった。

　現在の保育者の社会的地位や待遇の低さは、戦前期において保姆の待遇が小学校教員に比べ低く抑えられていたことに起因すると考えられている。それは世間から保姆が子守りとして見なされていたことによるのであろう。そのような状況の中、保姆を専門職と捉え、それにふさわしい養成を行っていた人々がいた。しかし、その担い手がキリスト者であったことから、社会的地位や待遇に結びつかなかったと言えよう。

　以上のように、本研究においては、キリスト教系保姆養成機関における保姆養成の実態と特質を総合的に把握する作業がまず必要であったため、以下の3点の課題が残された。

　第一に、教育情報受容史としての課題である。本研究では、保姆養成におけるアメリカから日本への影響に着目してその受容のプロセスを概観した。それは、①アメリカで生成した幼児教育情報が、②IKUや宣教師、留学生を介して、③日本でJKUや各養成校において共有され、④保育実践に反映されるという過程である。しかし、本研究ではそのプロセスの概要を示すに留まり、その詳細な検証は課題として残された[5]。

356

　それと関連して、第二に、次世代の指導者育成の観点からの課題である。本研究では、上記のプロセスで見れば、③の段階の受容主体に含まれる日本人指導者の思想形成や保姆養成への取り組み、また③から④への受容過程については十分に考察できなかった。キリスト教系保姆養成校出身者は各地で幼稚園を創設したり、主任保姆として活躍したりしている。中には養成校に残り指導者となった卒業生もいた。そのため、今後はキリスト教系保姆養成に日本人指導者が果たした役割について解明していきたい。

　第三に、本研究は、指導者の保姆養成思想に着目したため、教育思想史の立場にも立つ必要があると考えたが、部分的に思想を取り上げたものの深く考察することができず、その構造を解明する段階には至らなかった。

　これらの課題があるものの、本研究においてキリスト教系保姆養成機関における保姆養成の実態と特質を総体的、実証的に解明し得たことで、キリスト教系保姆養成史研究を深めていく意義が見出されたと言えよう。

　本研究は、専門性の高い保育者を養成するという課題に対して歴史的な視点から検討したものである。特に、研究的志向を持った実践者としての保姆像と聖職者としての保姆像を宣教師が有していたことにより、これまで見てきたような養成が実現されたことを考えると、保育者像が養成システムやカリキュラムを形作り、理想とする保育者を輩出する始点であると見なすことができる。今後、日本においてますます専門的力量を備えた保育者が求められる中、保育者養成者は確かな保育者像のもと、養成の質の向上に努めなければならないだろう。

＜結章注＞

1) 橋川喜美代『保育形態論の変遷』春風社、2003年、90-98頁。

2) 北野は保姆の "care giver" としての役割に着目して、アメリカにおいて保姆職の教育性と福祉性のジレンマが起こっていたことについて検討している（「20世紀転換期アメリカ公立幼稚園の保育者たちの変容―care giver としての役割に着目しながら―」『教育学研究紀要』中国四国教育学会、第43号、第1部、1997

年、433-438頁）。

3）水野浩志他『保育者と保育者養成』栄光教育文化研究所、1997年、22頁。

4）"Kindergartners' Salaries" *Fifteenth Annual Report of the Kindergarten Union of Japan*, 1921, pp.39-43.

5）橋本美保は、外国教育情報受容のメカニズムの学術的な解明には、少なくとも、①教育情報の生成、②情報受容の主体、③教育情報の研究・試行、④現場の反応の四つの視座からの作業を必要とすると述べている。そして、情報受容の過程における情報の変容に着目し、それらがどのように伝達されたかを検討している（『明治初期におけるアメリカ教育情報受容の研究』風間書房、1998年、3-4頁）。

初出誌一覧

　本書は、以下の初出論文に加筆・修正を加えて刊行したものである。なお、下記の論文の一部は、日本学術振興会特別研究員奨励費の助成を受けて行われた研究成果である。

第2章

「桜井女学校幼稚保育科の創設と保姆養成の実際―卒業生の実践を手がかりに―」『幼
　　児教育史研究』第5号、2010年。

「桜井女学校幼稚保育科卒業生吉田鉞の保育思想とその実践―室町幼稚園の保育カリ
　　キュラムに着目して―」『東京学芸大学紀要』第62号、2011年。

「キリスト教系女学校における附属幼稚園の教育的役割―桜井女学校を事例として―」
　　『学校教育学研究論集』東京学芸大学大学院連合学校教育学研究科、第25号、
　　2012年。

第4章

「J. マクドウェルの保育カリキュラム論―アメリカ進歩主義教育実践の導入」『明日へ
　　翔ぶ―人文社会学の新視点―3』公益信託松尾金藏記念奨学基金編、風間書房、
　　2014年。

「明治期広島女学校附属幼稚園の保育カリキュラム開発―中心統合法の導入と展開を
　　中心に―」『カリキュラム研究』第24号、2015年。

第5章

「国際幼稚園連盟（IKU）による幼稚園教員養成の標準化―連邦教育局報告書 Kinder-
　　garten Training Schools の分析より―」『アメリカ教育学会紀要』第22号、2011
　　年。

「日本幼稚園連盟（JKU）における保育者養成論―保育者の資質能力への共通理解の
　　形成―」『教育学研究年報』東京学芸大学教育学講座学校教育学分野・生涯教育
　　学分野、第33号、2014年。

あ と が き

　本書は2013年 3 月に東京学芸大学より博士（教育学）の学位を授与された学位請求論文「近代日本キリスト教系保姆養成史―アメリカ式保姆養成の導入と展開―」に加筆修正を行ったものである。

　筆者は東京学芸大学の学部時代に日本の女子教員養成史に興味を持ち調べていく中で、それがアメリカの影響を強く受けていたことに新鮮な驚きを覚え、そのことについて追求してみたいと考えるようになった。それと併行して、進路を模索する中で人間の成長を支援する教育という営みに強い関心を持つようになり、大学院で教育学について深く学びたいと考えた。その過程で東京学芸大学教授の橋本美保先生に出会ったことが研究の世界に入るきっかけとなった。先生に初めてお目にかかった日のことを今でもよく覚えている。先生はその時、教育の根本問題を歴史的アプローチを通して考察する意義をご教示くださったと記憶している。先生のお話を伺ったことで、今後の研究の方向性を見出し、先生のもとで研究をしたいと強く願うようになった。進学後、何の迷いもなく研究に没頭することができたのは、この最初の確信によるものであったと思う。その後、具体的な研究テーマを探す中で、先生のご助言により幼児教育の領域に導かれ、それまで関心を持っていた教師教育との関係から、保育者養成史研究に進んでいった。日本の保育者養成の歴史を紐解くうちに、アメリカ人宣教師が来日して保育者養成を行っていたという史実を知った。筆者は中学生の頃に洗礼を受け、キリスト者として歩んできたためキリスト教教育にも興味があり、この研究の魅力に引きつけられていった。戦前の日本では、幼児教育の重要性が未だ十分に理解されておらず、政府の保姆養成制度も整備されていなかった状況の中、キリスト教系保姆養成機関においては、アメリカに準じた専門的な保姆の養成が行われ

ていたのであった。宣教師たちはどのような資質能力を備えた保姆を養成し
ようとしていたのか、またその方法とはいかなるものであったのかについて
調べる中で、保育者の専門性とは何かについて自分なりに考えることとなっ
た。また、宣教師たちの思いに触れ、その人間に対する愛情に感激しながら
の研究であった。それは今日、筆者が現在の勤務校である東京成徳短期大学
において保育者養成に携わる上での基盤となっている。近代日本の保育者養
成の実態と特質を明らかにする作業は始まったばかりであり、課題は山積し
ているが、ここでひとまずキリスト教系保姆養成の歴史をまとめることは、
今後の研究の足がかりになると考え、本書を刊行した次第である。

　修士課程博士後期課程、さらには日本学術振興会特別研究員時代において
も、橋本美保先生のもとで研究を継続できたことはこの上ない幸せであっ
た。先生が研究に真摯に取り組まれる姿を見ることで、筆者の研究者像は築
き上げられた。それと同時に、教育者としての先生をとても尊敬している。
今思えば、先生は筆者の状況や研究の進展に合わせて、その時々に最適なご
助言をくださっていた。このことにより、筆者は喜びを持って研究を続ける
ことができた。また、筆者の生活面までもご心配くださり、掛けていただい
た温かい言葉の数々は決して忘れない。人生の師に出会えたことにより、今
の自分があると感じている。先生に厚く御礼申し上げたい。

　また上智大学教授の湯川嘉津美先生に学ぶことができたことは、大変恵ま
れたことであった。湯川先生には修士課程の時から続けてご指導いただき、
幼児教育史研究の意義や方法を一から教えていただいた。特に今日の幼児教
育とのつながりを考えた上で歴史を検討することや、本研究が現代の教育課
題の解決にどのような示唆を与えることになるのかを意識しつつ研究を行う
ようご教示いただいた。湯川先生にはご迷惑をおかけしてきたが、大変よく
していただき感謝の念は尽きない。

　また、東京学芸大学准教授の遠座知恵先生には、研究を遂行する上でつま
ずいた時、いつも相談にのっていただいた。橋本先生のもとで研究を続けて

あとがき　363

いらした遠座先生は、筆者の直接的な模範であり、先生の背中を見ながらこれまで歩んできた。先生のストイックな研究姿勢を見て、この世界の厳しさを知った。それと同時に、努力は必ず報われるということを信じることができた。先生があらゆる面で励ましてくださらなければ、研究を進めることはできなかったと思う。

　先輩や同期の院生がいなかった分、先生方には多くの時間を割いていただき、研究課題の設定から論文執筆に至るまで丁寧なご指導を賜ることができた。このような恵まれた研究環境を得られたことにより、本書を刊行することができたと言える。

　その他、多くの方々に大変お世話になってきた。とりわけ小林恵子先生にはキリスト教保育の在り方について多くのことを教えていただいた。特に先生の主著である『日本の幼児保育につくした宣教師』（キリスト新聞社、上、下巻）によって、宣教師による保育の取り組みを広く知ることができた。また、先生は突然訪ねた筆者を快く迎え、貴重な史料を提供してくださった上に、その後も気にかけてくださっている。心より感謝申し上げたい。

　橋本美保先生と東京大学教授の田中智志先生の主催する日本の新教育思想研究会において、田中智志先生には多くのことを教えていただいた。また、同研究会では多くの教育思想史研究者の方々と交流を図ることができた。そのことは、広い視野に立って自身の研究を省みることとなり、今後の研究課題を見出すことにつながった。

　京都福音教会伝道師の中村澄江先生には、筆者のキリスト者としての生活を支えていただいただけでなく、翻訳家であった先生から英語を教えていただいた。不慣れな英語の史料の読解を助けていただいたことで、修士論文を書き上げることができた。その後、関東栄光教会に出席するようになり、牧師であり神学博士である三坂正治先生に大変お世話になった。特に、先生からは自分なりの視点をもって聖書研究を行うことを学ばせていただいた。結婚をきっかけに現在は東伏見福音教会に通っている。同教会の牧師である奥

村喜樹先生にはキリスト教史に関して教えていただいた。先生方には、何より祈りによって支えていただいたことを感謝している。

博士後期課程において、東京学芸大学教授の倉持清美先生、横浜国立大学教授の堀内かおる先生には副指導教官としてご指導いただいた。学位論文審査に際しては、両先生に加え、埼玉大学名誉教授の山口和孝先生、筑波大学教授の藤井穂高先生にご審査いただき、示唆に富むご意見やご質問を頂戴した。史料調査に際しては、国内外の多くの図書館員の方々にご協力いただいた。とりわけ、東京学芸大学附属図書館、広島女学院大学歴史資料館、学校法人関西学院聖和短期大学キリスト教教育・保育研究センター、頌栄短期大学図書館の方々には大変お世話になった。また、大学院時代には公益信託松尾金藏記念奨学基金の奨学生として松尾葦江先生に多大なご支援をいただき、研究を継続することができた。感謝申し上げたい。出版に際しては、風間書房の風間敬子社長に特段のご高配を賜り、斉藤宗親氏には編集面で大変お世話になった。その他にも多くの諸先生、友人たちにお力添えをいただいた。お名前をあげれば限りがないが、筆者を支えてくださった全ての方々に心から御礼申し上げる。

最後に、筆者の研究生活を支え、一教育者、一キリスト者として常に筆者を導いてくれた夫にこの場を借りて感謝の意を表したい。

2015年　秋　在主

永 井 優 美

人 名 索 引

あ行

アカード　313, 314
阿部真美子　13, 347
アルウィン　308
伊沢修二　15, 37
石垣恵美子　8
岩崎次男　3
ヴァンデウォーカー　8, 324, 328, 330, 331, 334, 335, 341, 347, 348
ウィーブ　104, 105
ウィーロック　328, 330, 339, 341
ウォルドー　231, 232
氏原鐐　16, 27, 37
エバレット　231
遠座知恵　285, 286, 287
長田新　121

か行

亀山貞子　65, 66, 70, 75, 84
北野幸子　8, 12, 114, 320, 347
木村末　16, 27
キルパトリック　237
クインティリアヌス　76
クック　7, 205, 216, 229, 233, 236, 239, 241, 253, 259, 260, 266, 270, 275, 277, 287, 293, 294, 302, 307, 315, 350
クラウス（J. クラウス、クラウス＝ベルテ）　62, 63, 104, 105
倉橋惣三　10, 25, 274, 280
クリーゲ　62, 63, 139
ゲーンス　206, 211-213, 217
甲賀ふじ　126, 198, 207, 211, 212, 271, 282
コウルリッジ　79, 81

さ行

小西信八　23
小林恵子　5, 6, 67, 69, 197
小檜山ルイ　43
コメニウス　184
近藤浜　17

さ行

桜井ちか　42, 45, 55, 71, 111
佐野（田中）友恵　3, 4, 25, 28, 35
三条実美　16
塩見ぬい　255
杉浦信　125, 126, 134, 135, 175
砂本貞吉　206
関信三　17, 105
ソーンダイク　260

た行

高野勝夫　6, 121, 122, 196, 199, 202
高道基　6, 121, 197
高森ふじ　208, 265, 266, 271, 272
ダドレー　133
田中不二麿　16
田中まさ子　7, 13, 144, 145, 240, 251, 283
土川五郎　96, 248
ツルー　6, 42, 43, 53, 55, 69, 72, 73, 88, 89
デイヴィス　123
デューイ　182, 237, 236, 287
テンプル　330
豊田芙雄　10, 17, 26

な行

中村五六　129, 219, 32
西垣光代　6, 121, 188, 197, 198
西川ひろ子　8, 156, 201

西村静一郎　207, 218, 247, 250, 265, 266, 281
二宮わか　91
野口幽香　301

は行

パーカー　206, 289
バーンズ　136
ハウ　5-8, 35-36, 41, 121-123, 131, 142, 150, 154, 157, 160, 163, 179, 188, 195, 238, 279, 293-295, 298, 309, 313, 316, 318, 350
パウロ　61, 134, 135
橋川喜美代　13, 197, 285
橋本美保　37, 274, 284, 285, 287, 290, 357
パットナム　122, 325, 341
原田助　124, 129, 157
ハリス　182, 323
ハリソン　141, 143, 150, 154, 206, 212, 330
ピーボディ　62, 63, 219, 322
ヒューズ　221
ヒル　206, 207, 213, 235, 236, 238, 240, 260, 266, 271, 330
フィッシャー　325
フィッツ　330, 339, 341
ブライアン　213
フルトン　207, 239, 248-250, 255, 260
フレーベル　20, 97, 110, 111, 145, 148, 151, 183, 195, 196, 219, 221, 231, 234, 236-238, 260, 261, 278, 339, 351
ブロー　139, 141, 143, 145, 150, 221, 301
ページ　341
ペスタロッチ　110, 184
ヘルバルト　219, 220, 234, 286
ポーター　32, 88, 89, 94

ホール　136, 236, 237

ま行

マーレンホルツ＝ビューロー　135
マクドウェル　253, 254, 266, 289
マクマリー　232
マコーレー　205, 207, 212-217, 221-223, 229, 230, 279, 282, 283, 350, 351
松野クララ　17
水野浩志　6, 121
ミリケン　53, 55, 62, 69, 73-77, 88, 94
森川正雄　24, 265, 266
モンテッソーリ　154-156, 261, 270, 280, 306

や行

矢島楫子　42, 89
湯川嘉津美　10, 23, 26, 27, 37, 38, 118, 283, 286
横川梅　16
吉田鉞　66, 70, 85, 93, 98, 102, 104, 110, 111

ら行

ライアン　312, 313
ラトケ　76
ルソー　184
ロンゲ夫妻　95

わ行

和久山きそ　6, 125, 126, 129-135, 140, 143, 174, 175, 195, 294, 298, 304-307, 321
和田実　233, 286

事 項 索 引

あ行

愛珠幼稚園　3, 28
青葉女学院保姆科　34, 308
Annual Report of the Japan Kindergarten Union　305
アメリカ・フレーベル連合　63
アメリカン・ボード　123, 130, 159, 198
遺愛女学校　140
遺愛幼稚園　140
一般教育学　188, 247, 260, 280, 323, 324, 332, 334, 335, 337, 352
衛生学　133, 156, 157, 164, 237, 247, 248, 260, 261, 269, 337, 338, 353
英和幼稚園　32, 70, 85, 89, 93, 117, 178, 307, 345
エシカル・カルチャー・スクール　248
榎坂幼稚園　70, 83, 84
園芸　25, 96, 97, 110, 228
大きな積み木　236, 238
大阪市高等女学校附属保姆伝習所　28
大阪市保育会　30
大阪府模範幼稚園　26, 27, 37
大阪府女子師範学校講習科　4, 30
大宮愛仕母学会　34, 308
岡山県女子師範学校保姆養成講習会　30
岡山県保姆講習会　129
恩物　17, 20, 23, 72, 73, 77, 84, 96, 102, 110, 127, 133, 139, 142, 182, 187, 214, 225-227, 230, 235, 351
恩物作業　63, 84, 123, 132, 235, 236, 241, 250, 261, 270, 310, 322, 332, 334, 335, 337, 339
恩物中心主義保育　84, 223, 235

か行

会集　84, 98, 100, 103, 189, 304
『開発的生活』　132, 141, 143, 155
「学制」　15
鹿児島女子師範学校附属幼稚園　26
活水女学校　51, 207, 253, 266, 271
活水女学校幼稚園師範科　34, 308
家庭との連携　255, 280, 311-315
家庭訪問　58, 59, 215, 256, 271, 311, 312, 315, 317, 322, 353
神奈川幼稚園　70, 86, 87, 91
観察　63, 81, 82, 100, 109, 136, 139, 143, 148, 222, 241, 248, 249-252, 261-264, 267, 276, 277, 279, 280, 331, 332, 337-339, 348
寄宿舎　56, 112, 127, 157, 174, 355
教育史　76, 133, 156, 164, 184, 188, 191, 195, 196, 199, 214, 220, 222, 247, 253, 256, 260, 263, 267, 278, 310, 317, 337
教育局委員会　328, 329, 336, 338
教育勅語　247
玉成保姆養成所　34, 144, 308
キリスト教保育　5, 6, 8, 36, 97, 111, 121, 162, 163, 267, 279, 300, 304, 313
基督教保育連盟　304
『キンダーガーデンガイド』（*The Kindergarten Guide*）　104-108
Kindergarten Training Schools　328, 336, 338, 341
Kindergarten Review　8, 229, 231
組合派（会衆派）　178, 196, 308, 354
クリスチャンワーカー　256, 263, 267, 316
京阪神連合保育会　4, 124, 343
『京阪神連合保育会雑誌』　223, 224

ゲーム　123, 134, 222, 248, 251, 255, 258-
　261, 304, 306, 307, 310, 323, 337
神戸保育会　124, 126
神戸幼稚園　154, 202
国際幼稚園連盟（IKU）　8, 10, 12, 13, 126,
　235, 239, 240, 274, 293, 294, 298, 310,
　317-319, 320-322, 325-330, 340, 350
コロンビア大学（ティーチャーズカレッ
　ジ）　205-208, 232, 235, 236, 239, 240,
　248, 251, 255, 266, 271, 281
『コンダクト・カリキュラム』　236, 266

さ行

作業　96, 104, 105, 229
桜井女学校　41-45, 51-57, 61, 64, 65, 67-
　70, 76, 81, 83, 88, 89, 90, 94
桜井女学校附属幼稚園　6, 31, 55, 70-73,
　75, 76, 84, 93, 102, 123
桜井女学校幼稚保育科　5, 6, 9, 33, 34, 41,
　75, 87, 94, 97, 102, 110, 307, 349
シカゴ・フレーベル協会　122, 199
シカゴ大学　206, 230, 310
自己活動　148, 221, 236, 278
慈善　29, 57, 58, 63, 263, 322, 352, 355
児童研究　136, 137, 220, 236, 237, 241, 250,
　251, 260, 261, 274, 324, 326, 337-340, 352
児童研究運動　225
「児童性質の研究」　141, 143
児童相談所　263, 266, 273
児童中心（主義）　266, 267, 270, 280
児童労働　191, 192, 194
社会改革　316, 322, 352
19人委員会　240, 329, 340, 341
手技　17, 92, 103, 235, 238, 239, 265, 275,
　310
手工　25, 156, 213, 214, 245, 249, 251, 257,
　267-269, 323, 324
シュタイガー社　104, 105

小1観察　280
小1実習　337
頌栄保姆伝習所　5, 6, 7, 9, 32-35, 41, 121,
　132, 137, 141, 155, 157, 173, 174, 195, 208,
　238, 307, 308, 349
頌栄幼稚園　6, 33, 121, 123, 124, 126-128,
　130, 135, 153, 177, 178, 188, 189, 207
唱歌　17, 19, 22, 23, 28, 29, 51, 72-75, 94,
　103, 123, 125, 138-141, 144, 168, 187, 222,
　225, 228, 235, 241, 249
唱歌劇　75, 248
「小学校令」　29, 36
唱歌遊戯　27, 96, 127, 241, 249
象徴主義　236, 261, 340
女子学院　42-44, 55, 65-69, 89, 112
女子高等師範学校　24, 103, 108, 128, 129,
　131
「私立学校令」　129, 313
新栄女学校　41-43, 75
新教育運動　248, 263, 324
進歩主義　7, 9, 130, 137, 148, 150, 153, 154,
　157, 196, 205-207, 213, 223, 225, 235,
　238-241, 254, 260, 263, 271, 274, 278, 280,
　301, 349, 352
進歩派　9, 150, 153, 154, 213, 235, 236, 239,
　260, 300, 301
ストーリー（テーリング）　253, 255
スペイヤー・スクール　232, 235, 240, 287
『聖書』　7, 51, 61, 81, 97, 122, 133, 135, 137,
　138, 146, 149, 165, 168, 188, 196, 206, 220,
　221, 227, 229, 247, 249, 256, 258, 261, 265,
　267, 270, 313-317
聖書研究　313-317, 351, 355
セツルメント　192, 207, 252, 264, 322, 352
全米教育協会　318, 320, 327
全米幼稚園協会　329

た行

魂の教師　179

談話　98, 100, 103, 110, 123, 155, 164, 166, 187, 228, 235, 241, 265

千葉女子師範保姆養成科　25

中心統合主義　225, 227, 232, 233

中心統合主義保育　223, 224, 232, 235, 234

中心統合法　223, 225, 232, 235, 234, 280

長老派　32, 53, 54, 55, 59, 88, 90, 94, 97, 307, 308, 345

東京女子（高等）師範学校　1, 3, 4, 6, 9, 15, 16, 21, 22, 24-26, 29, 33, 36, 122, 349, 350

東京女子（高等）師範学校附属幼稚園　3, 16-18, 26, 27, 71-75, 95, 97, 102, 103, 111, 123

東京女子（高等）師範学校保姆練習科　3, 17, 21, 24, 27, 36, 121, 128, 129, 131

東京府教育会附属幼稚園保姆講習所（東京府教育会附属保姆伝習所）　29

東京保姆伝習所　34, 308

な行

ナーサリー　207, 252, 256

ナショナルスタンダード　318, 327, 328, 336, 342, 343, 350, 351

奈良女子高等師範学校　3, 24, 25, 265, 266

西陣幼稚園　45, 70, 86, 87, 91, 92

二十恩物　19, 20, 26, 27, 105, 108

日曜学校　165, 170, 179, 180, 216, 220, 221, 247, 253, 255, 256, 258, 261, 264, 270, 315, 355

日本幼稚園連盟（JKU）　7, 8, 10, 32, 36, 126, 141, 143, 154, 205, 238, 293, 295, 296, 298, 305, 311, 313, 318, 320, 342, 349

『人間の教育』（『人の教育』）　36, 63, 139, 143, 142, 144, 155, 156, 183-188, 193, 195, 196, 221, 261

は行

梅花幼稚園保姆伝習所　34, 144, 308

The Bible in the Kindergarten and Training Schools　313

母親学校　263, 271, 272, 274

母親教育　145, 271, 280, 311, 313, 315, 317, 322, 353

『母の歌と愛撫の歌』（『マザー・プレイ』）　36, 75, 132, 139, 142, 144-147, 182-188, 195, 196, 213, 214, 221, 231, 234, 251, 326, 327, 332, 334, 335, 339, 340, 351, 352

母の会　165, 170, 212, 215, 256, 271, 274, 353

『母の遊戯及育児歌』　141, 143, 144

広島女学校　205, 206, 208, 210, 219, 222, 250, 307, 350

広島女学校附属幼稚園　126, 205, 207, 213, 223, 229, 230, 232, 235, 238, 239

広島女学校保姆師範科（保姆養成科）　6, 7, 9, 32-34, 205, 207, 208, 210, 217, 225, 229, 253, 263, 270, 279, 308, 315, 349

『婦人と子ども』　92

二葉幼稚園　301

フレーベル会　32, 343

フレーベル研究　183, 236, 323, 329, 340, 352

フレーベル主義　63, 64, 110, 111, 128, 132, 142, 154, 156, 196, 234, 235, 239, 278, 280, 300, 323, 324, 352

フレーベル主義者　142, 233

フレーベル主義幼稚園　109, 135, 223, 322, 327

フレーベル主義幼稚園教育　68, 73, 123, 124, 152, 172, 195, 196, 214, 221, 336, 340

『フレーベル伝』　132, 139, 143, 155

平安女学院　35

平安女学院高等科保姆部　34, 308
ヘルバルト主義　225, 234, 284
ヘルバルト主義者　223, 225, 232, 234, 285
『保育学初歩』　127, 141-143
「保育綱目」　238-244, 287
『保育法講義録』　129, 141
保守派　150, 154, 235, 239, 259, 280, 300,
　301
ホレースマン・スクール　235

ま行

南メソジスト（監督）教会　206, 207, 216,
　308
宮城県師範学校保姆養成所　87, 92-93
ミルウォーキー州立師範学校　334, 335,
　347
無試験検定　4, 35, 130-132, 178, 195, 207,
　222-224, 246, 250
無償幼稚園　92, 207, 212, 215, 252, 256,
　353
室町幼稚園　67, 68, 70, 71, 85, 87, 92, 98,
　102-105, 109, 110
モンテッソーリ・メソッド　154, 155, 201,
　261, 270, 280, 306

や行

遊戯（遊嬉）　22, 25, 29, 83, 93, 97, 103,
　153, 182, 187, 193, 194, 214, 225, 227, 228,
　230, 248, 251, 270, 311
『幼児の教育』　274, 278
幼小（の）接続　251, 280
幼小連携　251, 263, 273, 274, 325, 338, 352
養成委員会　325-327, 330, 341
幼稚園運動　222, 252, 319, 347
『幼稚園唱歌』　101, 141, 146, 193, 194
「幼稚園保育及設備規程」　102, 103, 235,
　295, 301
「幼稚園令」　35, 37, 130-132, 241, 295

ら行

ランバス女学院　207, 208, 216, 222, 237,
　238, 264, 267, 271-274, 280, 315, 316, 351
ランバス女学院附属幼稚園　273, 274
ランバス女学院保育専修科　6, 7, 9, 33, 34,
　205, 208, 263, 264, 273, 274, 277, 279, 308,
　349
律動遊戯　248
柳城保姆養成所　32-34, 144, 308
霊魂学教授　169, 178-181, 183, 187-189,
　196
連邦教育局　327, 328, 342, 347

＜著者略歴＞

永井 優美（ながい ゆみ）

1985年9月　石川県に生まれる
2010年4月　東京学芸大学大学院連合学校教育学研究科博士課程入学
2012年4月　日本学術振興会特別研究員（DC）
2013年3月　東京学芸大学大学院連合学校教育学研究科博士課程修了、
　　　　　　博士（教育学）
2013年4月　日本学術振興会特別研究員（PD）
2014年4月〜現在　東京成徳短期大学准教授

著書
『大正新教育の思想―生命の躍動』（分担執筆、東信堂）
『明日へ翔ぶ―人文社会学の新視点―3』（分担執筆、風間書房）
ほか

近代日本保育者養成史の研究
―キリスト教系保姆養成機関を中心に―

2016年2月15日　初版第1刷発行

著　者　　永　井　優　美

発行者　　風　間　敬　子

発行所　　株式会社　風　間　書　房

〒101-0051　東京都千代田区神田神保町1-34
電話03(3291)5729　FAX 03(3291)5757
振替00110-5-1853

印刷　藤原印刷　　製本　高地製本所

©2016　Yumi Nagai　　　　　　　　　NDC分類：372

ISBN978-4-7599-2118-2　　Printed in Japan

JCOPY〈(社)出版者著作権管理機構 委託出版物〉

本書の無断複製は，著作権法上での例外を除き禁じられています。複製され
る場合はそのつど事前に(社)出版者著作権管理機構（電話03-3513-6969，
FAX 03-3513-6979，e-mail: info@jcopy.or.jp)の許諾を得て下さい。